역사는 수메르에서 시작되었다

*이 책은 2000년에 한국어로 출간된 《역사는 수메르에서 시작되었다》의 개정판입니다.

역사는 수메르에서 시작되었다

개정판 1쇄 펴낸 날 | 2018년 3월 30일
개정판 3쇄 펴낸 날 | 2023년 8월 18일

지은이 | 새뮤얼 노아 크레이머
옮긴이 | 박성식
펴낸이 | 홍정우
펴낸곳 | 도서출판 가람기획

책임편집 | 김다니엘
편집진행 | 홍주미, 박혜림
디자인 | 김한기, 이예슬
마케팅 | 방경희

주소 | (04035) 서울특별시 마포구 양화로7안길 31(서교동, 1층)
전화 | (02)3275-2915~7
팩스 | (02)3275-2918
이메일 | garam815@chol.com

등록 | 2007년 3월 17일(제17-241호)

한국어출판권 © 도서출판 가람기획, 2018
ISBN 978-89-8435-426-5 (03910)

이 도서의 국립중앙도서관 출판예정도서목록(CIP)은 서지정보유통지원시스템 홈페이지
(http://seoji.nl.go.kr)와 국가자료공동목록시스템(http://www.nl.go.kr/kolisnet)에서 이용
하실 수 있습니다.(CIP제어번호: CIP2018007864)

HISTORY BEGINS AT SUMER

역사는
수메르에서 시작되었다

인류 역사상 '최초' 39가지

새뮤얼 노아 크레이머 지음 / 박성식 옮김

가람
기획

차례

초판 머리말

 과거 26년간 나는 수메르 학 안에서도 주로 수메르 문학을 연구해왔다. 그리고 그러한 연구의 결과는 먼저 전문적인 책자로 발간되거나, 수많은 학술지들에 논문과 논설의 형태로 게재되었다. 이 책은 그런 수메르 연구와 출판 속에서 구체화된 몇몇 중요한 결과들을 일반독자, 인문학자 그리고 고전 연구가들을 위하여 한데 모은 것이다.

 이 책은 공통의 실로 꿰어져 있는 25개(초판 출간 시점 기준/편집자 주)의 에세이들로 구성되어 있고, 그 공통점이란 그것들 모두가 인류의 기록된 역사상 '최초'라는 것이다. 그러므로 그것들은 역사적 · 문화적 기원으로서의 그 의미가 자못 중대하다고 할 수 있다(그럼에도 불구하고 이 모든 것은 수메르 연구의 과정에서 우연히 얻어진 부산물이다). 즉, 이 에세이들의 진짜 목적은 인간에 의해 성립된 가장 최초이고, 가장 창조적인 문명에 대한 영적 · 문화적 성취들의 단면도를 보여주는 것이다. 여기에는 정부와 정치, 교육과 문학, 철학과 윤리학, 법과 재판, 그리고 농업과 의학에 이르기까지 인류가 진력해온 모든 주요 분야들이 빠짐없이 들어 있다. 모든 증거들은 가능한 한 명확하고, 모호하지 않게 설명되었다. 그리고 무엇보다도 고대 기록들의 전체, 혹은 중요부분들이 발췌되어 독자들 앞에 제시되었다. 그러므로 독자들은 이 논의들의 주요한 맥락을 놓치지 않는 것은 물론이고, 그것들의 분위기와 풍미도 맛볼 수 있을 것이다.

이 책에 모여 있는 대부분의 자료들에는 나의 '피와 고통과 눈물과 땀'이 깃들어 있다. 그런 까닭에 이 책의 많은 부분에는 약간 개인적인 단상들이 들어 있다. 대부분의 기록들은 나에 의해 조각이 맞추어지고 번역되었다. 그리고 그런 과정에서 나는 같은 원전에 근거하고 있거나, 심지어는 손실이나 파괴의 경우에 대비하여 한 벌 이상의 사본이 준비되었던 점토판들을 확인했다.

수메르 학은 100년 이상 전에 시작된 쐐기문자(설형楔形문자) 연구의 한 부문이다. 이 세월 속에서 여러 학자들이 말로 다 할 수 없는 기여를 해왔고, 오늘날의 쐐기문자 연구가들은 의식적이든 무의식적이든 간에 그들의 업적을 활용하고, 그것들을 토대로 일하고 있다. 이 학자들의 대부분은 벌써 오래 전에 세상을 떴고, 오늘날의 수메르 학자들은 자신들이 사용하고 있는 것들을 만들어놓은 이름 모를 선배 일꾼들을 향해 간단히 고개 숙여 감사를 표하는 정도밖에는 할 수가 없다. 우리의 날들도 곧 작별을 고할 것이다. 그리고 우리가 조금 더 발견한 결실들도 더 큰 쐐기문자 연구 진보의 흐름 속으로 흡수될 것이다.

상대적으로 최근에 세상을 떠난 이들 가운데 나는 특별히 세 사람에게 빚진 기분을 느낀다. 먼저 쐐기문자계를 반세기 동안 지배한 저명한 프랑스의 봉사자 프랑수아 튀로당갱이 있다. 그는 생산적이고, 명석하며, 무엇보다도 지나친 공론을 일삼기보다는 언제나 무지를 인정할 준비가 되어 있는 학자로서의 모범을 나에게 보여주었다. 다음으로 바티칸의 학자이자 사전편찬에 날카로운 안목을 가진 안톤 데이멀을 빼놓을 수 없다. 그의 기념비적인《수메르 어 사전(Schmerisches Lexikon)》은 여러 가지 결점에도 불구하고 아주 유용함이 입증되었다. 그리고 에드워드 치에라가 있다. 그의 비전과 성실함은 나의 수메르 문학 연구를 위한 길을 닦아주었다.

현재 살아 있는 수메르 학자들 가운데 각별히 수메르 어 사전편찬의 관점에서 내가 가장 큰 가치를 발견한 이들은 하이델베르크의 아담 팔켄슈타인과 시카고 대학 오리엔트 연구소의 소킬드 제이콥슨이다. 그들의 이름은 이 책에 자주 등장할 것이다. 더욱이 제이콥슨의 경우는 1948~52년 사이에 이루어진 오리엔트 연구소와 펜실베이니아 대학 박물관의 니푸르 합동탐사에서 발견된 점토판들을 계기로 나와 어느 정도 긴밀한 공동연구를 수행했던 일이 있었다. 베노 랜즈버거는 쐐기문자 연구분야에서 가장 창조적인 영혼의 하나이다. 활기차고 시사적인 그의 연구는 항상 정보와 안내의 원천 역할을 하며, 특히 그의 최근 작업들은 쐐기문자 사전의 넘치는 보물창고다.

그러나 나의 연구가 가장 큰 빚을 진 이는 지난 50년간 이 분야에서 지도적인 역할을 해온 아르노 포벨이다. 1930년대 초반 내가 오리엔트 연구소의 아시리아 어 사전편찬진의 일원으로 있을 때, 나는 그의 발치에 앉아 그의 말들을 마시며 자랐다. 미국에서 수메르 학이라는 분야가 사실상 알려지지 않았던 당시에 수메르 방법론의 대가인 포벨은 그의 소중한 시간과 지식을 나에게 나누어주었다.

독자들도 알겠지만, 수메르 학은 미국의 가장 큰 대학들에서조차도 필수적으로는 간주되지 않고 있는 분야이다. 그리고 내가 선택한 길은 황금으로 뒤덮인 행로가 아니었다. 이 분야에서 상대적으로 안정되고 편안한 자리에 오르기 위한 등반은 돈과의 끊임없는 싸움으로 점철되어왔다. 1937~42년은 나의 학자로서의 경력에서 각별히 결정적인 시기였다. 그리고 존 사이먼 구겐하임 기념재단과 미국철학협회가 제공한 일련의 보조금이 없었더라면 나의 연구는 때 이른 종말을 고했을 것이다. 최근에는 볼링겐 재단이 수메르 연구의 서기로서 내가 필요한 최소한의 과학적인 도움을 가능하게 해주었고, 그 덕분에 나의 연구와 관련하여 해외여행도 할 수 있었다.

터키의 고대유물부와 이스탄불 고고학 박물관장의 아낌없는 협조에 깊은 감사를 드린다. 그들 덕분에 나는 이스탄불 고대 오리엔트 박물관의 수메르 점토문헌들을 활용하는 은혜를 입을 수 있었다. 그리고 그곳 점토판 컬렉션의 두 큐레이터들인 무아제즈 키그와 하티케 키질리아이는 지속적으로 진정한 도움을 주었으며, 특히 수메르의 문헌들이 새겨져 있는 수백 개에 이르는 점토파편들의 사본을 일일이 만들어주었다.

　끝으로 이 책의 원고를 타자로 쳐준 거트루드 실버 부인에게 가슴으로부터 우러나오는 감사를 표하고 싶다.

새뮤얼 노아 크레이머

필라델피아, 펜실베이니아

서문

수메르 학자란 아주 전문화된 아카데미의 세계에서도 가장 한정된 전문가 집단들 중의 하나에 끼어 있는 일원을 가리키는 말이며, '가장 적은 것에 관하여 가장 많은 것을 알고 있는' 사람의 거의 완벽한 예라고 할 수 있다. 그는 처음에 자신의 세계를 중동이라고 알려진 조그만 부분에 한정시키고, 그의 역사를 알렉산더 대왕의 이전으로 한계 짓는다. 그는 다시 그의 연구를 메소포타미아에서 발견된 문자기록들 중에서도 쐐기문자가 새겨진 점토판으로 제한한다. 그리고 그중에서도 수메르 언어로 씌어진 문헌들만 연구한다. 그는 '라가시의 초기 왕자들 시대의 접두사 베-와 비-에 관한 연구', '우르의 파괴에 대한 애도가', '길가메시와 키시의 아가', '엔메르카르와 아라타의 지배자' 같은 자극적인 제목이 붙은 글과 논문을 쓰고 발표한다. 20년에서 30년에 이르는 이런 종류의 연구를 한 뒤에 그는 보상을 받는다. 그는 이제 수메르 학자가 된 것이다. 이 모든 것은 나에게 일어난 일이다.

그러나 이 터무니없고 하찮아 보이는 불운한 '토인비'도 일반독자들에게 보여줄 특별히 흥미진진한 비장의 카드 하나쯤은 가지고 있다. 수메르 학자는 문명사의 기원이라는 인류의 보편적인 물음에 다른 어떠한 학자나 전문가들보다도 만족스러운 대답을 줄 수 있는 위치에 있기 때문이다.

예를 들면, 인간의 최초로 기록된 도덕적 이상과 종교적인 생각은 무엇이었는가? 또한 그것들의 정치적·사회적·철학적 근거는 무엇이었는가? 최초의 역사, 신화, 서사시, 찬미가들은 어떤 모습을 하고 있었는가? 최초의 계약서에는 무어라고 씌어져 있었는가? 누가 최초의 사회개혁가였는가? 언제 최초의 세금감면이 이루어졌는가? 누가 최초의 입법자였는가? 언제 최초의 상원과 하원의회가 만났고, 무슨 목적이었는가? 인류 최초의 학교는 어떠했으며, 그것의 교과과정과 기능은 무엇이었고, 어떤 학생들이 공부했는가? 이런 것들이다.

그 밖에도 이것들과 흡사한 수많은 인류 역사상 '최초의' 것들이 수메르 학자의 '사냥감들'이다. 그는 문화적 기원에 관한 많은 질문들에 대해 정확한 대답을 줄 수 있다. 그가 특별히 심원한 사상, 또는 천리안의 소유자거나, 남달리 슬기롭고 박학하기 때문에 그런 것은 물론 아니다. 사실 수메르 학자들이란 수준 낮은 학자들 가운데서도 뒤떨어진 등급을 갖고 있는 아주 시야가 좁은 친구들이다. 그리고 문화적으로 '최초의' 것들에 대한 믿음은 수메르 학자들이 아닌 수메르 인들이 주는 것이다. 그들은 재주와 실용성을 두루 갖춘 사람들이었고, 지금까지 알려진 바로는 사용하기에 효율적인 문자체계를 '최초로' 발명하여 발전시킨 민족이었다.

주목할 만한 사실은 100년 전까지만 해도 고대에 수메르 인들이 존재했었다는 사실 자체를 아무도 몰랐다는 것이다. 몇백 년 전 고고학자들과 고전학자들은 메소포타미아로 알려진 중동의 지방을 발굴하기 시작했다. 그러나 그들은 수메르 인이 아니라, 아시리아 인과 바빌로니아 인들을 찾고 있었다. 그들은 이 민족들과 그들의 문명에 관하여 그리스와 헤브루 사료들로부터 얻은 상당한 정보를 가지고 있었다. 그러나 수메르와 수메르 민족에 대해서는 어렴풋한 짐작도 하지 못했다. 왜냐하면 그 땅이나 거기에 살았던 사람들에 대한 흔적을 담고 있는 어떠한 문헌자료도 근대의 학자들에게 전해지지 않았기 때문이다. 수메르라는 이름은 인류의 기억에서 2000년 이상이나 지워졌었다.

그럼에도 불구하고 오늘날 수메르 인들은 가장 유명한 고대 근동민족 중

텔 하르말의 신전. 오른쪽 끝에 서 있는 것이 필자다.

아카르 쿠프의 지구라트. 오른쪽에서 두 번째 팔짱을 끼고 있는 것이 필자다.

의 하나가 되었다. 여러 유명한 박물관들에 소장돼 있는 그들의 조각상과 기둥들을 통하여 그들이 어떤 모습을 하고 있었는지 우리는 잘 알고 있다. 이 책에서도 그들의 우수한 물질문화의 단면을 발견할 수 있을 것이다. 그들이 사원과 궁전을 세우는 데 썼던 기둥과 벽돌들, 그들의 연장과 무기들, 항아리와 병들, 하프와 수금들, 보석과 장신구들 등등. 이에 더하여 수메르 인들은 그들의 비즈니스, 법, 행정 기록들을 셀 수 없이 많은 점토판에 새겨 남겼고, 그것들은 위에 언급한 박물관들에 마찬가지로 가득 차 있다. 우리는 그것들로부터 고대 수메르의 사회구조와 행정조직에 대한 엄청난 정보들을 얻는다. 하지만 침묵하고 있는 이 유물들의 정적인 특성 때문에 고고학이 생산적인 작업이라고 말할 수 있는 것이다. 우리는 고고학에 의해 그들의 심장과 영혼까지도 어느 정도까지는 관통할 수 있다. 우리는 대단한 숫자에 이르는 수메르의 점토판들을 가지고 있고, 그것들에는 수메르의 종교·윤리학·철학이 드러나는 문학적 창작품들이 새겨져 있다. 수메르 인들은 문자체계를 발명한 것에 그치지 않고, 그것을 살아가는 데 절대로 필요하고 효율적인 교신의 수단으로 발전시킨 극히 소수의 민족들 가운데 하나이다.

수메르 인들이 경제적이고 행정적인 필요에 의해 점토에 문자를 새길 생각을 하기에 이른 것은 지금으로부터 약 5000년 전인 기원전 3000년대가 끝나갈 무렵이었다. 그들의 첫 번째 시도는 거칠고 상형문자에 가까웠으며, 따라서 단지 매우 단순한 행정기록만을 남길 수 있었다. 그러나 이후 수세기가 지나는 동안 수메르의 서기와 교사들은 점진적으로 그들의 문자체계를 수정하고, 형성해나갔다. 그리고 그 결과로 수메르 문자는 처음의 상형문자의 성격을 완전히 잃어버리고 마침내는 아주 양식화된 순수한 표음문자 체계가 되었다. 이리하여 기원전 2500~2000년 사이에 수메르의 문자기술은 가장 복잡한 역사적·문학적 작문도 어렵지 않게 완성하여 표현할 수 있는 충분한 감각과 유연성을 갖추게 되었다. 기원전 2000년대가 끝나기 전에 수메르 인들이 점토판, 기둥, 원주 등에 당시까지는 구전되어 내려오던 문학적 창작물들을 새겼다는 것은 거의 의심할 수 없는 사실이다. 그러나 현재까지

이 시대로부터의 경제적·행정적 점토판들과 종교적 비문은 수없이 발견되었음에도 불구하고, 같은 시대의 문학적인 기록은 오직 약간만이 고고학적인 우연에 의해 발굴되었을 뿐이다.

기원전 1000년대 전반기에 이르러 우리는 비로소 수메르의 문학작품들이 새겨져 있는 수천 개의 점토판과 파편들을 무더기로 발견하게 된다. 이것들의 태반은 오늘날의 바그다드에서 100마일 좀 넘게 떨어져 있는 고대 수메르의 유적지인 니푸르에서 1889~1900년에 발견되었으며, 대부분 현재 필라델피아의 펜실베이니아 대학 박물관과 이스탄불의 고대 오리엔트 박물관에 소장돼 있다. 다른 점토판과 파편들은 대개 발굴보다는 상인들을 통하여 획득되었으며, 지금은 대개가 대영박물관, 루브르 박물관, 베를린 박물관 그리고 예일 대학에 소장되어 있다. 거기에 새겨진 기록은 수백 줄에 이르는 완전한 문장이 새겨진 거대한 12개의 원주부터, 약간의 깨어진 문장이 간직돼 있는 파편에 이르기까지 다양하다.

이런 점토판과 파편들에 새겨진 문학작품은 수백 편에 이르며, 그것들의 분량도 50줄에 못 미치는 종교적 찬미가에서 1000줄에 육박하는 신화까지 다양하다. 내용과 형식을 살펴보면 그것들의 시대를 고려할 때 놀랍도록 심오한 형식과 장르들이 망라되어 있다. 유태인들이 그들의 성경을 쓰고, 그리스 인들이 〈일리아드〉와 〈오디세이아〉를 만들기 1000년도 훨씬 전에 수메르 인들은 신화와 서사시, 찬미가와 애도가, 그리고 수많은 속담, 우화, 에세이들의 모음으로 구성되는 풍부하고 성숙한 문학을 생산하고 있었다. 때문에 이 오랫동안 잊혀졌던 고대문학의 발견과 복원이 20세기 인문과학의 주요한 공헌이 되리라는 예측도 터무니없는 것만은 아니다.

그러나 이 목표의 성취는 결코 단순한 문제가 아니다. 그것은 수많은 수메르 학자들의 한 시대에 걸친 집중된 노력을 요구할 것이다. 대부분의 햇볕에 말려진 점토판들은 깨어진 파편이 되어 모습을 드러낸다. 때문에 원래 내용 중에서 아주 작은 부분만이 하나하나의 조각에 보존되어 있다. 그러나 이 재난 앞에 절망할 필요는 없다. 다행스럽게도 고대 수메르의 '교수들'과 학생

	I	II	III	IV	V	VI	VII	VIII
1								
2								
3								
4								
5								
6								
7								
8								
9								
10								
11								
12								
13								
14								
15								
16								
17								
18								

쐐기문자체계의 기원과 발전. 이 표는 기원전 3000년경에서 기원전 600년경까지 쐐기문자의 18가지 대표적인 상징의 형태들을 보여준다.

들은 각각의 문학작품에 여러 개의 사본을 남겼다. 그러므로 이러한 파손과 공백은 또 다른 파편의 상태로 남아 있는 다른 사본에 의해 복원되는 일이 흔하다. 그러나 이 복원작업을 완성하기 위해서는 원래의 기록된 형태를 향해 조각들을 맞추어나가야 하고, 필연적으로 수많은 점토판과 파편들을 끝없이 손수 복사해나가는 과정을 수반한다. 그것은 진저리가 나고, 사람을 지치게 만들며, 시간을 무한대로 잡아먹는 작업이다.

그러나 우리는 이런 유별난 장애들을 헤치고 완벽한 수메르의 텍스트를 만족스럽게 복원하는 순간을 드물게 맛보기도 한다. 이때 남는 작업은 이 고대 문서를 번역하여 그것의 핵심적인 의미를 알아내는 것이다. 그리고 이 과정은 지금까지의 일보다는 상대적으로 용이하다. 오랜 세월 동안 잊혀졌던 수메르 어의 문법은 과거 수백 년간 여러 학자들의 노력이 축적된 결과로 이제는 상당히 잘 알려져 있다. 그러나 단어는 다시 별개의 문제다. 감추어진 의미를 찾기 위해 수메르 학자는 '자신의 꼬리를 잡으려고 빙글빙글 도는 게임'을 다시 해야 한다. 그에게는 앞뒤의 문맥을 통하여 어떤 단어의 의미를 단지 추측할 수밖에 없는, 다소 절망감이 드는 일이 숱하게 생긴다. 그러나 문맥의 어려움과 단어의 당혹성에도 불구하고 상당한 양의 합리적이고 신뢰할 만한 수메르 문학작품의 번역이 최근의 세월 동안 이루어졌다. 현재 살아 있거나 이미 세상을 뜬 여러 학자들의 공헌에 힘입은 이 번역들은 국제적으로 이루어진 생산적이고, 축적되고, 협조적인 학문연구의 예를 생생하게 보여준다. 니푸르에서 수메르의 점토문헌들이 발굴된 이래 수십 년 동안 여러 학자들이 동양문명의 연구에 있어서 수메르의 점토문헌들이 갖는 가치와 중요성을 깨달았다. 그들은 그것들의 일부를 검토하고 복사했다. 이 일에 기여한 사람들 가운데는 조지 바튼, 레온 레그라인, 헨리 루츠 그리고 데이비드 미르만 등이 끼어 있다.

휴고 라다우는 수메르의 문헌자료에 많은 시간과 정력을 쏟은 최초의 인물이었다. 그는 펜실베이니아 대학 박물관에 꼼꼼하고 믿을 만한 40개 이상의 사본을 남겼다. 무르익지 않은 당시의 열악한 상황에도 불구하고 그는 문헌의 번역과 해설에 성실한 노력을 기울였고, 어느 정도의 성과를 거두었다. 그리고 유명한 앵글로-아메리칸 동양학자 스티븐 랭든이 어떤 측면으로는 라다우의 연구를 이어받았다. 그는 이스탄불의 고대 오리엔트 박물관과 펜실베이니아 대학 박물관에 소장돼 있는 니푸르 컬렉션으로부터 100개에 가까운 사본을 만들었다. 그러나 랭든은 너무 서두르는 경향이 있었고, 지나칠 수 없는 오류들이 그의 일에 스며들었다. 결국 그의 번역과 해설은 시간의 무게를 지탱하는 데 실패하고 말았다. 그럼에도 불구하고 다른 한편으로 그는 박물관의 벽장 속에 붙박여 있을 상당한 분량의 귀중한 수메르 문헌들을 재발견하는 데 성공했으며, 나아가 그의 열의와 의욕은 동료 쐐기문자학자들이 그 문헌들의 중대성을 깨닫는 데 많은 도움을 주었다.

같은 시기 유럽 박물관들의 소장품 목록에도 수메르의 점토문헌들이 나타나기 시작했다. 수메르 학이 아직 태동기에 있을 무렵인 1902년 영국의 쐐기문자학자이자 역사가인 L. W. 킹은 대영박물관에 양호한 상태로 보관돼 있던 16점의 점토판을 발표했다. 10년 후 라이프치히의 하인리히 짐메른은 베를린 박물관에 있는 200점 남짓한 파편들의 사본을 발표했다. 1921년 대영박물관의 당시 경영자인 시릴 가드는 특별한 파편들 10점의 사본을 발표했다. 그리고 1930년 프랑스의 발굴학자인 노령의 제누야크는 루브르 박물관에 소장되어 있던 신기할 정도로 잘 보존된 점토판들로부터 98개에 이르는 사본을 만들었다. 그러나 전체적으로 볼 때 수메르 문학과 수메르 연구의 분야에서 가장 공헌한 인물 중 한 사람은 1923년 과학적인 기반 위에 쓴 상세한 수메르 어 문법을 발표한 학자인 아르노 포벨이다. 그의 기념비적이고, 가치를 따질 수 없는 《역사적이고 문법적인 텍스트들(Historical and Grammatical Texts)》에는 펜실베이니아 대학 박물관에 있는 니푸르 소장품 중 150점 이상의 뛰어난 점토판과 파편들의 사본이 들어 있고, 거기에는 약 40편에 이르는 수메르 문학작품들이 부분적으로 새겨져 있다.

그러나 에드워드 치에라의 이름도 빼놓을 수 없다. 그는 오랫동안 펜실베이니아 대학에 몸담았던 수메르 문학 연구분야의 거인이었다. 그는 다른 어떤 선배들보다도 수메르 문학작품들의 특성과 범위에 대하여 탁월한 식견을 갖고 있었다. 이스탄불과 필라델피아에 있는 서로 관계된 니푸르 자료들의 사본을 만들어 발표해야겠다는 근본적인 필요성을 느낀 그는 1924년 이스탄불로 가, 거기에 있는 니푸르 자료들로부터 약 50개의 사본을 만들었다. 그것들 중의 상당수는 크고 잘 보존된 점토판들이었으며, 그 내용은 수메르 문학작품들에 대한 신선한 통찰력을 학자들에게 주었다. 그 후 여러 해에 걸쳐 그는 펜실베이니아 대학 박물관의 니푸르 컬렉션으로부터 200점 이상의 점토판과 파편들의 사본을 만들었다. 그리고 그것은 그의 선배들이 만든 사본을 모두 합친 것보다도 많은 분량이었다. 이런 디딤돌은 그의 인내심과 선견지명의 결과였고, 이로써 아름다운 수메르 문학의 본질이 마침내 감상되기 시작했다.

이 극도로 전문화된 연구분야에 대한 나의 관심은 직접적으로 에드워드 치에라로부터 물려받은 것이다. 하지만 나는 아르노 포벨에게 수메르 학의 단련을 받았고, 1930년대 초기의 여러 해 동안 그와 함께 일하는 특전을 누렸다. 아시리아 어 사전편찬사업의 지휘를 맡아달라는 요청을 시카고 대학의 오리엔트 연구소로부터 받은 치에라는 그가 만든 니푸르에서 발굴된 문학 점토판들의 사본을 가지고 떠났다. 그리고 오리엔트 연구소는 그것들을 두 권의 책자로 출판할 계획에 착수했다. 1933년 치에라가 죽은 뒤 오리엔트 연구소의 편집부는 치에라의 이름으로 사후 출간되는 이 두 권의 준비작업을 나에게 일임했다. 내가 수메르 문헌의 중대성을 깨달은 것은 바로 이 작업을 하면서였다. 그리고 이스탄불과 필라델피아에 잠들어 있는 니푸르의 점토판과 파편들의 사본이 만들어질 때까지 그 기록을 번역하고 해설하려는 모든 노력들은 대부분 헛되고 결실을 맺지 못할 것이라는 것도 그때 알았다.

이후 20년간 나는 수메르 문학작품들의 사본을 만들고, 조각을 맞추고, 해석하고, 해설하는 데 나의 가능한 모든 과학적인 노력을 바쳤다. 1937년 나는 구겐하임의 연구비 지원을 받아 이스탄불을 방문했다. 거기에서 터키 고

니푸르의 필경지. 1948~52년 사이에 이루어진 오리엔트 연구소와 대학박물관의 합동탐사에 의해 밝혀진 '점토판 언덕' 집들의 유적.

대유물부의 책임자들과 박물관 직원들의 충분한 협조를 받으며 나는 수메르 문학작품들이 부분적으로 새겨져 있는 170점 이상의 점토판과 파편들의 사본을 만들었다. 그리고 이 사본들은 터키 어와 영어로 쓰인 상세한 서문과 함께 출간되었다. 그후의 나날들을 나는 거의 펜실베이니아 대학 박물관에서 보냈다. 여기에서 미국철학협회의 관대한 보조금의 도움으로 나는 수백 개에 이르는 발표되지 않은 수메르 문학작품들을 연구하고 분류했다. 그리고 그 결과로 그것들 대부분의 내용을 밝혀 각각 원래 속한 작품의 공백에 끼워넣었고, 수많은 사본도 만들었다.

1946년 나는 다시 한번 이스탄불을 방문하여 또 다른 수백 점의 조각들의 사본을 만들었다. 이번에는 특별히 모두 신화와 서사적 이야기들이 새겨진 것들이었다. 그것들은 지금 발표되기 위해 준비 중에 있다. 그러나 나는 아직도 이스탄불 박물관에 수백 점에 이르는 조각들이 활용되지 않고 사본조

차 없이 잠들어 있음을 너무나 잘 알고 있었다. 따라서 내가 풀브라이트 재단의 연구교수 자격으로 1951~52년에 터키에 머무른 것은 바로 이 일을 계속하기 위함이었다. 이 기간 동안 이스탄불 고대 오리엔트 박물관의 터키 인 큐레이터들인 하티케 키질리아이, 무아제즈 키그, 그리고 나는 300점에 가까운 점토판과 파편들의 사본을 만들었다.

최근에 이르러 수많은 수메르 문헌들이 새로이 축적되었다. 1948년 시카고 대학의 오리엔트 연구소와 펜실베이니아 대학 박물관 공동 출자하여 니푸르에서 새로운 발굴을 하기 위한 연합탐험대를 파견했다. 이전의 발굴로부터 50년의 세월이 경과한 시점이었다. 이 새로운 탐사에서 수백 점의 새로운 점토판과 파편들이 발견된 것은 놀라운 일이 아니었다. 여기서 발견된 발견된 것들은 지금 오리엔트 연구소에서 세계적으로 뛰어난 쐐기문자 학자들 가운데 한 명인 소킬드 제이콥슨에 의해 사려 깊게 연구되고 있다. 이 새로이 발견된 자료들이 아름다운 수메르 문학의 많은 공백을 메울 것임은 이미 자명해지고 있다. 상당한 양의 수메르 문학작품들이 다음 10년간 발표될 것이라는 희망을 갖는 데는 충분한 이유가 있으며, 그것들은 인간의 기록된 역사에서 '최초의 것들'을 더욱 추가해나갈 것이다.

역사는 수메르에서 시작되었다

HISTORY BEGINS AT SUMER

1
교육

최초의 학교

수메르의 학교는 인류문명에 대한 수메르의 가장 중대한 공헌인 쐐기문자체계의 발명과 발전의 직접적인 결과였다. 그것에 대한 최초의 기록은 우루크라는 이름의 수메르 도시에서 발견되었다. 그 기록은 1000점에 이르는 작은 상형문자 점토판으로 구성돼 있으며, 우선적으로는 경제와 행정의 비망록들이 새겨져 있다. 그러나 그중에는 공부와 실습에 관한 약간의 단어들이 포함되어 있다. 그것은 기원전 3000년까지 올라가는 시점이고, 당시의 몇몇 필경사들은 벌써 가르침과 배움의 의미를 생각하고 있었다.

진보는 그후의 여러 세기에 걸쳐 서서히 진행되었다. 그러나 기원전 2500년경에 이르면 수메르 전역에 걸친 상당수의 학교에서 문자가 공식적으로 교육되고 있었다. 수메르 인 '노아'의 고향인 고대 슈루파크에서는 1902년~1903년에 걸쳐 상당한 분량의 학교 '교과서들'이 발굴되었고, 그것들의 연대는 기원전 2500년경부터 출발한다.

그러나 수메르의 학교체계가 성숙되고 번창한 것은 기원전 2000년대의 후반기에 접어들면서부터였다. 이 시기로부터는 이미 수만 점의 점토판이 발굴되었고, 그보다 훨씬 많은 점토판들이 지하에 묻혀 미래의 손길을 기다리고 있다는 것은 의심의 여지가 없다. 그 대다수는 행정상의 특성을 담고 있으며, 수메르 경제생활의 모든 측면을 포괄하고 있다. 그것들로부터 우리는 이 시기 전체에 거쳐 그들의 기술을 행하고 있던 필경사들의 수가 수천 명에 달했다는 것을 알 수 있다. 거기에는 하급자와 상급자가 있었으며, 왕실과 사원의 필경사들이 있었고, 특정부문의 행정활동을 매우 전문적으로 기록하거나 정부 고위관리가 된 필경사들도 있었다. 따라서 우리는 상당한 규모와 중요성을 가진 수많은 필경사 학교들이 수메르 전역에 걸쳐 번성했다고 추정할 모든 이유를 가지고 있다.

그러나 수메르 학교의 체계, 조직, 교육의 방법 등을 직접적으로 다루고 있는 이 시기의 점토판은 없다. 이런 종류의 정보를 얻기 위해서는 기원전 1000년대의 전반부로 가야만 한다. 이 후기 시대로부터는 학생들이 학교생활의 일부로서 직접 행한 온갖 종류의 실습들로 채워져 있는 점토판들이 이미 수백 점 발굴되었다. 그들의 필기는 초급자들의 보기 딱할 정도의 할퀸 자국으로부터 졸업을 앞둔 상급자들의 우아하게 씌어진 기호들에 이르기까지 다양하게 걸쳐 있다.

결론적으로 이 고대의 '습자본들'은 당시 수메르 학교의 교수방법과 교과과정에 대하여 우리에게 적지 않은 이야기를 들려주고 있다. 운 좋게도 고대 수메르의 교사들은 학교생활에 대하여 기록하기를 좋아했고, 이것을 주제로 한 그들의 에세이들 중 일부가 부분적으로 발견되었다. 이 모든 기록들로부터 우리는 수메르 학교의 목적, 학생, 시설, 교과과정 그리고 교수방법에 대한 그림을 그릴 수 있다. 이것은 인류 역사의 그토록 이른 시기에 있어서 유일무이한 것이다.

수메르 학교의 원래의 목적은 '전문적인 직업인'을 양산하는 것이었다. 그

어느 수메르 인의 석회조상. 기원전 2500년경 펜실베이니아 대학에 의해 카파제의 신전에서 출토되었다.

두두. 기원전 2350년경 라가시에 살았던 어느 수메르 필경사. 이 조상은 현재 바그다드의 이라크 박물관에 소장되어 있다.

수염을 기른 사제. 펜실베이니아 대학 발굴단에 의해 카파제에서 발굴된 조상이며, 현재 대학박물관에 소장되어 있다.

것은 그 나라의 경제적·행정적 필요, 각별히 신전과 왕궁의 그러한 면들을 충족시키는 필경사들을 훈련시키기 위해 처음 설립되었다. 그리고 이 점은 수메르 학교의 주요한 목적으로 끝까지 계속되었다. 그러나 그 성장과 발전의 과정에서, 특히 교과과정이 계속 늘어난 결과로 학교는 수메르에서 문화와 학문의 중심지가 되었다. 그 건물 안에서 고대의 인문학자이자 과학자들은 신학, 식물학, 동물학, 광물학, 지리학, 수학, 문법, 언어 등 모든 지식을 연구하고 성과를 더해나갔다.

더하여 오늘날의 학문기관과는 좀 다르게 수메르 학교는 창작의 중심지 역할도 했다. 즉, 과거의 문학창작물에 대한 연구와 사본작업이 이루어졌을 뿐만 아니라, 새로운 창작들도 지어졌다.

수메르 학교 졸업생들의 대부분은 신전과 왕궁에 봉사하는 필경사들이 되었지만, 그 나라의 부유하고 힘있는 자들 가운데 일부는 그들의 삶을 배우고 가르치는 데 바쳤다. 오늘날의 대학교수와 마찬가지로 이 고대 학자들의 많은 수는 그들의 교수비로 먹고살았고, 그 외의 남는 시간에 연구와 저술을 했다. 처음에는 신전의 부속기관으로 출발했을 수메르 학교는 세월이 흐르면서 세속적인 기관이 되었으며, 그것의 교과과정 역시 대개 세속적인 성격을 띠게 되었다. 그리고 선생님들은 학생들로부터 수업료를 받았다.

그 시대에는 교육이 보편적이거나 의무적이지 않았다. 대부분의 학생들은 부유한 가정 출신이었으며, 가난한 자들은 장기적인 교육이 요구하는 시간과 금전을 감당할 수 없었다. 최근까지 이러한 것들은 사실상 추정에 불과했다.

그러나 1946년 독일의 상형문자학자인 니콜라우스 슈나이더가 그것을 현재 남아 있는 사료들로부터 확실히 증명했다. 약 기원전 2000년을 배경으로 하는 수천의 공개된 경제와 행정기록에는 500명에 달하는 사람들이 필경사로서 기록되어 있고, 그들 중 많은 수는 그들의 아버지의 이름과 직업을 함께 적었다. 슈나이더는 이 자료를 편집하여, 학교의 졸업생들인 필경사들의 아버지들이 총독, 도시의 지도적 인물, 대사, 신전 관리자, 군대 지휘관, 선장이나 함장, 고위직 세금관리, 다양한 종류의 사제, 관리자, 감독관, 건설현장 책임자, 필경사, 공문서 관리인, 회계사 등이라는 것을 발견했다. 간단히 말하면 그들의 아버지들은 도시공동체의 부유한 시민들이었다. 그 기록들에는 여자 필경사가 단 한 명도 없다. 그러므로 수메르 학교의 학생들은 오직 남자들뿐이었다고 말할 수 있다.

수메르 학교의 장은 '전문가', '교수'를 뜻하는 '움미아'였고, '학교 아버지'라고도 불렸다. 이에 반해 학생은 '학교 아들'이라고 불렀다. 조교수는 '큰 형제'라고 불렸으며, 그의 임무들 가운데는 학생들이 베낄 새 점토판을 새기고, 그들이 공부한 내용을 암송하는 것을 듣는 것이 포함되어 있었다. 학교에서 일하는 다른 직원들 중에는 '그림 그리는 사람'과 '수메르 어 책임자'가 있었다. 거기에는 또한 출석을 확인하는 반장과 규율을 책임진 것으로 짐작되는 '채찍을 가진 사람'이 있었다. 우리는 학교장이 '학교의 아버지'였다는 것을 빼고는 학교 직원들 상호간의 서열에 관해 아는 것이 없다. 더하여 우리는 그들 수입의 출처에 대해서도 모른다. 아마도 그들은 '학교의 아버지'가 받은 수업료의 일부를 나누었을 것이다.

이제 수메르 학교의 교과과정을 살펴보자. 우리에게는 임의로 사용할 수 있는 그들의 학교에 대한 풍부한 자료가 있고, 이것은 정말 초기인류의 역사에서 유일무이한 것이다. 이 경우에 우리는 고대인들의 진술이나 뿔뿔이 흩어져 있는 조각난 정보들로부터의 추정에 의지할 필요가 전혀 없다. 우리는 학생들이 직접 쓴 기록들을 가지고 있고, 그것들은 초급자의 최초의 시도로부터 아주 잘 만들어져 교수의 것과 거의 다름없는 상급학생들의 작품에 이르기까지 다양하다. 우리는 수메르 학교의 교과과정이 우선 두 개로 구성되어 있음을 이것들로부터 알 수 있다. 하나는 다소 과학적이고 학술적인 과정이라고 묘사될 수 있고, 다른 하나는 문학적이고 창조적인 것이었다.

첫 번째 또는 과학적인 과정을 검토하기 위해서는 우선 이것이 진리를 위한 진리를 추구하는, 소위 과학적인 충동이라 불리는 것과는 관계가 없다는 것을 명심하는 것이 중요하다. 오히려 그것은 필경사에게 과연 수메르 어를 어떻게 효율적으로 가르칠 것인가라는 주요한 학교의 목표를 위하여 성장하고 발전했다. 이 교육적인 필요를 충족시키기 위해 수메르의 필경교사들은 하나의 교수법을 고안해냈다. 그것은 교사들에 의해 관련된 단어와 구절들로 분류된 수메르 어를 학생들이 익숙해질 때까지 암기하고 베끼는 방법이었다.

기원전 2000년대에 이 '교과서들'은 점점 더 완벽해졌고, 점진적으로 수메르의 모든 학교에서 이용되는 정형이 되어갔다. 거기에서 우리는 나무와 풀들, 곤충과 새가 포함된 동물들, 도시와 국가 그리고 마을들, 돌과 광물들의 수많은 이름들을 발견할 수 있다. 이런 편집들은 과학사가들도 지금에야 알기 시작하고 있는 식물학적 · 동물학적 · 지리학적 · 광물학적으로 무시할 수 없는 지식들을 드러낸다.

수메르의 학자들은 또한 다양한 산술 제표들을 만들고, 많은 구체적인 수학적 문제들을 그들의 해결책과 함께 남겼다. 언어학의 분야 중 수메르 어 문법의 연구는 학교 점토판에 잘 묘사되어 있다. 수많은 점토판들에는 아주 세련된 문법연구를 보여주는 명사의 합성과 동사의 형태에 대한 긴 목록들이 새겨져 있다.

더욱이 기원전 2000년 말기에는 셈 족인 아카드 인들이 점진적으로 수메르를 정복한 결과로 수메르 인 교수들에 의한, 인류에게 알려진 가장 오래된 '사전'이 편찬되었다. 셈 족 정복자들은 수메르 문자를 받아들였을 뿐만 아니라, 수메르의 문학작품들도 아주 소중히 여겼다. 그래서 수메르 어가 구두언어로서 사멸한 지 오랜 뒤에도 그들은 그것을 공부하고 모방했다. 따라서 수메르의 단어와 어구를 아카드 어로 번역한 '사전'에 대한 교육적인 필요성이 있었던 것이다.

수메르 교과과정의 문학적이고 창조적인 측면을 살펴보면, 그것은 우선 기원전 2000년대 후반기에 주로 발생해 발전했던 거대하고 다양한 문학작품들을 공부하고, 베끼고, 모방하는 것으로 구성되어 있다. 이 수백 개에 달하는 고대작품들은 형식면에서는 거의 모두가 시이며, 분량은 50행에도 못 미치는 것에서부터 거의 1000행에 달하는 것까지 있다.

현재까지 발견된 작품들의 장르는 대개 다음과 같다. 수메르 신과 영웅들의 공적과 위업을 찬양하는 산문시 형식의 신화와 서사적 이야기, 왕과 신들에 대한 찬미가, 수메르 도시들의 멸망에 대한 애도가, 속담, 우화와 에세이 등이 포함된 지혜로운 글 등이다. 수메르의 유적지들에서 발견된 수천 점에 달하는 문학적인 점토판과 파편들 사이에는 고대 수메르 학생들의 미숙한 손길이 느껴지는 것들이 적지 않다.

수메르 학교에서 행해진 교수방법과 기술에 대해서는 아직까지 거의 알려지지 않고 있다. 아침에 학교에 도착하면 학생들은 자신들이 전날 준비해

놓은 점토판을 가지고 공부했다. 그런 후 '큰 형제(조교수)'가 준비한 새 점토판을 학생들은 베끼고 공부했다. '큰 형제'와 '학교 아버지'는 아마도 학생들의 점토판을 검사했을 것이다. 암기가 교육의 큰 부분을 차지했다는 것은 의심의 여지가 없다. 선생과 조수들은 상당한 구전과 해설자료, 일람표, 목록 그리고 문학적인 텍스트 등의 보충자료들을 가지고 있었을 것이고, 학생들은 이것들을 받아적으며 공부했을 것이다. 그러나 수메르의 과학적·종교적·문학적 사고의 이해를 위해 엄청난 가치를 가졌을 이 '원고'들은 모든 가능성을 검토해볼 때 사본으로 만들어지지 않은 듯하고, 따라서 우리는 그것들을 영원히 잃어버렸다.

한 가지 사실이 두드러지게 나타난다. 수메르 학교에는 우리가 단계적으로 향상됐다고 볼 수 있는 특성이 없었다. 규율의 문제에 있어서는 회초리가 쉴 틈이 없었다. 선생들은 공부를 잘하도록 칭찬에 의해 학생들을 격려도 했던 것 같으나, 우선적으로는 학생들의 잘못과 결함을 바로잡기 위해 매에 의존했다. 학생들은 그것에서 무사한 날이 없었다. 그들은 아침에서 저녁까지 매일 학교에서 생활해야 했다. 그들에게는 방학이 있었을 것이나, 우리는 그 점에 대하여 아는 것이 없다. 그들은 어린 시절부터 청년이 될 때까지 오랜 기간을 학교에 머무르며 공부에 전념해야 했다. 학생들이 언제 그리고 무엇을 계기로 한 분야에 전문화되는지를 안다면 흥미로울 것이다. 그러나 학교 활동에 대한 많은 다른 점들과 마찬가지로 우리는 이것에 대해서도 자료가 없다.

고대 수메르의 학교는 어떻게 생겼을까? 여러 번에 걸친 메소포타미아의 발굴과정에서 이런저런 이유로 학교건물일 거라고 짐작되는 건물들이 발견되었다. 하나는 니푸르, 다른 하나는 시파르, 그리고 마지막 것은 우르에 있다. 그러나 방들에서 많은 탁자들이 발견된 것을 제외하면 그 건물들은 일반 가옥과 다른 점이 거의 없고, 따라서 그러한 추정은 잘못된 듯하다. 그러나 1934~35년 사이의 겨울에 니푸르에서 서쪽으로 멀리 떨어진 마리를 발굴하던 프랑스 발굴대가 교실의 외형적 특징을 명백하게 보여주는 두 개의 방을 발견했다. 특히 거기에는 한 명에서 네 명까지 앉을 수 있는 구운 벽돌로 만들어진 긴 의자들이 여러 줄 있었다. 그러나 아주 이상하게도 이 방들에서는 탁자가 발견되지 않았다. 그러므로 아무것도 확실히 증명된 것은 아니다.

이 교육체계에 대해 학생들 스스로는 어떻게 느꼈을까? 제2장에서 우리는 적어도 부분적인 대답을 할 수 있다. 거기에는 거의 4천 년 전에 씌어졌으나, 최근에야 조각이 맞추어져 해석된 학교생활에 관한 수메르 인의 에세이가 있다. 그것은 수메르의 사제관계에 대하여 가볍한 정보를 전해주는 교육의 역사에서 유일무이한 '최초'이다.

2
학교생활

최초의 촌지

근동에서 발굴된 가장 인간적인 기록은 어느 학생의 일상생활을 그린 수메르 에세이다. 기원전 2000년경에 살았던 익명의 학교 선생에 의해 씌어진 이 작품은 단순하고 직설적인 어법으로, 당시로부터 수천 년이 지났음에도 인간의 본성은 거의 변하지 않았음을 보여준다.

이 고대의 에세이에서 오늘날의 학생들과 마찬가지로 주인공인 수메르 소년은 학교에 지각하여 '선생님에게 벌받는 것'을 두려워한다. 잠에서 깨자 그는 점심 도시락을 싸달라고 어머니를 재촉한다. 학교에서 잘못을 저지를 때마다 그는 선생님과 조수들에게 회초리로 얻어맞는다. 이것은 아주 확실하다. 왜냐하면 체벌을 의미하는 수메르의 기호인 '막대기'와 '살'이 거기에 있기 때문이다. 당시 교사의 봉급은 오늘날보다 약간 빈약했던 것 같다. 아무튼 여기의 교사는 자신의 정해진 수입이 아닌 학부모로부터 오는 약간의

학교생활에 관한 에세이가 새겨져 있는 4개 단을 가진 점토판 (CBS 6094)의 앞면. 펜실베이니아 대학 박물관 소장.

학교생활 점토판(위)의 뒷면.

과외 수입에 아주 행복해한다.

'점토판 학교'의 '교수들' 중 하나의 창작이 분명한 이 작품은 학생을 향한 직접적인 질문으로 시작한다.

"학생, 자네는 요즘 무엇을 했나?" 소년은 대답한다. "학교에 갔습니다." 저자는 다시 묻는다. "학교에서 무얼 했는가?" (여기에서 학생의 대답이 전체 기록의 절반 이상이나 되므로 부분적으로 요약한다.) "저는 저의 점토판을 암송하고, 점심을 먹었습니다. 그리고 준비해온 새 점토판에 필기를 하고, 그것을 끝냈습니다. 그런 뒤 선생님들은 저에게 구두과제를 주었고, 오후에는 필기과제를 주었습니다. 수업이 끝나자 저는 집으로 갔습니다. 집에 들어서니 아버지가 앉아 계셨습니다. 저는 아버지에게 오늘의 필기과제에 대하여 말하며 나의 점토판을 암송했습니다. 아버지는 기분 좋아하셨습니다. … 저는 아침 일찍 일어나 어머니를 보고 말했습니다. '점심을 싸주세요, 학교에 가야 돼요.' 어머니는 빵 두 개를 준비했고, 나는 상을 차렸습니다. 어머니는 빵 두 개를 주었고, 나는 학교에 갔습니다. 학교에 도착하자 감독관이 나에게 말했습니다. '왜 늦었지?' 두려운 기분과 두근거리는 가슴을 안고 나는 선생님에게 가 정중히 절을 했습니다."

그러나 절과 관계없이 그날 이 학생은 퍽 불운했던 것 같다. 그는 성급하게 일어나거나, 문 밖으로 걸어나가는 등 경솔한 언행으로 인해 여러 교직원들에 의해 체벌을 받았다. 최악의 사태는 선생님이 그에게 "필기가 엉망이군"이라고 말하며, 그를 매질한 것이었다. 이 모든 상황은 그 어린 친구를 도저히 못 견디게 만든 것 같고, 그는 그의 선생님을 집으로 초대하여 선물로 기분을 바꾸자고 아버지에게 제안했다. 이것은 인류역사에 기록된 최초의 '촌지'다. 글은 계속된다.

그의 아버지는 신중하게 처리하라고 말했다. 선생님이 집을 방문했고, 그의 자리는 상석에 마련되었다. 소년이 옆에 앉아 시중을 들었고, 선생님은 아버지와 함께 점토판 필기술에 관하여 의견을 나누었다.

그런 뒤 아버지는 선생님과 더불어 술잔을 기울이며 식사를 했다. 그리고 그는 선생님에게 새 옷을 입히고, 선물을 주었으며, 그의 손에는 반지를 끼워주었다. 이런 환대에 기분이 거나해진 선생님은 다음과 같이 부분적으로 읽혀지는 구절들을 통해 이 장래성 있는 제자를 찬란하게 격려했다. "얘야, 너는 내 말을 흘려듣지 않고 신중하게 행동하는게 좋을 게다. 그래야 너는 필경술의 최고점에 도달할 것이다. 그리고 그것을 완전하게 성취할 것이다. … 너는 너의 형제들 중 가장 두각을 나타낼 것이고, 너의 친구들 중에는 우두머리가 될 것이며, 학생들의 지도자격이 될 것이다. … 너는 학교활동을 잘해왔으므로, 이제 지식 있는 사람이 되었다."

선생님의 이런 확신에 찬 낙관적인 발언과 함께 '학교생활'의 에세이는 끝난다. 이 글의 저자는 학교생활에 대한 자신의 소품이 4000년 후에 부활하여 어느 미국 대학교수에 의해 복원되리라고는 꿈도 꾸지 못했을 것이다. 다행스럽게도 이것은 당시에 유명한 에세이였음이 확실하다. 왜냐하면 현재까지 21점에 이르는 이 작품의 점토판 사본이 다양한 보존상태로 발견되었기 때문이다. 그중 13점은 펜실베이니아 대학 박물관에 있고, 7점은 이스탄불의 고대 오리엔트 박물관에 소장되어 있으며, 1점은 파리의 루브르 박물관에 간직되어 있다.

이 원문의 부분들이 점진적으로 맞추어진 과정은 다음과 같다. 1909년 '학교생활' 원문의 첫 번째 조각의 사본이 젊은 쐐기문자학자인 휴고 라다우에 의해 만들어져 발표되었다. 그러나 그것은 원문의 중간으로부터 발췌되었고, 라다우는 그것이 무슨 의미인지 파악할 수가 없었다. 그후 25년 동안 저명한 동양학자들인 스티븐 랭든, 에드워드 치에라, 제누야크 등에 의해 그 작품의 여러 조각들이 더하여 발표되었다. 그러나 그 원문의 진정한 중요성이 드러나기에는 그것으로도 충분치 못했다. 1938년 이스탄불에서 연장체류를 하고 있는 동안 나는 이 기록에 속하는 5점의 파편을 추가로 확인하는 데 성공했다. 그것들 중 하나는 4개의 난으로 나뉘어진 아주 잘 보존된 점토판이었고, 원래는 전체 원문이 다 들어 있었던 것이었다. 그것을 바탕으로 나는 다른 조각들을 적당한 위치에 맞추어놓을 수 있었다. 그 이래로 보존 상태가 좋은 4개 단을 가진 점토판으로부터 몇 줄의 파손된 문장만이 들어 있는 파편들에 이르는 다양한 조각들이 펜실베이니아 대학 박물관에서 추가로 확인되었다. 그리하여 결국 일부 파손된 기호를 제외하고는 실질적으로 전체 원문이 완성되고 복원되었다.

그러나 이것은 고대문서의 내용을 세상에 충분히 이해시키는 전체 과정 중 첫 번째 장애물을 넘은 데 불과하다. 신뢰할 만한 해석은 각 부분이 마찬가지로 중요하면서, 더욱 어렵다. 기록의 여러 부분은 수메르 학자들인 시카고 대학 오리엔트 연구소의 소킬드 제이콥슨과 하이델베르크 대학의 아담 팔켄슈타인에 의해 성공적으로 해석되었다. 그 해석들은 이전에 라이프치히와 앙카라에서 일했고, 지금은 시카고 대학의 오리엔트 연구소에 있는 베노 랜즈버거의 여러 제안과 함께 전체 기록의 첫 번째 완역을 위한 준비에 활용되었다.

이것은 1949년 전문 학술지인 〈아메리칸 오리엔탈 소사이어티(the Journal of American Oriental Society)〉에 발표되었다. 이 고대 에세이의 단어와 구절들은 아직도 여러 면에서 불완전하지만, 미래의 어느 학자가 정확한 보강을 하는 데 성공하리란 것도 믿어 의심치 않는다.

최초의 청소년 문제

　오늘날 청소년 비행이 심각한 문제로 대두되고 있는 현실에서 고대에도 상황이 크게 다르지 않았음을 아는 것이 어느 정도 위로가 될지도 모르겠다. 제멋대로이고, 사사건건 반항적이며, 감사할 줄 모르는 아이들은 오늘날과 마찬가지로 고대에도 부모들의 골치를 썩였다. 그들은 거리와 대로를 배회하고, 길모퉁이나 공공장소에서 빈둥거리며, 감독관이 있었음에도 불구하고 패거리를 지어 말썽을 일으키기도 했다. 그들은 학교와 교육을 증오하고, 끊임없는 방황과 불만으로 부모들의 복장을 뒤집었다. 우리는 이런 모든 것들을 최근에 맞추어진 한 수메르 에세이를 통하여 알게 되었다. 이 에세이를 전해주는 17점의 점토판과 파편들은 3700년 전에 제작됐으나, 사실 원작이 만들어진 때는 몇백 년 더 거슬러올라가는 것으로 보인다.

　어느 필경사와 그의 말썽꾸러기 아들에 관한 이 작품은 부자간의 친밀한

대화로 시작된다. 여기에서 아들은 학교에 가서 열심히 공부한 후 거리를 쏘다니지 말고 곧장 집에 돌아오라는 훈계를 듣는다. 그리고 아버지는 아들에게 자신의 충고를 강조하기 위해 그의 말을 되풀이한다.

에세이의 이 부분에는 아버지의 말만 이어진다. 그는 아들을 정신차리게 하기 위해 거리에 돌아다니지 말고, 학교 감독관을 공손히 대하며, 학교에 가서 예전 사람들의 경험을 듣고 배우라는 등 일련의 실질적인 지침을 이야기한다. 그리고 이어서 말 안 듣는 아들을 향한 혹독한 꾸짖음이 나온다. 아버지는 끊임없는 근심과 아들의 방종한 행동으로 죽을 지경이라고 말한다.

그는 아들이 부모의 은혜를 모르는 것에 너무나 실망했다. 그는 아들에게 쟁기질이나 소를 돌보게 하지 않았고, 땔감을 구해오도록 하지도 않았을 뿐더러, 다른 아버지들처럼 가족을 부양하라고 요구하지도 않았다. 그럼에도 불구하고 그의 아들은 다른 젊은이들보다 제구실을 더 못한다고 아버지는 한탄한다.

오늘날의 낙심한 많은 부모들처럼 이 아버지도 아들이 자신의 뒤를 이어 필경사가 되기를 거부한 것에 특별히 상처를 받은 듯하다. 그는 동료, 친구, 형제들과 경쟁하여 그의 직업인 필경술을 이어받도록 아들에게 훈계한다. 그 직업은 가장 어려운 기술임에는 틀림없지만, 이 세상에 구현되는 신의 기술이요, 재능이며, 인간의 경험을 시적으로 전달하고 남기기 위해 가장 효과적인 방법이라고 아버지는 주장한다. 그는 계속하여 어떤 경우에도 아들이 아버지의 직업을 잇는 것은 모든 신들의 왕인 엔릴에 의해 정해진 것이라고 말한다.

마지막으로 인간적이기보다는 물질적인 성공을 추구하는 아들의 경향을 꾸짖은 뒤 본문은 약간 불분명해진다. 그것은 아들을 진실한 지혜로 인도하려는 짧은 말들인 듯싶다. 아무튼 아버지가 아들을 축복하고, 그의 개인적인 수호신인 달의 신 난나와 그의 아내인 여신 닌갈의 가호를 비는 것으로 에세이는 해피엔딩을 맞는다.

다음은 이 에세이 중 가끔씩 불분명한 구절과 행만 제외하고는 상대적으로 잘 알아볼 수 있는 부분의 직역으로, 아버지가 그의 아들에게 묻는 것으로 시작한다.

　　"어디에 갔었느냐?"
　　"아무 데도 가지 않았어요."
　　"아무 데도 가지 않았다면, 왜 집에서 빈둥거리고 있지? 학교에 가고, 너
　　의'학교의 아버지' 앞에 서고, 너의 과제물을 암송하고, 너의 책보를 열고, 너
　　의 점토판에 필기를 하고, 너의'큰 형제'가 새 점토판에 너를 위해 써주도록

해라. 너의 과제를 끝내고, 너의 감독관에게 보고한 뒤 나에게 와라. 그리고 거리에서 방황하지 마라. 내가 한 말을 알아듣겠느냐?"

"알아요, 나중에 말씀드릴게요."

"애야, 지금 말해라."

"나중에 말씀드릴게요."

"어서 말해라."

"학교에 가고, 저의 과제물을 암송하고, 저의 책보를 열고, 저의 점토판에 필기를 하고, 저의'큰 형제'가 새 점토판에 필기를 해주도록 하라고 말씀하셨습니다. 저의 과제와 공부를 끝내고, 저의 감독관에게 보고한 뒤에는 아버지께 와야 합니다. 아버지는 그렇게 저에게 말씀하셨습니다."

아버지는 이제 한참을 혼자서 말한다.

"애야, 이제 철 좀 들어라. 공공장소에서 서성거리거나 길에서 배회하지 마라. 길을 걸을 때는 주위를 두리번거리지 마라. 너의 감독관 앞에서는 겸손하게 굴고, 어려워함을 보여라. 네가 두려워하면, 감독관은 너를 좋아하게 될 것이다."

...... [15행 가량이 파손되었음]

"거리에서 배회하는 네가 과연 성공할 수 있겠느냐? 최초의 사람들의 충고를 들어라. 학교에 가라. 너에게 유익할 것이다. 나의 아들아, 최초의 사람들을 찾아, 그들의 조언을 들어라."

"내가 지켜보고 있는 잘못된 자여, 내가 나의 아들을 지켜보지 않는다면 나는 인간이라 할 수 없을 것이다. 나는 친척들과 이야기를 나누어보고, 그들의 자식들과 비교해보았다. 그러나 그들 중 너 같은 사람은 아무도 없었다."

"내가 이제 너에게 이야기하려는 것은 바보를 현자로 바꾸며, 뱀의 좋은 면을 보고, 네가 잘못된 말에 현혹되지 않게 하기 위한 것이다. 나의 마음이 너로 인해 너무 지쳐 있었기 때문에 나는 너를 멀리했고, 너의 방황과 불만에 괘념치 않았다. 그래, 나는 너의 방황과 불만에 괘념치 않아왔다. 너의 불평 때문에, 그래, 너의 불평 때문에 나는 너에게 화가 났었다. 그래, 나는 너에게 화가 났었다. 나의 마음은 마치 사악한 바람에 휩쓸린 것 같았다. 너의 불만은 나를 한계까지 밀어붙였다. 너는 내가 숨을 쉴 수 없도록 만들었다."

"나는 내 전인생에서 절대로 너를 나무 하라고 숲으로 보내지 않았다. 젊은 이들과 어린아이들은 나무를 하기 바쁘지만, 너는 네 인생에서 결코 나무를 하지 않았다. 나는 절대로 나의 짐수레를 밀도록 너에게 시키지 않았다. 나는 절대로 밭에서 쟁기를 끌도록 너에게 시키지 않았다. 나는 절대로 땅을 개간하도록 너에게 시키지 않았다. 나는 절대로 육체노동을 하도록 너를 보내지 않았다. '가서 일을 해서 나를 먹여살려라,' 나는 절대로 너에게 이렇게 말한 적이 없다."

"너 같은 다른 이들은 일을 해서 부모를 공양한다. 만약 네가 친척들과 이야기를 나누고, 그들을 올바르게 평가한다면, 너는 그들을 따라야 할 것이다. 그들은 각자가 10구르(72부셀 : 1부셀은 약 35~36l′/역주)의 보리를 부모에게 제공한다. 어린아이들조차 각자 10구르를 제공한다. 그들은 아버지를 위해 보리를 증가시키고, 보리, 기름 그리고 양모를 바친다. 그러나 너는 엉뚱한 짓을 할 때는 성인이지만, 그들과 비교하면 아직 멀었다. 너는 그들처럼 노동을 하지 않는다. 그들의 아버지들은 아들들에게 노동을 시킨다. 그러나 나는 그들처럼 일하도록 너에게 시키지 않았다."

"나를 노하도록 만든 잘못된 자여, 나는 인간이기 때문에 나의 아들에게 정말로 노할 수 있다. 나는 친척들과 이야기를 했고, 지금까지 몰랐던 것을 알았다. 너에 관한 소문들은 그들을 근심스럽게 했고, 그들은 너를 주목하고 있다. 너의 동료, 너는 그를 올바르게 평가하지 못했다. 왜 너는 그를 본받지 않느냐? 너의 친구, 너는 그를 올바르게 평가하지 못했다. 왜 너는 그를 본받지 않느냐? 너의 형을 본받아라. 너의 동생을 본받아라. 엔키가 이름붙여 (존재하는) 모든 기예들 가운데 그가 필경술이라 이름붙인 것만큼 어려운 기술은 없다. 왜냐하면 바다나 긴 운하의 제방과 마찬가지로 노래(시)가 아니라면 너는 나의 조언을 듣지 못할 것이고, 나는 나의 아버지의 지혜를 너에게 되풀이하지 못할 것이기 때문이다. 아들이 아버지의 일을 이어받는 것은 엔릴에 의해 정해진 운명이다."

"나는 밤낮으로 너 때문에 고통받았다. 너는 밤낮으로 쾌락에 빠져 있다. 너는 상당한 재산을 모았다. 너는 살찌고, 얼굴이 둥글어지고, 힘이 생기고, 우쭐해졌다. 그러나 너의 친척들은 너의 불운을 기대하고 있으며, 그것을 즐길 것이다. 왜냐하면 너는 너의 인간성을 돌보지 않고 있기 때문이다."

(여기서부터 속담과 오래된 격언들로 이루어진 듯한 41행의 구절이 불분명하게 이어진다. 그런 뒤 이 에세이는 아버지의 시적인 축복으로 끝난다.)

"너와 다투는 자로부터 너의 신 난나는 너를 구할 것이다, 너를 공격하는 자로부터 너의 신 난나는 너를 구할 것이다, 너의 신이 너를 지켜줄 것이다, 너의 인간성이 너의 목과 가슴을 고귀하게 만들 것이다, 너는 너의 도시의 현자들의 대표가 될 것이다, 너의 도시의 좋은 장소들에서 너의 이름이 회자될 것이다, 너의 신은 너를 칭찬할 것이다, 너의 신 난나가 너를 지켜줄 것이다, 여신 닌갈의 호의가 너를 돌볼 것이다!"

그러나 인정하고 싶지는 않지만, 세상을 운영하는 것은 학자, 시인 또는 휴머니스트들이 아니라, 정치가, 관료 그리고 군인들이다. 그리고 제4장에서 다루어질 '최초'는 '힘의 정치'와 '정치적 사건들'을 성공적으로 처리한 5000년 전 수메르의 한 지배자에 관한 것이다.

최초의 신경전

마르마라 해가 뻗쳐들어오는 만같이 생긴 골든 혼 항과 강 같은 보스포루스 해협이 있는 곳에 '궁전의 코'라는 의미의 샤라이-부르누로 알려진 이스탄불의 한 지역이 있다. 이곳의 높은 철벽과 같은 성벽 안에 이스탄불의 정복자 메메트 2세는 그의 궁전을 세우고 기거하며 제국을 통치하는 본거지로 삼았다. 그리고 그것은 벌써 거의 500년 전의 이야기다. 그후로 수백 년 동안 여러 술탄들은 이 궁전을 새롭게 장식하기 위해 정자와 회교사원들을 건설하고, 새로운 분수들을 만들었으며, 새로운 정원들을 꾸몄다. 잘 다듬어진 뜰과 층층이 단을 쌓아올려 만든 정원들에는 하렘의 여인들과 그들의 시종들, 왕자들과 그들의 시동들이 거닐었다. 극히 소수만이 이 궁전에 들어갈 수 있는 특권을 누렸고, 그 안의 생활을 볼 수 있도록 허락된 사람들은 더욱 드물었다.

그러나 술탄들의 시대는 흘러간 이야기가 되었고, '궁전의 코'는 다른 국면을 맞이하게 되었다. 높게 쌓아졌던 성벽은 대부분 허물어졌다. 술탄의 정원들은 무더운 여름날 이스탄불의 시민들에게 그늘과 휴식을 주는 공원으로 바뀌어졌다. 금지된 궁전들과 비밀스러웠던 정자들은 지금은 대부분 박물관이 되었다. 영원히 사라진 것은 술탄의 억압의 손길이다. 터키는 이제 공화국인 것이다.

이런 박물관들 중 하나인 고대 오리엔트 박물관의 많은 창문을 가진 어느 방에 나는 커다란 직사각형 탁자를 마주하고 앉아 있다. 내 앞의 벽에는 둥근 얼굴과 슬픈 눈동자를 가진 아타투르크(케말 파샤/역주)의 커다란 사진이 걸려 있다. 그는 터키 공화국을 건설한 사랑받는 영웅이다. 어떤 면에서 우리 세기의 가장 중요한 정치인의 하나인 이 비범한 인물에 관해서는 아직도 많은 것이 이야기되고 씌어져야 할 것이다. 그러나 그들의 업적이 얼마나 우렁차게 울려퍼지고 있느냐에 관계없이 내가 관계하는 것은 근대의 '영웅들'이 아니다. 나는 수메르 학자. 그리고 나의 관심사는 까마득한 과거에 존재했던 오래 전에 잊혀진 영웅들이다.

지금 내 앞의 탁자 위에는 거의 4000년 전에 살았던 필경사에 의해 새겨진 점토판이 하나 있다. 거기에 씌어 있는 문자는 쐐기모양을 하고 있다. 이 언어는 수메르 어다. 그 점토판은 가로 세로가 각각 9인치인 정사각형이다. 그러므로 그것은 보통의 타자용지보다 작은 크기이다. 이 점토판을 쓴 필경사는 그것을 12부분으로 다시 나누었다. 그리고 정밀한 필기술을 이용하여 그는 이 제한된 공간에 600행 이상으로 이루어진 수메르 영웅시 한 편을 새기는 데 성공했다.

우리는 그 작품을 '엔메르카르와 아라타의 왕'이라고 부른다. 그것에 등장하는 인물들과 사건들은 거의 5000년 전으로 거슬러올라가지만, 묘하게도 거기에는 우리의 현대적인 귀에 매우 익숙한 것들이 있다. 왜냐하면 그 시는 오늘날 힘의 정치에서 사용하는 수법들을 암시하는 정치적 사건이 기록되어 있기 때문이다.

이 시는 우리에게 말하기를, 이것을 기록한 필경사조차 태어나기 오래 전, 그야말로 옛날 옛적에 엔메르카르라는 이름을 가진 아주 유명한 수메르 영웅이 살았다. 그는 티그리스 강과 유프라테스 강 사이의 남부 메소포타미아에 있던 도시국가인 우루크를 통치했다. 우루크에서 먼 동쪽의 페르시아에는 또 하나의 도시국가인 아라타가 있었다. 그 도시는 우루크로부터 7개의 산맥을 사이에 두고 떨어져 있었으며, 접근하기가 아주 어려운 높은 산의 정상에 둥지를 틀고 있었다. 아라타는 번성한 도시였으며, 낮은 평원지대인 메소포타미아에 절대적으로 부족한 광물과 돌이 풍부했다. 그리고 그 메소포타미아에 엔메르카르의 도시인 우루크가 있었다. 엔메르카르는 갈망과 탐욕이 넘치는 눈길로 아라타와 그 부유함을 바라보았다. 그곳의 백성과 통치자를 자신의 지배하에 두기로 결심을 굳힌 그는 아라타의 지배자와 주민들을 상대로 '신경전'을 개시했다. 결국 그는 아라타가 독립을 포기하고, 우루크의 속국이 되는 정도까지 그들의 사기를 꺾는 데 성공했다.

이 모든 것은 서사시의 특징을 살려 천천히 우회적으로 이야기된다. 이 작품은 태초부터 우루크와 쿨랍(우루크와 이웃들이 속해 있던 지방)의 위대함을 노래하고, 여신 이난나의 사랑을 받은 때문에 아라타보다 우월함을 강조하는 서문으로 시작된다. 그런 뒤 본문은 '옛날 옛적에'라는 말로 막을 올린다.

이 시는 태양신 우투의 아들인 엔메르카르가 어떻게 아라타를 속국으로 만들기로 결심하고, 강력한 사랑과 전쟁의 수메르 여신이자 그의 누이인 이난나에게 간청했는지를 서술한다. 엔메르카르는 아라타의 주민들이 금·은·청금석을 비롯한 값진 돌들을 가져오고, 그를 위해 여러 신전과 사원을 짓기를 원했다. 특히 그는 페르시아 만 근처에 있는 도시인 에리두에 수메르 물의 신 엔키 숭배의 중심인 아브주(바다) 신전을 짓고자 했다.

엔메르카르의 간청에 마음이 움직인 이난나는 안샨의 위풍당당한 산들을 넘어갈 적절한 사자를 고르도록 조언했고, 아라타의 주민들은 그에게 복종하여 그가 원하는 건설공사를 할 것이라고 확신시켰다. 엔메르카르는 사자를 선발하여 아라타의 왕에게 보내, 만약 그와 그의 백성들이 금과 은을 바치고, 엔키의 신전을 건설하고 장식하지 않으면 그의 도시를 파괴하고 황폐시켜버리겠다고 협박했다. 아라타의 왕을 더욱 압박하기 위해 엔메르카르는 그에게 '엔키의 주문'을 반복하도록 그의 사자에게 지시했다. 그것은 엔키가 엔릴의 지배하에 있던 인간의 '황금시대'를 어떻게 끝장냈는가를 서술하고 있다.

7개의 산맥들을 넘어 아라타에 도착한 사자는 그의 주인의 전갈을 아라타의 왕에게 충분히 되풀이하고, 그의 대답을 기다렸다. 그러나 그는 굴복하길 거부했다. 그는 주장하기를, 이난나는 그의 수호신이며, 그녀가 그를 아라타의 왕으로 만들었다고 했다. 그러자 사자는 이난나가 이제 우루크에서 '에안나의 여왕'이 되었으며, 아라타를 엔메르카르에게 복종시킬 것을 약속했다고 그에게 말했다.

아라타의 왕은 이 소식에 얼어붙어버렸다. 그는 사자가 그의 왕에게 가져갈 답변을 만들었다. 거기에서 그는 군사력에 의지하는 엔메르카르를 부드럽게 달래며, 전쟁 대신에 두 명의 선발된 전사들이 싸우는 '대리결투'를 제안했다. 그는 이어서 말하기를, 이난나가 그에게 등을 돌렸기 때문에 그는 엔메르카르에게 복종할 준비가 되었으나, 그것은 엔메르카르가 그에게 많은 양의 곡식을 보내오는 경우에만 가능하다고 했다. 사자는 급히 우루크로 돌아가 회의장의 앞마당에서 엔메르카르에게 메시지를 전했다.

다음번 행보를 만들기 전에 엔메르카르는 여러 가지 의례적인 절차를 밟았다. 그는 먼저 수메르 지혜의 여신인 니다바와 상의했다. 다음으로 그는 짐승들에 곡식을 실려 아라타로 보냈다. 그 일행을 인솔한 사자는 엔메르카르의 왕권을 칭송하고, 그에게 홍옥수와 청금석을 보내도록 아라타의 왕에게 명령하는 전갈을 지니고 있었다. 아라타에 도착한 즉시 사자는 궁전의 안마당에 곡식을 쌓고 왕의 메시지를 전했다. 곡식을 보고 기쁨에 찬 아라타의 주민들은 엔메르카르에게 홍옥수를 바치고(청금석에 관해서는 아무 언급이 없다), 그를 위하여 '순결한 집'을 지을 '원로들'을 모을 준비를 마쳤다. 그러나 이성을 잃을 정도로 흥분한 아라타의 왕은 엔메르카르와 똑같은 말로 그 자신

엔메르카르와 아라타 왕. 이스탄불의 고대 오리엔트 박물관에 소장된 12개의 단을 가진 점토판의 사본.

의 왕권을 찬양한 뒤 엔메르카르가 그에게 홍옥수와 청금석을 더 보내야 한다고 주장했다.

사자가 우루크로 귀환하자 엔메르카르는 점을 쳤던 것 같다. 특히 그 중에는 '슈시마'라는 갈대를 이용한 것이 있었다. 그는 그것으로 '빛에서 어둠'을 낳고, 다시 '어둠에서 빛'을 낳다가, '5년, 10년이 지난 후' 그것을 베어버렸다. 그는 다시 한번 사자를 아라타로 보냈다. 그러나 이번에는 아무런 전갈 없이 단지 왕권의 상징을 사자의 손에 들려 보냈다. 왕권의 상징을 보자 아라타 왕은 공포심이 일어났다. 그는 그의 샤탐무(점술사를 일컫는 말인 듯함/역주)에 문의했고, 그후 이난나의 불쾌감에 의해 그의 도시가 처한 위험을 비통하게 인정한 그는 엔메르카르에게 복종할 준비가 된 것 같았다. 그럼에도 불구하고 그는 다시 한번 엔메르카르에게 도전을 시도했다. 이번에 그는 자신의 병사들 가운데 선발된 '전사'와 대결할 우루크 측의 '전사'를 뽑아 대리 전쟁을 치르도록 엔메르카르에게 요구했다. 그리고 그 결과에 따라 누가 더 강한지가 드러날 것이다. 선발될 자의 조건은 검지도 희지도 않고, 갈색이거나 노란색도 안되며, 얼룩이 있어도 안된다는 수수께끼 같은 것이었다. 따라서 이것은 도무지 어떤 사람을 얘기하는지 이해하기가 힘들었다.

사자가 이 새로운 도전을 가지고 우루크에 도착하자, 엔메르카르는 세 가지의 전갈을 가지고 아라타로 돌아가도록 그에게 명했다. ⑴그(엔메르카르)는 아라타 왕의 도전을 받아들였으며, 그의 수하들 중 하나를 아라타의 대표와 결판을 내기 위해 파견할 것이라고 했다. ⑵그는 우루크의 여신 이난나를 위해 아라타 왕이 금은과 귀중한 돌들을 산더미처럼 쌓을 것을 요구했다. ⑶그는 아라타의 왕과 주민들이 에리두의 신전을 건설하고 장식하도록 그를 위해 '산의 돌들'을 운반하지 않는다면 아라타를 완전히 파괴해버리겠다고 다시 한번 협박했다.

전갈의 앞부분에서 엔메르카르는 선발될 자의 색깔에 관해 아라타의 지배자가 요구한 수수께끼 같은 조건의 정체를 밝히고 있다. 엔메르카르는 그의 전갈에서 '전사'를 '옷'이라는 단어로 바꾸어 사용하고 있다. 그러므로 그 색깔이란 싸움에 임하는 자의 피부가 아니라 옷을 가리키는 것으로 추정된다.

그 다음에 비상한 관심을 끄는 구절이 나온다. 그 구절은 만약 정확히 해석되었고, 이 시를 쓴 시인의 의견이 옳다면 쿨랍의 통치자인 엔메르카르가 점토판에 문자를 새긴 최초의 인물이었음을 우리에게 말해준다. 그의 사자가 '무거운 입'을 가졌고, (아마도 그것의 분량이 너무 많아서) 전갈을 정확히 되풀이하지 못했기 때문에 엔메르카르는 점토판에 전갈을 새겼다. 사자는 그 점토판을 아라타 왕에게 전하고 그의 대답을 기다렸다. 그러나 뜻밖의 도움이 아라타 왕을 찾아왔다. 수메르의 비와 폭풍의 신인 이스쿠르가 아라타 왕 앞에 산더미 같은 야생 밀과 콩을 가져왔던 것이다. 밀을 보고 그는 크게 고무되었다. 그는 자신감을 회복했고, 이난나는 아라타와 아라타에 있는 그녀의 집과 침실을 버리지 않았다고 엔메르카르의 사자에게 말했다.

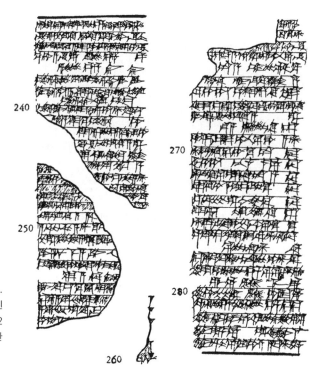

240

250

엔메르카르와 아라타 왕.
이스탄불의 고대 오리엔
트 박물관에 소장된 12
개의 단을 가진 점토판
의 사본.

260

270

280

　여기서부터 본문은 단편적으로 이어지고, 문맥은 이해하기가 어렵게 된
다. 그러나 우리는 결국 아라타의 주민들이 금은과 청금석을 우루크에 가져
와 이난나를 위해 에안나의 안마당에 쌓았다는 진술은 알아볼 수 있다.

　지금까지 발견된 세계문학사상 최초의 장편 서사시는 이렇게 끝난다. 원
문은 20점의 점토판과 파편들로부터 복원되었으며, 그중에서도 가장 중요
한 부분은 1946년 이스탄불의 고대 오리엔트 박물관에서 내가 사본을 만든
12개 단의 점토판이다. 수메르 어 원문에 해석과 주석이 달려 있는 전문가
를 위한 과학적 편집은 1952년 펜실베이니아 대학 박물관 특별연구서로 발
표되었다. 그러나 꼭 이 분야의 전문가가 아니라 할지라도, 이 초기 영웅시
의 사례에 관해서는 흥미와 가치를 느낄 수 있을 것이다.

　그러므로 다음의 것은 이 시의 전반부에 있는 잘 보존된 몇몇 구절들의

직역으로, 이 작품이 가진 독특한 분위기와 맛을 보여줄 것이다. 이 구절들에는 이런 내용들이 포함되어 있다. 그의 수호신인 이난나를 향한 엔메르카르의 탄원, 이난나의 조언, 그의 사자에게 주는 엔메르카르의 지시들, 사자에 의한 그 지시들의 이행, 아라타 왕의 분노와 거절, 이난나는 이제 엔메르카르의 편이라는 사자의 선언과 그것에 충격받고 상심하는 아라타 아라타 왕 등(여러 가지 이유로 문장의 중간 여기저기에 단어나 행이 생략된 경우는 말줄임표를 넣어 빠진 부분을 표시했다.)

옛날 옛적에 성스런 이난나에 의해 선택된 왕,

성스런 이난나에 의해 그 나라 슈바로부터 선택된,

엔메르카르, 우투의 아들,

그의 누이 거룩한 ...의 여왕에게,

성스런 이난나에게 탄원을 한다 :

"오 나의 누이 이난나여 : 우루크를 위해

아라타의 사람들이 금과 은을 아름답게 만들게 해주오,

그들이 순결한 청금석판을 가지고 내려오게 해주오,

그들이 귀한 돌들과 순결한 청금석을 가지고 내려오게 해주오 :

성스런 땅 우루크를 위해 ...,

당신이 있는 안샨의 집에,

그들이 ...을 짓도록 해주오,

당신이 당신의 보금자리를 꾸민 성스런 기파르를 위해,

아라타의 사람들은 아름다운 실내장식을 할 것이오,

나, 나는 그 한가운데서 ...을 기도할 것이오 :

아라타를 우루크에 복종시켜주오, 아라타의 사람들이,

그들의 고원으로부터 산의 돌들을 가지고 내려오게 해주오,

나를 위해 훌륭한 예배당을 짓도록 해주오,

나를 위해 훌륭한 신전을 세우도록 해주오,

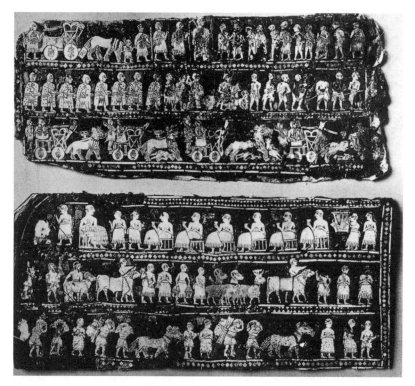

전쟁과 평화. 전투에 임하고 승리를 축하하는 수메르 왕을 묘사한 것으로 우르에서 발굴되었다. 현재 런던의 대영박물관에 소장되어 있다.

　　나를 위해 훌륭한 신전, 신들의 신전이 나타나게 해주오,

　　나를 위해 쿨랍에 성스런 법률이 이루어지도록 해주오,

　　나를 위해 아브주를 성스런 고원처럼 만들어주오,

　　나를 위해 에리두를 산과 같이 정화시켜주오,

　　나를 위해 아브주의 성스런 예배당을 동굴처럼 나타나게해주오 :

　　나, 내가 아브주에서 찬미가를 부를 때,

　　내가 에리두로부터 성스런 법률을 가져올 때,

　　내가 과수나무를 꽃피울 때,

　　내가 쿨랍, 우루크에서 나의 머리에 왕관을 쓸 때,

홀륭한 예배당의 . . .은 기파르가 되고,
기파르의 . . .은 홀륭한 예배당이 될 것이오,
사람들은 만족하여 찬미하고,
우투는 환희에 찬 눈으로 바라볼 것이오."

그녀는 성스러운 안의 기쁨이고, 고원을 응시하는 여왕이다.
그녀의 눈매가 아마-우슘갈란나인 어주인,
이난나, 모든 대지의 여왕,
엔메르카르, 우투의 아들에게 말한다 :
"보라, 엔메르카르, 내가 그대에게 주는 지시를, 나의 지시를 받아라,
내가 그대에게 하는 말, 그것에 귀를 기울여라!
. . .에서 슬기로운 사자를 골라라,
현명한 이난나의 위대한 말이 . . .에서 그에게 전해질 것이다,
그가 . . . 산을 오르게 하라,
그가 . . . 산을 내려오게 하라,
안샨의 . . . 앞에,
그를 젊은 시인처럼 엎드리게 하라,
거대한 산들의 공포에 겁먹은,
그가 흙먼지 속을 정처없이 헤매게 하라―
아라타는 우루크에 굴복할 것이다 :
아라타의 사람들,
그들의 땅으로부터 산의 돌들을 가지고 내려온다,
그대를 위해서 홀륭한 예배당을 지을 것이다,
그대를 위해서 홀륭한 신전을 세울 것이다,
그대를 위해 홀륭한 신전, 신들의 신전이 나타나게 해줄 것이다,
그대를 위해 쿨랍에 성스런 법률이 이루어지도록 해줄 것이다,
그대를 위해 아브주를 성스런 고원처럼 만들어줄 것이다,

그대를 위해 에리두를 산과 같이 정화시켜줄 것이다,

그대를 위해 아브주의 성스런 예배당을 동굴처럼 나타나게 해줄 것이다 :

그대, 그대가 아브주에서 찬미가를 부를 때,

그대가 에리두로부터 성스러운 법률을 가져올 때,

그대가 과수나무를 꽃피울 때,

그대가 쿨랍, 우루크에서 나의 머리에 왕관을 쓸 때,

훌륭한 예배당의 . . .은 기파르가 되고,

기파르의 . . .은 훌륭한 예배당이 될 것이다,

사람들은 만족하여 찬미하고,

우투는 환희에 찬 눈으로 바라볼 것이다 :

아라타의 사람들은,

. . . . . . [4행이 생략됨]

마치 고원의 양들처럼 그대 앞에 무릎을 꿇을 것이다 :

오 태양같이 떠오르는 성스러운 '가슴'이여,

그대는 사랑스런 나누어주는 자다,

오 . . . 엔메르카르, 우투의 아들, 찬양하라!"

왕은 성스러운 이난나의 말을 명심했다,

. . .에서 슬기로운 사자를 선택했다,

현명한 이난나의 위대한 말을 . . .에서 그에게 전했다,

" . . . 산을 올라라,

. . . 산을 내려오라,

안산의 . . . 앞에,

너 자신을 젊은 시인처럼 엎드려라,

거대한 산들의 공포에 겁먹은,

흙먼지 속을 정처없이 헤매게 하라—

오 사자는 아라타 왕에게, 그에게 말한다 :

'나는 이 도시의 사람들을 나무에서 . . . 새들이 도망하듯 만들 것이다,

나는 새가 이웃한 둥지로 도망하듯 그들을 만들 것이다,

나는 . . . 처럼 그것(아라타)을 황폐하게 만들 것이다,

나는 완전히 파괴된 도시처럼 흙먼지로 만들 것이다,

아라타, 엔키가 저주한 도시—

나는 맹세코 이미 파괴된 곳과 마찬가지로 이곳을 파괴할 것이다,

이난나는 이곳의 배후로부터 무기를 들고 덮치고 있다,

이곳을 접수하겠다는 말씀을 내렸다,

쌓인 흙먼지처럼, 나는 결단코 이곳을 흙먼지로 덮을 것이다 :

광석에서 만들어진 . . . 금,

흙에서 추출된 . . . 은,

형성된 . . . 은,

나무상자들을 산의 나귀에 단단히 실어라—

수메르의 젊은 엔릴의 . . . 집,

지배자 누딤무드의 성스러운 가슴에 의해 선택된,

나를 위해 순결하고 성스러운 법률의 고원사람들이 그것을 짓도록 하라,

나를 위해 회양목처럼 그것을 꽃피워라,

나를 위해 가눈에서 나오는 우투처럼 그것을 불 밝혀라,

나를 위해 그 입구를 장식하라.'"

. . . . . . [20행이 생략됨]

사자는 그의 왕의 말을 명심했다.

밤 동안 그는 별에 의지해 여행했다,

낮 동안 그는 천국의 우투와 함께 여행했다,

. . . 이난나의 위대한 말이 . . .에서 그에게 전해졌다,

그는 . . . 산을 오른다,

그는 . . . 산을 내려온다,

전쟁과 평화. 전투에 임하고 승리를 축하하는 수메르 왕을 묘사한 것으로 우르에서 발굴되었다. 현재 런던의 대영박물관에 소장되어 있다.

안산의 . . . 앞에,

그를 젊은 시인처럼 엎드렸다,

거대한 산들의 공포에 겁먹은,

그가 흙먼지 속을 정처없이 헤매었다 :

다섯 산맥, 여섯 산맥, 일곱 산맥을 그는 넘었다,

그의 눈을 부릅뜨고 아라타로 다가갔다,

아라타의 안마당에 그는 경쾌하게 발을 내디뎠다,
그의 왕의 존귀함을 알렸고,
경건하게 그의 가슴으로부터 우러나오는 말을 했다.

사자는 아라타 왕에게 말한다 :
"그대의 아버지이자 나의 왕인 분이 그대에게 나를 보냈소,
우루크의 왕, 쿨랍의 왕이 그대에게 나를 보냈소."
"그대의 왕이 무엇이라 말했는가?"

"나의 왕, 이것이 그분이 말씀한 것이오, 이것이 그분이 말씀한 것이오—
나의 왕은 태어나는 순간부터 왕이었소,
우루크의 왕, 수메르를 이끄는 큰 뱀, 마치 . . . 와 같은 . . . ,
철옹성의 고원에 있는 기품이 가득한 숫양,
. . . 한 양치기,
고원의 중심에서 태어난 신의 있는 암소—
엔메르카르, 우투의 아들이 그대에게 나를 보냈소,
나의 왕, 이것이 그분이 말씀한 것이오 :
'나는 그의 도시의 사람들을 나무에서 . . . 새들이 도망하듯 만들 것이다,
나는 새가 이웃한 둥지로 도망하듯 그들을 만들 것이다,
나는 . . . 처럼 그것(아라타)을 황폐하게 만들 것이다,
나는 완전히 파괴된 도시처럼 흙먼지로 만들 것이다,
아라타, 엔키가 저주한 도시—
나는 맹세코 이미 파괴된 곳과 마찬가지로 이곳을 파괴할 것이다,
이난나는 이곳의 배후로부터 무기를 들고 덮치고 있다,
이곳을 접수하겠다는 말씀을 내렸다,
쌓인 흙먼지처럼, 나는 결단코 이곳을 흙먼지로 덮을 것이다 :
광석에서 만들어진 . . . 금,

흙에서 추출된 . . . 은,

형성된 . . . 은,

나무상자들을 산의 나귀에 단단히 실어라—

수메르의 젊은 엔릴의 . . . 집,

지배자 누딤무드의 성스러운 가슴에 의해 선택된,

나를 위해 순결하고 성스러운 법률의 고원사람들이 그것을 짓도록 하라,

나를 위해 회양목처럼 그것을 꽃피워라,

나를 위해 가눈에서 나오는 우투처럼 그것을 불 밝혀라,

나를 위해 그 입구를 장식하라.'"

. . . . . . [2행이 생략됨]

"이 문제에 대하여 내가 할 말을 명하시오,

청금석의 긴 수염을 기른 헌신적인 분을 향하여,

순결하고 성스러운 법률의 . . . 의 힘있는 암소인 분을 향하여,

아라타의 흙먼지 속에 씨를 뿌리기 위해 온 분을 향하여,

신의 있는 암소의 품에서 우유를 먹고 자란 분을 향하여,

쿨랍과 모든 위대하고 성스러운 법률의 땅의 지배권을 타고난 분을 향하여,

엔메르카르, 우투의 아들을 향하여,

나는 에안나의 신전에서 그 말을 할 것이오 :

신선한 . . . 초목 같은 과일을 품고 있는 기파르에서,

나는 그것을 나의 왕, 쿨랍의 통치자에게 전할 것이오."

그가 그렇게 그에게 말한 후,

"오 사자여, 그대의 왕, 쿨랍의 통치자에게 말하라, 그에게 말하라 :

'나, 순결한 손을 가진 지배자,

그녀는 천국의 고귀한 . . . , 천국과 지상의 여왕,

모든 성스러운 법률의 여주인, 거룩한 이난나,

나를 거룩하고 성스러운 법률의 땅, 아라타로 데려왔다,
거대한 문과 같은 '고원의 얼굴' 가까이 나를 두었다 :
그런데 어떻게 아라타가 우루크에 복종하겠는가!
아라타는 우루크에 복종하지 않을 것이다'—그에게 말하라."

그가 그렇게 그에게 말한 후,
사자는 아라타의 지배자에게 대답했다.
"두렵고 성스러운 법률을 타고, 고원 슈바의 산맥에 거주하며,
고원 슈바의 높은 자리를 더욱 돋보이게 하는 천국의 위대한 여왕—
통치자, 나의 왕이 그녀의 수하이기 때문에,
그녀를 '에안나의 여왕'으로 만들었다.
'아라타의 지배자는 복종할 것이다'—
따라서 쿨랍의 벽돌집 안에서 그에게 말했다."

그러자 지배자는 기가 꺾이고, 깊이 상처받았다,
그는 대답이 없었다, 그는 대답을 찾고 있었다,
그의 고통에 찬 눈동자를 그의 발에 모았을 때, 그는 대답을 발견했다...

　　수메르의 초기 통치자들은 정복자로서 그들의 성취와 관계없이 통제할
수 없는 폭군이나 절대군주가 아니었다. 모든 국가의 중대사, 특히 전쟁과
평화에 관계된 문제에 대해서 그들은 중요한 시민들이 참여하는 엄숙한 회
합을 가졌다. 그런 중요한 '의회'의 하나가 수메르 역사의 여명기인 약 5000
년 전에 열렸다. 그리고 그것은 아주 훗날 영웅시로 만들어져 기록되었다.
이 정치사의 '최초'가 제5장에서 얘기된다.

최초의 양원제

인간의 사회적·정신적 발전은 아주 느린 데다가, 이리저리 굽이치기 때문에 그 자취를 더듬어 올라가는 것이 여간 힘들지가 않다. 완전히 자란 나무와 그것의 원래 씨앗 사이에는 아주 먼 거리와 세월이 가로놓여 있는 경우가 흔하다. 예를 들어 민주주의와 그것의 근본적인 제도로 알려진 정치적 회합이라는 삶의 방식을 살펴보자.

표면적으로 그것은 서구문명의 전유물이며, 최근 수백 년 세월의 산물인 듯하다. 그러나 수천 년 이상을 거슬러올라가는 까마득한 옛날에 정치적인 의회가 존재했고, 민주적인 제도가 그것의 근간을 이루고 있었다는 것을 누가 상상할 수 있었겠는가? 인내심 있는 고고학자가 깊고 넓게 파들어갈 때 그가 무엇과 마주치게 될지는 아무도 모른다. '삽과 곡괭이' 부대의 줄기찬 노력의 결과로, 이제 우리는 약 5000년 전 근동에서 열렸던 어느 정치적 집

회의 기록을 읽을 수 있게 되었다.

인간의 역사에 기록된 최초의 정치적인 '의회'는 기원전 3000년경에 진지하게 열렸다. 그것은 우리의 의회와 흡사하게도 '양원'으로 구성되어 있었다. 연장자들의 회합인 '상원'과, 전투에 임할 수 있는 남자시민들의 회합인 '하원'이 그것이었다. 그리고 그것의 성격은 전쟁과 평화의 중대한 갈림길을 결정하기 위해 소집된 '전시의회'였다. 그 회합은 무조건적인 평화와 전쟁을 통한 독립 중 하나를 선택해야만 했다. 보수적인 연장자들이 있는 '상원'은 어떠한 대가를 막론하고 평화를 선언했다. 그러나 왕은 그 결정에 '거부권'을 행사하고, 문제를 '하원'으로 가져갔다. 이들은 전쟁과 자유를 선언했고, 왕은 이를 승인했다.

인류에게 알려진 이 최초의 '의회'는 세계의 어디에서 열렸는가? 보통 우리들이 추측할 수 있는 서양이나 유럽이 아니다(그리스의 민주정과 로마의 공화정은 훨씬 뒤에 나타났다). 우리의 고색 창연한 의회는 놀랍게도 지금 근동으로 알려진 아시아 지역에서 열렸다. 그곳은 전통적으로 전제군주와 폭군들의 고향이었고, 정치적인 회합은 전혀 알려지지 않았다고 여겨졌던 지역이다. 그리고 거기에서도 가장 오래 된 정치적 회합이 소집되었다고 알려진 곳은 페르시아 만 북쪽의 티그리스 강과 유프라테스 강 사이에 있는, 고대에는 수메르로 알려진 땅이었다. 언제 이 '의회'는 소집되었는가? 기원전 2000년대였다. 그때 이 근동의 땅 수메르에는 당시까지 알려진 세계에서 가장 높았던 문명을 만들었던 사람들이 살고 있었다.

약 4000~5000년 전 수메르는 세계적으로 유명한 기념비적인 건축물들이 모여 있던 많은 거대도시들을 자랑했다. 그곳의 장사꾼들은 육지와 바다를 통하여 이웃한 나라들과 광범위한 교역을 하기에 바빴다. 그곳의 사상가들과 지식인들은 종교적 사고의 체계를 발전시켰고, 그것은 수메르뿐만 아니라 고대 근동 전체에 복음과 진리로 받아들여졌다. 그곳의 재능 있는 시인들은 그들의 신, 영웅, 왕들에 관하여 아름답고 강렬하게 노래했다.

그리고 그 모든 것들의 정점에는 수메르 인들이 점진적으로 발전시킨 점토에 갈대를 이용해 글을 새기는 문자체계가 면류관을 쓰고 있었다. 그것은 인류에게 처음으로 그들의 행위와 사고, 희망과 욕망, 판단과 믿음 등을 구체적이고 영구적으로 남길 수 있게 해 주었다. 그러므로 수메르 인들이 정치면에서도 중요한 진보를 일구어냈다는 것은 결코 놀라운 일이 될 수 없다. 특히 그들은 왕권을 제한하고, 정치적 집회의 권리를 인정하는 것에 의해 민주적 정부를 향한 첫 번째 발걸음을 내디뎠다.

기록된 역사에서 가장 오래 된 '의회'의 소집을 부른 정치적 상황은 다음과 같이 설명될 수 있다. 훨씬 후대의 그리스와 마찬가지로 기원전 2000년대의 수메르도 전체적으로 보면 하나인 이 땅을 놓고 패권을 다투는 수많은 도시국가들로 이루어져 있었다. 이들 중 가장 중요한 도시의 하나는 키시였다. 수메르의 전설에 따르면 이 도시국가는 '대홍수' 직후 하늘로부터 '왕권'을 받았다고 한다.

그러나 세월이 흐르며 키시에서 남쪽으로 멀리 떨어져 있던 또 하나의 도시국가 우루크가 힘과 영향력을 길렀고, 마침내 그들은 수메르에서 키시의 패권을 심각하게 위협하기에 이르렀다. 키시의 왕은 위험을 느꼈고, 우루크 인들이 그를 그들의 지배자로 인정하지 않는다면 전쟁을 일으키겠다고 선언했다. 연장자들과 무기를 들 수 있는 젊은 남자들로 나뉘어진 우루크의 양원이 소집된 것은 바로 이 중대한 시기였다. 그들은 키시에 굴복하고 평화를 유지할 것인지, 아니면 무기를 들고 독립을 위해 싸울 것인지를 결정해야만 했다.

우루크와 키시 사이에 벌어진 투쟁의 이야기는 수메르 서사시의 형식으로 전해지고 있으며, 주인공들은 키시 제1왕조의 마지막 통치자 아가와 우루크의 왕이자 '쿨랍의 지배자'인 길가메시다. 이 시는 왕 길가메시에게 보내는 최후통첩을 지닌 아가의 사절들이 도착하는 것으로 시작된다. 그들에게 답변을 주기 전에 길가메시는 '우루크 연장자들의 소집된 회합'에 참석하여 키시에 굴복하지 말고 무기를 들고 승리를 위해 싸우자는 절박한 호소를 한다. 그러나 '상원의원들'은 다른 생각을 가지고 있다. 그들은 키시에 복종하고, 지금까지와 마찬가지의 평화를 즐기길 원한다. 그들의 결정은 길가메시를 분노하게 만들고, 그는 다시 '우루크 젊은 남자들의 소집된 회합'에 가 그의 호소를 되풀이한다. 이 회합의 남자들은 키시에 무릎을 꿇기보다는 싸우기를 선택한다. 길가메시는 기쁨에 넘치고, 예정된 싸움의 결과에 확신을 느낀다. 단시간 내에(이 시의 표현으로는 "그것은 5일도 아니었고, 10일도 아니었다") 아가는 우루크를 포위하고, 우루크 인들은 어쩔 줄을 몰라한다. 이 시의 나머지 부분의 의미는 명확하지가 않다. 그러나 길가메시는 어떤 수단을 동원하여 아가와의 친선을 회복했고, 싸움 없이 포위는 풀렸던 것 같다.

다음은 우루크의 '의회'에 대한 고대 수메르 시의 원문이다. 해석은 완전히 직역을 했으나, 아직도 내용이 확실하지 않은 행들은 생략했다.

> 엔메바라게시의 아들, 아가의 사절들,
> 키시에서 우루크의 길가메시를 향하여 갔다.
> 왕 길가메시는 그의 도시의 연장자들 앞에 문제를 놓고 의견을 구한다 :
> "우리가 키시의 혈통에 굴복할 것인가,
> 우리가 무기를 들고 그들과 싸울 것인가."
> 소집된 우루크의 연장자 회의는 길가메시에게 답한다 :
> "키시에 항복하자. 무기를 들고 싸우지 말자."
> 길가메시, 쿨랍의 지배자,
> 여신 이난나를 위해 영웅적 행위를 하는 자,
> 그의 도시 연장자들의 의견을 가슴으로 받아들이지 않았다.
> 두 번째로 길가메시, 쿨랍의 지배자,
> 그의 도시의 전사들 앞에 문제를 놓고, 의견을 구한다 :
> "키시의 혈통에 굴복하지 말자, 우리는 무기를 들고 그들과 싸울 것이다."
> 그의 도시의 전사들의 소집된 회합은 길가메시에게 대답한다 :
> "키시의 혈통에 굴복하지 말자, 우리는 무기를 들고 그들과 싸울 것이다."
> 그러자 길가메시, 쿨랍의 지배자, 그의 도시 전사들의 말에 그의 가슴은
> 환희에 차고, 그의 영혼은 빛났다.

길가메시와 아가. 이 서사시를 복원하는 데 사용된 11점의 니푸르 점토판과 파편들 중 하나의 앞면 사본.

이 시는 그것이 전부이고, 너무 짧다. 저자인 시인은 우루크의 '의회'와 그것의 양원체제를 더이상의 구체적인 설명 없이 간결하게 언급하고 있다. 때문에 우리는 예를 들어 다음과 같은 것들이 밝혀지기를 원한다. 각 회합의 인원수는 얼마나 되었고, 그들이 어떻게 선발되었는가? 개개인이 그들의 의견을 말하고, 청취를 요구할 수 있었는가? 전체가 의견의 일치를 이루는 과정은 어떠했는가? 그들은 오늘날 우리가 행사하는 투표권에 상응하는 장치를 가지고 있었는가? 회합을 대표하여 왕에게 말하는 '대변인'이 있었던 것은 확실하다. 그리고 저자의 고상한 묘사에도 불구하고, 거기에는 상당한 '정치활동'과 '막후조종'이 그 옛날의 정치가들 사이에 이루어졌을 것이다. 도시국가 우루크는 주전파와 주화파로 명백히 갈라서 있었다. 그러므로 거기에는 양원의 지도자들이 최후의 결정(아마도 만장일치로)을 발표하기 전에 오늘날의 담배 연기 자욱한 밀실을 연상시키는 이면협상이 있었을 것이다.

그러나 그 모든 고대의 정치적 다툼과 타협의 구체적 상황에 대하여 우리는 결코 알 수 없을 것이다. 우리가 아가와 길가메시의 시대에 씌어진 역사적 기록물을 발견할 가능성은 거의 희박하다. 왜냐하면 그 시기에 문자란 전혀 알려지지 않았거나, 막 발명된 초기의 그림형태였을 것이기 때문이다. 이 서사시는 묘사하고 있는 사건이 일어난 지 많은 세기가 지난 후 점토판에 새겨졌을 것이다. 그리고 그 시간의 간극은 우루크의 '의회'가 소집된 지 적어도 1000년 이상은 족히 되었을 것이다.

현재 이 정치적 회합의 서사시가 새겨져 있는 점토판과 파편은 모두 11점이 알려져 있다. 그중 4점은 과거 40년 사이에 사본이 만들어져 발표되었다. 그러나 그 내용의 정치사적 중요성은 1943년에 이르러서야 비로소 알려졌다. 그해에 시카고 대학 오리엔트 연구소의 소킬드 제이콥슨이 '태고의 민주주의'에 관한 연구를 발표했던 것이다. 그후에 이스탄불과 필라델피아에 있는 나머지 7점을 확인하고 사본을 만드는 행운은 나에게 돌아왔다. 결과적으로 115행으로 구성된 이 시는 현재 완전해졌다. 새로이 개정된 해석과 함께 한 그 원문의 과학적 편집은 1949년 〈미국 고고학 저널(American Journal of Archaeology)〉에 실렸다.

4장과 5장에 해설된 두 개의 정치적 사건들은 기원전 3000년경에 일어났으며, 당시의 역사자료가 아니라 훨씬 뒤에 씌어진 서사시들을 통해 우리에게 알려졌다. 그리고 이 서사시들은 역사적 사실의 간략한 요지만을 담고 있다. 역사기술에 대한 인류 최초의 시도라고 말할 수 있는 사회적·정치적 사건들에 대한 기록과 해설을 담고 있는 점토판들이 제작된 것은 서사시가 씌어진 시기로부터도 약 600년이 흐르고 난 뒤의 일이다.

이 기록들 중의 하나가 제6장에서 해설되고, 분석될 것이다. 또한 거기에는 최초의 '역사가들'의 지적·심리적 한계에 대한 논평이 있다. 그것은 우선적으로 두 수메르 도시국가들 사이의 쓰라리고 비극적인 내전을 다루고 있다. 그 사건은 일시적이고 불편한 휴전으로 막을 내리며, 승리자들은 죽음과 멸망을 당하게 된다.

최초의 역사가

　수메르 인들은 일반적인 의미로 보면 사료편찬을 하지 않았다고 말해도 무방할 것이다. 단언컨대 오늘날의 역사가들처럼 역사의 전개과정과 기본적 원리를 인식하며 역사서술을 한 수메르 역사가는 없었다. 독특한 그들 나름대로의 세계관 내에서 수메르의 사상가들은 역사적 사건들이란 미리 만들어져 이 세상에 와 '활짝 피는' 것으로 여겼고, 환경과 인간이 상호작용하며 서서히 만들어지는 것으로는 생각하지 않았다.

　당시 잘 발달된 정치적 · 종교적 · 경제적 제도와 시설들이 어우러져 번성하는 도시, 부락, 농장들의 땅인 자신들의 나라를 그들은 태초부터 언제나 그래왔던 것으로 간주했다. 다시 말해서 우주의 창조 이래 신들은 그것이 그렇게 되도록 계획하고 정했다고 그들은 생각했다. 수메르가 한때는 약간의 거주지들이 흩어져 있던 황량한 습지대였고, 인간의 의지와 결단, 계획과 실험, 그리고 다양한 발견과 발명으로 점철된 수많은 세대의 투쟁과 노력에 의해 당시의 수메르가 서서히 형성되었다는 생각은 아마 가장 많은 지식을 갖춘 수메르의 현자의 머릿 속에도 절대로 떠오르지 않았을 것이다.

현대의 역사가들이 일반적으로 인정하는 정의와 일반화의 심리학적 요소도 수메르의 선생과 사상가들에게는 알려지지 않았던 것 같고, 설사 어느 정도 인식하고 있었다손 치더라도 명쾌한 공식화의 수준에 이르지는 못했다.

그러므로 언어학적 분야에서 우리는 수많은 문법적 분류의 깨달음을 함축적으로 보여주는 상당한 양의 수메르 어 문법목록을 발견함에도 불구하고, 거기에는 명쾌한 문법적인 정의나 규칙이 전혀 없다. 수학에서 우리는 많은 산술 제표, 문제와 해답들을 발견한다. 그러나 일반적 원리나 공리, 혹은 정리들에 관해서는 아무런 진술이 없다. '자연과학'이라고 불려야 할 분야에서 수메르 선생들은 나무, 식물, 동물 그리고 돌에 이르기까지 긴 목록을 작성했다. 이 사물들의 목록을 특별히 만든 이유는 아직도 확실하게 밝혀진 바 없다. 그러나 그것들이 식물학, 동물학 또는 광물학의 원리나 법칙들에 의해 만들어지지 않은 것은 명백하다.

수메르 인들은 수많은 법전을 만들었고, 의심할 바 없이 그것들 원래의 완전한 상태에서는 수백 개의 법률이 포함되어 있었다. 그러나 법이론에 관한 언급은 어디에서도 찾아볼 수가 없다.

역사학의 분야에서 수메르 신전과 궁전의 기록관리인들은 정치적 · 군사적 · 종교적 성격을 지닌 다양하고 중대한 사건들을 기록했다. 그러나 이것이 상호연관성을 갖고 의미 있는 역사서술로 나아가지는 않았다. 역사는 끊임없이 변화하는 과정이라는 비교적 최근의 발견을 결여했고, 포괄적인 일반화의 방법론적인 도구도 없었던 수메르 인들은 근대적인 의미에서의 역사서술을 할 수가 없었다.

수메르 인들이 '근대적인' 사료편찬의 방법을 발견하는 데 실패한 것은 당연하다고 할지라도, 당시 헤브라이 인과 그리스 인들의 역사작품들조차 수메르에 알려지지 않았다는 것은 묘하다. 수메르 인들은 신화와 서사적 이야기, 찬미가와 애도가, 속담과 에세이 등의 수많은 기록문학 장르들을 시작하고 발전시켰다. 그중에서도 특히 찬미가와 애도가는 제한적이나마 역사자료라고 부를 만한 정도까지 활용했다. 그러나 상호연관된 역사를 준비하는 사고나 지식에의 사랑을 장려하는, 혹은 우리가 선전의 목적을 가졌다고 부를 만한 것은 수메르의 학자나 작가들 사이에서 전혀 만들어지지 않은 듯하다. 역사라고 불릴 만한 가장 흡사한 기록들은 조상, 기둥, 원추, 원주, 항아리 그리고 점토판 등에 새겨진 봉헌문들이다. 그러나 그것들에 기록된 사건들은 단지 신들의 호의를 비는 정성의 부산물에 불과하다. 더욱이 이런 새김들은 보통 매우 간략한 형식으로 하나의 현재적인 사건을 기록하는 데 그친다. 그럼에도 불구하고 그것들 가운데 일부는 당시보다 더 먼저 일어난 상황과 사건들을 진술하고 있을 뿐만 아니라, 기원전 2400년경의 세계문학에서는 필적할 상대가 없는 구체적인 역사의식을 드러내고 있다.

자료가 미치는 한에서 가장 초기의 '역사가들'은 모두 라가시에 살았다. 라가시는 기원전 2500년경부터 100년 이상 동안 지배적인 정치적 · 군사적 역할을 수행했던 수메르 남부의 도시다. 그리고 그곳은 우르-난셰에 의해 건설된 정력적인 왕조의 본거지였다. 그 왕조에는 짧은 기간이나마 사실상 전체 수메르의 지배자로 군림했던 우르-난셰의 손자인 정복자 에안나툼, 에안나툼의 형제인 에난나툼, 후자의 아들인 엔테메나 등이 포함된다. 우르-난셰로부터 여덟 번째 통치자인 우루카기나의 재위에 이르러 마침내 라가시의 별은 진다. 이때에 이르러 우루카기나는 움마의 루갈자기시에게 패배하고, 루갈자기시는 다시 아카드의 사르곤 대왕에게 정복당한다.

자료가 말해주는 것은 우르-난셰로부터 우루카기나에 이르는 시기의 정치사이고, 그것은 익명의 '역사가들'에 의해 마련된 당시의 다양한 기록들을 통하여 우리에게 전해지고 있다. 그 역사가들은 궁전과 신전의 기록관리인들로 추정되며, 그들이 묘사한 사건들에 대한 직접정보를 갖고 있었다.

이 기록들 중의 하나는 그 구체성과 명확한 의미로 인해 유달리 돋보인다. 그것은 우르-난셰로부터 시작된 지배자들 중 다섯 번째인 엔테메나의 기록

우르-난셰, 라가시의 왕. 현재 루브르에 있는 이 석회판은 자녀와 측근들에 둘러싸여 연회를 즐기는 라가시의 왕을 묘사한다.

관리인들 중 한 명에 의해 작성되었다. 그것의 우선적인 목적은 라가시와 움마 간의 투쟁에서 파괴된 두 도시 사이의 경계수로의 복구를 기록하는 것이었다.

　적절한 역사적 전망 속에 사건을 놓기 위해 그 기록관리인은 그 사건의 정치적 배경을 참고적으로 해설하는 것이 좋겠다고 생각했다. 따라서 그는 그의 정보가 거슬러올라갈 수 있는 한에서 라가시와 움마의 패권투쟁 중 중요한 세부사항들을 아주 간략하게 열거하며, 그것은 기원전 2600년경 수메르와 아카드의 지배자였던 메실림 때부터 시작된다. 그러나 그 과정에서 그는 역사가의 서술에서 자연히 기대되는 직접적이고 사실적인 해설을 하지 않는다. 대신에 그는 역사적 사건들을 그의 신학적인 세계관의 틀 속에 맞추려고 노력했다. 따라서 그는 인간과 신들이 서로 섞이고, 그들 사이의 구별이 안되는 일이 흔하게 벌어지는 약간 독특한 문학적 스타일을 전개하게 되었다.

그런 이유로 역사적 사건들의 실제적 양상이 그 기록의 본문에서 뚜렷하게 보이지 않기 때문에 우리는 다른 수메르의 출전들에서 얻은 적절한 관련 자료들의 도움을 받아가며 실제의 역사적 사실들을 어렵게 추출하고, 취사선택하여 다시 정리해야 한다. 이렇게 신학적인 덮개와 다신교의 어법들을 제거하자, 그 자료는 수메르의 역사에 일어났던 다음과 같은 일련의 정치적인 사건들을 기록하고 있었다(그 대부분의 사실들은 현존하는 다른 자료들에 의해 많은 부분이 확인될 수 있다).

메실림이 키시의 왕이었으며, 적어도 명목상으로는 수메르의 지배자였던 시절에 라가시와 움마 사이에 분쟁이 발생했다. 당시 이 두 수메르 도시국가들은 메실림을 공식적인 그들의 지배자로 인정하고 있었기 때문에, 메실림은 불만을 해결하는 신인 사타란의 신탁이 지시하는 바에 따라 두 도시 사이의 경계를 정함으로써 분쟁을 중재하려 했다. 그리고 그 경계에는 기둥이 세워져 앞으로의 분쟁을 막는 역할을 했다.

그러나 양쪽의 분쟁 당사자들이 메실림의 중재를 받아들이긴 했으나, 그것은 움마보다 라가시에 유리한 결정이었던 것 같다. 그리고 오래지 않아 움마의 '이샤쿠'인 우시는 그 결정을 파기했다(시기는 언급되지 않았으나, 이것은 우르-난셰가 라가시에 그의 왕조를 세우기 얼마 전에 일어났다는 흔적이 있다). 우시는 자신이 메실림의 결정에 구애받지 않는다는 것을 보여주기 위해 그가 세운 기둥을 파냈다. 그리고는 곧바로 국경을 넘어 라가시에 속하는 북쪽 끝의 영토인 구에딘나를 점령했다.

이 땅은 우르-난셰의 손자인 에안나툼이 등장할 때까지 움마 인들의 손에 있었다. 군사지도자인 에안나툼은 정복을 통하여 아주 강대해져 '키시의 왕'을 칭하고, 한때 전체 수메르를 지배했던 인물이다. 우리가 가진 자료에 따르면 움마 인들을 공격해 패배시킨 것은 에안나툼이었다. 그런 뒤 그는 당

기념비. 전쟁의 장면은 라가시 왕조의 영웅인 에안나툼이 라가시 인들을 이끌고 전쟁에 나가는 것을 묘사한다. 기념비는 움마 인들에게 거둔 그의 승리와 그 결과로 그가 움마 인들에게 강요한 평화조약을 기록하고 있다. 파리의 루브르 박물관에 소장되어 있다.

시 움마의 이샤쿠인 에나칼리와 새로운 경계조약을 맺고, 새로운 경계선을 따라 구에딘나의 토지를 비옥하게 지켜줄 도랑을 팠으며, 거기에 자신의 기둥들과 더불어 예전 메실림의 기둥도 미래에 기록으로 전하기 위한 목적으로 다시 세웠다. 그 외에도 그는 주요 수메르 신들을 위한 건물과 사원을 많이 건립했다. 움마와 라가시 간의 장래에 있을 수 있는 불화의 싹을 잘라버리기 위해 그는 경계도랑과 인접해 있는 움마 측 땅을 '무인지대'로 남겨두었다. 나중에 그는 움마 인들의 감정을 어느 정도 달래고, 또한 다른 곳의 정복에 전념하기 위해 그들이 구에딘나와 그 남쪽의 땅을 경작하도록 허용했다. 그러나 그것은 움마 인들이 라가시의 지배자들에게 소작료를 바친다는 조건하에서만 용인되었고, 따라서 그와 그의 계승자들의 상당한 재원이 되도록 했다.

여기까지 엔테메나의 기록관리인은 움마와 라가시 간에 있었던 과거의 불화만을 다루고 있다. 그는 다음으로 그 자신이 직접 목격한 것이 거의 틀림없는 두 도시들 간의 가장 최근의 다툼으로 넘어간다. 그 전쟁은 에안나툼의 '수치스러운' 조건에 동의해야만 했던 불운한 에나칼리의 아들인 우르-룸마와 에난나툼의 아들이자, 에안나툼의 조카인 엔테메나 간에 벌어졌다.

에안나툼의 결정적인 승리에도 불구하고, 움마 인들은 불과 한 세대 만에 비록 예전의 세력은 아닐지라도 그들의 자신감만은 되찾았다. 우르-룸마는 라가시와의 뼈에 사무치도록 쓰라린 협정을 파기했고, 움마에 부과된 세금을 에안나툼에게 바치길 거부했다. 이에 한술 더 떠서 그는 경계도랑을 말리고, 자극적인 문구들이 새겨져 있는 메실림과 에안나툼의 기둥들을 뽑거나 불질러버렸으며, 움마 인들이 라가시 영토를 넘지 못하도록 경고하기 위해 에안나툼이 경계도랑을 따라 세운 건물과 신전들을 파괴했다. 이제 그는 경계를 넘어 구에딘나로 전진했다. 승리를 확실히 하기 위해 그는 수메르 북쪽의 외국 왕으로부터 군사적 원조까지 받았다.

양 진영은 경계에서 남쪽으로 그리 멀지 않은 구에딘나의 가나-우기가에서 만났다. 움마 인들과 그들의 동맹들은 우르-룸마가 지휘했고, 라가시 인들은 에난나툼이 이미 늙었기 때문에 그의 아들 엔테메나가 이끌고 있었다. 승리는 라가시 인들에게 돌아갔다. 엔테메나의 맹렬한 추격을 피해 우르-룸마는 도망쳤고, 그의 대부분의 병력은 도주하는 동안 요격을 받아 죽었다.

그러나 엔테메나의 승리는 일시적인 것에 불과했다. 우르-룸마의 패배와 죽음에 이어 새로운 적이 나타났던 것이다. 일이라는 이름의 그 새로운 적은 움마에서 북쪽으로 멀리 떨어지지 않은 도시인 자발람의 신전장이었다. 일은 엔테메나와 우르-룸마가 결판을 내려고 싸우는 동안 기다릴 정도로 교활했다. 그리고 전투가 끝나기가 무섭게 그는 승리한 엔테메나를 공격하여

기선을 제압하고, 라가시 영토 깊숙이 진격해 들어갔다. 그는 움마-라가시의 경계 남쪽까지 세력을 확장하지는 못했지만, 스스로를 움마의 이샤쿠로 만드는 데는 성공했다.

일은 계속하여 라가시의 요구에 그의 전임자가 했던 것과 거의 같은 식으로 경멸을 보냈다. 그는 근방의 땅과 농사에 필수적인 경계도랑의 물을 뽑아버리고, 예전의 에안나툼 조약에 의해 움마에 부과된 세금 중 약간을 제외한 나머지는 단호히 거절했다. 그리고 엔테메나가 사절들을 보내 그의 적대적인 행동에 대한 해명을 요구하자, 일은 구에딘나 전체가 그의 영토라고 거만하게 대꾸했다.

그러나 일과 엔테메나 간의 문제는 전쟁에 의해 결정되지 않았다. 대신에 전체 수메르에 대한 지배권을 주장한 북쪽의 외국 왕의 등장에 의해 둘은 타협할 수밖에 없었던 것으로 보인다. 대체적으로 결론은 라가시에 유리했던 것 같다. 왜냐하면 이전의 메실림-에안나툼 선이 움마와 라가시 사이의 확정된 경계로 지속되었기 때문이다. 다른 한편으로 움마 인들이 철회했던 세금의 배상이 어찌되었는지는 전해지는 바가 없다. 그러나 움마는 구에딘나의 물 공급을 더이상 책임지지 않았던 것 같다. 이제 라가시 인들은 스스로 물을 공급해야 했다.

라가시와 움마 사이의 세력다툼으로 점철된 역사적 사건들이 이 기록의 원문에 대한 첫 번째 연구에서부터 자명하게 드러났던 것은 아니다. 그 역사의 많은 부분은 행간에서 읽혀졌다. 다음에 나오는 전체적인 번역은 어떻게 이 작업이 이루어졌는지를 이해하는 데 도움을 주는 동시에 수메르 인들에 의해 발전된 독특한 역사 서술방식의 예를 독자들에게 보여줄 것이다.

모든 대지의 왕이자 모든 신들의 아버지인 엔릴(수메르의 다신교에서 최고의 신)은 그의 단호한 말을 통해 닌기르수(라가시의 수호신)와 샤라(움마의 수호신)를 위한 경계를 그었다. (그리고) 키시의 왕인 메실림은 사타란의 말에 따라 그것을 구획하고, 거기에 기둥을 세웠다. (그러나) 움마의 이샤쿠인 우시는

(신들의) 명령과 (인간에 의해 인간에게 주어진) 약속을 (둘 다) 파기했으며, (경계의) 기둥을 파헤치고 라가시의 평원으로 들어섰다.

(그러자) 엔릴의 최고 전사인 닌기르수는 그(엔릴)의 단호한 명령에 따라 움마(의 사람들)와 전투를 벌였다. 엔릴의 명령에 의해 그는 거대한 그물을 그들 위에 던졌고, 평원의 (여러) 장소에 그들의 해골(?)들을 쌓아올렸다. (그 결과로) 라가시의 이샤쿠이자 엔테메나의 삼촌인 에안나툼은 움마의 이샤쿠인 에나칼리와 함께 경계를 그었다. 그것(경계의)의 도랑을 이드눈(수로)에서 구에딘나까지 만들었다. 그 도랑을 따라 글이 새겨진 (여러) 기둥들을 세웠다. 메실림의 기둥을 그것의 (이전) 장소에 다시 세웠다. (그러나) 움마의 평원에는 들어서지 않았다. (그런 후) 그는 닌기르수의 임두바, 남눈다-키가라, 엔릴의 신전, 닌후르사그(수메르 '모성'의 여신)의 신전, 닌기르수의 신전, 우투(태양신)의 신전을 지었다.

(더욱이, 경계가 확정된 후에) 움마 인들은 난셰(또 다른 라가시의 수호신)의 보리와 닌기르수의 보리를 (움마 인 1인당) 1카루씩 먹을 수 있었다. (또한) 그(에안나툼)는 그들에게 세금을 징수했고, (따라서) 그 자신에게 144,000 '큰' 카루를 가져오게 했다.

이 보리가 걷히지 않았고, (더하여) 움마의 이샤쿠인 우르-룸마가 닌기르수의 경계도랑(과) 경계도랑에 있는 난셰의 물을 빼앗았다. (경계도랑의) 기둥들을 뽑고 불을 질렀다. 남눈다-키가라에 세워진 신들에게 바쳐진(?) 신전들을 파괴했다. 외국(의 도움)을 받았다. 그리고 (마침내) 닌기르수-에난나툼과 그가 논쟁을 벌인 경계도랑을 건너 닌기르수의 땅과 농장이 있는 가나-우기가로 왔고, 에난나툼의 사랑하는 아들, 엔테메나는 그를 패배시켰다. (그러자) 우르-룸마는 도주했고, (그 동안) 그(엔테메나)는 (움마의 군사들을) 움마까지 추격하며 죽였다. (더욱이) 60명으로 (구성된) 그의(우르-룸마의) 친위대를 그는 룸마-기르눈타 수로의 제방에서 전멸시켰다. 그(엔테메나)는 그들의(움마 군 병사들의) 시체를 (새와 짐승들이 뜯어먹도록) 평원에 내버려두었고, 다섯 장소에 그들의 해골(?)을 쌓아올렸다.

(그러나) 그때 자발람의 신전장인 일이 기르수에서 움마까지의 (그 땅)을 약탈했다(?). 일은 스스로 움마의 이샤쿠가 되었다. 닌기르수의 경계도랑, 난셰의 경계도랑, 닌기르수의 임두바, 티그리스 강을 향하여 펼쳐져 있는 기르수 지역의 (경작)지, 닌후르사그의 남눈다-키가라의 물을 뽑아버렸다. 라가시(에게) 보리 3600카루(만) 바쳤다. 라가시의 이샤쿠인 엔테메나가 (경계)도랑 때문에 거듭하여 일에게 사람을 보내자, 움마의 이샤쿠이자, 대지와 농장의 약탈자며, 악의 대변인인 일은 말했다. "닌기르수의 경계도랑과 난셰의 경계도랑은 내 것이다". (정말로) 그는 말했다. "나는 안타수라에서 딤갈-아브주 신전까지 통치할 것이다." (그러나) 엔릴과 닌후르사그는 이것을 그에게 하사하지 않았다.

닌기르수가 그의 이름을 말하는 라가시의 이샤쿠이자, 티그리스 강에서 이드눈에 이르는 이 (경계)도랑을 만든 엔테메나는 엔릴의 단호한 명령에 따라, 닌기르수의 단호한 명령에 따라, 난셰의 단호한 명령에 따라 그가 남눈다-키가라를 벽돌로 건설한 후 그의 사랑하는 왕 닌기르수와 그가 사랑하는 여왕 난셰를 위해 그것을 재건했다. 엔릴이 왕권을 주고, 엔키(수메르 지혜의 신)가 지혜를 주고, 난셰가 (그녀의) 마음으로부터 지지하는 닌기르수의 위대한 이샤쿠이자, 라가시의 이샤쿠인 엔테메나의 (개인적 수호)신인 슐루툴라는 신들의 명령을 받고 닌기르수와 난셰가 오기 전에 엔테메나의 생명을 구하기 위해 나섰다.

(앞으로 언제라도) 무력으로 땅과 경작지를 차지하려고 닌기르수의 경계도랑(과) 난셰의 경계도랑을 건너는 움마 인은(외국인도 마찬가지다) 엔릴이 파멸시킬 것이다. 닌기르수는 그의 엄청난 그물을 그에게 던진 뒤 그의 위대한 손(과) 위대한 발로 그를 쓸어버릴 것이다. 그의 도시의 사람들은 반란을 일으켜 그의 도시의 한가운데서 그를 때려죽일 것이다.

이 독특한 역사적 기록의 원문은 두 개의 점토원주에 잘 알아볼 수 있게 새겨진 채 발견되었다. 그중 하나는 1895년 라가시 근처에서 발견되어 프랑수아 뤼로당갱에 의해 사본이 만들어지고 해석되었다. 그는 거의 반세기 동안 쐐기문자 연구에서 탑과 같이 우뚝 선 존재였다. 다른 하나는 어느 골동품상으로부터 획득되어, 지금은 '예일 바빌로니아 컬렉션'에 간직돼 있다. 그 원문은 1920년 니즈와 카이저에 의해 그들의 연구 〈역사적·종교적·경제적 원문들(Historical, Religious, and Economic Texts)〉의 일부로 발표되었다. 그리고 1926년 이 기록의 양식과 내용이 구체적으로 연구된 빛나는 논문이 저명한 수메르 학자 아르노 포벨에 의해 발표되었다. 나의 해석과 분석이 기초하고 있는 것도 우선적으로는 그 논문이다.

다행스럽게도 고대 수메르의 '역사가들'은 그들이 새긴 봉헌문들에 전투와 전쟁들뿐만 아니라, 중대한 사회적·경제적 사건들도 기록했다. 제7장에서는 오늘날의 우리가 약간 부러울 정도의 세금감면 계획이 포함된 당시의 사회개혁과 정치적 진화의 역사를 해설해주는 가장 귀중한 자료들 중 하나를 다룰 것이다. 그 개혁은 라가시의 엔테메나가 죽은 지 30년 후 시행되었다. 그리고 그 기록에는 전체 인류사에서 최초로 '자유(아마르기)'라는 단어가 나온다.

7
사회개혁

최초의 세금감면

　기원전 24세기 수메르의 도시국가인 라가시에서는 최초의 기록된 사회개혁이 있었다. 그것은 사악하고, 어디에나 있는 관료주의에 의한 '구악'의 폐해를 일소하기 위해 실시되었다. 그런 예로는 잡다한 세금들을 과다하게 징수하고, 신전에 속하는 재산을 사사로이 전용하는 등이 있었다.

　라가시 인들은 너무나 기만당하고 억압받는다고 느꼈다. 그들은 결국 우르-난셰 왕조를 전복시키고, 다른 가문으로부터 새로운 지배자를 추대했다. 이 도시에 법과 질서를 복귀시키고, 시민들의 자유를 확립한 것은 우루카기나라는 이름을 가진 새로운 이샤쿠였다. 이 모든 것은 새로운 수로의 개통을 축하하기 위해 우루카기나의 기록관리인들에 의해 지어지고, 씌어진 한 기록에 나와 있다. 이 독특한 문헌의 내용을 더 잘 이해하고 평가하기 위해서는 우선 이 수메르의 도시국가에 있었던 더욱 중대한 사회적 · 경제적 · 정치적 관습의 배경을 간략히 알아보는 것이 도움이 된다.

기원전 2000년대 초반의 라가시는 소그룹의 번영하는 부락들로 이루어져 있었고, 각각의 부락은 저마다 다른 신전을 모시고 있었다. 라가시는 명목상 다른 수메르의 도시국가들과 마찬가지로 전체 수메르를 대표하는 왕의 지배를 받고 있었다. 그러나 실질적인 그들의 통치자는 이샤쿠였다. 수메르의 세계관에 따르면 그는 창조 이후에 그 도시를 할당받은 수호신의 대리인으로서 도시를 지배했다. 처음에 어떻게 이샤쿠가 권력을 갖게 되었는지는 확실하게 알려진 바 없다. 그들은 아마도 그 도시의 자유민들에 의해 선출되었고, 정치적으로 주도적인 역할을 했던 것은 신전의 관계자(상가)들이었을 거라고 짐작된다. 그러나 어떤 경우에도 사회적 지위는 세월이 흐르면 세습화되게 마련이다. 야심만만하고 성공적인 이샤쿠들은 자연히 신전의 희생을 무릅쓰고 그들의 힘과 부를 증가시켰다. 그리고 이것은 종종 신권과 세속권 간의 갈등을 불러일으켰다.

대부분 라가시의 주민들은 농부와 목축업자, 뱃사공과 어부, 상인과 기술자 등이었다. 경제는 사회주의적인 부분과 자본주의적인 부분이 섞여 있었다. 원칙적으로 땅은 그 도시의 신과 그의 신전에 속해 있었다. 그러나 사람들에게 소작을 주는 형식으로 신전이 많은 땅을 가지고 있었음에도 불구하고, 다른 한편으로 많은 땅은 시민들의 사유재산이었다. 더구나 가난한 사람들조차도 농장과 정원, 집과 가축을 가지고 있었다. 더구나 무더운데다가 비도 내리지 않은 기후의 라가시에서는 공동체의 삶과 복리를 위해 관개와 급수시설의 운영이 필수적이었고, 공동으로 관리되어야만 했다.

그러나 다른 많은 국면에서 경제생활은 상당히 자유스러웠고, 간섭받지 않았다. 부와 가난, 성공과 실패는 적어도 어느 정도는 개인적인 선택과 노력의 결과였다. 더 근면한 장인과 숙련공들은 부락의 자유시장에 더 좋은 생산품을 더 많이 만들어 팔 수 있었다. 장사꾼들은 육지와 바다를 통하여 주위의 나라들을 오가며 무역을 번창시켰으며, 이 장사꾼들 중 적어도 일부는 신전보다는 개인적인 사업을 하고 있었음에 틀림없다.

라가시의 시민들은 시민권리의 중요성을 인식하고 있었고, 그들의 생활방식에서 빼놓을 수 없는 소중한 유산인 경제적 · 개인적 자유에 위협이 되는 어떠한 정부의 행동에도 민감하게 대처했다. 우리가 가지고 있는 고대의 개혁에 관한 기록에 따르면, 우루카기나의 통치 이전의 나날들 속에서 라가시의 시민들이 잃어버렸던 것은 바로 이 '자유'였다. 그리고 그것은 우루카기나가 권력을 잡으며 복원되었다.

억압적이고, 법이 지켜지지 않는 상황을 이끈 사건들에 대하여 이 기록에는 아무런 언급이 없다. 그러나 그것은 기원전 2500년경 우르-난셰가 세운 지배왕조를 특징짓는 패권주의에 의해 비롯된 정치적 · 경제적 요소들의 직접적인 결과였을 것이라고 추측된다. 그들 자신과 그들의 국가에 대한 엄청난 야망에 부풀어오른 그들 중 일부는 '제국주의적인' 전쟁과 정복을 일삼았다. 몇몇 경우에 그들은 상당한 성공을 거두었고, 그들 중 한 명은 짧은 기간 동안이나마 라가시를 넘어 전 수메르와 일부 이웃국가들을 지배했다. 그러나 그런 영광들은 일순간에 불과했고, 1세기가 지나기 전에 라가시는 이전의 경계와 세력으로 축소되었다. 우루카기나가 권력을 잡은 것은 이때였고, 라가시는 너무 약해져서 북쪽의 숙적인 움마의 먹이가 될 판이었다.

라가시의 시민들이 정치적 · 경제적 자유를 빼앗긴 것은 비참한 정복전쟁들과 그로 인한 비극적 여파의 와중에서였다. 군대를 일으키고 보급물자를 모으기 위해서 그들은 한계까지 세금을 거두고, 신전의 재산을 전용해야만 했으며, 그러기 위해서는 개개인의 시민적 권리를 침해할 수밖에 없었다. 전시하에서 그것은 거의 반대될 수 없었다. 그러나 국가의 모든 통제권이 일단 궁전의 패거리들 손에 떨어지자, 그들은 평화가 돌아와도 그것을 다시 원래의 주인에게 돌려주려 하지 않았다. 왜냐하면 그 권력은 엄청난 이익을 수반했기 때문이다. 정말 이 고대의 관료들은 오늘날 그들의 동료들이 샘을 낼 정도로 다양한 수입원을 고안해냈다.

이제 거의 4500년 전에 라가시에 살았고, 따라서 당시 상황의 추이를 직접 목격한 역사가의 말을 들어보자. 뱃사공의 조사관은 배들을 빼앗았다. 가축의 조사관은 큰 가축과 작은 가축들을 빼앗았다. 어장의 조사관은 어장들을 빼앗았다. 라가시의 시민이 궁전에 양털을 바칠 때 만약 흰털이 있다면, 그는 5셰켈을 물어내야 했다. 부인과 이혼하려는 남자는 이샤쿠에게 5셰켈, 해당 관리에게 1셰켈을 바쳐야 했다. 향수 제조자가 물건을 팔려면 이샤쿠에게 5셰켈, 해당 관리에게 1셰켈, 그리고 궁전의 집사에게 또 다른 셰켈을 바쳐야만 했다.

신전과 부속재산을 이샤쿠는 자신의 깃으로 만들었다. 우리 역사기의 말을 직접 들어보자. "신들의 황소는 이샤쿠의 양파밭을 쟁기로 갈았고, 이샤쿠의 양파와 오이밭은 신의 가장 좋은 경작지에 있었다." 뿐만 아니라 산가와 같은 중요한 신전관리인들은 많은 당나귀, 황소 그리고 곡식을 빼앗겼다. 죽음도 세금으로부터 벗어나진 못했다. 죽은 이가 묘지에 묻히려면 유족들은 상당수의 관리들과 그들에 기생하는 자들에게 보리, 빵, 맥주를 비롯한 각종 가구를 바쳐야만 했다. 우리 역사가는 쓰디쓰게 내뱉는다. "어디에도 세리들이 없는 곳이 없었다." 이 결과로 궁전이 비대해지고 번성했음은 두말할 필요도 없다. 그것의 땅과 재산은 끊임없이 늘어 거대하게 되었다. 수메르 역사가의 말을 빌리자면, "이샤쿠의 집들과 이샤쿠의 땅들, 궁전의 하렘들과 하렘의 땅들, 궁전의 아이들과 그들의 땅들이 온 나라를 가득 채웠다."

우리의 수메르 역사가에 따르면, 라가시가 정치적·사회적으로 최저점에 이르렀을 때, 신과 같은 위엄을 갖춘 새로운 지배자 우루카기나가 전면에 등장한다. 그는 오랫동안 고통받아온 시민들에게 자유와 정의를 돌려준다. 그는 배로부터 뱃사람의 조사관들을 내쫓았다. 그는 큰 가축과 작은 가축으로부터 가축의 조사관을 내쫓았다. 그는 어장으로부터 어장의 조사관들을 내쫓았다. 그는 흰털을 가진 양에 대해 은을 받던 수금원들을 내쫓았다. 부인과 이혼하려는 남자는 이샤쿠나 관리에게 아무것도 바칠 필요가 없었다. 향수 제조자가 물건을 팔 때 이샤쿠나 관리, 혹은 집사에게 아무것도 바칠 필요가 없었다. 죽은 이가 묘지에 묻힐 때 관리들은 어떤 경우에는 이전의 절반에도 못 미치는 훨씬 적은 사례를 유족들로부터 받았다. 이제 신전의 재산은 높이 존중되었다. 현장에 있던 우리의 수메르 역사가는 말한다. "어디에도 세리가 없었다." 우루카기나 바로 그가 라가시 시민들의 '자유를 확립'했다.

그러나 득실거렸던 세리들과 기생충 같은 관리들을 내쫓은 것은 우루카기나의 업적의 일부에 불과했다. 그는 부자들의 손에 자행되던 가난한 이들에 대한 부정과 착취를 멈추었다. 예를 들면, "천한 자의 집이 '큰 사람'의 집 옆에 있었다. '큰 사람'이 천한 이에게 말한다. '내가 그것을 너로부터 사겠다.' 그(큰 사람)가 그것을 사려 할 때, 천한 이가 말했다. '내가 생각하기에 공평한 값을 치르십시오.' 그러자 그(큰 사람)는 그것을 사지 않았다. 그러나 '큰 사람' 은 천한 이에게서 그것을 빼앗을 수 없었다."

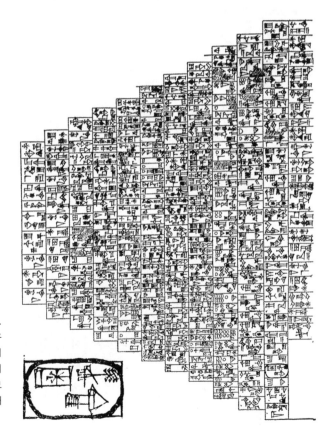

사회개혁과 '자유'.
고대 라가시의 유적지인 텔로에서 프랑스 인들에 의해 발굴된 원추모양의 점토판에 새겨진 원문의 사본.

　우루카기나는 또한 고리대금업자, 도둑, 살인자들을 도시에서 일소했다. 예를 들어, "가난한 자의 아들이 연못을 만들어도 그 안의 물고기를 훔쳐가는 자가 없었다. 이전처럼 부유한 관리가 가난한 자의 어머니의 텃밭에 들어와 나무를 뽑거나 과일을 가져갈 수 없었다." 우루카기나는 미망인과 고아들이 '남자들의 힘에 의해' 희생되는 것을 용납치 않겠다고 라가시의 신 닌기르수에게 특별한 맹세를 했다.

　이 개혁이 라가시와 움마 간의 패권투쟁에 얼마나 효율적이고 도움을 주었을까? 불운하게도 이 개혁은 기대했던 세력과 승리를 라가시에 가져다주

시장에 모인 수메르의 상인들. 왼쪽부터 양털 꾸러미를 짊어진 사람, 숫양을 끌고가는 사람, 곡물부대를 진 사람, 물고기를 노끈에 묶어 둔 사람.

지 못했다. 우루카기나와 그의 개혁은 곧 '바람과 함께 사라졌다'. 다른 많은 개혁가들과 마찬가지로 그도 역시 너무 적게 가지고 너무 늦게 왔던 것이다. 그의 통치는 10년을 지속하지 못하고, 결국은 움마의 야망에 찬 지배자인 루갈자기시에 의해 무너졌다. 루갈자기시는 적어도 짧은 기간 동안 수메르와 주변의 땅에 왕으로 군림한 인물이다.

우루카기나의 개혁과 그것의 사회적 의미는 고대의 역사가들에게 깊은 감명을 남겼다. 그것에 대한 기록은 3개의 점토원추와 달걀형의 기념판에 새겨진 4가지의 다양한 해석으로 발견되었다. 그것들은 모두 1878년 라가시에서 프랑스 인 뒤로당갱에 의해 발굴되어, 그에 의해 사본이 만들어지고, 처음 해석도 되었다. 그는 제6장에서 자세히 다루어진 역사기록을 공들여 해석한 학자이기도 했다. 그러나 이 책에 활용된 우루카기나 개혁의 해설은 우리 시대의 지도적인 수메르 학자인 아르노 포벨에 의해 준비되었으나, 아직도 발표되지 않은 해석을 기초로 했다.

법으로 보장된 자유는 기원전 2000년대를 살았던 수메르 인들에게 삶의 한 부분이었음이 이제 명백해지고 있다. 그러나 우루카기나 시대의 법들이 법전의 형태로 성문화되어 공포되었는지의 여부는 아직 불확실하다. 적어도 그 시기로부터 발견된 법전은 아직 없다. 그러나 그것이 곧 그 시대에 성문법이 없었다는 것을 증명하는 것은 아니다.

오랫동안 가장 오래 된 법전은 기원전 1750년경에 만들어졌다고 알려져 왔다. 그러나 최근에 더 일찍 만들어진 법전이 3개나 등장했다. 그것들 중 가장 오래 된 것은 수메르 지배자 우르-남무의 법전으로서, 기원전 2000년대 말까지 거슬러올라간다. 그것은 원래 1889~90년에 발굴되었으나, 1952년에 이르러서야 우연히 확인되어 해석되었다. 그리고 이제 우리는 제8장에서 바로 그 우르-남무의 법전을 따라 고대를 여행할 것이다.

8
법전

최초의 모세

　1947년까지 가장 오래된 고대의 법전은 기원전 1750년에 그의 지배를 시작한 저 유명한 셈 족의 왕, 함무라비에 의해 공포되었다고 알려졌었다. 바빌로니아 어로 알려진 셈 족의 언어가 쐐기문자로 씌어진 함무라비 법전은 자화자찬의 서문과 저주가 담긴 후기 사이에 300개에 가까운 법규가 실려 있다. 설록암 기둥에 새겨진 그 법전은 지금 루브르 박물관에 장엄하고 감동적으로 서 있다. 법규의 구체성과 보존상태의 완전성으로 보면, 그것은 지금까지 발견된 가장 훌륭한 고대 법에 관한 자료이다. 그러나 햇수를 기준으로 보면 그렇지 않다. 1947년 함무라비보다 150년 이상 앞선 왕 리피트-이슈타르에 의해 공포된 법전이 나타났기 때문이다.

　지금은 일반적으로 리피트-이슈타르 법전이라 불리는 그것은 기둥이 아니라, 햇볕에 구워진 점토판 위에 새겨져 있었다. 그리고 그것은 쐐기문자로 씌어져 있었으나, 셈 족의 수메르 어는 아니었다. 그 점토판은 세기가 바뀐 직후에 발굴되었으나, 여러 가지 이유로 확인이나 발표가 되지 않은 채 버려져 있었다. 전에 펜실베이니아 대학 박물관에서 부관장으로 있었던 프란시스 스틸이 나의 도움을 받아 복원, 해석한 그것은 서문과 후기, 그리고 37개의 법규를 전체 또는 부분적으로 싣고 있다.

그러나 세계 최초의 입법자로서의 리피트-이슈타르의 명예는 짧았다. 1948년 바그다드에 있는 이라크 박물관의 큐레이터인 타하 바키르는 하르말이라 불리는 구석진 언덕을 파고 있었다. 그리고 그는 곧 더 오래 된 법전이 새겨진 두 점의 점토판을 발견했다고 발표했다. 그 점토판에는 함무라비 법전과 마찬가지로 셈 족의 바빌로니아 어가 새겨져 있었다. 그것들은 그해에 잘 알려진 예일 대학의 쐐기문자학자인 알브레히트 괴체에 의해 연구되고, 사본이 만들어졌다.

법규들 앞에 있는 간략한 서문에서(후기는 없다), 빌랄라마라는 이름의 왕이 언급되었고, 그는 리피트-이슈타르보다 70년 가량 앞선 시기에 살았던 것 같다. 따라서 당분간 우선적인 '최초'의 영예를 안은 것은 이 셈 족의 빌랄라마 법전이었다.

그런데 1952년 나는 우르-남무라는 수메르 왕에 의해 공포된 법전의 일부가 새겨진 어느 점토판의 사본을 만들고 해석하게 되었다. 유명한 우르의 제3왕조를 세운 이 지배자는 가장 박한 연대기적 평가에 따른다 해도 기원전 2050년경에 재위를 시작했다. 그리고 그것은 바빌로니아의 함무라비 대왕보다 무려 약 300년이나 앞서는 것이다. 우르-남무 점토판은 이스탄불의 고대 오리엔트 박물관에 소장돼 있는 수백 점의 점토판들 중 하나이며, 나는 그곳에 1951년에서 1952년까지 풀브라이트 재단의 연구교수로 있었다.

현재 네덜란드 라이덴 대학의 쐐기문자 연구교수인 F. R. 크라우스가 보낸 시기 적절한 편지 한 통이 아니었다면, 나는 틀림없이 우르-남무 점토판을 발견하지 못했을 것이다. 나는 오래 전에 그를 만났었다. 그 당시 나는 이스탄불의 고대 오리엔트 박물관에서 수메르 학 연구를 하고 있었고, 그는 그

박물관의 큐레이터였다. 내가 다시 이스탄불에 있다는 소식을 들은 그는 옛날 함께 했던 추억들의 회고담과 학교 이야기가 담긴 편지를 내게 보냈다. 거기에서 그는 말하기를, 오래 전 이스탄불 박물관의 큐레이터로 있을 때 수메르의 법규들이 새겨져 있는 어느 점토판에서 나온 두 점의 파편들을 본 적이 있다고 했다. 그는 그 두 조각을 맞추고, 그 박물관의 니푸르 컬렉션 중 점토판 No. 3191로 목록에 분류해놓았다고 했다. 내가 그것에 흥미를 느끼고, 사본을 만들기 원하지 않을까 짐작한다고 그는 덧붙였다.

수메르의 법규가 새겨진 점토판은 극히 드물기 때문에 나는 즉시 No. 3191을 가져왔다. 그리하여 내 책상에 놓인 것은 가로 20 × 세로 10cm의 크기에 밝은 갈색인 햇볕에 구운 점토판이었다. 절반 이상의 문자는 파괴되었고, 처음에는 보존상태로 보아 도저히 내용을 알아볼 수 없을 것 같았다. 그러나 여러 날에 걸쳐 집중된 연구를 거듭하자 그것의 내용이 서서히 나타나 모양을 잡기 시작했다. 그리고 나는 내가 손에 들고 있는 것이 지금까지 인류에게 알려진 가장 오래 된 법전의 사본이라는 사실을 깨닫고 적지 않은 흥분을 느꼈다.

이 점토판은 고대 필경사에 의해 앞면과 뒷면에 4개씩 총 8개의 난으로 나뉘어져 있었다. 각각의 난은 약 45개의 조그만 문자를 담고 있었고, 그중 반 이상은 읽을 수가 없었다. 앞면에는 본문의 대부분이 깨어져 겨우 부분적으로 알아볼 수 있는 긴 서문이 실려 있었다. 그것은 간략하게 다음과 같이 전개된다.

세상이 창조되고, 수메르와 우르(성서에 나오는 갈대아 우르)의 운명이 결정된 후에, 수메르 만신전의 최고신들인 안과 엔릴은 달의 신 난나를 우르의 왕으로 임명했다. 그리고 어느 날 난나는 우르-남무를 선택하여 자신의 지상 대리인으로서 전 수메르 우르를 지배하게 했다. 새로운 왕은 먼저 우르와 수메르의 정치적·군사적 안정을 도모해야만 했다. 특히 그는 우르를 희생양으로 삼아 팽창하고 있는 바로 이웃의 도시국가 라가시와 싸워야만 했다. 그는 라가시의 지배자 남하니를 패배시키고 죽인 뒤, '난나의 권위와 함께 하는

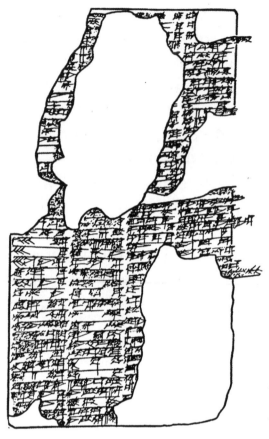

우르-남무 법전. 고대 오리엔트 박물관의 점토판에 새겨진 서문의 사본.

왕의 도시' 우르의 이전 경계선을 다시 확립시켰다.

이제 사회적·도덕적 개혁을 통하여 내부의 안정을 꾀할 시간이 되었다. 사기꾼과 부패한 관리들, 법전에 묘사된 바에 따르면, 시민의 황소·양·당나귀의 '강탈자들'을 내쫓았다. 그런 후 그는 공정하고 불변하는 책임의 기준을 확립했다. 그것은 '고아가 부자의 먹이가 되지 않고, 미망인이 강한 자의 먹이가 되지 않고, 1셰켈을 가진 이가 1미나(60셰켈)를 가진 이의 먹이가 되지 않도록 하기 위한 것'이었다. 점토판의 관련 구절들이 파괴되었음에도 불구하고, 그것은 의심할 여지 없이 그가 공포한 법을 따르는 정의를 땅에

우르-남무 법전 : 법규들. 이스
탄불 점토판의 뒷면.

우르-남무 : 최초의 '모세'. 우르에서 출토된 기념비의 일부. 현재 펜실베이니아 대학 박물관에 소
장되어 있다.

세우고, 그곳에 사는 시민들의 복리를 증진하기 위함이었다.

법규들은 점토판의 뒷면에서 시작된다. 그것은 너무나 심하게 손상되어서 전체 내용 중 오직 5개의 법규만이 어느 정도 복원될 수 있었다. 그중 하나는 물과 관계된 재판에 대한 것 같고, 다른 하나는 주인에게 돌아온 노예의 처리에 관한 것이다. 그러나 부서지고 어려운 그것의 내용만큼이나 인간의 사회적·정신적 성장의 역사에서 매우 특별한 중요성을 갖는 것은 나머지 3개의 법규들이다. 왜냐하면 기원전 2000년 이전인 당시의 법이 이미 아주 먼 뒷날인 성경의 법규들에서도 널리 퍼져 있는 '눈에는 눈', '이에는 이'라는 원칙으로부터 처벌이 벌금으로 대치되는, 훨씬 더 인간적인 접근으로 나아가고 있었다는 사실을 우리가 그 법규들에서 볼 수 있기 때문이다. 그것의 역사적 중대성 때문에 그 3개의 법규들은 원래의 수메르 어 그대로 문자만 현대의 알파벳으로 바뀐 상태로 인용하겠다.

tukum-bi	만약
(lu-lu-ra	(일 대 일에서
gish- . . . -ta)	어떤 . . . 도구에 의해)
. . . -a-ni	그의 . . .
gir in-kud	발이 잘렸다면,
10-gin-ku-babbar	은 10세켈을
i-la-e	그는 지불해야 한다
tukum-bi	만약
lu-lu-ra	일 대 일에서
gish-tukul-ta	어떤 무기에 의해
gir-pad-du	그의 뼈가
al-mu-ra-ni	. . . 하게
in-zi-ir	잘렸다면,

1-ma-na-ku-babbar	은 1미나를
i-la-e	그는 지불해야 한다.
tukum-bi	만약
lu-lu-ra	일 대 일에서
geshpu-ta	게슈푸에 의해
ka- . . . in-kud	코(?)가 잘렸다면,
2/3-ma-na-ku-babbar	은 2/3미나를
i-la-e	그는 지불해야 한다.

얼마나 오랫동안 우르-남무는 세계 최초의 입법자로서의 지위를 지탱할 것인가? 아마도 얼마 못 갈 것이다. 이미 우르-남무가 태어나기 오래 전에 입법자들이 있었다는 징후들이 있고, 운 좋은 '발굴자'가 우르-남무보다 1세 기나, 혹은 그보다도 앞서는 어떤 법전의 사본을 발견하는 것은 시간문제일 것으로 보인다.

고대 수메르에서 법과 정의는 이론과 실천의 바탕이 되는 주요한 개념이 었고, 사회적·경제적 삶 속에 속속들이 퍼져 있었다. 지난 세기에 고고학자 들은 계약, 증서, 유언장, 약속어음, 영수증 그리고 판례 등 수메르 법에 대한 모든 종류의 기록들이 새겨져 있는 수천 점의 점토판들을 발견했다. 고대 수메르의 학교에서 상급생들은 많은 시간을 법의 분야를 공부하는 데 쏟았고, 그들은 끊임없이 아주 전문화된 법적 용어, 법전 그리고 판례들을 쓰는 연습을 했다. 그런 판례의 하나가 완전하게 복원된 것은 1950년이었다. '침묵한 아내의 사건'이라고 명명될 수 있는 그 기록은 제9장에서 얘기될 것이다.

최초의 판례

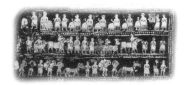

기원전 1850년경에 수메르에서 살인사건이 발생했다. 세 남자인 이발사, 정원사, 그리고 직업이 알려지지 않은 나머지 한 사람은 루-이난나라는 신전관리를 살해했다. 그리고 기록되지 않은 어떤 이유로 살인자들은 피해자의 아내인 닌-다다에게 그녀의 남편이 살해되었음을 알렸다. 그런데 아주 이상하게도 그녀는 그들의 범행을 숨기고 관헌에 신고하지 않았다.

그러나 그 시절에도 고도로 문명화된 수메르에서는 법의 손길이 구석구석에 확실하게 뻗쳐 있었다. 결국 그 범죄는 수도인 이신에 있던 왕 우르-니누르타에게 알려졌고, 그는 사건을 당시에 재판소 역할을 하던 니푸르의 시민회의로 넘겼다.

이 회의에서 9명의 남자들이 피의자들을 기소했다. 그리고 그들은 세 명의 살인자들뿐만 아니라, 희생자의 아내도 처형되어야 한다고 주장했다. 왜냐하면 그녀가 범행사실을 안 뒤에도 침묵했기 때문에 사후종범으로 간주해야 한다는 것이었다.

그러자 회의에서 두 남자가 그녀의 변호를 했다. 그들은 그 여자가 남편의 살인에 가담하지 않았기 때문에 처벌받지 말아야 한다는 이유를 내세웠다. 회의 참석자들은 변호인측의 의견에 동의했다. 그들은 그녀의 남편이 그녀를 부양하지 않았기 때문에 그녀가 침묵했다는 사실은 정당화된다고 말했다. 그들의 평결은 "실세로 살인을 저지른 자들에 대한 처벌로 충분하다"는 진술로 끝난다. 따라서 니푸르 회의에서는 오직 세 남자들만이 사형선고를 받았다.

이 재판기록은 시카고 대학 오리엔트 연구소와 펜실베이니아 대학의 대학 박물관의 합동발굴단에 의해 1950년 발굴된 점토판에 수메르 어로 새겨져 발견되었다. 소킬드 제이콥슨과 나는 그것을 연구하고 해석했다. 그 점토판의 수메르 단어와 구절들 중 일부의 번역은 아직도 석연치 않다. 그러나 그것의 핵심적인 의미는 이미 충분히 확인되었다. 새로이 발견된 점토판의 한 귀퉁이는 파손되었다. 그러나 대학 박물관의 이전 발굴단이 니푸르에서 파낸 같은 기록의 또 다른 사본의 조그만 파편으로부터 잃어버린 행들이 채워질 수 있었다. 같은 기록의 사본 두 개가 발견되었다는 사실은 '침묵한 아내'의 사건에 대한 니푸르 회의의 판결이 오늘날의 대법원 판례와 같이 수메르의 법조계에서 기억할 만한 판례로서 유명했다는 것을 보여준다.

> 루-신과 쿠-엔릴의 아들이자 쿠-난나의 아들인 난나-시그, 이발사, 아다-칼라의 노예이자 정원사인 엔릴-엔남은 루갈-아핀두의 아들, 니샤쿠 관리인 루-이난나를 죽였다.
>
> 루갈-아핀두의 아들인 루-이난나가 죽은 뒤에 그들은 루-니누르타의 딸이자 루-이난나의 아내인 닌-다다에게 그녀의 남편 루-이난나가 살해되었음을 말했다.
>
> 루-니누르타의 딸인 닌-다다는 그녀의 입을 열지 않았고, (그녀의) 입술은 봉

해진 채로 남았다.

그들의 사건은 이신의 왕에게 전해졌다. (그리고) 왕 우르-니누르타는 그들의 사건이 니푸르 회의에서 처리되도록 명했다.

(거기에서) 루갈- . . . 의 아들인 우르-굴라, 새 사냥꾼인 두두, 하인인 알리-엘라티, 루-신과 엘루티의 아들이자 . . . -에아의 아들인 부주, 문지기(?)인 세스-칼라, 정원사인 루 갈-칸, 신-안둘과 세스-칼라의 아들이자 샤라- . . . 의 아들인 루갈-아지다는 (회의를) 향하여 말했다.

"사람을 죽인 자들은 살 (가치가) 없다. 이 세 남자와 저 여자는 루갈-아핀두의 아들이자 니샤쿠 관리인 루-이난나의 의자 앞에서 죽여야만 한다."

(그러자) 니누르타의 . . . -관리인 수 . . . -릴룸(과) 정원사인 우바르-신이 (회의를) 향하여 말했다.

"루-니누르타의 딸인 닌-다다의 남편이 살해되었다는 사실은 인정된다. (그러나) 그녀가 죽음을 당할 만한 무슨 일을 했는가?"

(그러자) 니푸르 회의의 참석자들이 (그들을) 향하여 말했다.

"그녀의 남편은 그녀를 부양하지(?) 않았다. 그녀가 그녀 남편의 적들을 알았고, 그녀의 남편이 죽은 (후에) 그녀의 남편이 죽었다는 사실을 들은 것은 인정된다. 왜 그녀가 그에 관하여(?) 침묵(?)해서는 안되는가? 그녀(?)가 그녀의 남편을 죽였는가? 실제로 살인을 저지른 자들(?)에 대한 처벌로 충분하다."
니푸르 회의의 판결(?)에 따라 루-신과 쿠-엔릴의 아들이자 쿠-난나의 아들인 난나-시그, 이발사, 그리고 아다-칼라의 노예이자 정원사인 엔릴-에남은 처형되기 위해 (사형집 행인에게) 넘겨졌다.

(이것은) 니푸르 회의에서 처리된 사건이다.

해석이 완성되자 그 평결을 그와 비슷한 상황에서 내려질 수 있는 현대적인 판결과 비교해보는 것이 의미 있을 듯싶었다. 그래서 우리는 당시 펜실베이니아 대학의 법대 학장이던 오웬 J. 로버츠(그는 1930년에서 1945년까지 미국 대법원 판사의 일원이었다)에게 해석을 보내 그의 의견을 물었다. 아주 흥미롭게도 그는 이 사건의 경우에 오늘날의 판사들도 그 옛날의 수메르 재판관들에 동의할 것이며, 평결도 같을 것이라고 대답했다. 대법관 로버츠의 말을 인용한다.

"우리의 법에 따르면, 그 아내는 사후종범으로 유죄판결될 수 없다. 사후종범은 그 범죄가 저질러졌다는 사실뿐만 아니라, 범인으로부터 물품이나 향응을 받거나, 범인을 구제, 위안 또는 도와야만 한다."

그러나 최근에 중대한 수메르 기록이 등장한 것은 법 분야만이 아니다. 1954년 인류 최초의 약물치료법이 새겨진 의학기록이 그 자료의 비교적 잘 이해할 수 있는 부분의 해석이 포함돼 있는 한 예비보고서에서 발표되었다. 의사란 직업은 기원전 2000년대에 수메르에 이미 알려져 있었다. 룰루라는 의사는 기원전 2700년경에 이미 우르에서 시술을 하고 있었다. 그러나 1954년 이전에 발표된 메소포타미아의 다른 모든 의학 원문들은 기원전 1000년대에 나왔고, 진짜 의술보다는 주문과 마법으로 가득한 경우가 흔하다. 그러나 최근에 해석된 이 점토판은 기원전 2000년대 말까지 거슬러올라가며, 그것에 새겨진 처방들에는 마술과 주문의 흔적이 없다. 가장 오래된 의학기록을 담고 있는 이 점토판이 제10장에서 다루어질 것이다.

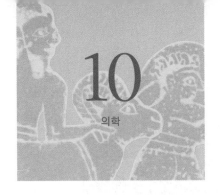

10
의학

최초의 의학서

　기원전 2000년대 말에 살았던 어느 익명의 수메르 의사는 그의 동료들과 학생들을 위해 그의 가치 있는 처방들을 모아 기록하기로 결심했다. 그는 가로 8.3 × 세로 15.9cm 크기의 촉촉한 점토판을 준비하고, 갈대를 쐐기의 끝 모양으로 날카롭게 한 다음, 당시의 쐐기문자로 그가 가장 좋아하는 12개 이상의 치료법을 쓰기 시작했다. 인간에게 알려진 가장 오래 된 의학 '안내서'인 이 점토기록은 4000년 이상이나 니푸르의 유적 속에 묻혀 있다가 미국 발굴단에 의해 발견돼, 펜실베이니아 대학 박물관으로 옮겨졌다.

　내가 그 점토판의 존재를 처음 안 것은 대학 박물관의 내 전임자이자 바빌로니아 과의 명예 큐레이터인 레온 레그라인 박사가 만든 간행물로부터였다. 대학 박물관 1940년 회보의 '니푸르의 오래 된 약방'이란 제목의 글에서 그는 그것의 내용을 해독하려는 의미 있는 시도를 했다. 그러나 이것은

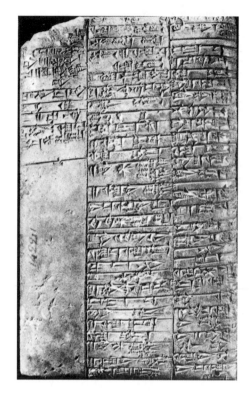

인류의 가장 오래된 약방문. 니푸르로부터 발굴되어 대학 박물관에 소장된 점토판의 뒷면.

쐐기문자학자가 혼자서 할 수 있는 작업이 아니었다. 거기에 새겨진 용어는 아주 기술적이고 전문적이었기 때문에 과학사가, 특히 화학을 전공한 사람의 협조가 필요했다. 대학 박물관의 점토판 소장품 큐레이터가 된 후 나는 '의학' 점토판이 있는 선반을 갈망 속에 자주 찾아가, 그것을 내 책상에 가져온 뒤 자세히 살펴보곤 했다. 적어도 한 번 이상 나는 그 내용을 해독하고자 노력을 기울이고 싶은 유혹을 느꼈다. 다행히도 나는 거기에 넘어가지 않았다. 매번 나는 그것을 선반에 도로 갖다놓으며 기회가 오기를 기다렸다.

1953년 봄의 어느 토요일 아침, 한 젊은이가 내 사무실에 찾아왔다. 그는 자신을 필라델피아의 화학자인 마틴 레비라고 소개했다. 과학사로 박사학위를 막 수여받은 그는 박물관 소장품 중 과학과 기술사의 관점에서 그가 도울 만한 점토판이 있는지 나에게 문의했다. 바로 이것이었다! 나는 다시 한

번 선반에서 그 점토판을 꺼내왔다. 그러나 이번에는 불확실하게라도 해독이 되기 전에는 다시 갖다놓지 않겠다고 결심했다.

몇 주일 동안 레비와 나는 그 점토판의 내용에 매달렸다. 나는 우선적으로 수메르 어의 기호를 읽고, 문법을 분석하는 데 스스로를 한정시켰다. 인류 최초의 의학서를 다시 이해할 수 있도록 만든 것은 고대의 화학적·기술적 발전과정에 대한 지식과 이해를 가진 마틴 레비였다.

우리가 이 고대 기록으로부터 알아낸 바에 의하면 그 수메르 의사는 오늘날 그의 동료들과 마찬가지로 치료제를 구하기 위해 식물계, 동물계, 광물계를 찾아다녔다. 그가 제일 좋아한 광물은 염화나트륨(소금)과 질산칼륨(초석)이었다. 동물계로부터 그는 우유, 뱀껍질 그리고 거북이 등딱지 등을 활용했다. 그러나 계피, 은매화, 아위, 백리향 등의 풀과, 버드나무, 배나무, 전나무, 무화과나무, 대추야자나무 등 대부분 그의 약은 식물계로부터 왔다. 이 약초들은 씨, 뿌리, 가지, 껍질, 진으로부터 만들어졌고, 오늘날과 마찬가지로 고형이나 가루로 저장되었다.

그가 처방하는 요법은 외상에는 연고와 여과액이 쓰였고, 내상에는 물약이 쓰였다. 연고를 합성하는 일반적인 방법은 먼저 하나나 그 이상의 약초를 가루로 만들고, 다음으로 '쿠슘마' 와인에 약초가루를 붓고, 마지막으로 보통의 나무기름과 삼나무기름을 그 혼합물에 약간 뿌리는 것이었다. 강의 점토분말이 약제의 하나였던 어느 처방에서는 그 분말이 물과 반죽되어, 나무기름 대신 '바다'기름이 거기에 뿌려졌다.

여과액의 처방전은 더욱 복잡했으며 구체적인 지시를 따라야 했다. 그중 세 개(그 부분의 수메르 어 원문은 아주 명확하다)에는 약을 달이는 과정이 들어 있다. 재료들을 물에 끓이며 알칼리와 소금을 쳤는데, 그것은 아마도 더 많은 추출물을 얻기 위한 것이었던 듯하다. 어느 처방에도 명시되어 있지는 않지만, 여과작용에 용해제가 쓰였던 것은 의심할 여지가 없다. 병든 부분은 먼저 여과액으로 씻어내고, 다음으로 기름을 바른 뒤, 마지막으로 한 가지 이상의 약초가 덧붙여졌다.

'식물학과 동물학 교본'. 바그다드의 외곽에 위치한 텔 하르말의 유적으로부터 발굴된 이 점토판은 현재 바그다드의 이라크 박물관에 소장되어 있다. 사진에 보이는 것은 점토판의 뒷면이다.

내복약은 환자가 먹기 좋게 하기 위해 보통 맥주와 함께 복용되었다. 여러 약제를 분말로 만든 뒤 맥주에 타서 환자가 마시게 했다. 그러나 어떤 경우에는 우유나, 또는 무엇인지 확인할 수 없는 '강(?)'기름도 맥주와 마찬가지로 이용됐다.

지금까지 발견된 기원전 2000년대의 유일한 의학적 원문인 이 점토판만으로도 수메르의 약학이 상당한 수준이었음을 알 수 있다. 간접적이긴 하지만 이 점토판은 수메르의 의사들이 어느 정도 정교한 수많은 화학작용을 폭넓게 숙지하고 있었음을 보여준다. 예를 들어, 여러 처방들에는 분말을 만들기 전 약제들을 '정화'하라는 지시가 있는데, 그것은 여러 가지 화학작용에 반드시 요구되는 하나의 과정이다. 다른 예로 처방들의 하나에서 약제로 사용되는 분말 알칼리는 아마도 소다에 풍부한 알칼리회라고 추정된다. 소다회는 기원전 7세기에 사용됐고, 중세에는 유리제조에 쓰였다. 화학적으로 말해서, 이 점토판에 새겨진 처방들 중 두 개가 알칼리를 많은 양의 지방을 함유하고 있는 물질들과 함께 이용함으로써 피부에 바르는 비누를 생산하고 있음은 흥미롭다.

수메르 의사가 언급한 물질 중 어느 정도의 화학적 지식이 있어야만 얻을 수 있는 또 다른 것은 질산칼륨 혹은 초석이다. 훨씬 뒤인 아시리아 시대의 사실로 미루어볼 때, 수메르 인들이 소변과 같은 질산 노폐물이 빠져나가고 정화되는 지표의 배수시설을 가졌다는 것도 있을 법한 일이다. 질산 노폐물과 마찬가지로 염화 나트륨, 그리고 나트륨이나 칼륨과 결합된 다른 염류들이 포함된 성분들을 분리하는 문제는 아마도 아주 작은 결정체를 만드는 방법으로 풀렸을 것이다. 인도나 이집트에는 질산이 포함된 유기물을 분해하여 질산칼슘을 만드는데, 아직도 석회나 모르타르를 섞는 고대의 방식이 남아 있다. 그 질산칼슘은 액체로 되어 분리된 후 탄산칼륨이 함유된 나무재를 넣고 끓여지며, 여기에서 여과된 용액이 증발할 때 질산칼륨이 생산된다.

그러나 이 고대기록은 우리를 아주 낙심시키기도 했다. 거기에는 치료법이 쓰이는 병명이 없었고, 따라서 우리는 그것들이 실제로 얼마나 치료에 도움이 되는지 가늠할 수가 없었다. 그 치료법들은 아마도 별로 소용이 없었을 것이다. 왜냐하면 이 수메르 의사는 실험이나 검증을 시도하지 않았던 것 같기 때문이다. 약제 선택의 많은 부분은 의심할 여지 없이 식물의 냄새에 대한 고대인들의 오랜 세월 동안 다져진 자신감을 반영하고 있다. 일부 처방은 좋은 관점을 가지고 있고, 예를 들어 세정제를 만드는 법 등은 충분한 가치가 있다. 그리고 염류나 초석 같은 물질은 각각 방부제와 수렴제로서 효과적이다.

이 수메르의 처방들에는 또 다른 명백하고 고의적인 생략이 있다. 거기에는 약제들을 어떤 비율로 혼합해야 하는지, 한 번에 얼마나 투약해야 하는지, 그리고 얼마나 자주 투약해야 하는지에 대한 언급이 없다. 이것은 '직업적인 질투'의 결과인 것 같다. 그 수메르 의사는 일반인들이나, 혹은 그의 동료들로부터 그의 비결을 보호하려고 의도적으로 구체적인 양과 주기를 숨겼을 것이다. 그러나 다른 관점에서 보면 구체적인 양과 주기는 그 수메르 의사에게 중요치 않았을 수도 있다. 왜냐하면 그것들은 실제 처방의 준비와 사용의 과정에서 경험적으로 계산될 수 있는 문제이기 때문이다.

이 점토판을 새긴 수메르 의사가 마법과 주문에 의지하지 않은 것은 대단히 흥미로운 사실이다. 이 의학서에는 전체 원문을 통하여 단 하나의 신이나 악령도 언급되지 않는다. 그러나 이것이 기원전 2000년대의 수메르에 병자를 치료하기 위한 마법이나 굿이 없었다는 것을 의미하지는 않는다. 사실은 정반대였고, 그것은 주문들이 새겨진 60점에 이르는 작은 점토판들의 내용을 볼 때 명백하다. 뒷날의 바빌로니아 인들과 마찬가지로 수메르 인들은 수많은 질병들을 병자의 몸에 있는 사악한 영들의 탓으로 돌렸다. 그런 악령들 중 여섯은 '검은 머리 사람들(수메르 인들)의 위대한 의사'로 묘사되며, 바우, 니니시나, 굴라 등으로 다양하게 불리는 의술의 수호신이자 여신에게 바쳐진 수메르 찬미가 속에 그 이름들이 나온다. 그럼에도 불구하고 지금까지 발견된 가장 오래 된 의학서인 이 점토기록에 초자연적이고 불합리한 요소가 전혀 없다는 것은 그 자체가 불가사의한 사실로 남는다.

기원전 2000년대 말에 씌어진 의학 점토판의 발견은 나와 같은 쐐기문자 학자에게도 큰 놀라움이었다. 왜냐하면 최초의 '안내서'는 의학보다는 농업 분야일 것으로 기대되었기 때문이다. 농업은 수메르 경제의 버팀목이자 그 땅의 부와 안녕의 근원이었다. 농사방식과 기술은 기원전 2000년대 이전에 이미 높이 발전해 있었다. 그러나 지금까지 알려진 오직 농민 만을 위한 '지침서'는 기원전 1000년대 초기에 만들어졌다. 그것을 알아보기 위해 제11장으로 가자.

최초의 농업서

미국 발굴단이 발견한 작은 점토판 하나가 농업과 기술의 역사상 최고의 중요성을 갖는 3500년 이상 된 기록의 복원을 가능하게 만들었다.

1949~1950년, 시카고 대학의 오리엔트 연구소와 펜실베이니아 대학 박물관이 합동으로 후원한 발굴단은 고대 수메르의 니푸르에서 7.6 × 11.4cm 크기의 점토판을 발굴했다. 그 점토판은 형편없는 상태로 대학 박물관에 도착했지만 실험실에서 구워지고, 깨끗이 손질되고, 수선되고 나자, 그것은 거의 전체 원문을 해독할 만하게 되었다. 니푸르에서의 발견 이전에 이미 이 농업 '입문서'의 다른 부분들이 새겨진 8점의 점토판과 파편들이 알려져 있었다. 그러나 본문의 중간 35행이 들어 있는 이 새로운 조각이 니푸르에서 나타나기까지 전체 원문을 확실하게 복원하는 것은 불가능했다.

108행의 길이에 이르는 이 기록은 한 농부가 그의 아들에게 주는 일련의 가르침으로 구성되어 있다. 그 농부는 5월과 6월의 농지의 침수로 시작하여, 다음해 4월과 5월의 새로 추수된 곡식을 탈곡하고 손질하는 것으로 끝나는 반복되는 농사활동의 전반을 아들에게 안내하고 있다.

니푸르의 발견 이전에 두 편의 그와 비슷한 농민을 위한 '지침서'가 고대로부터 전해져왔다. 버질의 저 유명하고 아주 시적인 〈농경가〉와 헤시오도스의 〈일과 나날들〉이 그것들이다. 둘 중 연대가 앞서는 헤시오도스의 작품은 기원전 8세기에 씌어진 것으로 추정된다. 그런데 새로 복원된 수메르의 점토기록은 기원전 1700년경에 새겨졌고, 따라서 헤시오도스의 작품보다 대략 1000년을 앞선다.

이 수메르의 농사 '지침서'는 농부가 성공적인 수확을 거두기 위해 반드시 해야 하는 중요한 일상의 일과 노동에 관한 것이다. 수메르의 메마른 땅에는 관개가 필수적이었기 때문에 가르침은 관개에 대한 조언으로 시작된다. 수위가 경작지보다 너무 높지 않도록 살펴야 한다. 물이 빠지면 황소나 다른 동물들이 젖은 땅을 짓밟지 않도록 신경써서 지켜야 한다. 잡초와 그루터기는 경작지에서 말끔히 제거해야 하고, 그 둘레에는 울타리를 쳐야 한다.

다음으로 아들은 가족을 갖고, 모든 필요한 농기구, 광주리, 그릇 등속을 미리 준비할 수 있는 도움을 받도록 권고한다. 그는 반드시 쟁기를 끌 여분의 황소를 가지고 있어야 한다. 쟁기질을 시작하기 전에 그는 곡괭이로 두 번, 괭이로 한 번씩 땅을 갈아야 한다. 그리고 필요하다면 고무래로 흙덩어리를 부셔야 한다. 그는 일꾼들이 게으름 피우지 못하도록 감시해야 한다.

쟁기질하고 씨 뿌리는 일은 동시에 계속해나가야 한다. 용기에 담겨진 씨를 쟁기에 부착된 좁은 깔때기를 통해 쟁기질로 만들어진 밭고랑에 뿌려야 한다. 하나가 대략 20피트쯤 되는 여덟 개의 고랑을 쟁기질로 만들어야 한다. 씨는 똑같은 깊이로 뿌려져야 한다. '지침서'의 말을 빌리자면, "보리씨를 뿌리는 사람이 손가락 두 개 깊이로 균일하게 씨를 뿌리는지 살펴보아라". 만일 씨가 땅에 적절히 묻히지 않았다면, 그는 '쟁기의 혀', 즉 가랫날을 바꿔야 할 것이다. '지침서'의 저자에 따르면, 밭고랑에는 여러 종류가 있다.

쟁기질하는 장면. 펜실베이니아 대학 박물관의 니푸르 점토판 위에 원통형 인장으로 찍힌 쟁기질 장면을 복원한 것이다.

"네가 똑바른 고랑을 쟁기질로 만든 곳은, (이제) 사선으로 쟁기를 끌어 고랑을 파라. 네가 사선의 고랑을 쟁기질로 만든 곳은, (이제) 똑바로 쟁기를 끌어 고랑을 파라". 씨 뿌린 후에는 고랑의 흙덩어리를 깨끗이 치워 보리싹이 자라는 것을 방해하지 않게 해야 한다.

이 수메르의 '지침서'는 계속된다. '씨가 흙을 뚫고 나오는 날' 농부는 자라는 곡물에 해를 끼치지 않도록 들쥐와 해충의 여신인 닌킬림에게 기도를 올려야 한다. 그는 또한 새들을 쫓아야 한다. 보리가 고랑의 좁은 바닥을 채우도록 충분히 자라면 물을 주어야 한다. '보트 가운데 있는 돗자리와 같이' 보리가 밭을 빽빽이 덮으면 그는 두 번째로 물을 주어야 한다. 세 번째로 그는 '훌륭히 자라는' 곡물에 물을 주어야 한다. 그리고 그는 젖은 곡물이 붉게 물들지 않는지 눈여겨 보아야 한다. 그것은 농작물을 위험에 빠뜨리는 무서운 '사마나' 병이다. 곡식이 더 자라나면, 그는 네 번째로 물을 주어야 한다. 그것으로 그는 1할의 수확을 더 올릴 수 있다.

추수할 때가 되면, 보리가 무게에 못 이겨 고개를 숙이기 전 '꼿꼿이 서 있는 동안' 자르는 것이 좋다. 추수는 세 사람이 한 조를 이루어 한다. 한 사람은 베고, 다른 한 사람은 벤 것을 묶는다. 세 번째 사람의 일은 불확실하다.

추수 직후에 이루어지는 탈곡은 쌓아올려진 곡물줄기들의 앞뒤로 왔다갔다하는 썰매에 의해 5일간 진행된다. 그런 후 보리는 황소가 끄는 도구로 껍질이 벗겨진다. 이때 보리는 땅바닥에 닿아 지저분하게 된다. 그래서 적당히 기도를 한 후 갈퀴로 키질을 해서 흙먼지를 없앤다.

이 기록은 농사의 규율은 농부가 아니라, 수메르 최고의 신 엔릴의 아들이자 '진실한 농부' 신, 니누르타에 의해 만들어진 것이라는 말로 끝난다.

인간의 역사에 기록된 최초의 농사지침서의 진실한 향기를 독자에게 맛보여주기 위해, 여기에 처음 18행의 직역을 실었다. 이것을 읽는 독자는 먼저 해석이 아주 만족스럽지는 못함을 이해해주기 바란다. 그것의 원문이 불확실하고, 당혹스러운 전문용어들로 가득하기 때문이다. 그러나 다른 한편으로 우리의 수메르 언어와 문화에 대한 지식이 성장함에 따라 그것은 계속 개선될 것임을 믿어 의심치 않는다. 다음의 해석은 임시적으로 베노 랜즈버거와 시카고 대학의 오리엔트 연구소에 있는 쐐기문자학자인 소킬드 제이콥슨에 의해 이루어졌다.

> 옛날에 한 농부가 (다음과 같은) 가르침을 그의 아들에게 주었다. 네가 밭을 가꾸려 할 때는 관개시설을 열어라. (그래서) 수위가 그것(밭)보다 너무 높게 되지 않아야 한다. 물이 빠지면 밭의 젖은 땅이 편평하게 유지되도록 살펴야 한다 : 거기에 황소가 돌아다니거나 짓밟지 못하게 해라. 동물들을 내쫓고, 틀이 잡힌 땅으로 만들어라. 무게가 1과 2/3파운드를 (넘지 않는) 10개의 폭이 좁은 도끼로 땅을 말끔히 정리해라. 그루터기(?)는 손으로 뽑아서 묶음을 만들어라 : 그것의 좁은 구멍은 메워라. 그리고 밭의 사면에 울타리를 쳐야 한다. 밭이 (여름의 태양 아래) 불타는 동안 똑같은 크기로 나누어라. 너의 농기구가 일하며(?) 콧노래를 부르게 해라. 멍에는 서둘러 만들고, 새 채찍은 못으로 단단히 하며, 너의 낡은 채찍이 묶여 있던 손잡이는 일꾼의 아이들에게 수선하게 해라.

곡물은 물론이고 채소밭과 과수원도 수메르의 경제적 부의 원천이었다. 아주 일찍부터 행해진 수메르의 중요한 원예술의 하나는 태양과 바람으로부터 밭의 식물들을 보호하는 나무그늘 원예술이었다. 제12장에서 우리는 어느 수메르 시를 통하여 그것에 대해 알아볼 것이다.

최초의 나무그늘 원예술

　미국대학 오리엔트 연구의 연례 교환교수이자 펜실베이니아 대학 박물관 대표로서 나는 1946년 이스탄불과 바그다드를 방문했다. 이스탄불에 4개월 가량 머물며 나는 수메르의 서사시와 신화들이 새겨진 100점 이상의 점토판과 파편들의 사본을 만들었다. 사본으로 만들어진 점토판과 파편들의 대부분은 작거나 중간 크기였다. 그러나 상당히 큰 점토판들도 일부 있었는데, 예를 들면 '신경전'(제4장을 참조)이 새겨진 12개의 단으로 된 점토판, 여름과 겨울 사이의 논쟁이 새겨진 8개의 단을 가진 점토판(제18장을 참조), 그리고 내가 '이난나와 슈칼레투다 : 원예사의 씻을 수 없는 죄'라고 제목 붙인, 지금까지 알려지지 않은 신화가 새겨진 6개 단의 점토판이 그것들이다.

　이 마지막에 언급된 자료는 원래 가로 15.2 × 세로 18.4cm 크기였지만, 지금은 가로 10.8 × 세로 17.8cm만 남아 있다. 첫 번째와 마지막 단은 거의 부서졌지만, 남아 있는 4개의 단으로 우리는 절반 이상 완전한 약 200행의 원문을 복원할 수 있다.

그 신화의 내용이 서서히 드러남에 따라, 그것의 줄거리가 특이할 뿐만 아니라, 다른 두 가지 면에서 그것은 아주 중대함이 밝혀졌다. 첫째로 그 신화에서는 어느 죽어 마땅한 인간의 불경한 행위에 분노한 신이 온 세상의 물을 피로 바꾼다. 전체 고대문학에서 이 '피의 저주'에 필적할 만한 것은 오직 성경의 출애굽기다. 거기에서 야훼는 파라오가 노예화된 이스라엘 인들을 놓아주지 않으려 하자 전 이집트의 물을 피로 만든다. 둘째로 이 고대신화는 나무그늘 원예술의 기원을 설명하고 있다. 따라서 거기에는 뜰에 나무그늘을 만들거나, 바람과 태양으로부터 식물을 보호하기 위해 나무를 심는 원예술이 수천 년 전에 알려져 있었음이 진술돼 있다. 이 신화의 줄거리는 다음과 같다.

옛날에 슈칼레투다라는 원예사가 살고 있었다. 그는 부지런히 식물을 재배했으나 번번이 실패했다. 그는 밭고랑과 농작물에 주의 깊게 물을 주었지만, 식물들은 그 보람도 없이 시들어버렸다. 그리고 결국에는 산으로부터 흙먼지를 싣고 온 거센 바람이 그의 얼굴을 때릴 뿐이었다. 그가 온 정성을 기울인 밭은 황폐해져갔다. 그러자 그는 동쪽과 서쪽의 별이 빛나는 하늘로 눈을 돌리고, 징조를 연구하고, 신성한 자연의 법칙을 배웠다. 마침내 새로운 지혜를 습득한 그는 밭에 사르바투 나무(아직까지 이것이 무엇이지는 확인되지 않았다)를 심었고, 그 나무의 넓은 그늘은 하루종일 지속되었다. 이 원예실험의 결과로 슈칼레투다의 밭은 모든 작물이 싱싱하게 자라났다.

어느 날 여신 이난나(그리스의 아프로디테나 로마의 비너스에 해당되는 수메르의 여신)가 천국과 지상을 여행한 뒤, 지친 몸을 쉬기 위해 슈칼레투다의 밭에서 멀지 않은 곳에 누웠다. 그는 밭의 끝에서 그녀를 훔쳐보다가, 여신이 극도로 피곤한 틈을 이용해 그녀와 정을 통했다. 아침이 오고 태양이 떠오르자, 잠에서 깬 여신은 스스로를 살펴보다가 대경실색했고, 무슨 대가를 치르고라

이난나와 슈칼레투다 : 정원사의 씻을 수 없는 죄. '피의 저주'의 모티프에 관한 신화의 일부분이 새겨진 이 6개 단짜리 점토판은 이스탄불의 고대 오리엔트 박물관에 소장되어 있다. 사진은 그 점토판의 뒷면이다.

도 그녀를 능욕한 씻을 수 없는 죄를 지은 자를 찾아내겠다고 결심했다. 여신은 세 가지의 저주를 수메르에 내렸다. (1)그녀는 수메르의 모든 샘을 피로 채웠다. 따라서 모든 야자나무 숲과 포도밭은 피에 젖게 되었다. (2)그녀는 모든 것을 집어삼킬 듯한 바람과 폭풍을 지상에 불게 했다. (3)세 번째 저주는 관련 부분이 단편적이어서 무엇인지 알 수 없다.

그러나 이 세 가지의 저주에도 불구하고, 이난나는 그녀를 더럽힌 자를 찾을 수가 없었다. 각각의 저주가 지날 때마다 슈칼레투다는 그의 아버지를 찾아가 위험을 호소했다. 그의 아버지는 그의 형제들인 '검은머리 사람들(수메르인들)'에게로 가서 도시에 머물도록 조언했다. 슈칼레투다는 이 조언을 따랐고, 이난나는 그를 끝까지 찾지 못했다. 그녀는 그녀에게 가해진 폭행에 복수할 수 없다는 것을 침통하게 깨달았다. 이제 그녀는 에리두에 있는 수메르 지혜의 신인 엔키의 신전으로 가 그의 조언과 충고를 구했다.

여기서부터 점토판은 파손되었으며, 이 이야기의 결말은 알 수 없는 채로 남는다.

다음은 이 시에서 가장 뚜렷이 읽을 수 있는 부분의 번역이다.

슈칼레투다, . . . ,
밭고랑에 물을 주면,
농작물을 위해 샘을 파면, . . . ,
그 뿌리에 발이 걸렸고, 그것에 의해 베어졌고 :
거센 바람이 불어올 때마다,
산으로부터의 흙먼지와 함께, 그의 얼굴을 때렸고,
그의 . . . 얼굴과 . . . 손,
그것들은 그것을 흩날렸다. 그는 그것이 . . . 몰랐다.

그는 지상에서 그의 눈을 들어,
동쪽의 별들을 올려다보았다,
그는 지상에서 그의 눈을 들어,
서쪽의 별들을 올려다보았다,
천국에 새겨진 길조를 응시하고,
천국에 새겨진 것으로부터 징조를 배웠고,
어떻게 신성한 자연의 법칙을 행하는지를 보았고,
신의 섭리를 연구했다.
밭에, 다섯에서 열 가량의 접근할 수 없는 장소들에,
그런 장소들에 그는 보호막으로 나무 한 그루를 심었고,
그 나무의 보호막, 사르바투 나무의 넓은 그늘은,
그 그늘은 새벽, 오후, 저녁, 사라지지 않았다.

어느 날 나의 여왕, 천국을 건너고, 지상을 건넌 후,

이난나, 천국을 건너고, 지상을 건넌 후,

엘람과 슈부르를 건넌 후,

. . . 건넌 후,

피곤 속에 신성한 여인(이난나)은 (그 밭)에 다다랐고,

순식간에 잠들었다,

슈칼레투다는 그의 밭 귀퉁이에서 그녀를 보았고, . . .

그녀와 교접했고, 그녀를 키스했고,

그의 밭의 귀퉁이로 돌아갔다.

동이 텄고, 태양이 솟았고,

그 여인은 염려 속에 그녀를 살펴보았다.

이난나는 염려 속에 그녀를 살펴보았다.

그러자, 그 여인, 그녀의 외음부 때문에, 무슨 해를 그녀가 입었는지!

이난나, 그녀의 외음부 때문에, 그녀가 무엇을 당했는지!

지상의 모든 샘을 그녀는 피로 채웠고,

지상의 모든 숲과 밭을 그녀는 피로 물리도록 먹였고,

(남자) 노예들은 땔감을 하러 와서, 피만 먹었고,

(여자) 노예들은 물을 길러 와서, 피만 먹었고,

"나는 반드시 나를 능욕한 자를 어떤 곳에 있든 찾아낼 것이다."

그녀는 말했다.

그러나 그녀를 능욕한 그를 그녀는 발견하지 못했고,

왜냐하면 그 젊은이는 그의 아버지의 집에 갔기 때문에,

슈칼레투다는 그의 아버지에게 말한다 :

"아버지, 밭고랑에 물을 주면,

농작물을 위해 샘을 파면, . . . ,

나는 그 뿌리에 발이 걸렸고, 그것에 의해 베어졌고 :

거센 바람이 불어올 때마다,

산으로부터의 흙먼지와 함께, 내 얼굴을 때렸고,

나의 . . . 얼굴과 . . . 손,

그것들은 그것을 흩날렸습니다. 나는 그것이 . . . 몰랐습니다.

"나는 지상에서 나의 눈을 들어,

동쪽의 별들을 올려다보았습니다,

나는 지상에서 나의 눈을 들어,

서쪽의 별들을 올려다보았습니다,

천국에 새겨진 길조를 응시하고,

천국에 새겨진 것으로부터 징조를 배웠고,

어떻게 신성한 자연의 법칙을 행하는지를 보았고,

신의 섭리를 연구했습니다.

밭에, 다섯에서 열 가량의 접근할 수 없는 장소들에,

그런 장소들에 나는 보호막으로 나무 한 그루를 심었고,

그 나무의 보호막, 사르바투 나무의 넓은 그늘은,

그 그늘은, 새벽, 오후, 저녁, 사라지지 않았습니다."

"어느 날 나의 여왕, 천국을 건너고, 지상을 건넌 후,

이난나, 천국을 건너고, 지상을 건넌 후,

엘람과 슈부르를 건넌 후,

. . . 건넌 후,

피곤 속에 신성한 여인(이난나)은 (그 밭)에 다다랐고,

순식간에 잠들었습니다,

나는 그의 밭 귀퉁이에서 그녀를 보았고, . . .

그녀와 교접했고, 그녀를 키스했고,

나의 밭의 귀퉁이로 돌아갔습니다."

"동이 텄고, 태양이 솟았고,

그 여인은 염려 속에 그녀를 살펴보았습니다.

이난나는 염려 속에 그녀를 살펴보았습니다.

그러자, 그 여인, 그녀의 외음부 때문에, 무슨 해를 그녀가 입었는지!

이난나, 그녀의 외음부 때문에, 그녀가 무엇을 당했는지!

지상의 모든 샘을 그녀는 피로 채웠고,

지상의 모든 숲과 밭을 그녀는 피로 물리도록 먹였고,

(남자) 노예들은 땔감을 하러 와서, 피만 먹었고,

(여자) 노예들은 물을 길러 와서, 피만 먹었고,

'나는 반드시 나를 능욕한 자를 어떤 곳에 있든 찾아낼 것이다,'

그녀는 말했습니다."

그러나 그녀를 능욕한 그를 그녀는 발견하지 못했고,

왜냐하면 그의 아버지가 그 젊은이에게 대답했기 때문에,

그의 아버지는 슈칼레투다에게 대답한다:

"아들아, 너의 형제들의 도시들에 가까이 머물러라,

검은 머리 사람들, 너의 형제들에게 가라,

그 여자(이난나)는 지상의 한가운데 있는 너를 발견하지 못할 것이다."

그(슈칼레투다)는 그의 형제들의 도시들 가까이 머물렀고,

검은 머리 사람들, 그의 형제들에게 갔고,

그 여자는 지상의 한가운데 있는 그를 발견하지 못했다.

그러자, 그 여인, 그녀의 외음부 때문에, 무슨 해를 그녀가 입었는지!

이난나, 그녀의 외음부 때문에, 그녀가 무엇을 당했는지! . . .

(이 시는 두 번째 저주로 계속된다.)

우리는 이제 물질에서 정신으로, 기술에서 철학으로 눈을 돌릴 것이다. 기

원전 2000년대 수메르 인들의 수많은 진보된 형이상학적·신학적 개념들은 체계화되지 않았음도 불구하고 근동 전체의 전형이 되었고, 훗날의 헤브라이 인과 기독교 교리에도 뚜렷한 흔적을 남겼음이 충분한 근거에 의해 뒷받침된다.

제13장에서는 대개 명료하게 체계화되지는 않았지만, 합리적이고 논리적인 추론을 배경에 깔고 있는 그들의 중요한 개념들이 설명된다. 그 장은 또한 수메르 인들의 지적인 성찰과 철학적 결론들이 어떻게 고립당했는지, 수메르의 신화와 서사적 설화들을 통하여 우선적으로 예증되며, 그러한 이야기들은 문학적 효과를 위하여 이성과 논리보다는 환상과 상상의 세계를 주로 넘나든다.

13
철학

인류 최초의 창조론과 우주론

수메르 인들은 일반적인 의미에서의 체계적인 철학을 전개하는 데 실패했다. 현실과 지식의 근원적인 본질 따위의 질문들이 그들에게는 전혀 떠오르지 않았다. 따라서 그들은 사실상 오늘날 인식론으로 알려진 철학의 분야에 상응하는 어떠한 것도 발전시키지 않았다.

그러나 그들은 자연, 특히 우주의 기원과 그 작용의 원리에 관하여 많은 사색을 했다. 기원전 2000년대에 우주에 대한 사색으로부터 떠오른 몇몇 의문들에 만족스러운 대답을 구하는 일군의 수메르 사상가와 교사들이 나타났고, 그들은 아주 수준 높고 지적인 설득력을 가진 우주론과 신학을 발전시켰으며, 그들의 그런 학설들이 고대 근동의 기본적인 신념과 교리가 되었다고 추측하는 데는 충분한 이유가 있다.

이 우주론적 사고와 신학적 사색은 철학적 개념이나 체계적인 서술로 공식화되지 않았다. 수메르의 철학자들은 정의와 일반화의 과학적인 방법과 같은 중요한 지적 도구들을 알지 못했다. 현대의 과학 또한 그런 도구들이 없었다면 오늘날과 같은 탁월한 성취에 결코 도달하지 못했을 것이다. 인과의 법칙과 같은 비교적 단순한 이론에 대해서도 수메르 사상가들은 그것에 관련된 셀 수 없이 많은 구체적인 예들을 알고 있었음에도 불구하고 그것을 하나의 일반적이고 널리 퍼진 법칙으로 공식화하려는 생각은 전혀 하지 않았다. 수메르의 철학, 신학, 우주론, 그리고 창조론에 관한 우리가 갖고 있는 거의 모든 정보는 신화, 서사적 설화, 찬미가 등과 같은 수메르의 문학작품들을 샅샅이 뒤져 찾아낸 조각들을 맞춘 것이다.

그들의 가정을 실증하고, 그것을 그들의 철학적 사색에서 신학적 확신으로 이끈 그들 임의의 '과학적' 자료들은 과연 무엇이었는가?

수메르 교사와 현인들의 눈에 우주의 주요 구성요소는 하늘과 땅이었다. 우주를 가리키는 그들의 표현은 '안-키'라는 합성어로 '하늘-땅'을 의미했다. 땅은 편평한 원반이고, 하늘은 둥근 아치 모양에, 단단한 표면에 의해 위 아래가 막힌 속이 빈 공간이라고 그들은 생각했다. 그러나 하늘의 단단한 고체가 무엇이라고 그들이 생각했는지는 아직 확실히 밝혀진 바가 없다. 단지 주석을 가리키는 수메르의 표현이 '하늘의 금속'인 사실로 볼 때 그것은 아마도 주석이었던 듯싶다. 하늘과 땅 사이에는 그들이 '일'이라고 부르는 물질이 있었다. 그 단어의 대략적인 의미는 '바람(공기, 생명, 영혼)'이며, 그것의 가장 중요한 특징은 운동과 팽창이었다. 그것은 대충 우리의 '대기'에 해당된다. 해와 달, 행성과 별들은 대기와 같은 재료로 만들어졌으나, 빛을 발산하는 성질을 부여받았다. '하늘-땅'을 둘러싸고 있는 모든 면과 위아래는 우주의 고정되고, 움직이지 않는 끝없는 바다였다.

수메르 사상가들은 의심할 수 없는 명백한 사실이라고 생각했던 우주의 구조에 관한 이런 기본적 가정으로부터 그들의 우주론을 전개했다. 먼저 그들이 결론 내린 것은 '태고의 바다'였다. 그들은 일종의 최초의 원인이자 최고의 원동력으로 바다를 바라보았다. 그리고 그들은 바다에 앞선 시간과 공간에 무엇이 있었는지 결코 스스로에게 묻지 않았다. 아무튼 이 태초의 바다는 편평한 땅과 그 위에 얹혀 있는 아치 모양의 하늘로 구성된 '하늘-땅', 즉 우주를 생성했고, 그것들을 결합시켰다. 하늘이 땅에서 갈라지는 동안 움직이고 팽창하며 만들어진 것이 '대기'다. 그리고 이 대기로부터 해와 달, 행성과 별들과 같은 발광체들이 형성되었다. 하늘과 땅이 분리되고, 하늘에서 빛을 내는 존재들이 창조된 뒤, 식물, 동물 그리고 인간이 존재하게 되었다.

누가 이 우주를 창조하고, 그후 기나긴 세월을 통하여 매일같이 그것을 운용하는가? 우리의 기록이 거슬러올라가는 한에서 수메르 신학자들은 일군의 살아 있는 존재들로 구성된 만신전의 존재를 당연시하고 있었다. 이들은 인간의 형상을 하고 있으나 초인적이고 불멸인 존재들로서, 눈에 보이지는 않지만, 잘 짜여진 계획과 적절한 율법에 따라 우주를 통제하고 인도해나갔다. 각각의 의인화됐지만 초인적인 그 존재들은 우주의 일부를 책임지고 있으며, 확립된 규칙에 따라 그것의 활동을 인도하는 것으로 간주되었다.

이 존재들은 하늘과 땅, 바다와 공기의 거대한 영역, 주요한 하늘의 요소들인 해·달·행성·바람·폭풍·폭설 등의 대기의 힘, 그리고 강·산·평원과 같은 지상의 자연에 존재하는 실체들, 도시와 국가, 제방과 도랑, 경작지와 농장 등의 문화적 실체들, 이에 더하여 곡괭이·벽돌틀·쟁기와 같은 도구들에 이르기까지 거의 모든 것을 책임지고 있었다.

수메르 신학자들의 이런 확신에 찬 가정의 배후에는 물론 논리적인 추정이 놓여 있었다. 왜냐하면 그들은 이런 존재들을 눈으로 직접 볼 수가 없었기 때문이다. 그들은 이 존재들의 역할을 인간사회의 예에서 가져온 뒤, 알려진 것에서 알려지지 않은 것으로 추론해나갔다. 그들은 대지와 도시, 궁전과 신전, 경작지와 농장, 간단히 말해서 상상할 수 있는 모든 것들이 그 살아 있는 존재들에 의해 보살펴지고, 관리되고, 인도되고, 통제된다고 생각했다. 그들이 없다면 대지와 도시는 황폐화될 것이고, 궁전과 신전은 무너져 폐허가 될 것이며, 경작지와 농장은 불모의 땅이 될 것이다. 그러므로 당연히 우주와 그것의 다양한 현상들 또한 인간의 형상을 한 그 살아 있는 존재들에 의해 보살펴지고, 관리되고, 인도되고, 통제되어야만 할 것이다.

그러나 우주는 인간의 거주지보다 훨씬 거대했고, 그것의 조직은 훨씬 복잡했으므로 이 살아 있는 존재들은 보통의 인간들보다 훨씬 강하고, 훨씬 효율적이어야만 할 것이다. 무엇보다도 그들은 절대로 불멸이어야 한다. 만약 그렇지 않다면 우주는 그들의 죽음 앞에 혼란에 빠질 것이고, 세상은 종말을 고하게 될 것이기 때문이다.

수메르 형이상학자들은 이 확실한 이유들 앞에 다른 대안이 없었다. 수메르 인들이 그들의 단어 '딘기르'로 지칭한 것은 우리의 단어 '신'으로 번역되는, 바로 이 보이지 않고 의인화되었음에도 초인적인 불멸의 존재들이다.

이 신성한 만신전은 어떻게 운용되는가? 첫째로 수메르 인들은 만신전을 구성하고 있는 신들이 모두 중요성이나 등급에서 똑같지 않는 것이 도리에 맞는다고 여긴 듯하다. 곡괭이나 쟁기를 책임지고 있는 신이 태양을 책임지고 있는 신과 비교될 수는 없으며, 제방이나 도랑을 맡고 있는 신이 전체 지상을 관할하는 신과 같은 등급에 놓일 수도 없다. 그리고 인간 사회의 정치적 조직에서 유추해 보아도 만신전의 우두머리는 다른 모든 신들에 의해 왕이자 지배자로 인정되는 신이라고 가정함이 자연스럽다. 이에 따라 수메르의 만신전은 우두머리로 왕이 있고, 그 밑에 '운명을 결정하는' 가장 중요한 일곱 신들과 '위대한 신들'로 알려진 50명의 신으로 이루어진 모임으로 이해되었다.

그러나 만신전 안에 수메르 신학자들에 의해 세워진 더욱 중요한 부분은 창조적인 신들과 비창조적인 신들 사이에서 그들의 우주론적인 관점의 결과로 도달한 개념이다. 이 관점에 따르면 우주의 기본적 구성요소는 하늘과 땅, 바다와 대기다. 다른 모든 우주적 현상은 이 영역들 내에서 존재한다. 하늘, 땅, 바다, 대기를 통제하는 네 명의 신들은 창조적인 신들이고, 그들은 자신들이 만든 계획에 따라 다른 모든 우주의 존재들을 창조했다.

이 신들에게 부여된 창조술과 함께 수메르 철학자들은 전체 근동의 정론이 된 하나의 교리를 발전시켰는데, 그것은 바로 성스런 소리로 창조를 하는

하늘과 땅의 갈라짐. '길가메시, 엔키두 그리고 지하세계'의 일부가 새겨진 이 니푸르 점토판은
펜실베이니아 대학 박물관에 소장되어 있다.

힘이다. 이 교리에 의하면 창조신이 하는 일은 계획을 세우고, 소리를 내고, 이름을 말하는 게 전부다. 성스런 소리가 창조의 힘을 갖는다는 이 견해는 아마도 인간사회의 관찰에서 비롯된 추정일 것이다. 인간의 왕도 그가 원하는 거의 모든 것을 입으로 명령하는 대로 성취할 수 있는데, 우주의 네 영역들을 관할하고 있는 초인적인 불멸의 존재인 신들이 훨씬 더한 것인들 못하겠는가? 그러나 다른 한편으로, 이 거대한 우주적인 문제들에 대한 단지 관념과 말에 의한 '손쉬운' 해법은 압박감과 불운에 처한 모든 인간들이 소망의 실현을 향해 탈출하고자 하는 충동을 반영하는 측면도 있다.

비슷하게 수메르 신학자들은 일단 창조되면 무엇이 충돌과 혼란 없이 우주의 존재들과 문화적 현상들을 계속적이고도 조화롭게 운용하는가에 대한 스스로 만족스러운 형이상학적 추론에 도달했다. 이것은 수메르 단어 '메me'로 표현되지만, 아직까지 정확한 의미는 밝혀지지 않은 개념이다. 그러나 일반적으로 그것은 창조신에 의해 세워진 계획에 따라 각각의 우주의 존재와 문화적 현상들을 영원히 운용하기 위한 목적으로 주어진 일단의 규칙들을 의미하는 듯하다. 여기에 풀리지 않는 우주론적 문제들에 대한 대개가 의미 없는 말들로 뒤덮인 관점으로 근본적인 어려움을 숨기려는, 하지만 전부가 쓸모없지는 않은 또 다른 피상적인 대답이 있다.

수메르의 지식인들은 그들의 철학적 · 우주론적 · 신학적 개념들에 어떤 면에서든 문학적 장르를 발전시키지 않았다. 오늘날의 학자들은 수많은 신화들을 파헤치며 이 개념들의 연대를 부분적 혹은 전체적으로 복원하도록 강제당한다. 이것은 간단한 문제가 아니다. 왜냐하면 신화작가와 저자들은 형이상학자나 신학자와 혼동될 수 없기 때문이다. 심리적으로나 기질적으로 그들은 전혀 다르다.

신화작가들은 필경사와 시인들이며, 그들의 주된 관심은 신들과 그들의 업적에 대한 찬미와 고양이다. 철학자들과 달리 그들은 우주론적이고, 신학적인 진리들을 발견하는 데 흥미가 없다. 그들은 현재적인 신학적 견해와 관례를 그것들의 기원과 발전에 대한 우려 없이 받아들인다. 신화작가들의 목표는 호소력, 영감 그리고 즐거움이 있는 가운데 이런저런 견해와 관례들을 해설하는 시를 짓는 것이다. 그들은 지식인들의 검증과 논쟁에 괘념치 않는다. 그들의 최대 관심은 감정에 호소하는 이야기를 만드는 것이다. 따라서 그들의 주요한 문학적 도구는 논리나 이성이 아니라 상상과 환상이다. 그들의 이야기를 말하는 가운데 이 시인들은 책임감 있고, 사색적인 사고로는 도저히 말할 수 없는 인간행동에 기초한 동기와 사건들을 꾸며내기를 서슴지 않는다. 또한 그들은 이성적인 우주론적 탐구나 추론과 전혀 상관없는 전설이나 민속적인 주제를 도입하기도 주저하지 않는다.

수메르의 신화작가와 철학자를 구별하지 않은 고대 오리엔트를 연구하는 일부 현대의 학자들, 특히 '진실'보다는 '구원'을 향한 현대적 요구에 휩쓸려 고대인들의 마음을 과소평가하거나 과대평가한 이들은 혼란에 빠졌다. 한편에서 혹자들은 고대인들이 정신적으로 우주의 문제들에 관해 논리적·지적으로 생각할 능력이 없었다고 주장한다. 다른 한편에서는 이들은 고대인들은 지적으로 더럽혀지지 않은 신화시대에 심원하고 직관적인 마음을 갖고 살았기 때문에, 분석적이고 지적인 접근을 하는 현대인들보다 우주의 진리를 훨씬 잘 꿰뚫어볼 수 있었다고 주장한다. 대부분의 경우 그런 것들은 허튼 소리들에 불과하다.

수메르 사상가들 중 현명하고 사려 깊은 이들은 어떤 문제와 마주해서도 논리적이며 조리가 서게 생각할 수 있는 능력이 있었고, 그것은 물론 우주의 기원과 작용에 관해서도 마찬가지다. 그들의 발부리에 걸리는 장애물은 그들이 임의로 이용할 수 있는 과학적 자료의 부족이었다. 더욱이 그들은 정의와 일반화와 같은 근본적인 지적 도구가 없었고, 지금은 진화론 때문에 상식이 된 성장과 발전의 이론 등을 전혀 몰랐다.

앞으로 언젠가는 지금까지 꿈도 꾸지 못했던 지적 도구와 전망들의 발견과 새로운 자료의 축적으로 오늘날의 철학자와 과학자들의 한계와 근시안이 드러날 날도 올 것임은 누구도 부정할 수 없다. 그러나 고대와 현대에는 중요한 차이점이 있다. 현대의 사상가는 보통 그의 결론들의 상대성을 인정

엔릴의 신화. 기원전 2400년경 씌어진 신화가 새겨져진 이 점토 원주는 현재 펜실베이니아 대학 박물관에 소장되어 있다.

할 준비가 되어 있고, 모든 절대적 해답에 대하여 회의적이다. 그러나 수메르 사상가는 그렇지 않았다. 그는 어떤 문제에 대한 그의 생각이 옳다고 굳게 믿고 있었고, 더 나아가 우주가 어떻게 창조되고 운용되는지 정확히 알고 있다고 확신했다.

우주 창조와 관련된 수메르 인들의 개념에 대하여 우리가 갖고 있는 근거는 무엇인가? 우리의 주요한 자료는 내가 〈길가메시, 엔키두 그리고 지하세계〉라고 이름 붙인 시의 서문이다. 이 시의 줄거리는 제23장에 묘사되어 있다. 그러나 여기에서 그 시가 흥미를 끄는 것은 전체가 아니라, 단지 그것의 서문이다. 왜냐하면 수메르의 시인들은 일반적으로 그들의 신화와 서사시를 전체 시와는 직접적인 관련이 없는 우주론적인 진술로 시작하기 때문이다. 〈길가메시, 엔키두 그리고 지하세계〉의 서문 일부는 다음과 같은 5행으로 이루어져 있다.

> 하늘이 땅으로부터 떨어져 나간 후에,
> 땅이 하늘과 갈라진 후에,
> 인간의 이름이 정해진 후에,
> (하늘의 신) 안은 하늘을 가졌고,
> (대기의 신) 엔릴은 땅을 가졌고, . . .

이 행들의 해석을 준비하는 동안 나는 그것들을 분석하며 다음과 같은 우주론적 개념들이 담겨 있음을 추론했다.

1. 한때 하늘과 땅은 하나였다.
2. 신들의 일부는 하늘과 땅이 갈라지기 전부터 존재했다.
3. 하늘과 땅이 갈라지자 하늘을 가진 것은 하늘의 신 안이었고, 땅을 가진 것은 대기의 신 엔릴이었다.

이 구절에 진술되거나 함축되지 않은 중요한 점들은 다음과 같다.

1. 하늘과 땅은 창조된 것이었는가? 만약 그렇다면, 누가 창조했는가?
2. 수메르 인들은 하늘과 땅이 어떤 모양이라고 생각했는가?
3. 누가 하늘과 땅을 갈랐는가?

나는 관련된 수메르 원문들을 열심히 뒤졌고, 결국 위의 세 가지 질문들에 대한 다음과 같은 대답들을 알아냈다.

1. 수메르 신들의 명단이 있는 한 점토판에는 태고의 '바다'를 의미하는 상형문자로 씌어진 여신 남무가 '하늘과 땅을 낳은 어머니'로 설명되어 있다. 그러므로 수메르 인들은 하늘과 땅을 태고의 바다에서 창조된 것으로 생각했다.
2. 가축과 곡식의 신들의 탄생을 묘사하고, 그 신들이 인류에게 그 선물을 전해주러 땅으로 내려오는 것을 묘사한 신화 '가축과 곡식'은 다음과 같은 2행으로 시작된다.

   하늘과 땅의 산에서,
   아눈나키는 태어났다.

3. 귀중한 농기구인 곡괭이의 탄생과 헌정을 묘사한 시로 다음 구절이 다음의 구절이 도입부에 있다.

   신은 유용한 것을 가져오기 위하여,
   신의 결심은 바뀔 수 없고,
   땅으로부터 대지의 씨를 길러낸 엔릴은,
   땅으로부터 하늘을 떠나보낼 생각을 했고,

하늘로부터 땅을 떠나보낼 생각을 했다.

'가축과 곡식'의 첫 번째 행을 통해 우리는 하나로 합쳐진 하늘과 땅은 산으로 생각되었으며, 그것의 밑은 땅의 바닥이고, 그것의 정상은 하늘의 꼭대기였다고 가정할 수 있다. 그리고 곡괭이에 대한 시는 "누가 하늘과 땅을 갈랐는가?"라는 질문에 대답한다. 그것은 대기의 신 엔릴이었다.

관련한 수메르 원문들을 뒤지며 이런 결론들을 얻자, 수메르 인들에 의해 전개된 우주론적 혹은 창조론적 개념들의 개요를 말하는 것이 가능해졌다. 우주의 기원에 관한 그들의 개념들은 다음과 같다.

1. 최초에는 태고의 바다가 있었다. 그것의 기원과 탄생에 관해서는 아무것도 전해지는 바가 없다. 그리고 수메르 인들은 그것이 영원히 존재한다고 생각하지 않은 듯하다.
2. 태고의 바다는 하나로 결합된 하늘과 땅인 우주의 산을 낳았다.
3. 인간의 형상을 한 신들로 생각된 안(하늘)은 남성이었고, 키(땅)는 여성이었다. 그들의 결합으로 대기의 신 엔릴이 태어났다.
4. 대기의 신 엔릴은 하늘과 땅을 갈랐다. 그리고 그의 아버지 안이 하늘을 갖고, 그는 그의 어머니인 땅을 가졌다. 엔릴과 그의 어머니의 결합으로 땅은 인간, 동물, 식물의 창조와 문명의 성립 등 우주의 조직화를 위한 무대가 되었다.

해, 달, 행성, 별들과 같은 발광체의 기원과 본질에 관한 직접적인 설명은 찾을 수 없다. 그러나 우리가 갖고 있는 기록의 한도 내에서 수메르 인들이 신(Sin)과 난나의 두 가지 이름으로 불리는 달의 신을 대기의 신 엔릴의 아들로 간주한다는 사실에 비추어볼 때, 그들이 달을 대기로부터 형성된, 빛나고 공기 같은 것으로 생각했다고 추측할 수 있다. 그리고 원문에서 태양신 우투와 비너스에 해당하는 이난나가 언제나 달의 신의 자식들로 설명되기 때문에, 우리는 이 두 발광체가 달이 대기로부터 형성된 후 달에 의해 창조되었다고 생각되었음을 다시 추측할 수 있다. 이것은 다른 행성과 별들의 경우도 마찬가지다. 왜냐하면 그것들은 '억센 황소들처럼 (달)을 거니는 큰 것들'과 '곡식처럼 (달)에 흩어져 있는 작은 것들'이라고 시적으로 묘사되기 때문이다.

달의 신인 신(Sin)의 탄생에 관하여 우리는 아주 매력적이고 인간적인 신화를 가지고 있다. 그것은 운 좋은 신들이 사는 동쪽 하늘이 아닌 지하세계에 살도록 운명지어진 달의 신과 다른 세 명의 신들의 탄생에 관한 설명을 하고 있다.

이 신화의 조각들을 모아 해석하려는 나의 첫 번째 시도는 1944년 수메르 신화에서 발표되었다. 그러나 그 줄거리의 해설에는 몇 가지 심각한 생략과 결함이 있었다. 그것들은 소킬드 제이콥슨이 1946년 학술지 〈근동연구 저널(Journal of Near Eastern Studies)〉 제5권에 발표한, 신중하고 건설적인 재검토에 의해 정리되고 교정되었다. 이에 더하여 1952년 오리엔트 연구소와 펜실베이니아 대학 박물관이 합동으로 후원한 니푸르 발굴단에 의해 그 시의 처음 부분의 공백을 채우고 그것을 상당히 보완해주는 보존상태가 좋은 점토판이 발굴되었다. 제이콥슨의 제의와 니푸르에서 새로 발견된 조각의 내용에 따라 수정된 그 신화의 줄거리는 다음과 같다.

아직 인간이 창조되지 않고, 니푸르에는 신들만이 살고 있을 때, '거기의 젊은 남자'는 신 엔릴이었고, '거기의 젊은 처녀'는 여신 닌릴이었으며, '거기의 나이든 여인'은 닌릴의 어머니 눈바르셰구누였다. 어느 날 눈바르셰구누는 닌릴을 엔릴과 결혼시키기로 단단히 마음먹고, 그녀의 뜻을 그녀의 딸에게 알린다.

　"깨끗한 시내에서, 여인이, 깨끗한 시내에서 목욕을 하고,
　닌릴, 눈비르두의 시냇가 둑을 거닐면,
　빛나는 눈을 가진 신인, 빛나는 눈을 가진 '거대한 산'인,

빛나는 눈을 가진 아버지 엔릴이 너를 볼 것이고,

목자 . . . 빛나는 눈을 가진 운명을 정하는 이가 너를 볼 것이고,

즉시 너를 껴안고(?) 입맞출 것이다."

닌릴은 기쁨에 겨워 그녀 어머니의 말을 따른다.

"깨끗한 시내에서, 여인이, 깨끗한 시내에서 목욕을 하고,

닌릴, 눈비르두의 시냇가 둑을 거닐면,

빛나는 눈을 가진 신인, 빛나는 눈을 가진 '거대한 산'인,

빛나는 눈을 가진 아버지 엔릴이 그녀를 보았고,

목자 . . . 빛나는 눈을 가진 운명을 정하는 이가 그녀를 보았다."

그 신은 정을 통하기를(?) 그녀에게 말하나, 그녀는 말을 듣지 않고,

엔릴은 정을 통하기를(?) 그녀에게 말하나, 그녀는 말을 듣지 않고,

"저의 질은 너무 좁아서, 성교할 수가 없어요,

저의 입술은 너무 작아서, 입맞춤할 수가 없어요" . . .

그러자 엔릴은 그의 신하 누스쿠를 불러 사랑스런 닌릴을 향한 그의 욕망을 털어놓는다. 누스쿠는 보트를 준비하고, 엔릴은 시내에서 배를 타는 동안 닌릴을 강간한다. 그 결과 그녀는 임신을 하여 달의 신인 신(Sin)을 낳는다. 신들은 이 부도덕한 행위에 경악하고, 엔릴이 그들의 왕이었음도 불구하고 그를 붙잡은 뒤 도시에서 추방하여 지하세계로 보낸다.

다음의 구절은 만신전의 조직과 그것의 운영방식에 약간의 빛을 던지는 아주 희귀한 자료의 하나다.

엔릴은 키우르(닌릴의 개인 신전)를 거닐고,

엔릴이 키우르를 거닐 때,

오십 명의 위대한 신들이,

일곱 명의 운명을 정하는 신들이,

키우르에사 엔릴을 붙잡고 (말한다) :

"엔릴, 부도덕한 자, 너를 이 도시에서 내쫓는다,

눈남니르(엔릴의 별명), 부도덕한 자, 너를 이 도시에서 내쫓는다."

    신들에 의해 정해진 운명에 따라 엔릴은 수메르의 저승으로 떠난다. 그러나 닌릴은 뒤에 남기를 거부하고, 엔릴을 따라 지하세계로 간다. 이것은 엔릴을 괴롭혔다. 왜냐하면 그것은 가장 큰 발광체인 달을 맡기로 운명지어진 그의 아들 신(Sin)이 어둡고 음침한 지하세계에서 살아야 한다는 것을 의미하기 때문이다. 이것을 피하기 위해 그는 약간 복잡한 계획을 궁리해낸다. 니푸르에서 저승으로 가는 길에, 이 여행자는 대수롭지 않은 신들인 듯한 세 명을 만난다. 저승의 문을 맡고 있는 문지기, '저승의 강의 남자', 그리고 나룻배 사공(죽은 이를 나룻배에 태우고 저승으로 건네주는 수메르의 '카론')이 그들이었다. 과연 엔릴은 무엇을 할 것인가? 그는 차례로 이 세 명의 모습을 하고(성스런 변용의 최초의 예) 닌릴과 정을 통하여 그녀가 세 명의 지하세계 신들의 아이들을 임신하게 한다. 그들은 형인 신(Sin)의 대리인들이 되고, 따라서 신(Sin)은 자유로이 하늘로 올라간다.

    다음은 관련된 구절들의 일부다(이 행들 중 상당수의 진짜 의미는 아직도 분명하지 않다는 것을 강조하여 말해둔다. 신화의 이 부분은 결국 보완될 것이다).

엔릴, 그에게 정해진 바에 따라,

눈남니르, 그에게 정해진 바에 따라,

엔릴은 왔고, 닌릴은 따랐고,

눈남니르는 왔고, 닌릴은 들어섰고,

엔릴이 문지기에게 말한다 :

"문지기여, 자물쇠의 남자여,

빗장의 남자여, 은자물쇠의 남자여,

너의 여왕이 도착했다 :

그녀가 나에 관하여 너에게 묻거든,

그녀에게 내가 있는 곳을 말하지 말라."

닌릴이 문지기에게 말한다 :

"문지기여, 자물쇠의 남자여,

빗장의 남자여, 은자물쇠의 남자여,

엔릴, 그대의 주인, 어디에 . . ."

엔릴이 문지기를 위해 말한다 :

"나의 주인은 . . . 을 않고 공평한 중의 가장 공평한,

엔릴은 . . . 을 않고 공평한 중의 가장 공평한,

그는 . . . 나의 항문 속에, 그는 . . . 나의 입 속에 :

나의 진실한 가슴 . . . ,

그렇게 모든 대지의 주인 엔릴은 나에게 명했습니다."

"엔릴은 진짜 그대의 주인이지만, 나는 너의 마님이다."

"당신이 나의 마님이라면, 나의 손이 당신의 볼(?)을 만지겠습니다."

"그대의 주인의 씨가, 가장 빛나는 씨가, 나의 자궁에 있다,

신(Sin)의 씨가, 가장 빛나는 씨가, 나의 자궁에 있다."

"그렇다면 나의 주인의 씨를 저 하늘 위로 가도록 하고,

나의 씨를 저 땅 밑으로 가도록 하고,

나의 주인의 씨 대신에 나의 씨를 저 땅 밑으로 가도록 하겠습니다."

문지기로 (둔갑한) 엔릴은 그녀와 침실에 눕고,

그녀와 성교했고, 그녀와 입맞춤했고,

그녀와 성교했고, 그녀와 입맞춤했고,

그는 그녀의 자궁에 메슬람타이아의 씨를 심는다 . . . .

그런 후 엔릴은 '저승의 강(수메르의 삼도천)'으로 나아가고, 닌릴은 그 뒤를 따른다. 거기에서 엔릴, '저승 강의 남자', 그리고 닌릴 사이에 똑 같은 대화가 나누어진다. 여기에서 '저승 강의 남자'로 둔갑한 엔릴은 니나주로 알려진 이 지하세계 신의 씨를 닌릴에게 심는다. 다시 엔릴이 앞서 수메르의 '카론'이 있는 곳으로 가고, 닌릴이 뒤따른다. 같은 장면이 세 번째로 되풀이된다. 그리고 나룻배 사공으로 둔갑한 엔릴은 그 세 번째 신의 씨를 닌릴에게 심는다(그의 이름은 파손되었다. 그러나 그 또한 저승에 살도록 운명지어진 신임에 틀림없다). 이제 신화는 풍요와 번영의 신이며, 그의 말을 바꾸지 않는 엔릴에 대한 간략한 찬가로 끝을 맺는다.

이 신화는 수메르 신들의 인간적인 특징을 생생하게 묘사하고 있다. 그들 가운데 가장 힘있고 똑똑한 신들도 인간의 형상과 사고와 행동을 한다. 인간과 마찬가지로 그들은 계획하고, 행동하고, 먹고, 마시고, 결혼하고, 자식을 키우고, 가족을 부양한다. 뿐만 아니라 인간적인 열정과 약점도 가지고 있다.

대개 그들은 거짓보다는 진실을, 억압보다는 정의를 선호한다. 그러나 그들의 동기는 확실하지 않으며, 인간은 자주 그들을 이해하지 못한다.

그들은 그들이 책임지고 있는 우주의 부분에 별다른 일이 없을 때는 해가 뜨는 곳인 '하늘과 땅의 산'에 산다고 여겨졌다. 그들이 어떤 방법으로 여행을 했는지는 확실하지 않다. 우리가 갖고 있는 자료를 통해 보면 달의 신은 보트로 여행했고, 태양신은 전차 혹은 다른 해설에 따르면 걸어서 다녔으며, 폭풍의 신은 구름을 타고 다녔다는 추정이 가능하다.

그러나 수메르 사상가들은 그런 현실적인 문제들로 그다지 골머리를 썩이지 않은 것 같고, 따라서 우리는 신들이 수메르에 있는 그들의 다양한 신전과 사원에 어떻게 도착했는지, 혹은 그들이 먹고 마시는 등의 인간적인 활동을 어떻게 행했는지에 대해 알지 못한다. 사제들은 아마 온갖 정성으로 보살펴지는 신들의 조상들밖에는 보지 못했을 것이다. 그러나 돌, 나무, 금속으로 만들어진 물건들이 어떻게 뼈와 살을 가지고 생명을 호흡한다고 여겨졌는지에 대한 의문은 수메르 사상가들에게 전혀 떠오르지 않았다. 또한 그들은 의인화와 불멸성 사이에 근본적으로 내재하는 모순에 대해서도 느끼지 못한 것 같다. 신들은 불멸이라고 믿어졌음에도 불구하고, 생명을 유지하기 위한 자양분을 섭취해야만 했으며, 거의 사경을 헤매도록 아프기도 하고, 싸우고, 상처입고, 죽기도 했을뿐더러, 자해하거나 자살하기조차 했다.

수메르의 현자들은 다신교 체계에 본래적으로 있는 불일치와 모순을 해결하기 위한 헛된 시도 속에서 수많은 신학적 의견들을 전개시켰을 것이 틀림없다. 그러나 우리가 갖고 있는 자료로 판단하건대, 그들은 결코 그것들을 체계적으로 정리하여 남기지 않았고, 그러므로 우리는 그것들에 대하여 절대로 많은 것을 알지 못할 것이다. 어떤 경우에도 그들이 많은 모순을 해결하지는 못한 것 같다. 오늘날의 사고방식대로라면 정신적이고 지적인 절망으로 빠져들었을 상황으로부터 그들을 구한 것은 그들의 마음에 많은 의문이 샘솟지 않았기 때문이었다.

기원전 2000년대의 수메르에는 수백의 신들이 살고 있었다. 우리는 그들 중 많은 신들의 이름을 학교에서 편집된 명단뿐만 아니라, 지난 세기동안 발굴된 점토판에 새겨져 있는 신들에게 바친 제물의 명단으로부터도 알 수 있다. 우리는 'X는 목자다', 'X는 위대한 마음을 가졌다', '그는 X와 같다', 'X의 하인', 'X의 부하', '사랑하는 X', 'X가 나에게 주었다' 등등과 같은 적당한 이름들을 통해 다른 신들을 알 수 있다. 각 경우에 X는 어느 신의 이름을 지칭한다. 이들 중 많은 수는 별볼일 없는 신들이다. 그들은 주요 신들의 아내들과 자식들과 하인들이다. 다른 신들은 아마 잘 알려진 신들의 현재까지 확인될 수 없는 별칭들일 것이다. 그러나 많은 신들은 제물, 숭배, 기도 등을 통하여 정말로 사랑받았다.

이런 수백의 신들 중에서도 가장 유명한 네 명의 신은 하늘의 신 안, 대기의 신 엔릴, 물의 신 엔키, 그리고 위대한 모성의 여신 닌후르사그이다. 이들 넷은 항상 신들의 명단에서 맨 위에 위치했고, 희생제를 함께 치르는 경우도 흔했다. 성스런 회합이나 연회에서 그들은 영예로운 자리를 차지했다.

우리가 갖고 있는 기원전 2500년경까지 거슬러올라가는 자료들을 보면 만신전의 지도자는 대기의 신인 엔릴이었던 것 같다. 그럼에도 불구하고 하늘의 신인 안이 한때는 만신전의 최고 지배자였다는 것을 믿는 데는 충분한 이유가 있다. 안을 숭배한 중심지는 우루크, 또는 성경에서 우루크라고 발음되는 도시국가였고, 수메르의 역사에서 걸출한 정치적인 역할을 담당한 곳이기도 했다(제2차 세계대전이 발발하기 얼마 전 독일의 발굴단은 반쯤 상형문자의 성격을 지닌 기호가 새겨진 수백 점의 작은 점토판들을 우루크에서 발굴했다. 그것들의 연대는 기원전 3000년경까지 거슬러올라갔으며, 당시는 문자가 처음 발명된 지 얼마 되지 않은 때였다). 수메르에서 수천 년 동안 계속 숭배되었음에도 불구하고 그는 나중에 대부분의 세력을 잃어버렸다. 결국 그는 만신전에서 유야무야한 존재가 되었으며, 대부분의 권력이 엔릴에게 넘어간 뒤로는 찬미가나 신화에만 간신히 언급되었다.

수메르의 만신전에서 의식, 신화, 기도를 통하여 지배적인 역할을 행한 가장 중요한 신은 대기의 신인 엔릴이었다. 그를 수메르 만신전의 지배적인 신으로 만든 사건들은 아직 알려지지 않고 있다. 그러나 가장 초기의 기록에서부터 엔릴은 '신들의 아버지', '하늘과 땅의 왕', '모든 대지의 왕'으로 나타난다. 왕과 지배자들은 엔릴이 그들에게 그 땅의 왕권을 주었고, 그들을 위해 그 땅을 번성하게 만들었으며, 그들의 세력으로 정복한 모든 땅을 그들에게 주었다고 자랑하곤 했다. 왕들의 이름을 호명하고, 그들에게 왕권의 상징을 주며, 그들의 뒤를 봐주는 것도 엔릴이었다.

뒷날의 신화와 찬미가들을 통하여 우리는 엔릴이 우주의 많은 생산적인 특징들을 계획하고 창조한 수혜의 신으로 주목받았다는 것을 안다. 그는 낮을 창조하고, 인간을 불쌍히 여겼으며, 대지에 모든 씨앗, 식물, 나무들을 기를 계획을 세운 신이었다. 그리고 지상에 풍요와 번영을 가져온 것도 그였고, 인간이 사용하는 농기구의 원형인 곡괭이와 쟁기를 만든 것도 마찬가지였다.

나는 수메르의 종교와 문화를 다루는 모든 안내서와 백과사전에 공통적인 잘못을 바로잡기 위해 엔릴의 수혜성을 강조하고자 한다. 대부분의 경우에 엔릴은 그의 말과 행동이 거의 언제나 불길함만을 가져오는 폭력적이고 파괴적인 폭풍의 신으로 언급된다. 이 오해는 흔히 있는 경우로서, 고고학적 우연에서 비롯되었다. 초기에 발표된 수메르 문학작품들 중에는 이런저런 이유로 신에 의해 운명지어진 파괴와 불운을 엔릴이 행하는 이야기를 담은 '애도가' 형식의 것들이 유난히도 많았다. 그 결과로 그는 초기의 학자들에 의해 흉포하고 파괴적인 신으로 낙인찍히게 되었다. 그러나 사실 우리가 찬미가와 신화들, 특히 1930년대 이래로 발표된 작품들을 분석해보면, 엔릴은 수메르 인들을 비롯한 모든 인간들의 행복과 안전을 지키는, 친절하고 아버지 같은 신으로서 찬양받았음을 알 수 있다.

엔릴에 대한 가장 중요한 찬미가들 중의 하나는 1953년 상당한 수의 점토판과 파편들로부터 맞추어졌다. 1951년부터 1952년까지 이스탄불의 고대 오리엔트 박물관에서 일하는 동안 나는 4개 단을 가진 어느 점토판의 아랫부분을 발견하는 행운을 만났다. 그 점토판의 윗부분은 펜실베이니아 대학 박물관에 소장되어 있었는데, 그것은 1919년 쐐기문자학자 스티븐 랭든에 의해 이미 발표된 바 있었다. 그리고 1952년 시카고 대학의 오리엔트 연구소와 펜실베이니아 대학 박물관이 합동으로 파견한 니푸르 발굴단은 이 찬미가의 또 다른 큰 파편을 발견했다. 그러나 그것의 원문은 아직도 완전하지 못하고, 그것의 해석 또한 간단한 문제가 아니다.

이 찬미가는 악인들을 벌하는 신으로서의 엔릴을 찬양하는 것으로 시작되고, 에쿠르로 알려진, 니푸르에 있던 그의 위대한 사원의 영광을 노래하며 계속되다가, 그에게 진 문명의 빚에 대한 시적인 요약으로 끝난다. 다음은 170행에 이르는 그 찬미가에서 잘 이해할 수 있는 부분의 일부다.

엔릴, 그의 명령은 널리 미치고, 그의 말은 성스럽고,

신, 그의 판결은 번복될 수 없고, 영원한 운명을 정하는,

그의 부릅뜬 눈은 세상을 빠짐없이 훑고,

그의 치켜든 빛은 세상의 중심을 비추는,

엔릴, 흰 단 위에, 높은 단 위에 관대히 앉아 있는,

힘, 통치권 그리고 왕권의 권위를 완성하는,

지상의 신들은 경외감에 그의 앞에 절을 하고,

하늘의 신들은 그의 앞에서 스스로를 겸손해한다 . . . .

도시(니푸르), 그 모습은 장엄하여 두려움을 일으키고, . . . ,

부당한 자, 사악한 자, 압제자,

. . . , 밀고자,

거만한 자, 약속을 깨뜨린 자,

그는 도시에서 그들의 악을 용인치 않고,

거대한 그물 . . . ,

그는 부정한 자와 악인을 올가미에서 빠져나가도록 하지 않는다.

'위대한 산'인 아버지가 거주하는 니푸르의 그 신전,

풍요의 단인 에쿠르에는 . . . 오르고,

드높은 산, 순결한 곳 . . . ,

거기의 왕자이자 '위대한 산'인 아버지 엔릴,

드높은 신전, 에쿠르의 단 위에 그의 자리를 세우고,

하늘이 뒤집힐 수 없는 것과 마찬가지로 신성한 사원의 법,

땅이 산산이 부서질 수 없는 것과 마찬가지로 순결한 그곳의 의식,

그곳의 신성한 법은 심연의 신성한 법과 같고,

아무도 그것을 올려다볼 수 없으며,

그곳의 '심장'은 먼 곳에 있는 신전과 같고,

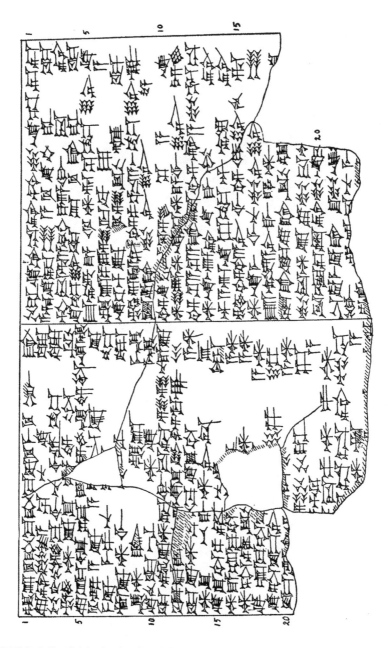

엔릴에게 바치는 찬미가. 이스탄불의 오리엔트 박물관에 소장된 4개 단짜리 니푸르 점토판의 하반부 뒷면.

하늘의 꼭대기와 같이 알 수가 없으며 . . . ,

그곳의 말은 기도와 같고,

그곳의 말씨는 탄원과 같고 . . . . ,

그곳의 의식은 고귀하고,

기름과 우유가 흐르는 그곳의 축제는 풍부하고 기름지며,

그곳의 창고는 행복과 환희를 가져오고, ... ,

엔릴의 집, 그것은 풍요의 산이다 . . . .

에쿠르, 청금석의 집, 드높은 거주지, 경외심을 일으키는 곳,

그곳의 경외로움과 두려움은 하늘의 다음이고,

그곳의 그림자는 세상을 덮으며,

그곳의 드높음은 하늘의 중심에 닿고,

모든 신과 왕들은 그들의 성스런 선물과 제물들을 그쪽으로 바치고,

기도와 탄원과 기원을 빈다.

엔릴, 그대가 (사랑으로) 우러러보는 목자,

그대가 부르고, 떠받치는, ... ,

그가 발을 내딛는 어떤 외국 땅도 굴복시키는,

모든 곳을 진실로 해방시키는,

엄청난 전리품을 포기하는,

그는 그의 제물들을 창고와 고결한 안마당에 가져온다 :

엔릴, 부유한 목자, 항상 움직이고,

숨쉬는 모든 무리들의 목자(왕)를 왕권으로 인도하며,

그의 머리에 신성한 왕관을 씌운다 . . . .

하늘-그는 그곳의 통치자다 : 땅-그는 그곳의 위대한 이다.

아누나키인-그는 그들의 고귀한 신이다 :

그가 경외롭게 운명을 정할 때,

어떤 신도 감히 그를 바라보지 못한다.

오직 그의 고귀한 시종 누스쿠를 향하여,

명령, 그의 마음의 말,

그가 알리고, 그가 전하는,

그가 채택한 명령을 실행하도록 하는,

그는 모든 신성한 규칙과 모든 신성한 법을 (누스쿠에게) 위임한다.

위대한 산 엔릴 없이는,

도시가 건설될 수 없고, 부락이 생길 수 없으며,

마구간이 지어질 수 없고, 양 우리가 만들어질 수 없으며,

왕이 옹립될 수 없고, 높은 사제가 태어날 수 없으며,

'마'-사제도 여사제도 양의 예시로 선발될 수 없고,

일꾼들은 관리자도 감독관도 가질 수 없으며, . . . ,

강은 범람하지 않고,

바다의 물고기는 등나무 숲에 알을 낳지 않고,

하늘의 새는 땅에 널리 퍼져 둥지를 짓지 않으며,

하늘에 떠다니는 구름은 수분을 만들지 않고,

평원의 눈부심인 나무와 풀은 자라지 않으며,

들판과 초원의 곡물은 무르익지 않고,

산과 숲에 심어진 나무들은 열매를 맺지 않는다 . . . .

수메르에서 세 번째로 강한 신은 엔키다. 그는 심연, 또는 수메르 말로 아브주를 맡고 있다. 엔키는 지혜의 신이고, 우선적으로 대강의 계획만 세우는 엔릴의 결정에 따라 땅을 조직했다. 실질적이고 구체적인 실행은 수완이 좋고 능숙하며, 강인한데다가 현명한 엔키의 몫이었다. 예를 들어 '엔키와 세계질서 : 땅과 그것의 문화형성 과정'이라고 이름붙인 신화는 문명에 꼭 필

요한 자연적·문화적 현상들을 만드는 엔키의 창조활동에 대한 해설이다. 그 내용을 최초로 나의 저서《수메르 신화(Sumerian Mythology)》59~62쪽에서 간략히 서술한 바 있다.

그 신화는 자연과 그것의 불가사의에 대한 수메르 인들의 일견 피상적인 견해들을 생생하게 그리고 있다. 거기에 자연의 근본적인 기원을 밝히거나, 혹은 자연적·문화적 과정을 드러내려는 시도는 전혀 없다. 대신에 그들은 "엔키가 그것을 했다"는 막연한 진술로 모든 것을 엔키의 창조력에 돌린다. 그리고 창조의 기술이 언급되는 어디에서나 그것은 신의 말과 명령만으로 모든 것이 이루어진다.

'엔키와 세계질서'의 처음 100행은 내용을 복원하기에는 너무 손상돼 있다. 이 시가 읽을 만한 부분에 접어들면, 엔키는 수메르의 운명을 정하고 있다.

"오 수메르, 우주의 땅 중에서도 위대한 땅이여,
일출에서 일몰까지 모든 사람들에게 성스런 법을 시행하는 불변의 빛으로 채워진,
너의 성스런 법은 도달할 수 없는 고귀한 법이고,
너의 마음은 추측할 도리가 없을 정도로 심원하며,
네가 가져오는 진실한 배움은 . . . , 마치 하늘을 만질 수 없는 것처럼,
네가 탄생시키는 왕은 영원한 왕권으로 장식되고,
네가 탄생시키는 지배자는 머리에 언제나 왕관을 쓰고 있으며,
너의 지배자는 영광된 지배자다 : 왕인 안과 함께 그는 하늘의 단 위에 앉아 있고,
너의 왕은 위대한 산이고, 아버지 엔릴이며, . . . ,
아눈나키인, 위대한 신들,
너의 한가운데 그들의 거주지가 있고,
너의 거대한 숲에서 그들은 음식을 먹는다.
오, 수메르의 집이여, 네 외양간들에서 소들은 몇 곱절로 번식할 것이고,

너의 양 우리들에는 양들이 무수히 많을 것이고, . . . ,

너의 부동의 사원들은 하늘로 손을 뻗을 것이고,

아눈나키는 너의 한가운데서 운명을 정할 것이다."

　그런 뒤 엔키는 우르(이 시가 지어질 당시 수메르의 수도로 추정된다)로 가서, 그곳을 축복한다.

　　우르의 신전을 향하여 그가 왔다,

　　엔키, 심연의 왕, 운명을 정한다 :

　　"오, 도시여, 풍부한 물이 공급되고 씻기는, 튼튼한 황소가 서 있는, 풍요로운 땅의 단, 무릎이 열리고, 산과 같은 푸름이 있는,

　　하슈르 숲, 드넓은 그늘, 영웅을 능가하는 . . . ,

　　너의 완벽하게 성스런 법은 잘 지도될 것이고,

　　하늘과 땅의 위대한 산 엔릴은 너의 고귀한 이름을 말했다 :

　　엔키에 의해 운명이 정해진 도시,

　　신전 우르, 너는 하늘 높이 오를 것이다."

　엔키는 이제 '검은 산', 멜루하(에티오피아로 추측된다)로 간다. 여기서 주목할 만한 점은 엔키가 이 땅을 거의 수메르와 동등하게 대접한다는 것이다. 그는 그 지방의 나무와 풀들, 황소와 새들, 금과 은, 청동과 구리, 그리고 그곳의 인간들을 축복한다.

　멜루하로부터 엔키는 티그리스 강과 유프라테스 강으로 간다. 그는 두 강을 반짝이는 물로 채우고, 신 엔빌룰루에게 맡긴다. 다음으로 엔키는 강들을 물고기로 채우고, 그것들을 책임질 '케시의 아들'이라고 일컬어지는 신을 만든다. 이제 그는 바다(페르시아 만)로 가서 그것의 법칙을 세우고, 여신 시라라에게 맡긴다.

　엔키는 바람을 부른 다음, 그것을 천둥구름을 타고 다니는 신 이슈쿠르에

태양신 우투. 수메르의 주요 신으로서, 어깨에서 발하는 빛으로 세계를 비춘다. 정의의 신이며, 톱으로 판결을 한다.

대지의 어머니 닌후르사그. 모든 생명의 원천이며, 초목을 낳은 신이다. 잎으로 퀸 관을 쓰고 풍요의 상징인 가지를 들고 있다.

게 맡긴다. 다음으로 엔키는 쟁기와 멍에를 만들고, 경작지와 식물을 가꾼다.

> 쟁기와 멍에를 그는 만들고,
>
> 위대한 왕자 엔키 . . . ,
>
> 성스런 밭고랑을 열고,
>
> 영원의 경작지에 곡물이 자라도록 했고,
>
> 신, 평원의 보석이자 장식품,
>
> 그것에 꼭 맞는 엔릴의 농부,
>
> 엔킴두, 수로와 도랑의 신에게 엔키는 그것들을 맡겼다.
>
> 그 신은 영원의 경작지를 불러, '구누'-곡물을 생산하도록 했고,
>
> 엔키는 그것의 크고 작은 콩들을 풍부하게 만들고,

물과 지혜의 신 엔키. 그림에서는 어깨에서 물을 뿜어내는데 통치자에게는 지혜, 장인에게는 기술을 가르친 신이다.

사랑과 전쟁의 여신 이난나. 장식 리본이 달린 문기둥은 여신의 지위의 상징이다. 인생의 사랑과 전쟁에 관계한다.

그 . . . 곡물을 그는 곡물창고에 쌓았으며,

엔키는 곡물창고에 곡물창고를 더했고,

엔릴과 함께 그는 사람들을 위해 몇 곱절로 늘였다 : . . . ,

그 여성 . . . , 대지의 원동력, 검은 머리 사람들의 확고한 지지자,

아슈난, 모든 것들의 힘에게,

엔키는 그것들을 맡겼다.

엔키는 이제 곡괭이와 벽돌틀을 만들어 벽돌의 신 카브타에게 맡긴다. 그런 뒤 그는 건축장비 '구군'을 만들고, 건물의 기초를 세우고, 집과 장소들을 지은 다음 '엔릴의 위대한 건설자'인 무슈담마에게 맡긴다. 그리고 그는 평원을 식물과 동물들로 채우고 '산의 왕'인 수무간에게 맡긴다. 마지막으로

엔키는 외양간과 양 우리를 짓고, 거기에 우유와 유지를 채운 다음, 목자의 신 두무지로 하여금 돌보게 한다(원문의 나머지는 파손되었고, 이 시가 어떻게 끝나는지는 알 길이 없다).

창조의 신들 중 네 번째는 닌마('고결한 여성')로도 알려져 있는 모성의 여신 닌후르사그다. 초기에 이 여신은 더 높은 지위에 있었고, 그녀의 이름은 이런저런 종류의 신들의 명단에서 엔키보다 먼저 언급되곤 했다. 그녀의 이름은 원래 키('땅')였고, 그녀는 안('하늘')의 배우자였으며, 그들은 모든 신들의 부모였던 것으로 믿어진다. 그녀는 또한 닌투('탄생의 여성')로도 불려졌다. 초기의 모든 수메르 지배자들은 스스로를 '닌후르사그의 안전한 우유'를 먹고 자란 것으로 묘사하길 즐겨했다. 그녀는 모든 살아 있는 것들의 어머니인 모성의 여신으로 간주되었다. 이 여신과 연관된 한 신화에서 그녀는 인간의 창조에 중요한 역할을 담당한다(제14장 참조), 그리고 다른 신화에서 그녀는 '금지된 열매'라는 주제의 발단이 되는 일련의 성스런 출산을 시작한다(제19장 참조).

마지막으로 우리는 '메'의 성스런 법, 법칙, 그리고 규율에 이르게 된다. 수메르 철학자들에 따르면 이것들은 창조의 날부터 우주를 지배하며 계속 움직여 나가도록 하고 있다. 이것에 대하여, 특히 메가 인간과 인간의 문화를 지배하는 것에 주목하여, 우리는 상당히 직접적인 근거들을 가지고 있다.

고대 수메르의 시인들 중 하나는 그의 신화들의 하나를 짓거나, 편집하던 중 모든 문화적인 메의 명단을 만들 필요를 느꼈다. 이 결과 그는 100개 이상의 요소들로 문명을 나누었다. 지금은 오직 60개 남짓만을 해독할 수 있으며, 그중에서도 일부는 내용의 부족으로 그 중요성을 암시하는 약간의 단어들만 식별할 수 있다. 그러나 그것만으로도 이 최초로 시도된 문화적 분석의 특징과 중요성을 보여주는 데는 충분하다. 그것은 다양한 기관들, 사제직들, 의식에 필요한 장비들, 정신적·감성적 자세들, 그리고 잡다한 믿음과 교리들로 구성되어 있다.

다음은 고대 수메르의 시인에 의해 직접 주어진 정확한 차례에 따라 배열된 명단의 해독 가능한 부분이다.

(1)통치권 (2)신 (3)고귀하고 영구한 왕관 (4)왕좌 (5)고귀한 홀 (6)왕족의 기장 (7)고귀한 신전 (8)목자의 직 (9)왕권 (10)영원하고 존엄한 여성 (11)'성스런 여성'(사제직) (12)'이시브'(사제직) (13)'루마'(사제직) (14)'구투그'(사제직) (15)진리 (16)저승으로 내려감 (17)저승에서 올라옴 (18)'쿠르가루'(거세된 남자) (19)'기르바다라'(거세된 남자) (20)'사구르사그'(거세된 남자) (21)(전투)규범 (22)홍수 (23)무기(?) (24)성교 (25)매춘 (26)법(?) (27)모욕(?) (28)예술 (29)의식이 거행되는 방 (30)'하늘의 성직' (31)구실림(악기) (32)음악 (33)연장자의 권위 (34)영웅 (35)힘 (36)적의 (37)정직함 (38)도시의 파멸 (39)애도 (40)희열에 찬 마음 (41)거짓말 (42)반역의 땅 (43)선 (44)정의 (45)목공예 (46)금속공예 (47)필경술 (48)금속세공 (49)혁제술 (50)건축술 (51)바구니 공예 (52)지혜 (53)주의력 (54)성스런 정화 (55)두려움 (56)공포 (57)투쟁 (58)평화 (59)피로 (60)승리 (61)조언 (62)근심스런 마음 (63)재판 (64)결심 (65)릴리스(악기) (66)우브(악기) (67)메시(악기) (68)알라(악기).

이 고대의 인류학적 지식의 보존은 유명한 수메르 여신 이난나가 연관된 어느 수메르 신화 때문에 가능했다. 그 이야기 속에서 100개 이상의 이 문화적 요소들은 4차례나 반복되고 있다. 덕분에 원문의 수많은 파손에도 불구하고 상당한 부분이 복원될 수 있었다.

1911년 이 신화에 속한 한 파편(지금은 펜실베이니아 대학 박물관에 소장되어 있다)이 데이비드 W. 미르만에 의해 발표되었다. 그리고 3년 후 아르노 포벨이 이 작품의 다른 일부를 발표했는데, 그것은 우측 상단이 깨어진 크고 잘 보존된 6개의 난을 가진 또 하나의 필라델피아 점토판에 새겨져 있었다. 그 점토판의 떨어져나간 조각은 운 좋게도 1937년 이스탄불의 고대 오리엔트 박물관에서 나에 의해 발견되었다.

1914년 이 신화의 상당 부분이 사본으로 만들어지고 발표되었음에도 불구하고, 해석은 시도되지 않았다. 왜냐하면 그 줄거리가 별로 중요치 않은 듯했고, 따라서 해석을 시도할 동기가 없었기 때문이었다. 그러나 내가 이스탄불에서 발견해 사본으로 만든 조그만 조각이 잃어버린 부분을 채웠을 때, 너무나 인간적인 수메르 신들의 매혹적인 이야기들이 처음으로 《수메르 신화》 64~68쪽에서 검토 분석되었다.

천상의 여왕이자 우루크의 수호여신인 이난나는 그녀의 도시를 수메르 문명의 중심지로 만들어 그녀의 이름과 명예를 드높이기 위해 우루크의 부와 번영을 증가시킬 궁리에 골몰한다. 그녀는 고대 수메르 문화의 중심지인 에리두로 간다. 그곳에는 '모든 신들의 마음을 속속들이 알고 있는' 지혜의 신인 엔키가 그의 심연, 아브주에 거주하고 있다. 엔키는 문명의 근간을 이루는 모든 신성한 율법들을 책임지고 있기 때문에, 만약 그녀가 수단과 방법을 막론하고 그것들을 획득하여 그녀의 도시로 가져올 수만 있다면, 우루크와 그녀의 영광은 정점에 달할 것이다. 그녀가 에리두의 아브주에 접근하자 그녀의 매력에 홀린 엔키는 그의 사자使者 이시무드를 불러 다음과 같이 이른다.

> "이리 오너라, 나의 사자 이시무드, 나의 가르침을 듣고,
> 내가 너에게 내리는 지시를 듣고, 나의 명을 받아라.
> 그 여자가 아브주로 향하고 있다,
> 이난나가 아브주로 향하고 있다,
> 그 여자가 에리두의 아브주로 들어선다,
> 이난나가 에리두의 아브주로 들어선다,
> 버터를 바른 보리빵을 그녀에게 주어라,
> 마음을 신선하게 하도록 그녀에게 찬물을 부어라,
> '사자의 얼굴'을 하고 그녀에게 맥주를 주어라,
> 천상의 탁자, 신성한 탁자에서,
> 이난나에게 환영의 말을 하여라."

이시무드는 정확히 그의 주인이 시킨 대로 하고, 이난나와 엔키는 연회를 벌인다. 술기운이 돌며 기분이 거나해지자, 엔키가 말한다.

"내 권위의 이름으로 말하나니, 내 권위의 이름으로 말하나니,
성스런 이난나, 나의 딸에게, 신성한 법칙을 선사하노라."

그는 이에 따라 문명의 근간을 이루는 100개 이상의 신성한 법칙들을 선사한다. 이난나는 술에 취한 엔키로부터 제공된 이 선물들에 너무나 기쁠 따름이었다. 그녀는 그것들을 그녀의 천상의 배에 싣고, 그 귀중한 화물과 함께 우루크로 향한다. 그러나 연회가 끝나고, 술에서 깨어난 엔키는 메가 없어졌음을 깨닫는다. 그는 이시무드를 부르고, 그의 사자는 그가 자청하여 신성한 법칙들을 이난나에게 주었다고 알린다. 자신의 아낌없는 후의에 후회가 막급해진 엔키는 천상의 배가 우루크에 닿는 것을 막기로 결심한다. 이제 그는 그의 사자 이시무드를 일단의 바다괴물들과 함께 급파하여 이난나를 뒤쫓게 한다. 그들은 에리두의 아브주와 우루크 사이에 있는 일곱 개의 중간 경유지들 중 첫 번째 장소에서 그녀를 잡으려 한다. 거기에서 바다괴물들은 이난나로부터 천상의 배는 빼앗지만, 그녀는 우루크를 향해 가도록 한다.

이시무드에게 주는 엔키의 명령과 선물을 회수하려는 그녀의 아버지를 비난하는 이난나와 이시무드 사이의 대화는 이 시의 백미다. 그 내용은 다음과 같다.

그 왕자는 그의 사자 이시무드를 부르고,
엔키는 천상의 좋은 이름에게 명한다.
"오, 나의 사자 이시무드여, 천상의 좋은 이름이여."
"오, 나의 왕이시여, 여기 대령했습니다, 당신을 영원히 찬미합니다."
"천상의 배, 그것이 지금 어디에 도착했느냐?"
"그것은 이달의 부두에 도착했습니다."

"가서 바다괴물들이 그것을 그녀로부터 빼앗게 하라."

이시무드는 명 받은 대로 천상의 배를 따라잡고, 이난나에게 말한다.

"오, 나의 여왕이시여, 당신의 아버지가 나를 당신에게 보냈소,
오, 이난나, 당신의 아버지가 나를 당신에게 보냈소,
고귀한 당신의 아버지는 말씀하오,
고귀한 엔키가 말씀하오,
그의 위대한 말은 무시될 수가 없소."

성스런 이난나가 그에게 답변한다.

"나의 아버지가 무어라고 그대에게 말했소, 그가 무어라고 그대에게 말씀했소?
그의 위대한 말은 무시될 수가 없소, 그것이 무엇이오?"

"나의 왕께서 나에게 말씀하셨소,
엔키가 나에게 말씀하셨소 :
'이난나를 우루크로 가도록 하라,
그러나 천상의 배는 에리두를 향해 나에게 다시 가지고 오라.'"

성스런 이난나가 사자 이시무드에게 말한다.

"나의 아버지가 왜 나에게 한 그의 말을 바꾸셨소?
그가 왜 나에게 한 지당한 분부를 깨셨소?
그가 왜 나에게 한 그의 위대한 말을 더럽혔소?
나의 아버지는 나에게 거짓말을 했소, 그는 나에게 거짓말을 했소,

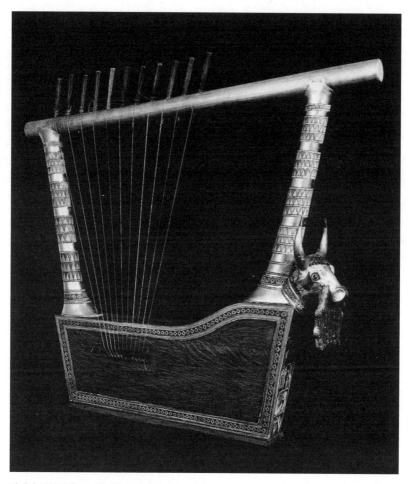

갈대아 인들의 우르로부터 출토된 수금. 우르의 왕실묘지에서 레오나드 울리에 의해 발굴되어 복원된 수금이다. 펜실베이니아 대학 박물관에 소장되어 있다.

그는 그의 권위의 이름으로, 이브주의 이름으로 거짓을 맹세했소."

그녀는 간신히 이렇게 말했고,

바다괴물들은 천상의 배를 빼앗았다.

이난나는 그녀의 사자 닌슈부르에게 말한다 :

"이리 오너라, 나의 진실한 사자여,

나의 말을 하는 사자여,

나의 참된 말의 전달자여,

너의 손은 결코 더듬거리지 않고, 너의 발은 결코 비틀거리지 않는다,

천상의 배와 이난나에게 선사된 신성한 법칙들을 구하라.”

닌슈부르는 그렇게 한다. 그러나 엔키는 완강하다. 그는 에리두와 우루크 사이에 있는 일곱 개의 중간 경유지마다 이시부드와 다양한 바다괴물들을 보내 천상의 배를 빼앗으려 한다. 그리고 그때마다 닌슈부르가 이난나를 구한다. 결국 이난나와 그녀의 배는 우루크에 안전하게 도착한다. 그리고 기쁨에 찬 우루크 주민들의 환호와 축제가 벌어지는 한가운데 그녀는 신성한 법칙들을 한꺼번에 풀어놓는다.

수메르 사상가들은 철학체계를 공식화하지도 않았고, 도덕적 법칙과 이론들의 체계를 발전시키지도 않았으며, 윤리적으로 공식적인 약정도 만들지 않았다. 수메르의 윤리학과 도덕에 관하여 우리가 알기 위해서는 다양한 수메르의 문학작품을 연구해야만 한다. 우리는 제14장에서 수메르 인들의 윤리적 사고를 관련 근거들과 함께 분석할 것이다.

14
윤리학

최초의 도덕적 사고

　그들의 일관된 세계관 속에서 수메르 사상가들은 인간과 인간의 운명에 대한 지나친 자신감을 갖지 않았다. 그들은 인간이 흙으로 빚어졌고, 오직 한 가지 목적을 위해 창조되었다는 굳은 확신을 갖고 있었다. 그것은 음식, 마실 것, 그리고 안식처를 신들에게 제공하여 봉사함으로써, 신들이 성스런 활동을 할 에너지를 충전시키는 것이었다.

　인간은 신들에 의해 정해진 운명을 미리 알 수 없기 때문에 삶이란 불확실성과 불안정성으로 가득 차 있다고 그들은 믿었다. 인간은 죽으면 무기력한 영혼만 남아 어둡고 황량한 저승으로 내려간다. 그곳에서의 삶이란 지상의 삶의 음울하고 비참한 면의 복제판이다.

　자유의지는 서양 철학자들에게 가장 중요하고 민감한 근본적인 주제였지만, 수메르 사상가들에게는 전혀 문제가 되지 않았다. 논쟁의 여지 없이 인간은 신들에 의해, 신들의 이익과 즐거움을 위해 창조되었다고 확신하던 수메르 사상가들은 죽음은 인간의 몫이고, 오직 신들만이 불멸이라는 신성한 결정을 받아들인 것과 마찬가지로 인간의 의존적인 지위도 인정했다. 수메르 인들은 그들의 사회적·문화적 경험으로부터 점진적으로, 그리고 고통스럽게 전개됐던 모든 도덕과 윤리를 신의 섭리로 돌렸다. 신들은 계획하고, 인간은 그 성스런 명령에 오직 복종할 뿐이다.

그들의 기록에 따르면, 수메르 인들은 선과 진리, 법과 질서, 정의와 사유, 공평함과 정직함, 자비와 동정 등을 소중하게 여겼다. 그리고 그들은 악과 거짓, 불법과 혼란, 부정과 억압, 죄와 심술, 잔인함과 냉혹함 등을 극도로 싫어했다. 왕과 지배자들은 그 땅에 법과 질서를 세우고, 강자로부터 약자를, 부자로부터 가난한 이들을 보호하며, 악과 폭력을 몰아냈다고 끊임없이 자랑했다.

제7장에서 분석된 기록에 의하면 기원전 23세기경에 살았던 라가시의 지배자 우루카기나는 그가 오랫동안 고통받아온 시민들에게 정의와 자유를 되돌려주고, 득실거리는 압제자들을 몰아냈으며, 부정과 착취를 근절하고, 미망인과 고아들을 보호했다고 자랑스럽게 기록했다. 그로부터 약 4세기 후 우르의 제3왕조의 건설자인 우르-남무는 그의 윤리적인 성취의 일부가 서문에 새겨진 법전을 공포했다(제8장 참조). 그것에 따르면 그는 만연하던 관료들의 착취를 일소하고, 시장에서의 공정한 거래를 위한 무게와 수치를 정했으며, 미망인, 고아와 가난한 이들을 학대와 냉대로부터 보호했다. 약 2세기 후에는 이신의 리피트-이슈타르가 새 법전을 공포했다. 그는 거기에서 '그 땅의 정의를 세우고, 불만, 증오 그리고 무력을 사용한 반란을 일소하여 수메르와 아카드의 사람들에게 행복을 가져오기 위해' 위대한 신들인 안과 엔릴에 의해 특별히 선택되었다고 스스로를 선전했다. 수많은 수메르 지배자들에게 바쳐진 찬미가들에는 그들의 드높은 윤리적·도덕적 행실에 대한 비슷한 주장들이 널려 있다.

또한 수메르의 현자들에 따르면 신들도 윤리적이고 도덕적인 사람들을

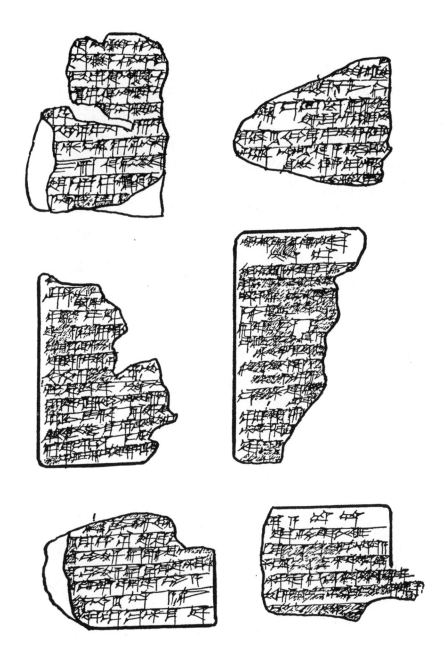

사회정의. 난세의 찬미가의 부분들이 새겨진 미발표된 파편들로, 이스탄불 박물관에 소장되어 있다.

비윤리적이고 부덕한 자들보다 좋아하며, 사실 수메르 만신전의 모든 주요한 신들은 수메르의 찬미가들에서 선과 정의, 진실과 정직의 수호자들로 찬양된다. 예를 들어 태양신 우투를 비롯한 몇몇 신들은 그들의 주요 임무로 도덕질서를 감독한다. 또 다른 신인 라가시의 여신 난셰 또한 이따금씩 진리, 정의 그리고 자비의 화신으로 기록들에 언급된다. 그러나 인간의 윤리적·도덕적 측면에서 이 여신이 행한 중요한 역할에 대해 우리는 이제 막 알기 시작하고 있을 뿐이다.

1951년 니푸르에서 발굴된 19점의 점토판과 파편들이 맞추어지자 250행에 이르는 수메르 찬미가 한 편이 의미를 드러냈다. 이 찬미가에는 지금까지 수메르 기록에서 발견된 가장 명확한 윤리적·도덕적 진술이 실려 있었다. 그것의 여신 난셰에 대한 묘사는 다음과 같다.

> 부모 없는 아이를 아는 이, 미망인을 아는 이,
> 인간에 대한 인간의 억압을 아는 이는 고아의 어머니,
> 난셰, 미망인을 돌보는 이,
> 가장 가난한 사람들(?)을 위해 정의(?)를 구하는(?) 이.
> 피난민을 그녀의 무릎에 앉히는 여왕,
> 약한 사람들을 위해 안식처를 구한다.

아직도 그 의미가 상당히 불분명한 한 구절에서 난셰는 새해 첫날에 인류를 심판하는 것으로 비추어진다. 그녀의 곁에는 글과 계산의 여신인 니다바와 니다바의 남편인 하이아가 수많은 증인들과 함께 한다. 그녀가 불쾌하게 여기는 사악한 인간형은 다음과 같이 묘사된다.

> 죄악 속을 거닐던 (사람들이) 고귀한 손에 다다랐다, . . . ,
> 확립된 규범을 위반하고, 계약을 깨뜨린 자,
> 사악한 장소들을 좋아라 바라보던 자, . . . ,

가벼운 것을 무겁게 바꾼 자,

작은 것을 크게 바꾼 자, ...,

(그에게 속하지 않은 것을) 먹고 '내가 그것을 먹었다'고 말하지 않는 자,

마시고, '내가 그것을 마셨다'고 말하지 않는 자, ...,

'금지된 것을 먹겠다'고 말한 자,

'금지된 것을 마시겠다'고 말한 자.

난셰의 사회적 의식은 다음의 행들에서 좀 더 드러난다.

고아를 위로하고, 미망인을 없게 하고,

강한 자를 위해 파괴된 장소를 일으켜세우고,

강한 자를 약한 자에게 넘겨주고, ...,

난셰는 사람들의 마음을 구한다.

　　지도적인 신들이 도덕적인 태도를 취함에도 불구하고, 수메르 인들의 세계관에 의하면 문명의 확립과정에서 악과 거짓, 폭력과 억압 등 모든 인간행위의 부도덕한 양식을 만든 것도 신들이다. 예를 들면, 우주를 평탄하고 효율적으로 운영하기 위해 신들이 고안한 규범과 법칙들인 메의 명단에는 '진실', '평화', '선', '정의' 등에 연관된 규범들뿐만 아니라, '거짓', '투쟁', '애도', '공포' 등도 포함되어 있다.

　　왜 신들은 죄와 악, 고통과 불행을 고안하고, 창조하는 것이 필요했을까(어느 수메르 염세주의자는 '죄 없이 태어나는 아이는 없다'고 말할 수도 있을 것이다)? 우리가 갖고 있는 자료들을 통하여 판단하자면, 그런 질문이 던져졌을 때 수메르의 현자들은 이 문제에 대한 그들의 무지를 고백하며, "종종 신의 의지와 동기는 헤아릴 수 없다"라고 덧붙일 수밖에 없었을 것이다. 수메르 인의 '의무'는 부당한 듯이 보이는 불운을 당하더라도 따지거나 불평하는 대신에, 그의 어찌할 도리 없는 죄와 몰락을 빌고, 한탄하고, 애도하고, 고백하는 것이었

문화인류학. 이난나와 엔키에 관한 신화가 새겨져 있는 6개 단을 가진 점토판의 뒷면. 펜실베이니아 대학 박물관에 소장되어 있다.

다.

그러나 설사 그가 충심으로 꿇어 엎드려 스스로를 겸손히 한다손 쳐도, 과연 신들이 이 고독하고, 별 쓸모 없는 인간을 주목했을 것인가? 수메르 현자들은 아마도 아니라고 생각했을 것이다. 왜냐하면 그들은 신들이 이 세상을 다스리는 인간 지배자들과 다를 바 없다고 보았고, 따라서 신들은 더 중요한 볼일이 있었을 것이다. 왕들의 경우와 마찬가지로 인간은 그를 좋아하여 기꺼이 귀를 기울이고, 나아가 그의 입장을 조정하고, 전달하는 조정자를 가져야만 했다. 그러므로 수메르 사상가들은 개인적인 신이자, 개개인과 그들의 가족을 보호하고, 그를 낳아준 성스런 아버지인 수호신에 주목했다. 고통받는 자가 기도와 탄원으로 하소연하는 대상은 바로 그의 개인적인 수호신이었으며, 그것을 통하여 그를 구원해주는 것도 그의 수호신이었다.

수메르의 윤리적인 개념과 이상들은 인간이 신들을 섬기기 위해 흙에서 빚어졌다는 신념에 의해 지배되었다. 이에 관련된 근거는 우선적으로 두 신화에 의지한다. 하나는 오로지 인간의 창조를 묘사하고 있고, 다른 하나는 대부분 두 중요치 않은 신들의 논쟁으로 이루어져 있지만, 인간이 창조된 목적에 관한 구체적인 진술이 들어 있다.

인간의 창조를 해설하는 작품은 같은 내용이 새겨진 두 점의 점토판에서 발견되었다. 그중 하나는 펜실베이니아 대학 박물관에 소장돼 있는 니푸르 점토판이고, 다른 하나는 골동품상으로부터 입수되어 루브르 박물관에 있다. 루브르의 점토판과 대학 박물관의 점토판은 1934년 사본이 만들어져 발표되었다. 그러나 당시까지도 대부분의 내용은 해독되지 못했다. 그것은 우선적으로 루브르 박물관의 파편보다 보존상태가 좋게 4,50년 전에 필라델피아에 도착한 대학 박물관의 점토판이 네 조각으로 부서져 있던 점에 기인했다. 1919년 그중 두 조각이 합쳐졌고, 스티븐 랭든에 의해 그 사본이 만들어져 발표되었다. 1934년 에드워드 치에라가 세 번째 조각을 발표했다. 그러나 그는 그것이 1919년 랭든에 의해 발표된 두 조각과 합쳐질 수 있는 것을 몰랐다.

나는 이 사실을 그로부터 10년, 또는 그 이상이 지난 후 《수메르 신화》 저술을 위해 그 신화의 원문을 합치려 노력하는 동안 깨달았다. 당시 나는 그때까지 발표되지 않았던 대학 박물관에 있는 네 번째 조각을 확인하여 이미 발표된 세 조각에 합쳤다. 그제야 나는 비로소 처음으로 그 신화의 내용을 적절한 순서로 배열하여, 불확실한 해석이라도 준비할 수 있었다. 그러나 원문은 아직도 어렵고, 불분명했으며, 완성과는 거리가 멀었다《수메르 신화》 68~72쪽).

이 시는 빵을 조달하는 데 어려움을 겪는 신들을 묘사하는 것으로 시작되며, 그것은 특히 여신들이 존재하면서 정도가 심해졌다. 그러나 수메르 지혜의 신으로서 마땅히 묘안을 마련할 것이 기대되었던 물의 신 엔키는 심연 속에서 곤히 자고 있어서 그들의 곤란을 알지 못했다. 그러므로 그의 어머니이자 '모든 신들을 낳은' 태고의 바다가 신들의 눈물을 엔키에게 알렸다. 그녀는 말한다.

"오, 나의 아들아, 침대에서 일어나거라, ...에서, 현명한 일을 하여라,
신들의 하인들을 만들어라, 그들은 갑절(?)을 조달할 것이다."

엔키는 이 문제를 곰곰이 생각한 다음에 그의 어머니인 태고의 바다 남무에게 말한다.

"오, 나의 어머니, 그 이름은 당신이 말한 창조물을 존재하게 합니다,
신들의 형상(?)으로 그것을 동여맵니다 :
심연에 널려 있는 진흙으로 심장을 섞고,
선한 최고의 조성자가 진흙을 두텁게 할 것이며,
당신은 사지를 존재하게 합니다 :
닌마(대지의 어머니 여신)가 당신 위에서 일할 것이고,
(탄생의) 여신은 ... 당신이 모양을 만드는 동안 당신 곁에 있을 것입니다.

오, 나의 어머니, (새로 태어난) 그것의 운명을 정하십시오,

닌마는 신들의 형상(?)으로 그것을 동여맵니다,

그것은 인간 . . . ."

여기에서 이 시는 인간의 창조로부터 인간이라는 비정상적인 존재를 설명하기 위하여 불완전한 인간형의 창조로 넘어간다. 엔키는 인간의 창조를 축하하기 위한 축제를 신들을 위해 개최한다. 이 축제에서 엔키와 닌마는 너무 많은 술을 마신 나머지 기분이 도도해진다. 이제 닌마는 심연에 있는 진흙으로 여섯 가지 다른 유형의 비정상적인 개체들을 만들고, 엔키는 그들의 운명을 정한 다음 그들에게 빵을 권한다. 오직 마지막 두 불완전한 유형만이 지성을 갖고 있다. 그 하나는 출산할 수 없는 여성이고, 다른 하나는 성이 없는 창조물이다. 그 부분은 다음과 같다.

그 . . . 그녀(닌마)는 출산을 할 수 없는 여성을 만들었다.

엔키는 출산을 할 수 없는 여성을 보고는,

그녀의 운명을 정하고, 그녀를 '여성의 집'에 머물도록 운명짓는다.

그 . . . 그녀(닌마)는 남성의 생식기도 없고,

여성의 생식기도 없는 자를 만들었다.

엔키는 남성의 생식기도 없고,

여성의 생식기도 없는 자를 보고는,

왕 앞에 서게 하고, 그의 운명으로 정했다.

닌마가 이 여섯 가지 인간유형을 창조한 뒤 엔키는 그 자신의 창조물을 만들기로 결심한다. 그가 행한 방법은 확실하지 않으나, 어찌되었건 결과적으로 만들어진 창조물은 실패작이었다. 그것은 육체적 · 정신적으로 약하고 저능했다. 닌마가 이 절망적인 창조물을 돕지 않을까 우려한 엔키는 다음과 같이 말한다.

"네 손으로 만든 자에게 나는 운명을 부여했고,

먹을 빵을 주었다 :

내 손으로 만든 자에게 너는 운명을 부여했고,

너는 그에게 먹을 빵을 주었다."

닌마는 창조물에게 잘해주려고 노력하지만 허사였다. 그녀는 그에게 말을
걸지만, 그는 대답하지 못한다. 그녀는 먹을 빵을 그에게 주지만, 그는 그것
에 손을 뻗지 못한다. 그는 앉지도, 일어서지도 못하며, 그의 무릎을 구부리
지도 못한다. 그러자 엔키와 닌마 간의 긴 대화가 이어진다(이 부분의 점토판들
은 너무 심하게 파손되어 해독이 불가능하다). 마침내 닌마는 이 병들고 생명 없는 창
조물을 만든 엔키에게 저주를 퍼붓는다. 그리고 엔키는 그것을 마땅한 것으
로 받아들인다.

인간창조에 대한 수메르의 중대한 개념들을 담고 있는 두 번째 신화는
'가축과 곡물'이라고 명명된 것이며, 수메르 작가들에게 아주 인기 있었던
저술 분야를 묘사하고 있다. 이 신화의 주인공들은 가축의 신인 라하르와 그
의 누이이자 곡물의 신인 아슈난이다. 이 신화에 따르면 이 둘은 하늘의 신
안의 자식들인 아눈나키를 먹이고 입히기 위해 신들의 창조의 방에서 만들
어졌다. 그러나 인간이 창조되기까지 아눈나키는 가축과 곡물을 효과적으로
이용할 수 없었다. 이 모든 것은 다음과 같은 서문에서 이야기된다.

하늘과 땅의 산에 오른 뒤,

안(하늘의 신)은 아눈나키(그의 추종자들)를 태어나게 했고,

왜냐하면 그 이름 아슈난(곡물의 신)이 태어나지 않았으므로,

만들어지지 않았으므로,

왜냐하면 우투(의복의 신)가 만들어지지 않았으므로,

왜냐하면 우투의 형상이 만들어지지 않았으므로,

암양과 숫양은 나오지 않았고,

염소와 새끼염소는 나오지 않았고,

암양은 두 마리의 숫양을 낳지 않았고,

염소는 세 마리의 새끼염소를 낳지 않았고,

왜냐하면 그 이름 아슈난, 현명함, 그리고 라하르(가축의 신) 때문에,

위대한 신들 아눈나키는 알지 못했고,

삼십 일의 셰스-곡물은 존재하지 않았고,

사십 일의 셰스-곡물은 존재하지 않았고,

창조물들을 살리는 작은 곡물들, 산의 곡물, 순결한 곡물은 존재하지 않았고,

왜냐하면 우투가 태어나지 않았기 때문에,

왜냐하면 (초목?)이 높게 자라나지 않았기 때문에,

왜냐하면 지배자가 . . .가 태어나지 않았기 때문에,

왜냐하면 평원의 신, 수무간이 나타나지 않았기 때문에,

인류가 처음 창조되었을 때처럼,

그들(아눈나키)은 빵을 먹는 것을 몰랐고,

의복을 입는 것을 몰랐고,

양과 같이 그들의 입으로 풀을 뜯어먹었고,

도랑에서 물을 마셨다.

그 시절에, 신들의 창조의 방에서,

그들의 집 두쿠에서, 라하르와 아슈난이 만들어졌고,

라하르와 아슈난의 생산품을,

두쿠의 아눈나키는 먹었으나, 배부르지 않았다 :

그들의 순결한 양 우리에서 좋은 슘-우유를,

두쿠의 아눈나키는 마셨으나, 배부르지 않았다 :

그들의 순결한 양 우리를 위하여,

인간은 숨을 쉬게 되었다.

서론에 뒤이은 구절은 하늘에서 땅으로 라하르와 아슈난이 내려옴과 그들이 인류에게 부여한 문화적 혜택을 묘사하고 있다.

그 시절 엔키가 엔릴에게 말한다.
"아버지 엔릴이여, 라하르와 아슈난,
두쿠에서 창조된 그들,
우리, 그들을 두쿠에서 내려보냅시다."

엔키와 엔릴의 순결한 명에 따라,
라하르와 아슈난은 두쿠로부터 내려왔다.
라하르를 위해 그들(엔릴과 엔키)은 양 우리를 세웠고,
풍부한 식물과 초목을 그들은 그에게 선사했다 :
아슈난을 위해 그들은 집을 짓고,
쟁기와 멍에를 그들은 그에게 선사했다.

라하르는 그의 양 우리에 서 있고,
양 우리를 극진히 돌보는 목자가 그다 :
아슈난은 농작물 사이에 서 있고,
상냥하고 관대한 처녀가 그녀다.

풍요는 하늘로부터 오고,
라하르와 아슈난은 (땅에서) 나타난다.
모임에 그들은 풍요를 가져왔고,
대지에 그들은 생명의 호흡을 가져왔고,
신들의 법칙을 그들은 준수했고,
창고들의 내용물을 그들은 몇 배로 늘렸고,
창고들을 그들은 가득 채웠다.

먼지만 잡히는 가난한 집에,

들어서는 그들은 풍요를 가져온다 :

그 쌍은, 그들이 어디에 있건,

집에 엄청난 증가를 가져온다 :

그들이 서 있는 곳을 그들은 배부르게 하고,

그들이 앉아 있는 곳을 그들은 부양하며,

그들은 안과 엔릴의 마음을 행복하게 만든다.

그러나 라하르와 아슈난은 술을 많이 마시고, 농장과 벌판에서 다투기 시작한다. 말싸움을 계속하는 가운데 각자는 자신의 업적을 추켜세우고, 상대방의 것은 흠집을 낸다. 그리고 결국에는 엔릴과 엔키가 개입하여 아슈난이 이겼음을 선언한다.

수메르 현자들은 인간의 불행은 그의 죄와 잘못된 행실의 결과라는 원칙을 믿고 가르쳤다. 그들은 부당하고 잘못되게 고통을 겪는 인간의 경우는 있을 수 없다고 주장했다. 언제나 비난받는 것은 신들이 아닌 인간들이었다. 재난의 순간에 고통받는 이들은 종종 신들의 공평함과 정의로움에 회의를 품었을 것이다. 아마도 신들에 반항하는 그런 분노를 미리 막고, 신성한 질서의 환상이 깨지는 것을 피하기 위해 수메르 현자들 중의 하나는 제15장에 설명되는 도덕적인 교화를 위한 에세이를 만들었을 것이다. 그것은 가장 오래 된 예로 알려진 '욥'의 주제를 담고 있다.

15
고난과 복종

최초의 욥

1954년 12월 29일 내가 성경문학협회에서 발표한 논문은 〈인간과 그의 신 : 욥에 대한 수메르 식 설명〉이란 제목이었다. 그것은 135행으로 이루어진 한 수메르의 시적 에세이에 근거하고 있었다. 그 에세이의 원문은 오늘날의 바그다드에서 남쪽으로 백 마일 가량 떨어져 있는 니푸르에 갔던 첫 번째 펜실베이니아 대학 발굴단에 의해 발견된 6점의 점토판과 파편들이 모인 결과로 드러났다. 그중 네 점은 지금 필라델피아의 펜실베이니아 대학 박물관에 있고, 두 점은 이스탄불의 고대 오리엔트 박물관에 간직돼 있다.

나의 강연이 있은 시점까지 6점 중 대학 박물관에 있던 오직 2점만이 발표되었고, 따라서 그 시 원문의 대부분은 알려지거나 해독되지 않았다. 1951년부터 1952년까지 풀브라이트 재단의 연구교수로 이스탄불에 있는 동안, 나는 고대 오리엔트 박물관에 있는 그 시에 속한 두 조각을 확인하고, 사본을 만들었다. 그후 필라델피아로 돌아와 대학 박물관에 있던 나머지 두 점을 마저 확인했는데, 여기에는 박물관의 메소포타미아 과에 연구조수로 있는 에드먼드 고든의 도움이 컸다. 발표를 위해 그 시의 해석을 하던 중 우리는 두 조각의 이스탄불 파편이 네 점의 필라델피아 조각들 중 두 점와 연결된 다는 사실을 알게 되었다. 그것들은 사실 같은 점토판에 속해 있었으나, 고대의 어느 때, 혹은 발굴 도중 서로 떨어졌고, 멀리 떨어져 있는 두 개의 박물관에 흩어져 보관되고 있었다. 운 좋게도 나는 1954년 벨링겐의 연구원으로 이스탄불을 방문했을 때 그 사실을 증명할 수 있었다.

이 새로운 확인과 바다를 건넌 '결합'은 내가 그 시의 원문을 모아 해석하는 것을 가능하게 해주었다. 그러자 그것이 인간의 고난과 복종에 대해 최초로 씌어진 에세이란 점이 분명하게 드러나기 시작했다. 이 주제는 성경의 '욥기'에 의해 세계의 문학과 종교에 잘 알려진 것이다. 이 수메르의 시는 그이해의 깊이와 넓이, 그리고 표현의 아름다움에서 성경의 욥기와는 비교가 되지 않는다. 그럼에도 불구하고 그것의 중요성은 그것이 인간의 고통이라는, 근원적이면서도 현대까지 관통하는 문제를 다룬 인류 최초의 기록이라는 사실에 있다. 이 수메르 에세이의 모든 점토판과 파편들이 새겨진 연대는 욥기가 편찬된 시점으로부터 1000년 이상 거슬러올라간다.

이 시가 말하고자 하는 바는, 고난과 불운이 찾아왔을 때 그것이 얼마나 부당한지를 떠나서 피해자가 해야 할 오직 하나의 효과적인 방법이 있다는 것이다. 그것은 바로 그의 신이 그의 기도에 귀를 기울일 때까지 변함없이 찬양하고, 탄원하고, 기도하는 것이다. 이때의 신은 수난자의 '개인적인' 신이다. 수메르 인들의 믿음에 의하면, 그 신은 신들의 모임에서 그의 대표이자 중재자의 역할을 한다. 이 점을 증명하기 위해 이 시의 작가는 철학적 성찰이나 신학적 논증을 끌어들이지 않는다. 대신에 그는 수메르 인들의 특징인 실용성을 발휘하여 구체적인 실례를 인용한다. 여기에 이름을 밝히지 않는 한 남자가 있다. 그는 부유하고, 슬기롭고, 정직했다. 적어도 그런 것 같았다. 그러므로 그는 친구들과 친척들에게 항상 칭송의 대상이었다. 그런데 어느 날 병마와 고난이 그를 압도했다. 이제 그는 어찌할 것인가? 신성한 명령에 반항하고, 신성을 모독하겠는가? 물론 아니다! 그는 그의 신 앞에 겸손하게 다가와 마음에서 우러나오는 슬픔과 눈물을 쏟으며 기도와 탄원을 했다. 결국 그의 신은 매우 흡족하여 동정심이 생겼다. 신은 그의 기도에 귀를 기울였고, 그를 불운에서 건졌으며, 그의 고통을 환희로 바꾸어놓았다.

문맥상으로 이 시는 불확실하나마 네 부분으로 나뉜다. 맨 처음에는 짧은 서론의 권고가 있다. 거기에는 인간은 그의 신을 찬양하고 영광되게 해야 하며, 애가로 그의 기분을 달래야 한다고 적혀 있다. 다음으로는 이름을 밝히지 않는 남자가 소개된다. 그는 병마와 불운에 고통받고 있으며, 그의 신에게 눈물과 기도로 탄원한다. 그리고 그 수난자의 기원이 이어지며, 그것이 이 시의 주요부분을 구성한다. 그것은 그의 친구와 적들이 그를 학대하는 설명으로 시작되어, 그의 비참한 운명에 대한 한탄으로 나아가며, 도중에 그는 그의 친척들과 직업적인 가수들에게도 그와 똑같이 하도록 웅변적으로 요구한다. 그리고 결론적으로 그는 자신의 죄를 인정하고, 고난으로부터의 구원과 해방을 위한 직접적인 간청을 한다. 마지막 부분은 그 남자의 기도가 무시되지 않았고, 따라서 그의 신이 탄원을 받아들여 그를 고통에서 구원했다는 작가의 말과 함께 '해피엔딩'으로 끝난다. 그리고 이 모든 것은 그의 신에 대한 더 큰 영광으로 나아간다.

이 시의 분위기와 특징을 보여주기 위해 몇몇 잘 이해되는 구절들을 여기에 인용했다. 독자는 수메르 어가 아직도 완전히 해독되지 않은 언어라는 사실을 염두에 두어야만 한다. 이 해석의 일부는 시간이 흐름에 따라 수정되고 개선될 것이다. 다음은 수난자가 자신의 입으로 탄원하는 부분이다.

"저는 남자이고, 분별 있는 사람입니다,
그럼에도 불구하고 저는 성공하지 못하고 있고,
저의 정직한 말은 거짓으로 변했고,
사기꾼은 남풍으로 저를 감쌌고,

저는 그를 섬기는 수밖에 없고,
그는 제가 당신의 앞에서 부끄러움도 못 느끼게 했습니다.

당신은 언제나 새로운 고난을 저에게 주었고,
제가 집에 들어서면, 영혼이 무겁고,
남자인 제가 거리에 나가면, 마음이 짓눌리고,
씩씩하고 공평한 저의 목자는 저에게 화가 나서,
저를 적대시합니다.

저의 목자는 그의 적이 아닌 저에게 사악한 짓을 했고,
저의 동료는 진실이 아닌 말을 저에게 했고,
저의 친구는 저의 정직한 말을 거짓이라 했고,
사기꾼은 저에게 음모를 꾸몄고,
그리고 당신, 나의 신은 그를 막지 않았습니다 . . . .

현명한 제가 왜 무지한 어린 것들의 눈치를 보아야 합니까?
분별 있는 제가 왜 무지한 것들 사이에 끼어 있어야 합니까?
음식은 모든 곳에 널려 있으나, 저는 굶주리고,
모두에게 몫이 할당되는 날, 저의 몫은 없습니다.

나의 신이시여, 당신 앞에 (서겠습니다),
당신에게 말하겠습니다, . . . , 저의 말은 신음합니다,
저는 그것을 당신에게 말하겠습니다,
저는 제 인생항로의 쓰라림을 탄식합니다,
저는 혼란한 . . .을 (비통해합니다).

보십시오, 저를 낳은 저의 어머니는 당신 앞에서 저를 위한 비탄을 멈추지

않을 것입니다.

저의 누이는 행복한 노래와 찬미가를 입 밖에 내지 않을 것입니다.

그녀는 당신 앞에서 저의 불운을 눈물겹게 이야기할 것입니다.

저의 아내는 저의 고난을 애처롭게 호소할 것입니다.

직업가수는 저의 비참한 운명을 애도할 것입니다.

나의 신이시여, 온 대지가 밝게 빛나는 날, 저의 날은 캄캄합니다.

빛나는 날, 좋은 날은 . . .과 같이 . . . .

눈물, 탄식, 분노 그리고 상심이 제 안에 상주하고,

고난은 오직 눈물만을 선택한 자와도 같이 저를 압도하고,

사악한 운명이 저를 움켜잡아, 저의 삶의 기운을 앗아가고,

지독한 병마는 저의 육신을 쓸고 다닙니다 . . . .

나의 신이시여, 나를 낳은 나의 아버지인 당신이시여,

제 얼굴을 들어주십시오.

순결한 암소와 같이, 이 신음을 불쌍히 . . . ,

얼마나 오랫동안 당신은 저를 돌보지 않고, 무방비로 내버려두시렵니까?

황소와 같이, . . . ,

얼마나 오랫동안 당신은 저를 인도하지 않고 내버려두시렵니까?

훌륭한 현자들인 그들이 말하기를 정직하고 바르게 말합니다 :

'죄 없이 태어나는 아이는 없고,

. . . 고래로 죄 없는 젊음은 존재하지 않았다.'"

이 남자의 기도와 탄원은 한마디로 엄청나다. 그리고 이 시의 '해피엔딩'
은 다음과 같다.

그 남자—그의 신은 그의 비통한 눈물과 흐느낌을 들었고,

그 젊은 남자—그의 비탄과 통곡은 그의 신의 마음을 흡족하게 만들었다.

정직한 말, 순결한 말이 그의 입에서 흘러나왔고, 그의 신은 받아들였다.

그 남자가 충심으로 고백한 말들은,

그의 신의 몸과 . . .를 기쁘게 했고,

그의 신은 사악한 명령으로부터 그의 손을 거두어들였고,

마음을 억누르던 . . . , . . . 그는 받아들였고,

그 날개를 활짝 폈고 둘러쌌던 병마를, 그는 휩쓸어가 버렸다.

마치 . . .과 같이 그를 고통스럽게 했던 (질병을), 그는 흩뜨려 없애버렸고,

판결에 따라 그에게 지워졌던 사악한 운명을, 그는 옆으로 비껴버렸고,

그는 그 남자의 고통을 환희로 바꾸었고,

그에 의해 좋은 마귀들이 감시자와 보호자 역할을 맡았고,

그에게 공손한 . . . 천사들을 주었다.

우리는 이제 지고한 세계에서 속세로, 일요일의 설교에서 월요일의 실천으로, 시적인 기도에서 산문체의 속담으로 넘어간다. 한 민족이 스스로의 정체를 폭로하는 것은 속담들을 통해서다. 왜냐하면 속담은 그들의 특징적인 태도, 기본적인 경향, 그리고 사람들의 일상적인 행동 배후에 있는 내면의 동기 등을 드러내기 때문이다. 시적인 문학작품은 이런 것들을 은폐하거나 위장하는 측면이 있다. 수백 개에 이르는 수메르의 속담들은 지금 우선적으로 에드먼드 고든의 노력에 의해 복원과 해석의 과정에 있다. 그리고 그 노력의 일부가 제16장에서 이야기된다.

최초의 속담과 격언

유태인의 속담집은 오랫동안 인류에 의해 씌어진 가장 오래 된 격언과 속담의 모음집으로 믿어졌었다. 그러나 풀리지 않는 고대 이집트 문명의 발견과 함께 지난 150년간 이집트 인들의 격언과 속담들이 모습을 드러냈고, 그것은 성경의 속담들보다 훨씬 앞선 시대에 씌어졌음이 밝혀졌다. 하지만 이것 역시 가장 오래 된 격언과 속담들은 아니었다. 왜냐하면 수메르의 속담 모음집이 이집트보다 적어도 수세기 앞서기 때문이다.

약 20년 전까지도 수메르 어로만 씌어진 속담들은 알려지지 않았다. 아카드 어 해석과 함께 한 수메르 어로 씌어진 약간의 속담들이 발표되었을 뿐이고, 이것들은 기원전 1세기에서 10세기 사이에 제작된 점토판들에 새겨져 있었다. 그러나 1934년 에드워드 치에라가 펜실베이니아 대학 박물관에 있는 니푸르 컬렉션 중 몇몇 점토판과 파편들을 발표했는데, 이는 기원전 18

수메르 인 이쿠 샤마간 상. 눈과 눈썹 부분에 조개와 아스팔트를 채우고, 수염을 길게 기른 모습으로 셈 계 사람의 특색을 나타내고 있다. 허리에 걸친 카우나케스(술이 붙어 있는 6단 주름치마)는 고아한 느낌을 주는데, 남메소포타미아의 수메르 인 사이에는 흔한 복장이었다. 아라바스타 출토. 높이 115cm. B.C. 3000년경. 루브르 미술관 소장.

세기에 새겨진 것들이었다. 그것은 수메르 인들이 상당한 분량의 속담과 격언을 모았으리란 것을 의미했다.

1937년 이후로 나는 이 부분에 많은 시간을 쏟았다. 그 결과 이스탄불의 고대 오리엔트 박물관과 펜실베이니아 대학 박물관에서 속담이 담겨 있는 많은 점토판을 확인했고, 이 두 박물관으로부터 상당한 양의 사본을 만들었다. 그리고 1951년부터 1952년까지 풀브라이트 연구교수로 터키에 머무는 동안, 마침내 나는 80점 이상의 점토판과 파편들로 이루어진, 사실상 이스탄불의 모든 자료들을 사본으로 만드는 데 성공했다. 그러나 수백 점에 이르는 속담 파편들을 가지고 펜실베이니아 대학 박물관으로 돌아온 나는 다른 수메르 문학작품들과 씨름하느라 이 거대한 속담 자료에 시간을 집중할 수가 없었다. 그래서 이스탄불에서 가져온 모든 사본과 관계자료들을 대학 박물관의 연구조수인 에드먼드 고든에게 넘겼다.

여러 달에 걸친 피나는 노력 끝에 고든은 하나하나가 수백 개까지의 속담을 담고 있는 12개 이상의 수메르 속담 모음을 확인했다. 대부분은 기존의 자료로 아귀가 맞추어져 복원될 수 있는 것들이었다. 그는 이미 그런 두 개 모음의 해독을 끝냄으로써, 이전까지 알려지지 않았던 약 300개의 속담을 사실상 완벽하게 복원했다. 그의 노력의 일부는 이 장에서 활용됐다. 그러나 독자들은 간결한 속담의 특성 때문에 해석이 각별히 어렵다는 사실을 염두에 두기 바란다. 앞으로의 연구는 여기에 인용된 일부 속담들이 놓친 부분적 혹은 전체적인 의미를 더욱 밝혀나갈 것이다.

일반적으로 속담의 중요한 특성 중의 하나는 그 내용의 보편적 타당성이다. 만약 당신이 모든 인종과 민족에 있는 인간의 형제애와 공통된 휴머니티를 믿지 않는다면, 그들의 속담과 격언, 그들의 금언과 교훈을 찾아보라. 어느 다른 문학적 생산물보다도 이 장르는 문화적 상반성과 환경의 차이라는 표면을 꿰뚫고, 사는 곳과 시대에 관계없이 그 아래 놓여 있는 모든 인간의 벌거벗은 본성을 더욱 극명하게 보여준다.

수메르의 속담들은 3500년보다 전에 수집되어 씌어졌으며, 그 이전의 오랜 세월 동안엔 의심의 여지없이 입에서 입으로 전해졌을 것이다. 그것은 언어와 환경, 예절과 관습, 정치, 경제와 종교가 우리와는 완전히 달랐던 한 민족에 관한 것이다. 그럼에도 불구하고 수메르의 속담에 의해 밝혀지는 그들의 특징은 우리와 아주 흡사하다. 우리 자신들의 욕망과 태도, 실수와 결점, 혼란과 갈등에 비추어 그들을 이해하는 데는 거의 어려움이 없다.

예를 들어 우리는 거기에서 투덜거리는 사람을 만난다. 그는 그의 실패를 모든 운명에 돌리며 계속 불만을 토한다. "내가 운 나쁜 날에 태어났기 때문이야."

또한 거기에는 구차하게 변명하는 사람이 있다. 그는 반대되는 명백한 증거에도 불구하고 속이 빤히 들여다보이는 소리를 주절거린다. 그들을 향해 고대인들은 말했다.

성교 없이 애를 배고,

먹지 않고 살찔 수 있는가!

사회에 적응하지 못하는 사람들에 대하여 수메르 인들은 다음과 같이 생각했다.

네가 물에 들어가면, 물이 흙탕이 되고,

네가 과수원에 들어가면, 과일들이 썩기 시작한다.

오늘날 경제 문제로부터 비롯되는 혼란과 갈등이 적지 않다. 고대인들은 그것을 이렇게 정리했다.

죽기로 작성했다면, 낭비하라 :

오래 살려면, 절약하라.

같은 문제에 관해 또 다른 말도 했다.

일찍 심은 보리가 무성해질지—우리가 어떻게 알겠는가?

늦게 심은 보리가 무성해질지—우리가 어떻게 알겠는가?

물론 수메르에도 가난에서 벗어나지 못하는 많은 사람들이 있었고, 그들의 처지는 다음과 같은 대조법으로 멋지게(?) 요약되었다.

가난한 자는 살기보다 죽는 게 차라리 낫다.

그는 빵이 있으면, 소금이 없고,

그는 소금이 있으면, 빵이 없고,

그는 먹을 것이 있으면, 마실 것이 없고,

그는 마실 것이 있으면, 먹을 것이 없다.

가난한 자는 최대한 절약을 해야만 했다. 수메르의 속담작가는 이렇게 말한다. "가난한 자는 그의 은을 입질해 갉아먹는다." 그러나 그것도 바닥나면, 그는 고대의 고리대금업자에게 빚을 얻어야만 했다. 그것은 다음과 같이 얘기된다.

가난한 자는 빚과 근심을 함께 얻는다.

이것은 우리의 '빚진 돈은 곧 후회를 낳는다'와 다름이 없다.

일반적으로 가난한 사람들은 유순했다. 우리는 수메르의 빈곤층이 부유한 지배계급에 의식적으로 대항했다는 아무런 증거를 가지고 있지 않다. 그럼에도 불구하고, '모든 가난한 자들이 똑같이 복종하는 것은 결코 아니다'라는 속담에서 보듯, 만약 이 해석이 틀리지 않았다면, 고대 수메르에도 일정 정도의 계급의식이 있었다.

〈전도서〉 5장 12절의 '일하는 자의 잠은 달다'와 탈무드의 '부를 모으는 자는 근심을 모으는 것이다'는 다음의 수메르 속담을 생각나게 한다.

　　많은 은을 가진 자는 행복할 것이다,
　　많은 보리를 가진 자는 행복할 것이다,
　　그러나 아무것도 없는 자는 발 뻗고 잘 수 있다.

종종 가난한 자는 그의 처지가 자신의 잘못 때문이 아니라 환경 탓이라고 느꼈다.

　　나는 순종의 말이다,
　　그러나 나는 노새와 함께 묶여 있어서,
　　수레를 끌어야만 하고,
　　갈대와 그루터기를 날라야만 한다.

역설적이게도 가난한 장인은 그가 만드는 것을 가질 수 없었다. 수메르 인들은 말한다.

　　세탁하는 자의 옷은 언제나 더럽다.

덧붙여 말하자면, 수메르 인들은 옷을 중요하게 생각했다. 그들은 말한다.

옷 잘 입은 사람은 모두가 좋아한다.

몇몇 시종들이 공식적인 교육을 받은 경우가 있었음은 다음의 속담으로 미루어 확실하다.

수메르 어를 공부한 시종도 있다.

오늘날의 속기사와 마찬가지로 고대의 필경사들 중에도 받아 적기가 시원치 않은 사람들이 있었다. 수메르의 금언은 말한다.

(구술하는) 입을 따라 손이 정확히 움직이는 필경사,
그가 정말 필경사다!

수메르에는 맞춤법이 틀리는 필경사들도 있었다. 그것은 다음의 말에 함축되어 있다.

수메르 어를 모르는 필경사,
도대체 그는 어떤 종류의 필경사인가!

소위 '약한 성性'은 수메르의 격언에 잘 묘사되어 있다. 수메르에는 전문적으로 남자를 등쳐먹는 여자들이 없었던 것 같지만, 현실적인 미혼여성들은 있었다. 이상적인 배우자를 기다리다 지쳐버린 한 결혼 적령기의 여성이 남자 고르기를 그만두기로 결심하며 말한다.

자리가 잘 잡힌 남자는 잡을 수가 없고,

나는 누구를 위해 나의 사랑을 간직해야 하나?

수메르 인들에게 결혼이란 가벼운 짐이 아니었다. 그들은 그것을 부정적으로 보았다.

아내나 자식을 부양하지 않은 자,
그의 코에는 끈이 매여져 있지 않다.

수메르의 남편들은 자주 홀대당한다고 느꼈다. 그들은 다음과 같이 말한다.

나의 아내는 교회(직역하자면 '옥외의 신전')에 갔고,
나의 어머니는 강에 내려갔다(아마도 어떤 종교의식에 참가하기 위해),
그리고 나는 집에서 배를 곯고 있다.

불안하고 불만이 가득하지만, 무엇이 문제인지 알 수 없는 가정주부들에게 오늘날과 마찬가지로 고대에도 의사는 그녀들의 벗이었다.

집에서 불안한 가정주부는,
아프길 원한다.

수메르의 남자들이 종종 결혼을 후회했다는 것은 다음의 속담을 보면 명백하다.

쾌락을 위하여 : 결혼.
사색을 위하여 : 이혼.

다음의 속담을 보면 신랑과 신부가 결혼에 대해 전혀 다른 마음을 갖고

있었다는 것을 알 수 있다.

> 기쁨에 찬 마음 : 신부.
> 찢어질 듯한 가슴 : 신랑.

오늘날에 비해 수메르의 시어머니는 별로 문제가 되지 않았던 듯싶다. 지금까지 수메르의 시어머니에 관한 이야기는 발견되지 않았기 때문이다. 고대 수메르에서 말이 많았던 것은 며느리였다. 남자의 입장에서 좋고 나쁨을

수메르 여인들의 머리 장식법. 두 각도에서 찍은 ①의 여자는 주름을 잡은 리넨의 터번을 써서 얼굴 주위를 조금 남기고는 머리칼 전체를 가리고 있다. 그 아래 ②의 머리 모양은 머리칼을 뒤로 늘어뜨린 채 머리에 리본을 맸을 뿐이다. ③의 여자는 헬멧 같은 모자를 쓰고 머리칼을 어깨 위에서 말아올리고 있다. ④의 여자는 머리 위에 모자를 쓰고 다시 그 위에 숄을 걸치고 있다.

판단하는 다음의 수메르 경구를 보면 이 사실이 확연해진다.

> 빈 식기는 남자의 삶,
> 신발은 남자의 눈,
> 아내는 남자의 미래,
> 아들은 남자의 안식처,
> 딸은 남자의 구원,
> 며느리는 남자의 악마.

수메르 인들은 우정을 높이 평가했다. 그러나 오늘날과 마찬가지로 '피는 물보다 진했다'. 그들은 그것을 다음과 같이 표현했다.

우정은 하루 동안 지속되고,
혈연은 영원히 계속된다.

문화적 상대론의 관점에서 보면, 흥미롭게도 수메르 인들에게 있어서 개는 '인간의 좋은 친구'가 결코 아니었다. 그 동물은 필연적으로 인간에게 불충할 수밖에 없다고 여겨졌다. 다음의 속담들을 예로 들어보자.

황소는 쟁기를 끌고,
개는 애써 파놓은 밭고랑을 망친다.

개는 집을 모른다.

대장간의 개는 모루를 넘어뜨릴 수 없다 :
(그래서) 그 짐승은 대신에 물통을 엎는다.

만약 개를 향한 수메르 인들의 태도가 좀 묘하게 여겨진다면, 이번에는 표현된 단어는 좀 틀리지만 우리 자신의 생각과 근본적으로 동일한 그들의 심리적 내면을 엿볼 수 있는 예들을 들어보자. '뱃사공은 호전적인 사람이다'는 오늘날의 '선원은 구실만 있으면 싸운다'는 속담과 다름이 없다.

그는 아직 여우를 잡기도 전에,
국을 끓이고 있다.

이것은 '떡 줄 사람은 생각도 않는데, 김칫국물부터 마신다'와 같은 의미다.

속담들. 운명과 다양한 동물에 관한 속담들이 주로 새겨진 이 9단짜리 니푸르 점토판은 펜실베이니아 대학 박물관에 소장되어 있다.

마지막으로,

> 거친 황소에게서 탈출하니,
> 성난 암소가 나를 막아선다.

이것은 '산 너머 산이다'를 단지 표현만 다르게 한 속담이다.

근면의 필요성은 시대와 장소를 막론하고 강조되어왔다. 그러나 '가난한 리처드'조차도 다음의 수메르 인의 표현보다 그것을 더 잘 표현하지는 못했다.

> 인간의 집은 손으로 지어지고,
> 인간의 집은 위胃로 무너진다.

수메르 인들은 이웃 사람들에게 지지 않으려고 노력했다. 그것을 그들은 상당히 과격한 표현으로 남겼다.

왕같이 집을 지은 자는, 노예같이 살고,
노예같이 집을 지은 자는, 왕같이 산다.

전쟁과 평화 사이에서 이 고대인들은 우리와 마찬가지로 갈등에 빠졌다. 한편으로 자기보호를 위한 준비는 필요했다.

군사력이 약한 국가의 정문에는,
적이 끊이지 않는다.

그러나 다른 한편으로 전쟁의 무익함과 인과응보는 그들이 보기에도 너무나 확연했다.

네가 가서 적의 땅을 빼앗으면,
적도 와서 너의 땅을 빼앗는다.

전시에나 평화시에나 반드시 필요한 마음가짐은 '방심하지 말 것'과 외양에 속지 않는 것이다. 수메르 인들은 이를 다음과 같이 기막히게 표현했다.

너는 지배자를 가질 수 있고, 왕도 모실 수 있다.
그러나 정말로 무서워해야 할 것은 세리다!

수메르 인들은 그들의 수많은 속담 모음에 금언·교훈·격언·풍자·역설 등으로 이루어진 온갖 종류의 전래된 말들뿐만 아니라 우화들도 집어넣었다. 해설 형식의 짧은 서론에 간략하고 통렬한 풍자가 따르는 그것들은 '이솝 우화'와 아주 흡사하다. 거기에는 종종 등장인물들 간의 긴 대화가 있는 경우도 있다. 제17장에서는 최근 에드먼드 고든 박사에 의해 해석된 이 초기 '이솝 우화'의 수많은 예를 살펴보도록 하겠다.

최초의 동물설화

　그리스와 로마 인들 사이에서 동물설화가 문학적 장르로 시작된 것은 기원전 6세기 소아시아에 살았던 이솝에 의해서였다고 알려졌다. 그러나 지금은 이솝의 것으로 알려졌던 우화들 중 적어도 몇몇은 이미 이솝이 태어나기 오래 전부터 존재했었음이 밝혀졌다. 더하여 수메르에서 발견되는 일종의 '이솝 우화'들은 이솝보다 무려 1000년 이상 앞선 것이다.

　능히 예상되는 바와 같이 동물들은 수메르의 문학에서 큰 역할을 담당했다. 과거 몇 년 동안 에드먼드 고든은 모두 295개에 이르는 속담과 우화들의 조각을 맞추어 해석했고, 거기에는 포유류, 조류에서부터 소위 하급생태계에 속하는 곤충들에 이르기까지 약 64종의 동물들이 등장한다. 그중 약 83개의 속담과 우화에 등장하는 개가 첫 번째 위치를 차지하며, 다음으로는 가축과 당나귀가 있다. 그리고 여우, 돼지가 있고 그 뒤로 양이 뒤따른다. 그에 이어 사자와 야생의 황소(지금은 멸종한 Bos Primigenius)가 등장하고, 염소와 늑대 등등의 순서로 계속된다. 이제 비교적 보존상태가 좋고 읽을 만한 수메르 우화들 중 개로 시작하여 원숭이로 끝나는 순서로 고든의 해석을 활용하여 살펴보자.

개의 탐욕은 다음의 두 짧은 우화에서 묘사된다.

> 1. 당나귀가 강을 헤엄치고 있었다. 그 위에 착 매달려 있는 개가 밀한다. "땅에 오르기만 하면 잡아먹을 거야."
> 2. 개가 연회에 갔다. 그러나 거기에 뼈들만 있는 것을 보자 개는 돌아서며 말한다. "어딜 가도 이것보다는 나은 걸 먹겠지."

다른 한편으로 모성애를 보여주는 훌륭한 표현이 개의 우화에서 발견된다.

> 암캐가 자랑스럽게 말한다. "황갈색이든, 얼룩이든, 나는 내 새끼를 사랑한다."

늑대로 표현된 우화들을 살펴보면, 수메르 인들의 마음속에는 무엇보다도 그 동물의 육식본능이 자리잡고 있음을 알 수 있다. 원문의 두 부분이 약간 파손된 어느 우화 속에서 열 마리의 늑대는 같은 수의 양들을 공격한다. 그런데 그중 한 늑대가 교활한 궤변으로 다른 늑대들을 기만하려 한다.

> 아홉 마리의 늑대와 열 번째의 늑대가 양들을 죽였다.
> 열 번째 늑대는 탐욕스럽고, . . .(한두 단어가 파손됐다) 하지 않았다. 그가 의심스럽게 . . .(한두 단어가 파손됐다) 했을 때 그는 말했다. "내가 너희들을 위해 그것들을 분배하겠어! 너희가 아홉이므로, 양 한 마리가 너희 몫이다. 마찬가지로 나머지 양이 아홉이니까, 그건 혼자인 내 몫이 되는 거지."

성격이 가장 분명하게 묘사되는 것은 여우다. 수메르 속담에서 여우는 자만에 차 있는 동물이다. 그는 말과 행동을 통하여 이 세상에서 끊임없이 그의 역할을 과장하고 과시하는 경향이 있다. 그러나 동시에 그는 겁쟁이여서 그의 허풍을 실제로 증명하지 못한다. 예를 들어보자.

여우가 지나가다 야생 황소의 발굽을 밟자 말한다. "다치지 않으셨어요?"

여우는 스스로 집을 지을 줄 몰랐다. 그래서 그는 그의 친구 집에 가서 정복자로 행세했다!

여우가 막대기를 들자 말한다. "누굴 때려줄까?"
그는 법적 서류를 심부름하게 되자(말했다), "누굴 혼내줄까?"

여우는 이를 갈면서도, 머리는 떨고 있다!

여우의 비겁함과 자만을 좀더 보여주는 두 개의 우화가 더 있다. 둘 다 약간 복잡하고 결말이 흐지부지한 것 같지만, 그것이 보여주는 함축적인 의미는 명확하다.

여우가 그의 아내에게 말한다.
"이리 와! 이제 우리는 우루크를 마치 부추처럼 이빨로 부셔뜨리고, 쿨랍을 마치 샌들처럼 발로 밟아버릴 거야!" 그러나 그들이 그 도시로부터 600가르(1가르는 약 3.2km이다)의 거리에 다다르기도 전에, 도시의 개들이 그들을 향해 짖기 시작했다. "게메-툼말, 게메-툼말! (여우 아내의 이름으로 추측된다) 집으로 가! 빨리 가자고!" 개들은 위협적으로 짖어댔다.

그리고 우리는 여우와 그의 아내가 발길을 돌려, 그들의 말을 정확히 행동

이솝 우화. 동물 속담과 설화들이 새겨진 점토판의 뒷면. 펜실베이니아 대학 박물관에 소장되어 있다.

으로 옮겼을 것이라고 짐작한다.

또 하나의 우화에는 뒷날 이솝이 여우가 아니라 '쥐와 족제비'에서 사용한 것과 같은 주제가 등장한다.

여우는 야생 황소의 뿔을 달라고 엔릴에게 요구했고, (이에 따라) 야생 황소의 뿔이 그에게 붙여졌다. 그러나 비와 바람이 몰아치자 그는 뿔이 입구에 걸려

굴에 들어갈 수가 없었다. 밤새도록 차가운 북풍과 폭풍우를 흠뻑 맞으며(?) 그는 말했다. "날이 밝는 대로 . . .(원문은 여기서부터 파손되었다. 우리는 단지 여우가 뿔을 떼어줄 것을 애원했을 거라고 짐작할 뿐이다).

수메르 인들의 여우는 '신포도' 등에 등장하는 이솝 우화의 몇몇 여우와 여러 가지 면에서 아주 닮았음에도 불구하고, 먼 훗날 유럽의 민담에 등장하는 영리하고 교활한 짐승과는 거의 공통점이 없다. 더불어 보존상태가 좋지 않은 두 편의 수메르 우화에서 보여지는 여우와 까마귀 혹은 수탉과의 연계는 후일 이솝 우화에서도 나타난다는 점이 지적되어야 하겠다.

곰은 그의 동면을 암시하는 듯한 한 편을 포함하여 오직 두 편만이 수메르 우화에 묘사되어 있다.

곰에 대한 이야기는 거의 없음에도 불구하고, 몽구스에 대해서는 여러 속담들로부터 조금씩 수집돼 모아진 상당한 양의 정보가 있다. 고대 메소포타미아에서 몽구스는 오늘날 이라크에서 그렇듯이 쥐를 잡기 위한 목적으로 집안에서 길러졌다. 몽구스는 사냥감을 덮치기 전 고양이가 보여주는 참을성과 주의 깊은 방식과는 대조되는, 먹이를 향한 직접적이고 저돌적인 공격으로 수메르 인들에게 주목받았다. 그들은 말한다.

생각하는 쥐 :
행동하는 몽구스!

그리고 음식과 다른 하찮은 것을 훔치는 몽구스의 버릇은 어느 정도 용인되었던 것 같다.

음식이 주변에 있으면, 몽구스가 그것을 먹는다 :
나를 위해 남긴 음식을, 이방인이 와서 먹는다!

그러나 어느 속담에서 애완용 몽구스는 '그 식성' 때문에 주인에게 사랑받는다.

  오직 상한 음식만 먹는 나의 몽구스는 맥주와 식용유가 있는 곳에는 올라가지 않는다!

한 속담에서는 하이에나가 암시되지만, 그 암시의 의미가 분명치 않다.
  수메르 문학에서 드물게 등장하는 고양이는 속담에서 두 번 언급된다. 한 번은 단지 몽구스와의 관계 속에서 인용되며, 다른 한 번은 바구니를 가진 행인 주위를 따르는 황소가 고양이에게 비교된다.
  수메르의 속담과 우화들 속에서 사자는 '수풀'로 이야기될 수 있는 나무와 갈대가 무성한 지역에 살았다. 그러나 심하게 파손되거나 내용이 불분명한 두 편의 우화에서는 확 트인 평원지대에 산다. 그 '수풀'은 사자를 보호하지만, 인간은 '수풀' 속에 숨어 있는 사자로부터 스스로를 보호해야 했고, 그런 사자의 습성을 아는 자만이 화를 모면할 수 있었다.

  오, 사자여, 빽빽한 '수풀'은 너의 편이로다!
  '수풀' 속에서 사자는 그를 아는 인간을 잡아먹지 않는다!

  나중의 속담은 피상적으로는 '안드로클레스와 사자'의 주제와 비슷하다.
  심하게 파손된 또 다른 우화는 함정에 걸린 사자와 여우의 이야기를 들려준다. 자연에서 육식동물로서의 사자의 역할은 훌륭하게 묘사되며, 그의 먹이는 양, 염소 그리고 '수풀'돼지 등이다.

  사자가 양 우리에 왔을 때, 개는 양모를 뒤집어쓰고 있었다!

  사자가 '수풀'돼지를 잡은 뒤, 이빨로 물려고 하며 말한다. "내가 아직 네 살을 물지도 않았는데, 너의 꽥꽥거리는 소리는 내 귀를 멍멍하게 만드는구나!"

그러나 사자가 언제나 승자인 것은 아니다. 그는 '힘없는 암양'의 감언이설에 속기도 한다. 다음은 이솝의 우화들과 아주 흡사한 수메르의 우화 중 하나다.

사자가 힘없는 암양을 잡았다. (암양이 말했다) "저를 보내주세요, (그러면) 당신에게 내 동료양들 중 하나를 드리겠어요!" (사자가 말했다) "네가 돌아가고 싶다면, (먼저) 네 이름을 말해라!" (그러자) 암양이 사자에게 대답했다. "제 이름을 모르십니까? 저는 '영리한 너'입니다!" (사자는 암양을 돌려보냈다) 사자는 양 우리에 도착하여 큰 소리로 외쳤다. "이제 내가 양 우리에 도착했다!" 암양은 울타리(?) 저편에서 대답했다. "그래, 너는 나를 풀어주었다, 이 멍청한 것아! 양을 (너에게 주기는) 고사하고, 나는 이곳에 머물지도 않을 것이다!"

코끼리가 등장하는 수메르 우화도 한 편 있다. 이 우화에서 코끼리는 작은 굴뚝새에 의해 코가 납작해지는 허풍선이로 묘사된다.

코끼리가 스스로를 자랑하며(?) 말한다. "세상에 나 같은 존재는 없다! . . .하지 마라! (원문에서 이 행의 앞부분은 파손되었다. 그러나 우리는 "너를 나와 비교하지 마라!"라는 구절이었으리라 추측할 수 있다)" (그러자) 굴뚝새가 대답한다. "그러나 나의 조그만 세계 속에서는 나 역시 당신과 마찬가지로 창조되었습니다!"

잘 알려진 바와 같이 당나귀는 고대 메소포타미아에서 첫 손가락에 꼽히는 짐 운반용 동물이었다. 그리고 수메르 인들은 먼 훗날의 유럽 인들과 마찬가지로 느리고 어리석은 이 동물을 해학적으로 묘사했다. 이 동물에게 삶의 최고목표는 그의 주인의 뜻을 거역하는 것인 듯싶다. 예를 들어보자.

염병이 퍼진 도시에 그놈의 엉덩이를 차 집어넣어라!

당나귀는 자기 깔개를 먹는다!

"오, 엔릴이시여, 망할 놈의 당나귀는 더이상 속도를 낼 수 없고, 당신의 절망적인 종은 남은 힘이 없나이다!"

내 당나귀는 빨리 달리지는 못하면서, 시끄럽게 소리만 지른다!

당나귀는 고개를 숙였고, 주인은 그놈의 코를 쓰다듬으며 말한다.
"우리는 여기서 떠나야만 한다! 제발 움직여라! 제발 좀!"

종종 당나귀는 그의 짐을 던져버렸고, 그런 행동 때문에 매질을 당했다.

당나귀가 그의 짐꾸러미를 던져버리고 말했다. "지난날의 고뇌가 아직도 내 귓가에 생생하구나!"

이따금 당나귀는 도망을 치곤 했는데, 한번 도망친 당나귀는 결코 주인에게 돌아가지 않았다. 도망친 당나귀는 다음의 두 속담 속에서 우리를 웃음짓게 한다.

마치 도망친 당나귀처럼, 나의 혀는 잘 돌지도 않고, 돌아오지도 않는다!

마치 도망친 당나귀처럼 내 넓적다리에서 사라진 젊음의 힘은 돌아올 줄 모른다.

또한 당나귀의 불쾌한 냄새를 암시하는 것도 있다.

악취를 풍기지 않는 당나귀가 없듯이, 마부 없는 당나귀는 없다!

마지막으로 흥미로운 사회학적 정보를 우리에게 보여주는 속담이 있다.

나는 당나귀와 같은 세 살배기 아내와 결혼하지 않을 것이다!

이것은 명백하게 아동혼인에 대한 비난을 담고 있다.

어느 수메르 우화는 말 사육의 초기 역사에 관한 기대 밖의 사실을 알려준다. 왜냐하면 그것은 지금까지 알려진 최초의 승마기록을 담고 있기 때문이다. 이 속담이 실려 있는 점토판은 기원전 1700년경에 새겨졌다. 그러나 이 우화가 니푸르의 큰 점토판, 그리고 그와 비슷한 시기에 제작된 우르의 학교 점토판에서 모두 발견된 점으로 보아, 이 우화의 원작은 더욱 일찍 만들어졌으리라 추정할 수 있다. 그 우화가 널리 보급되었을 뿐만 아니라, 똑같은 속담 모음 속에 들어 있는 사실로 미루어보면 더욱 그렇다. 지금까지 알려진 두 번째로 오래 된 승마기록은 그로부터 약 3세기 후의 것임에도 불구하고, 기원전 2000년경 메소포타미아에서 이미 말이 승마용으로 이용되고 있었으리란 추측은 일리가 있다. 그 우화는 다음과 같다.

말은 승마자를 떨어뜨려버린 후 말했다. "내 짐이 항상 이것과 같다면, 나는 금방 쇠약해질 것이다!"

또 다른 속담은 땀 흘리는 말과 관계된 듯하다.

너는 너무 많이 마시기 때문에 말처럼 땀을 흘린다!

이것은 우리가 일상적으로 사용하는 영어 구절인 '그는 말처럼 땀을 흘린다(He sweats like a horse)'와 일치한다.

노새에 관한 속담은 단 하나만이 전해지는데, 그것은 흥미롭게도 그 동물의 혈통을 암시하고 있다!

오, 노새야, 네 아비가 너를 알아보겠느냐, 아니면 네 어미가 너를 알아보겠느냐?

더욱 흥미로운 것은 수메르에서 가장 '청결하고 합법적인' 동물의 하나가 돼지였다는 사실이다. 이 동물은 식용으로 도살되는 존재로서 속담에 가장 자주 언급된다!

살찐 돼지가 도살되는 순간에 말한다. "내가 먹은 음식이 바로 이것이었다!"

그는 다른 도리(?)가 없게 되자, 돼지를 도살했다!

돼지 푸주한은 돼지를 죽이며 말한다. "꼭 꽥꽥거려야 하겠냐? 이것은 네 아비와 할애비가 갔던 길이다. 그리고 이제 너도 그 길을 가려 하는 것뿐이다! (그럼에도 불구하고) 너는 꽥꽥거리는구나!"

지금까지 원숭이에 관계된 수메르 우화는 발견되지 않았다. 그러나 우리는 속담 하나와 어느 원숭이가 그의 어머니에게 보내는 조롱조의 편지를 가지고 있다. 그리고 이 두 가지 기록은 원숭이가 수메르의 음악당에서 여흥거리로 이용되었으며, 그리 좋은 대접을 받지는 못했다는 사실을 보여준다. 그 속담은 다음과 같다.

에리두의 모든 것이 번성하지만, 대음악당의 원숭이는 쓰레깃더미 위에 앉아 있구나!

또 한 편지는 다음과 같은 내용이다.

나의 '어머니', 루살루사에게 고합니다!

원숭이 씨가 말합니다.

"신 난나의 도시, 우르는 매혹적인 곳이고,

신 엔키의 도시, 에리두는 번영하는 곳입니다.

그러나 여기에서 대음악당의 문 뒤에 앉아 있는,

나는 쓰레기를 먹어야만 합니다.

내가 그것 때문에 죽지는 않을 것입니다!

나는 빵 맛을 보지 못합니다.

나는 맥주 맛도 보지 못합니다.

나에게 특사를 보내주세요─급합니다!"

이 내용에 따르면, 수메르 남동부의 번영한 호수도시였던 에리두의 대음악당에서 소유한 원숭이에게는 따로 먹을 것이 주어지지 않았고, 따라서 그는 도시의 쓰레깃더미에서 먹을 것을 찾아 헤맬 수밖에 없었던 모양이다. 우리가 알 수 없는 어떤 이유로 그 불쌍한 동물의 처지는 속담이 되어 인구에 회자되었고, 아마도 풍자적 경향이 있던 어느 필경사에 의해 원숭이의 어머니에게 보내는 조롱편지로 발전했던 것 같다. 원숭이 어머니의 이름인 루살루사는 '남의 흉내를 내는 사람'이라는 의미다. 최소한 4개의 사본이 지금까지 발견된 사실로 비추어보아, 이 편지는 작은 문학적 고전이 되었던 것 같다. 그리고 그 사이 원래의 속담은 속담 모음 중 하나에 편입되었다.

속담과 우화의 편집은 수메르의 지혜문학 중 일부에 불과하다. 이외에도 수메르 인들은 '농업서'(제11장 참조)와 같은 훈계나 가르침을 모은 교훈적인 에세이를 발전시켰고, 또한 학교생활의 묘사(제2장 참조)에도 몰두했다.

그런데 수메르 작가들이 특별히 좋아하는 지혜문학의 한 부문이 있었다. 그것은 논쟁, 즉 경쟁적인 모티프들을 가지고 싸우는 말들의 전쟁이었다. 그것은 우선적으로 두 경쟁자들 간에 이루어졌고, 그 둘은 각자 계절, 동물, 식물, 금속, 돌, 또는 아주 간결하게 된 성경의 카인과 아벨의 이야기같이 직업을 의인화했다. 역사상 최초의 문학논쟁의 주제는 제18장에서 얘기된다.

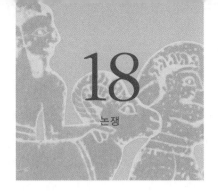

최초의 문학논쟁

수메르의 선생과 지식인들은 체계적인 철학자나 심원한 사상가들이 아니었고, 사실상 그럴 수도 없었다. 그러나 그들은 자연과 그들 주변의 즉자적인 세계에 대한 날카로운 관찰자였다. 수메르의 교수들이 교육적인 목적을 위해 수집한 식물·동물·금속·돌들의 방대한 목록(제1장 참조)은 자연계의 물질과 유기체에 관련한 최소한의 명백한 특징들에 대해서는 세심한 연구가 이루어졌음을 암시한다. 또한 문화인류학 분야에서 활동한 고대 수메르의 선구자들은 그들이 알고 있는 문명을 의식적으로 분석하는 작업에 착수하여, 100개 이상의 제도, 직업, 기술, 사고방식과 행동양식을 분류했다.

우리를 둘러싼 세계의 특징 중의 하나는 계절, 동물, 식물, 금속, 도구들이 자연스럽게 짝을 이룬다는 것이다. 어떤 것을 생각하면 그것과 짝을 이루는 다른 하나가 즉시 머릿 속에 떠오르는 일이 셀 수 없이 많다. 수메르 사회를 특징짓는 농업적인 환경 속에서 그런 짝들의 대표적인 예는 여름과 겨울, 가축과 곡물, 새와 물고기, 나무와 풀, 은과 구리, 곡괭이와 쟁기, 목자와 농부 등이었다. 어떤 측면, 또는 정도에서 각각은 다른 하나와 반대를 이루고 있었으며, 그것들의 공통점은 인간의 삶에서 그들이 중대하고 요긴한 역할을 수행한다는 사실이었다.

그러나 이를 보며 자연스럽게 떠오르는 질문은, 과연 어느 것이 인간에게 더 중요한가라는 것이다. 이런 평가의 문제는 수메르 학자들 사이에 흥미를 불러일으켰고, 그들 중 더욱 창조적인 이들은 그것에 전념하는 토론과 논쟁의 문학 장르를 만들었다. 그 장르의 주요한 형식은 두 사람의 주인공이 여러 번에 걸쳐 번갈아 등장하며, 그 과정에서 각자가 자신의 중요성을 '치켜세우고', 상대편은 '깎아내린다'. 이 모든 것은 시적인 형식으로 씌어졌다. 왜냐하면 수메르의 지식인들은 그들보다 훨씬 앞선 시대에 활동했던 문자를 몰랐던 음유시인들의 직계 후손들이었고, 그들에게 시는 산문보다 훨씬 자연스러웠다. 구성은 보통 주인공들의 창조가 이야기되는 특유의 신화적인 서론으로 시작하여, 수메르 만신전의 지도적인 신들에 의해 논쟁이 적절히 정리되며 끝난다.

우리는 현재 부분적 또는 전체적으로 7편의 문학적 논쟁을 담은 원문을 가지고 있다. 그러나 정도의 차이는 있지만 그중 3편만이 지금까지 연구되었다. 그중 하나가 제14장에서 자세하게 소개된 가축과 곡물 간의 논쟁이다. 두 번째는 '여름과 겨울 : 엔릴이 농부의 신을 선택하다'라고 이름붙여진 것이다. 그것은 7편 중 가장 장문의 시다. 만약 모든 가능한 자료들로부터 조각들이 모아져 원문이 완성된다면, 그것은 고대의 농업에 관한 가장 유익한 자료의 하나가 될 것이다. 그것의 내용은 불확실하나마 다음과 같이 정리될 수 있다.

대기의 신 엔릴은 온갖 종류의 나무와 곡물을 불러와, 이 땅에 풍요와 번영을 가져오기로 결심한다. 그리고 이 목적을 위해 두 문화적인 존재들이자 형제인 에메시(여름)와 엔텐(겨울)이 창조된다. 엔릴은 각자에게 구체적인 임무를 준다. 다음은 그들의 의무가 어떻게 행해졌는지 말해준다.

엔텐은 암양이 새끼양을 낳고, 염소가 새끼 염소를 낳도록 만들었다.
암소와 송아지는 번식하고, 유지와 우유는 증가하고,
그는 평원에서 야생 염소, 양, 당나귀를 기쁨에 넘치게 만들고,
그는 하늘의 새들이 저 넓은 대지에 그들의 둥지를 짓도록 만들고,
그는 바다의 물고기들이 등나무 숲에 그들의 알을 낳도록 만들었고,
그는 야자나무 숲과 포도밭에 꿀과 술이 넘쳐흐르게 만들고,
그는 자라는 곳을 막론하고 나무들이 과일을 열게 만들었고,
그는 밭은 푸르게 장식하고, 식물들은 무성하게 만들었고,
고랑의 곡물들은 잘 자라게 했고,
상냥한 처녀, 아슈난(곡물의 신)과 같이 그는 그것들을 튼튼하게 만들었다.

에메시는 나무와 밭을 만들고, 마구간과 양 우리를 넓혔고,
농장에서 그는 생산량을 늘리고, 땅을 기름지게 하고 . . . ,
풍족한 추수는 곡물창고로 들여와 높이 쌓이고,
도시와 거주지들이 건설되고, 대지에는 집들이 지어지고,
신전들은 산 위에 높이 솟았다.

그들의 임무가 완수되자, 두 형제는 니푸르의 '생명의 집'으로 감사의 선물을 가지고 그들의 아버지 엔릴을 찾아간다. 에메시는 온갖 동물, 식물 그리고 새들을 선물로 가져가고, 엔텐은 귀한 금속, 돌, 나무 그리고 물고기를 그의 선물로 선택한다. '생명의 집' 앞에서 시기가 일어난 엔텐은 그의 형제와 말다툼을 시작한다. 그 둘 사이에 논쟁이 오가고, 마침내 에메시는 엔텐의 권리인 '농부의 신'의 지위에 도전한다. 결국 그들은 엔릴의 대신전인 에쿠르로 가서 각자의 주장을 말한다. 엔텐이 엔릴에게 불만을 토로한다.

"아버지 엔릴이시여, 당신은 나에게 수로를 맡겼고,

나는 충분한 물을 만들었습니다,

내가 관여한 농장은 곡물이 높이 쌓였고,

나는 밭고랑에 곡식이 잘 자라게 만들었고,

상냥한 처녀 아슈난과 같이, 나는 그것들을 튼튼하게 만들었습니다,

이제 밭을 알지도 못하는...한 에메시가,

나의 ... 쌀과 ... 어깨를 떠밀고,

왕궁에서 ...."

'여름과 겨울'. 좌측 두 개 단의 사본으로, 원문의 앞면.

이 다툼에서 엔릴의 호감을 얻기 위해 간사하고 아첨하는 구절로 시작하는 에메시의 주장은 간결함에도 불구하고, 알아볼 수가 없다. 그러자 엔릴이 에메시와 엔텐에게 답변한다.

"모든 대지에 생명의 물을 주는 것—엔텐은 그것을 책임지고 있고,
농업의 신—그가 모든 것을 생산한다,
에메시, 나의 아들아,
어떻게 네가 스스로를 너의 형제 엔텐과 비교할 수 있단 말인가!"

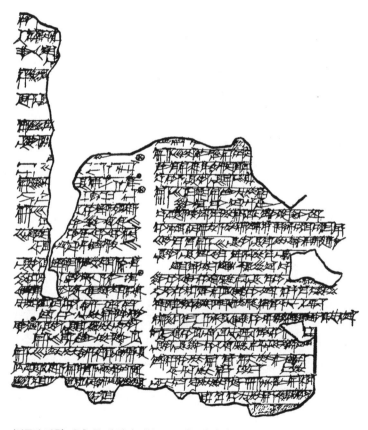

'여름과 겨울'. 우측 두 개 단의 사본으로, 원문의 앞면.

심원한 의미가 있는 엔릴의 고귀한 말,
그의 판단은 바뀔 수 없다—누가 감히 그것을 범하려 하는가!

에메시는 엔텐 앞에 무릎을 꿇고 빌었고,
그의 집에 포도주, 맥주 그리고 과즙을 가져왔고,
그들은 활기에 넘쳐 포도주, 맥주 그리고 과즙을 물리도록 먹고,
에메시는 금과 은 그리고 청금석을 엔텐에게 선물하고,
형제애와 동료애에 겨워 그들은 기쁨에 넘쳐 술을 따른다....

에메시와 엔텐 사이의 논쟁에서,
충실한 농부의 신인 엔텐은 에메시를 능가함을 스스로 증명했다.
...아버지 엔릴을 찬미하라!

세 번째 논쟁은 '이난나의 구애'라고 명명된 작품에 등장한다. 그것은 이 장르의 다른 작품들과는 확연하게 구조가 다르다. 마치 여러 명의 등장인물이 제각기 자신의 주장을 하는 짧은 연극같이 느껴지며, 따라서 신화적인 서문이 없다. 더구나 이 시의 본문에서는 논쟁이 아니라, 등장인물의 중단되지 않는 긴 연설이 이어진다. 거절당한 절망감 속에서 주인공은 자신의 장점을 일일이 열거한다. 그리고 후에 이 등장인물은 그의 라이벌과 논쟁을 벌이려 한다. 그러나 그 라이벌은 온화하고 신중하여, 싸우기보다는 그를 달래려 한다.

이 시에는 네 명의 인물이 등장한다. 여신 이난나, 그녀의 오빠인 태양신 우투, 목자의 신 두무지, 그리고 농부의 신 엔킴두가 그들이며, 그들이 엮어 나가는 시의 내용은 다음과 같다.

간결한, 그러나 거의 파손된 서문 뒤에 우투는 목자의 신 두무지의 아내가 되도록 그의 누이를 설득한다.

그녀의 오빠이자 영웅인 전사 우투가 순결한 이난나에게 말한다.

"오, 나의 누이여, 목자와 결혼하도록 해라,

오, 순결한 처녀 이난나여, 왜 너는 탐탁해하지 않느냐?

그의 유지는 훌륭하고, 그의 우유도 좋다,

목자, 그의 손길이 닿는 모든 것은 빛난다,

오, 이난나여, 목자 두무지와 결혼하도록 해라,

오, 보석으로 장식된 그대여, 왜 너는 탐탁해하지 않느냐?

그의 좋은 유지를 그는 너와 함께 먹을 것이다,

오, 왕의 보호자여, 왜 너는 탐탁해하지 않느냐?"

이난나는 쌀쌀하게 거절한다. 그녀는 농부 엔킴두와 결혼하기로 마음먹었다.

"나는 목자와 결혼하지 않겠어요,

나는 그의 새 옷을 입지 않겠어요,

나는 그의 훌륭한 양모로 감싸지 않겠어요,

처녀인 나는 농부와 결혼하겠어요,

농부는 식물을 풍성하게 자라게 하고,

농부는 곡물을 풍성하게 자라게 하고 . . . ."

의미가 불분명하고, 손상된 여러 행이 지난 뒤, 원문에는 이난나를 향하는 듯한 목자의 긴 연설이 이어진다. 거기에서 그는 농부와 비교하여 자신의 우수한 점들을 구체적으로 나열한다.

"그 농부가 나보다 더, 그 농부가 나보다 더,

그 농부가 나보다 더 가진 것이 무엇이 있소?

엔킴두, 도랑과 수로와 쟁기의 사나이,

그 농부가 나보다 더 가진 것이 무엇이 있소?

그가 검은 옷을 나에게 준다면,

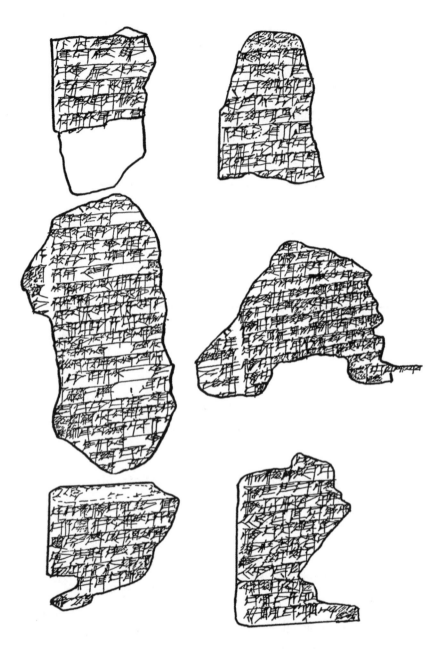

'새와 물고기' 그리고 '나무와 갈대'. 이스탄불의 오리엔트 박물관에 소장된 발표되지 않은 파편들의 사본으로, 새와 물고기, 나무와 갈대 간의 논쟁들이 새겨져 있다.

나는 검은 암양을 그 농부에게 주겠소,

그가 흰옷을 나에게 준다면,

나는 흰 암양을 그 농부에게 주겠소,

그가 최고의 맥주를 나에게 부어준다면,

나는 기름진 우유를 그 농부에게 부어주겠소,

그가 좋은 맥주를 나에게 부어준다면,

나는 키심-우유를 그 농부에게 부어주겠소,

그가 입맛을 다시게 하는 맥주를 나에게 부어준다면,

나는 . . .-맥주를 그 농부에게 부어주겠소,

그가 희석한 맥주를 나에게 부어준다면,

나는 식물-우유를 그 농부에게 부어주겠소,

그가 좋은 음식을 나에게 준다면,

나는 이티르다-우유를 그 농부에게 주겠소,

그가 좋은 빵을 나에게 준다면,

나는 꿀맛 같은 치즈를 그 농부에게 주겠소,

그가 작은 콩들을 나에게 준다면,

나는 작은 치즈들을 그 농부에게 주겠소,

내가 먹고, 마신 후,

나는 별도의 유지를 그에게 남겨주겠소,

나는 별도의 우유를 그에게 남겨주겠소 :

그 농부가 나보다 더 가진 것이 무엇이 있소?

그후 우리는 강둑에서 기쁨에 차 있는 목자를 본다. 아마도 그의 주장이
이난나를 설득시켜, 그녀의 마음을 바꾸게 한 듯하다. 거기에서 그는 엔킴두
를 만나 시비를 걸기 시작한다.

그는 기쁨에 겨웠다, 그는 찰흙의 강둑에서 기쁨에 겨웠다,

신성한(?) 암소들. 우르 근처의 알-우바이드에서 발굴된 모자이크 장식으로 그려진 낙농 프리즈, 기원전 2500년경.

그는 강둑에서 기쁨에 겨웠다, 그 목자는 강둑에서 기쁨에 겨웠다,

그 목자는 강둑으로 양들을 이끌고 나왔다,

그 목자는 강둑에서 이리저리 거닐었다,

목자인 그에게 그 농부가 다가왔다,

그 농부 엔킴두가 다가왔다.

두무지 . . . 도랑과 수로의 왕인 그 농부는 그의 평원에 있었고,

그의 평원에 있던 그 목자는 그에게 시비를 걸기 시작했다,

그의 평원에서 목자 두무지는 그에게 시비를 걸기 시작했다.

그러나 엔킴두는 싸우려 하지 않고, 도리어 두무지의 양떼들이 그의 영토 어디에서든 풀을 뜯을 수 있도록 허락한다.

"내가 목자인 그대에게 대항하여, 내가 목자인 그대에게 대항하여,

왜 내가 그대에게 대항하여 싸워야 하는가?
그대의 양들이 나의 강둑의 풀을 뜯도록 하고,
그대의 양들이 나의 경작지를 돌아다니도록 하고,
그들이 우루크의 기름진 밭에서 곡물을 먹도록 하고,
그대의 새끼 염소와 새끼 양들이 나의 우눈(수로)의 물을 마시도록 하라."

그러자 마음이 누그러진 두무지는 그 농부를 그의 결혼식에 친구로서 참석하도록 초대한다.

"목자인 나의 결혼식에서,
농부, 그대는 나의 친구로 간주될 것이다,
농부 엔킴두, 나의 친구, 농부, 나의 친구,
그대는 나의 친구로 간주될 것이다."

이에 엔킴두는 결혼 선물로 여러 가지 농산물을 두무지와 이난나에게 선사한다.

"나는 밀을 그대에게 주고, 나는 콩을 그대에게 주고,
나는 렌즈 콩을 그대에게 주고...,
그대 순결한 처녀여, 그대를 위한 무엇이든지...,
순결한 처녀 이난나여, 나는...를 그대에게 주겠소."

그런 뒤 이 시는 다음과 같은 전통적인 문학적 후렴으로 끝난다.

목자와 농부 사이에 일어났던 논쟁 속에서,
순결한 처녀 이난나여, 그대의 찬양은 빼어나도다.
그것은 하나의 발발레(시)다.

이 책의 독자들은 의심의 여지없이 성경의 희미한 반향을 곳곳에서 느꼈을 것이다. 태고의 바다, 하늘과 땅의 분리, 흙으로부터의 인간의 형성, 윤리학, 섭리, 법전, 고난과 복종, 카인과 아벨 같은 논쟁 등 이 모든 것들은 최소한 어느 정도는 구약성서의 주제와 동기를 연상시킨다.

우리는 이제 창세기의 몇몇 구절을 떠올리게 하는 수메르의 낙원신화가 담겨 있는 시로 넘어간다. 먼저 알아두어야 할 것은 이것이 인간의 것이 아닌, 신의 낙원이라는 점이다. 그러므로 거기에는 유혹에 빠지는 아담과 이브가 없다. 그러나 이 신화는 성경의 낙원 이야기와 유사한 점들이 있다. 그리고 그 가운데는 '갈비뼈' 이야기의 기원과 배경에 대한 약간 놀라운 해설이 있다.

최초의 성서

　과거 백 년간 이집트와 근동에서 이루어진 고고학적 발견들은 우리의 선대가 꿈도 꾸지 못했던 정신적 · 문화적 유산을 향한 안목을 열어주었다. 흙먼지 속에 깊이 잠들어 있던 문명의 발견, 수천 년 동안 죽어 있던 언어들의 해독, 그리고 까마득한 세월 동안 잃어버리고 잊혀졌던 문헌들의 재발견은 인류의 역사적 지평을 수천 년이나 넓혀주었다.

　'성서의 땅'에서 이루어진 이 모든 고고학적 활동의 주요한 성취 중 하나는 그것이 성서 그 자체의 배경과 근원에 새롭고 찬란한 빛을 던져주었다는 사실이다. 우리는 이제 그 위대한 문학적 고전이 진공 속의 조화처럼 갑자기 세상에 나타난 것이 아니라는 것을 안다. 성서의 뿌리는 그 주변의 광대한 지역과 먼 과거 속에 깊고 폭넓게 퍼져 있다. 성서는 형식과 내용 모두에서 근동에 더 일찍 꽃피었던 문명들에 의해 창조된 문학들과 여간 유사하지 않

인간의 창조. 펜실베이니아 대학 박물관에 소장되어 있는 같은 니푸르 점토판의 앞면, 합치기 전(①)과 후(②).

다. 나는 이것을 언급하는 것이 성서의 중요성이나, 그것을 쓴 헤브루 지식인들의 천재성을 훼손시킨다고 생각하지 않는다. 사실 우리는 그들 전임자들의 정적인 주제와 인습적인 양식들을 인간에게 알려진 가장 동적이고 생생한 문학적 창조품으로 계승, 발전시킨 '헤브루의 기적'에 오직 경외감을 느낄 뿐이다.

수메르 인들에 의해 창조된 문학은 헤브루 인들에게 깊은 인상을 남겼다. 그것은 부정할 수 없는 사실이다. 수메르의 아름다운 문학작품들을 복원하고 해독하는 동안 가장 짜릿한 순간은 수메르와 성서 사이의 유사성을 발견할 때다.

먼저 짚고넘어가야 할 것은 수메르 인들이 헤브루 인들에게 직접적인 영향을 미치지는 않았다는 사실이다. 수메르 인들은 헤브루 민족이 존재하기 오래 전에 사라졌다. 그러나 수메르 인들이 헤브루 민족보다 그 땅에 먼저 살았고, 후일 팔레스타인으로 알려진 가나안 사람들에게 심대한 영향을 미쳤다는 점에는 거의 의심의 여지가 없다. 그리고 그것은 아시리아, 바빌로니아, 히타이트, 후르리 인들에게도 마찬가지였다.

수메르와 헤브루의 유사성에 관한 좋은 실례는 신화 '엔키와 닌후르사그' 에서 찾아볼 수 있다. 그 신화의 원문은 1915년 발표되었으나, 내가 〈미국 동 양 연구회보(the Bulletin of the American Schools of Oriental Research)〉의 보충연구 1 호에 구체적인 원문을 게재할 때까지 내용의 대부분은 해독되지 않은 채로 남아 있었다. 6개 단으로 나뉘어진 점토판에 새겨져 현재 펜실베이니아 대 학 박물관에 소장되어 있는 이 시는 287행으로 구성되어 있으며, 에드워드 치에라에 의해 확인된 조그만 복제판도 루브르 박물관에 있다. 인간보다는 신을 다루고 있는 이 수메르 낙원신화의 줄거리를 간단히 요약하면 다음과 같다.

딜문은 '순결한', '깨끗한', '빛나는' 생명의 땅이다. 그곳에는 질병도 죽음 도 없다. 그러나 단 한 가지 결핍된 것은 동물과 식물의 삶에 필수적인 깨끗 한 물이다. 이에 따라 위대한 수메르 물의 신인 엔키는 지상으로부터 신선한 물을 가져와 그곳을 채우도록 태양신 우투에게 명한다. 이리하여 딜문은 과 실이 풍성한 경작지와 초원이 푸르게 펼쳐진 성스런 낙원이 된다. 이 신들의 낙원에서 수메르의 위대한 지모신(아마도 원래는 대지의 여신)인 닌후르사그는 여덟 종류의 식물이 자라도록 한다. 그녀는 이 식물들을 성공적으로 기른다. 그러나 그것은 물의 신에 의해 조금의 고통이나 산고조차 없이 태어난 세 세대의 여신들이 관여된 복잡한 과정을 거친 후에야 가능하게 된다. 그러나 엔키는 그 식물들을 맛보려 하고, 이에 따라 그의 메신저이자 두 얼굴을 가 진 신 이시무드는 이 귀중한 식물들을 하나씩 차례로 뽑아간다. 그리고 엔키 는 그것들을 모두 먹는다. 격노한 닌후르사그는 엔키에게 죽음의 저주를 내 리고는, 그녀의 마음이 바뀌거나 누그러지는 것을 막기 위해 신들로부터 몸 을 감춘다.

엔키의 건강은 점점 나빠지기 시작한다. 그의 신체의 여덟 부위가 병든다. 엔키가 약해짐에 따라 위대한 신들도 물 없이 먼지 속에 앉아 있어야 했다. 대기의 신이자 수메르 신들의 왕인 엔릴조차 이 상황에서 어찌할 도리가 없다. 이때 여우가 나타난다. 그는 엔릴에게 적절한 보상이 있다면, 그가 닌후르사그를 데려오겠노라 말한다. 여우는 어떤 방법을 동원하여(이 부분의 구절은 파손되었다) 그 지모신을 신들에게 데려와 죽어가는 물의 신을 고치도록 하는 데 성공한다. 그녀는 엔키의 곁에 앉아 그를 고통스럽게 하는 신체의 여덟 부위에 관해 묻는다. 그런 뒤 그녀는 그의 신체의 여덟 부분에 상응하는 치유의 신들을 만들어 엔키의 생명과 건강을 소생시킨다.

이 모든 것들이 어떻게 성경의 낙원 이야기와 비교되는가? 먼저 성스런 낙원, 신들의 땅이 수메르에 기원을 두고 있다는 믿음에는 근거가 있다. 수메르의 낙원은 이 시에 따르면 딜문이라는 곳에 있었다. 그곳은 아마도 페르시아 남서부에 위치해 있었던 듯싶다. 이 같은 딜문을 후일 수메르를 정복한 셈 족인 바빌로니아 인들은 그들의 신들이 사는 '생명의 땅'으로 여겼다. 에덴의 동쪽에 있고, 티그리스 강과 유프라테스 강이 포함된 세계의 4대 강으로 물이 흘러들어가는 땅으로 묘사되는 성경의 낙원은 수메르의 낙원인 딜문과 원래 동일한 것이었다는 데는 충분한 징후가 발견된다.

다음으로 이 시에서 태양신에 의해 지상으로부터 물을 끌어올려 딜문을 적시는 구절은 성서의 '안개만 땅에서 올라와 온 지면을 적셨더라'(창세기 2장 6절)를 연상시킨다. 고통이나 산고조차 없이 태어난 여신들은 슬픔 속에서 아이를 잉태하고 해산하는 이브를 향한 저주의 배경에 빛을 던진다. 그리고 엔키가 여덟 종류의 식물을 먹고, 그 부정한 행위에 대한 저주를 받는 것은 아담과 이브가 지식의 나무 열매를 먹고, 그 원죄에 대한 저주가 내리는 것을 생각나게 한다.

그러나 우리의 비교분석을 통한 가장 흥미로운 결과는 성서의 낙원 이야기에서 가장 당혹스러운 부분에 대하여 이 수메르의 시가 하나의 설명을 제공하고 있다는 점이다. 그것은 '모든 살아 있는 것들의 어머니' 이브가 아담의 갈비뼈로부터 만들어졌다고 설명하는 유명한 구절이다. 왜 갈비뼈인가? 왜 헤브루 인들은 성경에서 '생명을 만드는 여자'를 의미하는 이브라는 최초의 여성을 만들기 위해 다른 어떤 신체부위보다 갈비뼈가 적당하다고 여겼는가?

성서의 낙원설화에 선행하는 딜문의 시와 같은 수메르의 문헌을 보면 그이유와 배경은 확연하게 드러난다. 이 수메르 시에서 엔키의 병든 신체부위중 하나는 갈비뼈다. '갈비뼈'에 해당하는 수메르 단어는 '티'다. 그리고 엔키의 갈비뼈를 치유하기 위해 창조된 여신의 이름은 '닌-티', 즉 '갈비뼈의 고귀한 여성'이다. 수메르 단어 '티'는 또한 '생명을 만드는'이라는 의미도 가지고 있다. 그러므로 '닌-티'라는 이름은 '갈비뼈의 고귀한 여성'과 '생명을 만드는 고귀한 여성'을 동시에 의미한다. 이제 우리는 수메르의 '갈비뼈의 고귀한 여성'이 말의 안개를 걷어내고 나면 '생명을 만드는 고귀한 여성'과 근본적으로 동일한 존재임을 알 수 있다. 성경의 낙원설화에까지 전해져 불멸의 생명력을 얻게 된 것은 바로 이 가장 오래 된 문학적 동음이의同音異義의하나였던 것이다. 물론 성경에서 그것은 원래의 의미를 잃어버린다. 왜냐하면 수메르 어와 달리 헤브루 어에서 '갈비뼈'와 '생명을 만드는' 사이에는 아무런 연관성이나 공통점이 없었기 때문이다.

1945년 나는 성서의 '갈비뼈' 이야기를 설명하기 위한 이 수메르의 배경을 스스로 발전시켰다. 그러나 그 가능성은 나보다 30년 전에 저명한 프랑스의 쐐기문자학자인 피에르 셰일과 미국의 동양학자인 윌리엄 올브라이트에 의해 이미 제기되었었다. 그리고 올브라이트는 나의 발표를 편집하여 좀더 진실에 가깝도록 만들어주었다.

이 수메르 시의 분위기와 특징을 보여주기 위해, 나는 여러 관련 구절들을 독자들에게 인용하려 한다. 질병도, 죽음도 없는 불멸의 땅 딜문은 다음과 같이 묘사된다.

> 딜문에서 갈가마귀는 울지 않는다,
> 이티두-새는 이티두-새를 위해 울지 않는다,
> 사자는 죽이지 않는다,
> 늑대는 어린 양을 잡아채지 않는다,

들개가 새끼 염소를 먹는 것은 알려지지 않았고,

...가 곡물을 먹는 것은 알려지지 않았고,

미망인은 알려지지 않았고,

...들 위에 높이 있는 새는 그의 ...를 하지 않고,

비둘기는 고개를 숙이지 않고,

병든 눈동자는 '나는 병든 눈동자예요'라고 말하지 않고,

아픈 머리는 '나는 아픈 머리예요'라고 말하시 않고,

그곳(딜문)의 늙은 여자는 '나는 늙은 여자예요'라고 말하지 않고,

처녀는 목욕하지 않고, 반짝이는 물은 그 도시로 흘러들지 않고,

(죽음?)의 강을 건너는 자는 ...을 말하지 않고,

비탄에 잠긴 사제들은 그 주위를 돌지 않고,

가수는 비탄을 노래하지 않고,

그 도시의 곁에서 그는 애도가를 부르지 않는다.

여신들의 고통 없고 손쉬운 탄생은 임신 후 9개월이 아니라, 단지 9일 후에 다음과 같이 이루어진다.

여신 닌무가 강둑에 나오자,

습지의 엔키가 바라본다, 바라본다,

그가 그의 메신저 이시무드에게 말한다 :

"내가 저 아름답고, 젊은 여인에게 입맞춤하면 안될까?

내가 저 아름다운 여인 닌무에게 입맞춤하면 안될까?"

그의 메신저 이시무드가 답한다 :

"저 아름답고, 젊은 여인에게 입맞춤하십시오,

저 아름다운 여인 닌무에게 입맞춤하십시오,

나의 왕을 위하여 나는 강한 바람을 일으키겠습니다."

그는 작은 배에 발을 들여놓고,

그가 거기에 도착하자마자 . . . ,

그는 그녀를 껴안고, 그는 그녀를 입맞춤하고,

엔키는 그 자궁에 정액을 부었다,

그녀는 정액을 자궁으로 받았다, 엔키의 정액을,

하루는 그녀에게 한 달이고,

이틀은 그녀에게 두 달이고,

아흐레는 그녀에게 아홉 달이고, '여자가 되는' 달이다,

. . .-유지와 같이, . . .-유지와 같이, 훌륭하고 귀한 유지와 같이,

닌무는, . . .-유지와 같이, . . .-유지와 같이, 훌륭하고 귀한 유지와 같이,

여신 닌쿠라를 낳았다.

엔키가 여덟 종류의 식물을 먹는 것은 전형적인 수메르의 반복 양식이 드러나는 구절을 통하여 이야기된다.

습지의 엔키는 바라본다, 바라본다,

그가 그의 메신저 이시무드에게 말한다 :

"저 식물들, 그들의 운명을 내가 정하고, 그들의 '마음'을 나는 알아야 한다.

그런데 이것(식물)이 도대체 뭘까? 이것(식물)이 도대체 뭘까?"

그의 메신저 이시무드가 답한다 :

"나의 왕이시여, 나무-식물입니다,"

그는 그(엔키)에게 말한다 :

그는 그(엔키)를 위해 그것을 자르고,

그(엔키)는 그것을 먹는다.

"나의 왕이시여, 꿀-식물입니다," 그는 그에게 말한다 :

그는 그를 위해 그것을 뽑고, 그는 그것을 먹는다.

"나의 왕이시여, 길가의 잡초(?)입니다," 그는 그에게 말한다 :
그는 그를 위해 그것을 자르고, 그는 그것을 먹는다.

"나의 왕이시여, 물-식물입니다," 그는 그에게 말한다 :
그는 그를 위해 그것을 뽑고, 그는 그것을 먹는다.

"나의 왕이시여, 가시-식물입니다," 그는 그에게 말한다 :
그는 그를 위해 그것을 자르고, 그는 그것을 먹는다.

"나의 왕이시여, 서양풍조목입니다," 그는 그에게 말한다 :
그는 그를 위해 그것을 뽑고, 그는 그것을 먹는다.

"나의 왕이시여, . . .-식물입니다," 그는 그에게 말한다 :
그는 그를 위해 그것을 자르고, 그는 그것을 먹는다.

"나의 왕이시여, 계수나무입니다," 그는 그에게 말한다 :
그는 그를 위해 그것을 뽑고, 그는 그것을 먹는다.

그 식물들, 엔키는 그것들의 운명을 정하고,
그것들의 마음을 알았다(?).
이를 본 닌후르사그는 엔키의 이름에 저주를 내린다 :
"그가 죽을 때까지 나는 생명의 눈으로 그를 보지 않으리라."

닌후르사그는 사라진다. 그러나 여우가 어떤 방법으로 그녀를 데려오는
데 성공한다. 이제 그녀는 여덟 신들의 탄생을 통하여 갈비뼈가 포함된 엔키
의 병든 여덟 부위를 치유한다.

닌후르사그는 엔키를 그녀의 음부에 앉힌다,
"나의 형제여, 무엇이 그대를 아프게 하는가?"
"나의 . . .가 나를 아프게 하오."
"나는 그대를 위해 신 아부를 탄생시킨다."

"나의 형제여, 무엇이 그대를 아프게 하는가?"
"나의 턱이 나를 아프게 하오."
"나는 그대를 위해 신 닌툴라를 탄생시킨다."

"나의 형제여, 무엇이 그대를 아프게 하는가?"
"나의 이가 나를 아프게 하오."
"나는 그대를 위해 여신 닌수투를 탄생시킨다."

"나의 형제여, 무엇이 그대를 아프게 하는가?"
"나의 입이 나를 아프게 하오."
"나는 그대를 위해 여신 닌카시를 탄생시킨다."

"나의 형제여, 무엇이 그대를 아프게 하는가?"
"나의 . . .이 나를 아프게 하오."
"나는 그대를 위해 여신 나지를 탄생시킨다."

"나의 형제여, 무엇이 그대를 아프게 하는가?"
"나의 팔이 나를 아프게 하오."
"나는 그대를 위해 여신 아지무아를 탄생시킨다."
"나의 형제여, 무엇이 그대를 아프게 하는가?"
"나의 갈비뼈가 나를 아프게 하오"
"나는 그대를 위해 여신 닌-티('갈비뼈의 고귀한 여성', 또는 '생명을 만드는 여성')를 탄생시킨다."

"나의 형제여, 무엇이 그대를 아프게 하는가?"
"나의 . . .가 나를 아프게 하오."
"나는 그대를 위해 신 엔샤그를 탄생시킨다."

수메르 신학자들에 따르면, 낙원은 죽이 야하는 운명을 가진 인간을 위한 것이 아니라, 불멸의 신들을 위한 것이다. 그럼에도 불구하고 수메르 신화작가들에 의하면 오직 한 명의 인간이 예외적으로 그 신들의 낙원에 받아들여졌다. 그리고 그것은 지금까지 쐐기문자로 씌어진 문헌을 통틀어 성서와 가장 놀랍도록 유사한 대홍수의 신화인 수메르의 '노아'에게로 우리를 인도한다.

최초의 노아

성서의 대홍수 이야기가 성경을 편집한 헤브루 인들의 독창적인 작품이 아니라는 것은 이미 밝혀진 사실이다. 이는 영국 국립박물관의 조지 스미스에 의해 바빌로니아의 서사시 〈길가메시〉의 열한 번째 점토판이 발견되고 판독됨으로써 세상에 알려졌다. 그러나 그 바빌로니아의 대홍수 신화도 사실은 수메르에 기원을 두고 있다.

1914년 아르노 파벨은 펜실베이니아 대학 박물관에 있는 니푸르 소장품 가운데 6개의 난을 가진 수메르 점토판의 아랫부분 3난이 실려 있는 파편을 발표했는데, 그 내용은 대부분 대홍수에 관한 이야기였다. 이 파편은 아직도 유일무이한 것으로 간주되고 있다. 그 이래로 새로운 대홍수 점토판을 위해 학자들이 '모든 눈과 귀'를 부릅떴음에도 불구하고, 어떤 박물관, 개인소장품 또는 발굴을 통해서도 더 이상 발견되지 않고 있다. 따라서 아르노 포벨

길가메시 상. 메소포타미아의 고도 우루크의 왕이었던 길가메시를 주인공으로 하는 서사시에는 수메르 인들의 염세주의가 잘 나타나 있다. 그는 영웅으로서 파란만장한 생을 살아간다.

에 의해 발표된 조각은 아직도 우리의 유일한 자료이며, 그에 의해 마련된 해석도 지금까지 정설로 받아들여지고 있다.

이 외로운(?) 점토판의 내용은 대홍수가 그것의 중심 테마지만, 대홍수 에피소드뿐만 아니라, 그 이야기에 앞서 소개하는 구절들도 마찬가지로 주목할 만하다. 원문들이 심하게 파손되었음에도 불구하고, 이 구절들은 수메르의 창조론과 우주론에 중대한 의미를 가진다. 거기에는 인간의 창조, 왕권의 기원, 그리고 최소한 다섯 개에 이르는 대홍수 이전에 존재했던 도시들에 관한 진술들이 상당하게 담겨 있다. 이 신화의 현존하는 전체 원문의 앞뒤로는 우리를 감질나고 애태우게 만드는 모든 불확실성과 모호함이 깃들어 있다. 그리고 그것은 쐐기문자학자가 행하는 작업의 전형적인 예와, 미래에 그를 위해 놓여 있는 경이가 무엇인지를 보여준다.

보존된 조각이 점토판의 아랫부분이기 때문에 우리는 약 37행이 떨어져 나간 다음부터 출발해야 하며, 따라서 이 신화가 어떻게 시작하는지 알 길이 없다. 거기에서 우리는 어느 신이 다른 신들에게 연설하는 것을 본다. 그는 인류를 파멸로부터 구할 것이며, 그 결과로 인간은 도시와 신들의 사원을 다시 건설할 것이라고 말한다. 이 연설 다음의 3행은 내용과 연결하기가 어렵다. 그것은 신이 그의 말을 실천하기 위해 행한 활동을 묘사하고 있는 듯하다. 그 뒤로 인간, 동물 그리고 식물의 창조에 관한 4행이 있다. 그 전체 구절을 읽어보자.

"파멸 속에 있는 나의 인류를 나는 . . . 할 것이다,
닌투를 향하여 나는 나의 창조물들의 . . .을 돌아가게 할 것이다,
나는 사람들을 그들의 거주지로 돌아가게 할 것이다,
도시에 그들은 신의 섭리의 장소들을 건설할 것이다,
나는 그들의 그늘을 평안하게 할 것이다,
그들은 순결한 장소에 있는 우리들의 집에 벽돌을 쌓을 것이다,
우리가 정하여 그들이 세운 장소들은 순결할 것이다."

그는 순결한 불을 물로 끄게 했고,
의식들과 고귀한 신의 섭리를 완성했고,
지상에서 그는 . . .을 했고, . . .을 거기에 위치시켰다.

안, 엔릴, 엔키 그리고 닌후르사그가 검은 머리 사람들을 만든 후에,
지상에는 초목이 무성하게 자라고,
네 발 달린 초원(의 창조물들인) 동물들이 뛰어난 솜씨로 만들어졌다.

여기에서 왕권이 하늘에서 내려오고, 다섯 도시들이 건설되었다는 이야기가 나온 뒤, 또 다른 약 37행이 파손되었다.

왕권의 . . .이 하늘로부터 내려온 후에,
고귀한 왕관과 왕좌가 하늘로부터 내려온 후에,
그는 의식들과 신의 섭리 . . .를 완성하고,

... 순결한 장소들에 다섯 도
시들을 건설했으며,
그들의 이름을 부르고, 이 의
식의 중심지들을 배분했다.

이 도시들의 첫 번째인 에리
두를 그는 통솔자인 누딤무
드에게 주었고,
두 번째인 바드티비라를 그
는 ...에게 주었고,
세 번째인 라라크를 그는 엔
두르빌후르사그에게 주었고,
네 번째인 시파르를 그는 영
웅 우투에게 주었고,
다섯 번째인 슈루파크를 그
는 수드에게 주었다.

대홍수를 기록해놓은 문자판.

그는 이 도시들의 이름을 부르고, 이 의식의 중심지들을 배분했고,
그는 ...을 가져왔으며,
...한 작은 강들을 깨끗이 했다.

그리고 바로 약 37행이 파손되었는데, 거기에는 대홍수를 불러와 인류를
파멸시키는 신들의 결단이 대부분을 차지하고 있었음에 틀림없다. 원문을
다시 해독할 수 있는 부분으로 내려오면, 우리는 몇몇 신들이 그 잔인한 결
정에 불만을 품고, 좋아하지 않았음을 발견한다. 그리고 이제 우리는 성서의
노아의 원형인 수메르의 지우수드라를 본다. 그는 신앙심이 깊고, 신을 두려
워하여 항상 꿈이나 주문을 통하여 신의 계시를 찾으려 하는 왕으로서 묘사

된다. 지우수드라는 어느 벽에 서 있다가 신의 목소리를 듣는다. 그 신은 대홍수를 보내 "인류의 씨앗을 절멸시켜버리겠다"는 결정이 신들의 회합에서 내려졌음을 경고한다. 이 긴 구절을 읽어보자.

> 홍수 . . . .
>
> . . .
>
> 그러므로 . . . 간주되었다.
>
> 그후 닌투는 . . .와 같이 슬피 울었고,
>
> 순결한 이난나는 그녀의 사람들을 위해 애도가를 지었고,
>
> 엔키는 고심했고,
>
> 안, 엔릴, 엔키 그리고 닌후르사그 . . . ,
>
> 하늘과 땅의 신들은 안과 엔릴의 이름을 불렀다.
>
>
> 그러자 . . .의 파시슈, 왕 지우수드라는,
>
> 거대한 . . .을 건설했다 :
>
> 겸손하고, 복종하며, 경건한 그는 . . . ,
>
> 매일같이 끊임없이 정성을 쏟는 그는 . . . ,
>
> 모든 종류의 꿈을 꾸는 그는 . . . ,
>
> 하늘과 땅의 이름을 부르는 그는 . . . .
>
> . . . 신들은 어느 벽에서 . . . ,
>
> 지우수드라는 그 곁에 서서 들었다.
>
>
> "내 왼쪽에 있는 벽에 서라 . . . ,
>
> 벽에서 나는 너에게 말할 것이다, 나의 말을 들어라,
>
> 나의 지시에 귀를 기울여라 :
>
> 우리의 . . .에 의해 홍수가 의식의 중심지들을 휩쓸 것이다 :
>
> 인류의 씨앗을 절멸시키기 위해 . . . ,

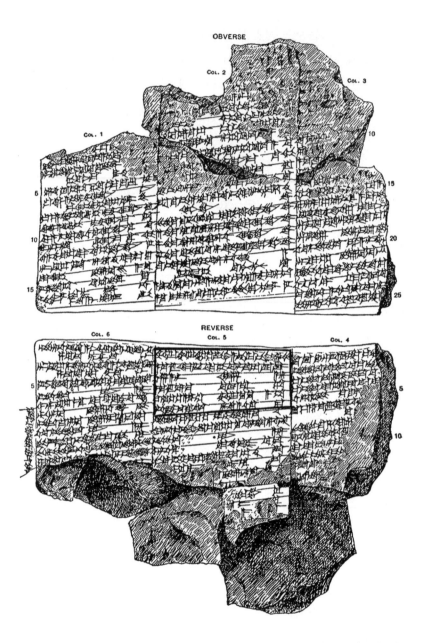

대홍수, 방주, 그리고 수메르의 노아. 이 신화를 유일하게 전해주는 펜실베이니아 대학 박물관의 '대홍수' 점토판의 사본을 아르노 포벨이 만든 것이다.

그것은 신들의 회합의 결정이다.
안과 엔릴의 명령에 따라 . . . .
왕권과 지배는 (끝장날 것이다)."

   원문은 지우수드라에게 거대한 배를 건조해 파멸로부터 스스로를 구하라는 구체적인 지시로 이어졌음에 틀림없다. 그러나 약 40행에 이르는 이 부분이 파손됨으로써 그것은 실전되었다. 다시 해독할 수 있는 원문의 부분으로 가면, 거기에서 우리는 엄청난 홍수가 벌써 '대지'를 덮쳐 7일 밤낮을 휩쓸었음을 발견한다. 그런 후 태양신 우투가 다시 나와 그의 고귀한 빛을 사방에 비춘다. 그리고 지우수드라는 그 앞에 엎드려 제물을 바친다. 원문을 읽어보자.

   엄청나게 거센 모든 폭풍들이 하나가 되어 덮치고,
   동시에 홍수는 의식의 중심지들을 휩쓸었다.

   이레 밤낮으로,
   홍수는 대지를 휩쓸었고,
   거대한 배는 엄청난 물 위에서 폭풍우에 흔들렸다,
   그후 우투가 나와 하늘과 땅에 빛을 뿌렸고,
   지우수드라가 거대한 배의 창을 열자,
   영웅 우투가 그 거대한 배로 그의 빛을 가져갔다.

   지우수드라, 왕은,
   스스로 우투 앞에 엎드렸고,
   황소 한 마리와 양 한 마리를 잡았다.

   여기서 다시 약 39행이 파손되었다. 현존하는 원문의 마지막 행들은 지우수드라의 신격화를 묘사하고 있다. 안과 엔릴의 앞에 엎드린 뒤, 그는 '신과 같은 생명'과 영원한 숨을 얻고, '태양이 떠오르는 땅' 딜문으로 옮겨갔다.

> 안과 엔릴이 '하늘의 숨'과 '땅의 숨'을 그들의 . . .에 의해 말하자,
> 그것은 저절로 펴져나갔고,
> 초목은 땅 위로 돋아나 자랐다.

> 지우수드라, 왕은,
> 안과 엔릴 앞에 엎드렸다.
> 안과 엔릴은 지우수드라를 받아들였고,
> 신과 같은 생명을 그들은 그에게 주었다:
> 신과 같은 영원한 숨을 그들은 그에게 하사했다.

> 그런 뒤, 지우수드라, 왕을,
> 초목의 이름과 인류의 씨앗을 보존한 자를,
> 태양이 떠오르는 곳인, 저 건너의 땅 딜문에서 그들은 살게 했다.

원문의 약 39행이 담겨 있는 점토판의 나머지는 파손되었다. 그리고 우리는 신격화되어 신들의 땅으로 간 지우수드라에게 무슨 일이 있었는지 알지 못한다.

우리는 이제 낙원으로부터 저승으로, '거룩한 저 위'로부터 '거룩한 저 아래'로 간다. 수메르 인들은 그곳을 '돌아올 수 없는 땅'이라고 불렀다. 이 어둡고 두려운 죽음의 땅으로, 반항적이고 제멋대로인 어느 여신이 그녀의 끝없는 야망을 충족시키기 위해 내려간다. 제21장에서 이야기되는 '저승 세계로의 여행'은 지금까지 발견된 것 중 가장 잘 보존된 수메르 신화의 하나다. 그리고 그것은 신약성서의 주제들과 드물지만 중요한 유사성을 보여준다.

최초의 부활

그리스의 저승(Hades)과 헤브루의 저승(Sheol)에 해당하는 수메르의 저승은 '쿠르kur'다. 원래 이 단어는 '산'을 의미했으나, 후에는 '오랑캐의 땅'이라는 의미가 되었다. 왜냐하면, 수메르와 경계하고 있는 산악국가들은 수메르 인들에게 끊임없는 위협이었기 때문이다.

우주론적으로 보자면, 쿠르는 지표와 태고의 바다 사이에 있는 빈 공간이고, 모든 죽은 자들이 향하는 곳이다. 그곳에 도달하기 위해서는 특별한 뱃사공의 인도 아래 '사람을 잡아먹는 강'을 건너야만 했으니, 그 강과 뱃사공은 각각 수메르의 삼도천과 뱃사공 카론이라고 설명될 수 있겠다.

지하세계는 죽은 자들의 거주지였지만, 그곳의 '인생'은 나름대로의 '활기찬' 면을 가지고 있다. 예를 들어 〈이사야 서〉 14장 9절~11절에는 한 왕이 바빌론을 향해 다가오자, 저승에 살고 있는 죽은 왕과 족장들이 동요함이 묘사되어 있다. 펜실베이니아 대학 박물관에는 1919년 스티븐 랭든에 의해 발표된 점토판이 한 점 있는데, 거기에는 저승에 다녀온 어느 수메르 왕의 경험을 묘사한 시가 새겨져 있다. 그 점토판의 현존하는 부분의 내용은 다음과 같다.

위대한 왕 우르-남무는 죽은 후 쿠르에 온다. 그는 먼저 저승세계 일곱 신들의 궁전을 차례로 찾아가 선물과 제물을 바친다. 다음으로 그는 다른 두 신들에게 앞으로도 꾸준한 후원을 부탁하며 선물을 한다. 그중 하나는 저승세계의 필경사였다. 그런 후 그는 쿠르의 사제들이 그의 거주지로 마련한 장소에 도착한다. 여기에서는 몇몇 죽은 이들에 의해 마중을 받고, 편안함을 느낀다. '저승세계의 재판관'이 되어 있는 죽은 영웅 길가메시는 지하세계를 다스리는 법과 규율들을 그에게 보여준다. 그러나 '7일 낮'과 '7일 밤'이 흐른 후 그는 지상에 남겨놓고 온 것들에 생각이 미친다. 그가 완성하지 못한 우르의 성벽, 그가 정화시키지 못한 그의 새 궁전, 그가 더이상 품을 수 없는 그의 아내, 그가 더이상 무릎 위에 올려놓고 귀여워할 수 없는 그의 자식. 이 모든 것들이 저승세계에 있는 그의 평화를 교란시킨다. 이제 그는 참담한 심경을 길게 토로한다.

죽은 이의 영혼은 특별한 기회에 일시적으로 지상에 올라올 수 있었다. 〈사무엘 서〉의 상편을 보면(제28장 참조) 사울 왕의 요구를 받고 저승에서 올라오는 선지자의 영혼이 나온다. 이것은 수메르의 '길가메시, 엔키두, 그리고 저승세계'(제23장 참조)와 유사하다. 그 시는 그의 주인 길가메시를 만나기 위해 쿠르에서 올라오는 엔키두의 영혼과 뒤이어 나누는 그들 사이의 대화를 기록하고 있다.

쿠르는 죽은 자들만을 위한 곳이지만, 상당수의 신들도 거기에서 발견된다. 우리는 몇몇 신들이 저승세계에 거주 이유를 설명하는 신화들도 가지고 있다.

'달의 신의 탄생'(제13장 참조)에 따르면 수메르 만신전의 지도적인 신인 엔릴은 여신 닌릴을 강간한 뒤 다른 신들에 의해 니푸르로부터 저승세계로 추방당한다. 유뱃 길에 그는 저승세계의 세 신들을 탄생시킨다(그들 중 둘은 다른 자료를 통하여 우리에게 아주 낯이 익다). 그러나 가장 유명한 '죽은' 신은 목자의 신 두무지다. 수메르의 신화작가들이 제일 좋아하는 여신이자 그의 아내인 이난나에 관한 한, 신화를 통하여 우리는 그를 몰락으로 이끈 사건을 아주 소상히 추적할 수 있다.

그녀의 이름이 무엇이든 간에 사랑의 여신은 시대를 막론하고 남성들의 상상력을 불타오르게 했다. 로마의 비너스, 그리스의 아프로디테, 바빌로니아의 이슈타르의 행실과 부정에 관해 음유시인과 시인들은 끊임없이 노래 불렀다. 수메르 인들은 사랑의 여신을 '하늘의 여왕' 이난나라는 이름 아래 숭배했다. 그녀의 남편은 성경의 탐무즈에 해당하는 목자의 신 두무지였다. 선지자 에스겔은 탐무즈의 죽음을 애도하는 눈물은 가증스런 행위라고 증오했다.

이난나를 향한 그의 구애와 성공에는 두 가지 해설이 있다. 경쟁자인 농부의 신 엔킴두가 나오는 그중 하나는 제18장에서 설명되었다. 다른 하나에서 두무지는 이난나의 유일한 청혼자다. 그 해설에 따르면, 목자의 신 두무지는 이난나의 집 밖에 도착하여 우유와 유지를 뚝뚝 흘리며 떠들썩하게 구혼한다. 그녀의 모친과 의논한 이난나는 목욕을 하고, 향료를 바르고, 여왕 같은 의복을 걸치고, 귀한 돌들로 치장한 뒤 그녀의 신랑을 향해 문을 연다. 그들은 즉시 껴안고 성교를 하는 듯하며, 그후 두무지는 그의 신부를 '그의 도시'로 데려간다.

그러나 두무지는 그가 그토록 열렬히 갈망했던 그 결혼이 파멸로 끝나고, 그 자신은 지옥으로 끌려갈 줄은 꿈에도 몰랐다. 그는 한 여자의 야망이 얼마나 엄청난 결과를 몰고올 수 있는지 몰랐던 것이다. 그 내막은 '저승세계로 내려가는 이난나'에 담겨 있으며, 주목할 만한 부활의 이야기를 언급하고 있다. 그 줄거리는 다음과 같다.

그녀의 이름이 의미하듯이 이미 하늘의 여주인이 되었음에도 불구하고, 이난나는 더 큰 힘을 갈망하고, 저승세계마저 지배하기를 원한다. 이에 따라 그녀는 저승세계에 직접 내려가 무슨 수를 써보려고 결심한다. 모든 적절한 신의 섭리를 챙기고, 여왕의 옷과 보석들로 치장한 그녀는 이제 '돌아올 수 없는 땅'에 들어갈 준비가 되었다.

저승세계의 여왕은 그녀의 언니이자 영원한 적수인 수메르의 죽음과 암흑의 여신 에레슈키갈이다. 언니의 영토에 들어온 자신을 언니가 죽일지도 모른다는 공포를 느낀 이난나는 언제나 그녀의 손짓과 부름에 대기하고 있는 부하 닌슈부르에게 만약 3일이 지나도 그녀가 돌아오지 않으면, 신들의 회의장에서 그녀를 위해 애도가를 부르도록 지시한다. 그리고 곧장 수메르 만신전의 지도자격인 엔릴의 도시 니푸르로 가서 이난나가 저승세계에서 죽지 않도록 도와줄 것을 호소하라고 이른다. 만약 엔릴이 거절한다면, 그는 달의 신 난나의 도시인 우르로 달려가 그의 호소를 되풀이할 것이다. 만약 난나 역시 거절한다면, 그는 지혜의 신 엔키의 도시인 에리두로 갈 것이다. '생명의 음식'과 '생명의 물'을 알고 있는 엔키는 이난나를 충분히 구할 수 있을 것이다.

이난나는 저승세계로 내려가, 에레슈키갈의 청금석 신전으로 다가간다. 입구에서 그녀는 수문장을 만난다. 그는 그녀가 누구이며, 왜 왔는지를 묻는다. 이난나는 그녀의 방문을 위한 거짓구실을 만들어내고, 그의 여주인의 명에 따라 수문장은 저승세계로 들어가는 일곱 개의 관문을 그녀가 통과하도록 한다. 그녀가 하나의 관문을 지날 때마다, 그녀의 거센 저항에도 그녀의 옷과 보석들은 차례로 벗겨진다. 그리하여 마지막 관문을 지났을 때 그녀는 완전히 나체가 되어 에레슈키갈과 저승세계의 무서운 일곱 판관인 아눈나키 형제들 앞에 무릎을 꿇고 엎드리게 된다. 그들이 죽음의 눈으로 그녀를 뚫어지게 응시하자, 그녀는 시체가 된다. 그들은 그녀의 시체를 말뚝에 매단다.

3일 낮과 3일 밤이 지난다. 4일째 되는 날 그의 여주인이 여전히 돌아오지 않았음을 확인한 닌슈부르는 그녀가 지시한 대로 신들을 찾아간다. 이난나가 예상한 대로, 엔릴과 난나는 어떤 도움도 주기를 거절한다. 그러나 엔키는 그녀에게 생명을 되찾아줄 궁리를 한다. 그는 두 개의 성性이 없는 창조물

죽음과 부활. 레오나드 울리에 의해 우르에서 발굴되어 현재 대영박물관에 소장되어 있는 점토판의 앞면. 이 점토판은 '저승세계로 내려가는 이난나'의 결말 부분을 알려준다.

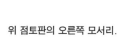

위 점토판의 오른쪽 모서리.

인 쿠르가루와 칼라투루를 만들고, 그들에게 '생명의 음식'과 '생명의 물'을 준다. 그들은 저승세계로 가서 이 '음식'과 '물'을 말뚝에 박혀 있는 이난나의 시체에 뿌린다. 그리고 이난나는 부활한다.

이난나가 다시 살아났음에도 불구하고, 그녀의 재난은 끝나지 않는다. 저승의 입구를 들어온 이는 그를 대신할 자를 저승세계에 남겨놓지 않는 한 지상으로 나갈 수 없다는 것이 '돌아올 수 없는 땅'의 절대불변의 철칙이기 때문이다. 이난나도 예외일 수는 없다. 그녀는 지상으로 올라가도록 허락된다. 그러나 만약 그녀가 그녀를 대신할 다른 신을 구하지 못할 경우, 즉시 그녀를 저승으로 다시 끌고오라는 지시를 받은 많은 마귀들이 그녀와 동행한다. 이 무자비한 감시자들에 둘러싸인 이난나는 먼저 두 수메르 도시인 움마와 바드-티비라를 방문한다. 그러나 이 도시의 수호신들인 샤라와 라타라크는 이 소름 끼치는 일행의 모습을 보고 공포에 질린 나머지 상복을 입고 이난나 앞에서 흙먼지 속을 기어다닌다. 이난나는 그들의 벌벌 떠는 모양에 상당히 만족한 것 같다. 왜냐하면 마귀들이 그들을 저승세계로 끌고가겠다고 하자 이난나는 마귀들을 제지하여 두 신들의 생명을 구해주기 때문이다.

이난나와 마귀들은 여행을 계속하여 수메르 도시 쿨랍에 당도한다. 이 도시의 수호신은 목자의 신 두무지다. 그는 이난나의 남편이고, 따라서 그는 상복을 입고 흙먼지 속을 기어다니지 않는다. 대신에 그는 축제의 옷을 입고, 옥좌 높이 앉아 있다. 이난나는 '죽음의 눈'으로 그를 바라보며, 무자비한 마귀들이 그를 저승세계로 데려가도록 넘겨주려 한다. 두무지는 창백하게 질려 분노하고 슬퍼한다. 그는 하늘로 손을 들어 태양신 우투에게 호소한다. 우투는 이난나의 오빠이므로 그의 처남이 된다. 두무지는 그의 손과 발을 뱀의 것으로 바꾸어 마귀들의 수중을 벗어나도록 도와달라고 우투에게 애원한다.

그러나 불행하게도 우리가 가진 점토판의 내용은 우투를 향한 두무지의 호소 중간에 끝난다. 그러나 두무지가 저승세계의 신으로 여러 자료에 등장하는 사실로 미루어보아, 우투를 향한 그의 호소는 효과가 없었고, 그는 결국 저승세계로 끌려갔던 것 같다.

이제 고대 시인의 말을 통하여 이 시를 직접 들어보자(반복되는 구절의 상당수
는 생략했다).

'위대한 위쪽'으로부터 그녀는 그녀의 마음을 '위대한 아래쪽'으로 향하고,
'위대한 위쪽'으로부터 여신은 그녀의 마음을 '위대한 아래쪽'으로 향하고,
'위대한 위쪽'으로부터 이난나는 그녀의 마음을 '위대한 아래쪽'으로 향한다.

나의 고귀한 여인은 하늘을 버렸고, 땅을 버렸고,
저승세계를 향해 그녀는 내려갔고,
이난나는 하늘을 버렸고, 땅을 버렸고,
저승세계를 향해 그녀는 내려갔고,
지배권을 버렸고, 고귀한 여인의 신분을 버렸고,
저승세계를 행해 그녀는 내려갔다.

신의 일곱 가지 섭리를 그녀는 옆구리에 찼고,
모든 신의 섭리를 모아 그녀의 손에 쥐었고,
모든 법을 그녀는 발에 신었고,
슈구라, 평원의 왕관을 그녀는 머리에 썼고,
머리를 모아 그녀는 이마 뒤로 넘겨 고정시켰고,
자와 청금석 줄을 그녀는 손에 움켜쥐었고,
작은 청금석 돌들을 그녀는 목에 걸었고,
금팔찌를 그녀는 손목에 찼고,
가슴받이를 그녀는 가슴에 묶고,
고귀한 여인의 팔라-의상으로 그녀는 몸을 감싸고,
연고를 그녀는 눈에 잔뜩 발랐다.
이난나는 저승세계를 향해 걸었고,
그녀의 부하 닌슈부르는 그녀의 곁에서 걸었고,

순결한 이난나가 닌슈부르에게 말한다 :

"오, 그대여, 나를 항상 돕는 이여,

내가 제일 좋아하는 부하여,

나의 진실한 기사여,

나는 이제 저승세계로 내려간다.

내가 저승세계에 도착했을 때,

나를 위해 애도하고,

신전의 회합에서 나를 위해 북을 치고,

신들의 집에서 나를 찾아 헤매고,

나를 위해 너의 눈을 낮추고, 나를 위해 너의 입을 낮추고, . . . ,

빈민과 같이 나를 위해 한 겹의 옷만 입고,

엔릴의 집, 에쿠르를 향해, 혼자 그대의 걸음을 옮겨라.

엔릴의 집인 에쿠르에 들어서면,

엔릴 앞에서 슬피 울라 :

'오, 아버지 엔릴이시여, 당신의 딸이 저승세계에서 죽지 않도록 하옵소서,

당신의 좋은 금속이 저승세계의 먼지에 묻히게 하지 마옵소서,

당신의 좋은 청금석이 석공에 의해 부서지지 않게 하옵소서,

당신의 회양목이 목수에 의해 잘라지지 않게 하옵소서,

순결한 이난나가 저승세계에서 죽지 않도록 하옵소서.'

만약 엔릴이 이 문제에 관해 그대의 편에 서지 않는다면, 우르로 가라.

우르에서 난나의 집인 에키슈누갈, . . . 집의 대지에 들어서면,

난나의 앞에서 슬피 울라 :

'오, 아버지 난나시여, 당신의 딸이 . . .' (다섯 행이 반복된다.)

만약 난나가 이 문제에 관해 그대의 편에 서지 않는다면, 에리두로 가라.

에리두에서 엔키의 집에 들어서면,

엔키의 앞에서 슬피 울라 :

'오 아버지 엔키시여, 당신의 딸이 . . .' (다섯 행이 반복된다.)

아버지 엔키, 지혜의 지배자,

'생명의 음식'을 알고, '생명의 물'을 아는 이,

그는 틀림없이 나에게 생명을 돌려줄 것이다."

이난나는 저승세계를 향하여 걸었고,

그녀의 메신저 닌슈부르에게 그녀는 말한다 :

"가라, 닌슈부르여,

내가 그대에게 지시한 말을 소홀히 하지 말라."

이난나가 청금석 산의 궁전에 도착했을 때,

저승세계의 문에서 그녀는 대담하게 행동했고,

저승세계의 궁전에서 그녀는 대담하게 말했다 :

"문을 열어라, 문지기여, 문을 열어라,

문을 열어라, 네티여, 문을 열어라, 나 혼자 들어갈 것이다."

네티, 저승세계의 수문장,

순결한 이난나에게 말한다 :

"당신은 누구십니까?"

"나는 태양이 떠오르는 곳, 하늘의 여왕이다."

"당신이 태양이 떠오르는 곳, 하늘의 여왕이라면,

왜 당신은 돌아갈 수 없는 땅에 오셨나요?

여행자가 돌아갈 수 없는 길로, 어떻게 당신의 마음은 당신을 인도할 수 있었습니까?”

순결한 이난나가 그에게 대답한다 :

“나의 언니 에레슈키갈,

그녀의 남편인 지배자 구갈란나가 살해되었다,

장례식에 참석하기 위해,

. . . : 그렇게 되었다.”

네티, 저승세계의 수문장,

순결한 이난나에게 말한다 :

“기다리십시오, 이난나여, 나의 여왕에게 말하겠습니다,

나의 여왕 에레슈키갈에게 말하겠습니다, . . .에게 말하겠습니다.”

네티, 저승세계의 수문장,

그의 여왕 에레슈키갈의 집에 들어서 그녀에게 말한다 :

“오, 나의 여왕이시여, 신과 같은 . . . 순결한 처녀가 왔습니다, . . . ,

신의 일곱 가지 섭리를 . . . .”

(전체 세 번째 절이 여기에서 반복된다.)

그러자 에레슈키갈은 그녀의 넓적다리를 쥐어뜯으며 분노에 찼고,

그녀의 수문장 네티에게 말한다 :

“이리 오너라, 저승세계의 수문장 네티여,

내가 너에게 지시하는 말을 소홀히 하지 말라.

저승세계 일곱 문들의 빗장을 열고,

저승세계의 ‘얼굴’인 간지르 궁전의 문들을 활짝 열어라.

그녀가 들어서면,

그녀를 굴복시켜서, 발가벗겨 내 앞에 데려오라.”

네티, 저승세계의 수문장,

그의 여왕의 명령을 따랐다.

저승세계 일곱 문들의 빗장을 그는 열었고,

저승세계의 '얼굴'인 간지르 궁전의 문들을 그는 활짝 열었다.

순결한 이난나를 향해 그는 말한다 :

"이난나여, 들어오십시오."

그녀가 들어서자,

슈구라, '평원의 왕관'이 그녀의 머리에서 벗겨졌다.

"이게 무엇인가?"

"잠자코 계십시오, 이난나여, 저승세계의 율법은 완벽합니다,

오, 이난나여, 저승세계의 관습을 업신여기지 마십시오."

그녀가 두 번째 문에 들어서자,

자와 청금석 줄이 제거되었고,

"이게 무엇인가?"

"잠자코 계십시오, 이난나여, 저승세계의 율법은 완벽합니다,

오, 이난나여, 저승세계의 관습을 업신여기지 마십시오."

그녀가 세 번째 문에 들어서자,

작은 청금석 돌들이 그녀의 목에서 벗겨졌고,

(이난나의 질문과 문지기의 답변은 여기와 앞으로의 유사한 구절들에서 계속 반복된다.)

그녀가 네 번째 문에 들어서자,

한 쌍의 누누즈-돌이 그녀의 가슴에서 제거되었고,

그녀가 다섯 번째 문에 들어서자,

금팔찌가 그녀의 손목에서 벗겨졌고,

그녀가 여섯 번째 문에 들어서자,
가슴받이가 그녀의 가슴에서 제거되었고,

그녀가 일곱 번째 문에 들어서자,
고귀한 여인의 팔라-의상이 그녀의 몸에서 벗겨졌다.
굴복한 그녀는 발가벗은 채로 에레슈키갈의 앞에 끌려왔다.

고결한 에레슈키갈은 그녀의 옥좌에 앉아 있었고,
일곱 판관들인 아눈나키 형제들은 그녀의 앞에서 판결을 낭독했고,
그녀는 그녀의 눈, 죽음의 눈을 이난나에게 고정시켰고,
그녀를 비난하는 말, 분노의 말을 했고,
그녀를 비난하는 외침, 유죄의 외침을 소리쳤고,
불쌍한 여인은 시체로 변했고,
시체는 못에 박혔다.

삼일 낮과 삼일 밤이 지난 후,
그녀의 부하 닌슈부르,
그녀의 제일 좋아하는 부하,
그녀의 진실한 기사,
그녀를 위해 애도했고,
신전의 회합에서 그녀를 위해 북을 쳤고,
신들의 집에서 그녀를 찾아 헤맸고,
그녀를 위해 그의 눈을 낮추었고, 그녀를 위해 그의 입을 낮추었고, . . . ,
빈민과 같이 그녀를 위해 한 겹의 옷만 입었고,
엔릴의 집, 에쿠르를 향해, 혼자 그의 걸음을 옮겼다.

엔릴의 집인 에쿠르에 들어서자,

엔릴 앞에서 그는 슬피 운다 :

"오, 아버지 엔릴이시여, 당신의 딸이 저승세계에서 죽지 않도록 하옵소서,

당신의 좋은 금속이 저승세계의 먼지에 묻히게 하지 마옵소서,

당신의 좋은 청금석이 석공에 의해 부서지지 않게 하옵소서,

당신의 회양목이 목수에 의해 잘라지지 않게 하옵소서,

순결한 이난나가 저승세계에서 죽지 않도록 하옵소서."

......

아버지 엔릴은 이 문제에 관해 그의 편에 서지 않았고, 그는 우르로 갔다.

우르에서 난나의 집인 에키슈누갈, ... 집의 대지에 들어서자,

난나의 앞에서 그는 슬피 운다 :

"오, 아버지 난나시여, 당신의 딸이 ...." (다섯 행이 반복된다.)

......

아버지 난나는 이 문제에 관해 그의 편에 서지 않았고, 그는 에리두로 갔다.

에리두에서 엔키의 집에 들어서자,

엔키의 앞에서 그는 슬피 운다 :

"오, 아버지 엔키시여, 당신의 딸이 ...." (다섯 행이 반복된다.)

아버지 엔키가 닌슈부르에게 대답한다 :

"내 딸에게 무슨 일이 일어났는가! 나는 불안하구나,

이난나에게 무슨 일이 일어났는가! 나는 불안하구나,

모든 대지의 여왕에게 무슨 일이 일어났는가! 나는 불안하구나,

하늘의 신성한 지배자에게 무슨 일이 일어났는가! 나는 불안하구나."

그는 그의 손톱에 낀 때를 꺼내 쿠르가루를 만들었고,

그는 그의 붉게 칠한 손톱에 낀 때를 꺼내 칼라투루를 만들었고,
쿠르가루에게 그는 '생명의 음식'을 주었고,
칼라투루에게 그는 '생명의 물'을 주었고,
아버지 엔키가 칼라투루와 쿠르가루에게 말한다 :
"......."

엔키가 한 말의 오직 마지막 부분만이 전해진다. 그것은 다음과 같다.

"그들(저승세계의 신들)은 강의 물을 너희에게 줄 것이나, 그것을 받지 말아라,
그들은 밭의 곡물을 너희에게 줄 것이나, 그것을 받지 말아라,
'못에 박혀 있는 시체를 주십시오'라고 그녀(에레슈키갈)에게 말하라,
너희들 중 하나는 '생명의 음식'을 그녀에게 뿌리고,
다른 하나는 '생명의 물'을 뿌려라,
그러면 이난나는 일어날 것이다."

쿠르가루와 칼라투루는 엔키의 지시를 이행한다. 그러나 이 구절의 오직
마지막 부분만이 전해진다. 그것은 다음과 같다.

그들은 강의 물을 그들에게 주나, 그들은 받지 않는다,
그들은 밭의 곡물을 그들에게 주나, 그들은 받지 않는다,
'못에 박혀 있는 시체를 주십시오'라고 그들은 그녀에게 말했다.

고결한 에레슈키갈이 칼라투루와 쿠르가루에게 대답한다 :
"그 시체는 너희의 여왕이다."

"비록 우리의 여왕이 시체일지라도, 그것을 우리에게 주십시오,"
그들은 그녀에게 말했다.

그들은 못에 박혀 있는 그 시체를 그들에게 주자,

하나는 '생명의 음식'을 그녀에게 뿌렸고, 다른 하나는 '생명의 물'을 뿌렸다,

이난나가 일어났다.

이난나는 저승세계로부터 올라가려 하는데,

아눈나키 형제들이 그녀를 제지하고 (말한다) :

"저승세계에 내려온 자는 누구도 무사히 저승세계로부터 올라갈 수 없다!

만약 이난나가 저승세계로부터 올라가려 한다면,

그녀를 대신할 자를 내놓아라."

이난나는 저승세계로부터 올라가고,

슈쿠르-갈대와 같은 작은 마귀들,

두반-갈대와 같은 큰 마귀들,

그녀의 곁에 선다.

그녀의 앞에 선 자는 고관대작이 아님에도 홀을 손에 들었고,

그녀의 옆에 선 자는 기사가 아님에도 사자가 새겨진 무기를 찼고,

그녀를 동행하는 그들은,

이난나를 동행하는 그들은,

음식을 모르고, 물을 모르는 존재들이었고,

밀가루를 먹지 않고,

제삿술을 마시지 않고,

남자의 무릎에서 아내를 잡아가고,

유모의 가슴에서 아이를 잡아간다.

이난나는 수메르의 두 도시인 움마와 바드-티비라로 간다. 그곳의 두 신들은 그녀 앞에 굴복함으로써 마귀들의 수중에서 벗어난다. 이제 그녀는 쿨랍에 당도한다. 그곳의 수호신은 두무지다. 시는 계속된다.

두무지는 고귀한 옷을 걸치고, (그의) 의자에 높이 앉아 있었다.

마귀들은 그의 넓적다리를 붙잡아 . . . ,

일곱 (마귀들)은 불쌍한 남자의 곁으로 달려들었고,

목자들은 그에게 피리를 불어주지 않았다.

그녀(이난나)는 그녀의 눈, 죽음의 눈을 그에게 고정시켰고,

그를 비난하는 말, 분노의 말을 했고,

그녀를 비난하는 외침, 유죄의 외침을 소리쳤다 :

"그를 데려가라."

순결한 이난나는 목자 두무지를 그들의 손에 넘겨주었다.

그를 동행하는 그들은,

두무지를 동행하는 그들은,

음식을 모르고, 물을 모르는 존재들이었고,

밀가루를 먹지 않고,

제삿술을 마시지 않고,

아내의 무릎에 누워 즐거움을 만끽하지 않고,

잘 길러진 아이에게 입맞춤하지 않고,

남자의 무릎에서 그의 아들을 잡아가고,

시아버지의 집에서 며느리를 잡아간다.

두무지는 슬피 울었고, 그의 얼굴은 파랗게 질렸고,

(태양신) 우투가 있는 하늘을 향해 그는 그의 손을 뻗었다 :

"오, 우투여, 당신은 내 아내의 오빠이고, 나는 당신 누이의 남편이고,

나는 당신 모친의 집에 유지를 가져가는 자고,

나는 닌갈의 집에 우유를 가져가는 자입니다,

내 손을 뱀의 손으로 바꾸고,

내 발을 뱀의 발로 바꾸어,

마귀들로부터 나를 구해주시오, 그들이 나를 잡아가지 못하게 해주오.”

'저승세계로 내려가는 이난나'의 복원과 해석은 느리고 점진적으로 이루어졌으며, 그 과정 속에서 여러 학자들이 적극적인 역할을 수행했다. 그 연구는 1914년 아르노 파벨이 펜실베이니아 대학 박물관에서 그 신화에 속하는 세 점의 작은 점토판 조각들을 발표하면서 처음 시작됐다. 그리고 같은 해 스티븐 랭든이 이스탄불의 고대 오리엔트 박물관에서 발견한 두 조각을 발표했다. 그것들 중 하나는 이 신화의 원문을 복원하는 데 절대적으로 필요한 것으로 밝혀진 커다란 4개의 난을 가진 점토판의 위쪽 절반이었다. 에드워드 치에라는 펜실베이니아 대학 박물관에서 세 조각을 더 발견했다. 그것들은 그의 사후에 발표된 수메르 문학 원문들의 사본으로 구성돼 있는 두 권의 저술에 담겨져 있다. 1934년 나는 오리엔트 연구소에서 그 저술의 출판을 준비했다.

1934년 당시 우리는 그 신화에 관련된 점토 파편을 8점 갖고 있었다. 그러나 신화의 내용은 계속 오리무중이었다. 점토판들의 보존상태가 엉망인데다가, 줄거리의 결정적인 부분들이 파손되어 있었기 때문에 이 신화를 완벽히 복원한다는 것은 불가능했다. 그러던 중 치에라의 놀라운 발견으로 상황은 급진전되었다. 펜실베이니아 대학 박물관에서 4개의 난을 가진 점토판의 아래쪽 절반을 발견한 것이다. 그것은 오래 전 스티븐 랭든이 이스탄불의 고대 오리엔트 박물관에서 위쪽 절반을 발견해 사본이 만들어진 것과 같은 점토판이었다. 그 점토판은 발굴 전 혹은 발굴 도중에 두 조각으로 부서진 것이 확실했다. 그리하여 하나는 이스탄불에 남고, 다른 하나는 필라델피아로 왔던 것이다. 그러나 에드워드 치에라는 자신이 발견한 부분의 내용을 활용하기 전에 죽었다.

1937년 내가 〈아시리아 학 리뷰(Revue assyriologie)〉에 이 신화의 최초 편집을 발표할 수 있었던 것은 완전히 에드워드 치에라 덕분이었다. 아래쪽 절반을 위쪽 절반에 합치자, 그 결합된 신화는 다른 파편들을 적절한 위치에 놓을 수 있는 훌륭한 뼈대가 되었던 것이다. 그러나 아직도 거기에는 원문의 판독과 복원을 어렵게 하는 많은 공백과 단절이 있었고, 그것은 줄거리 전개상 중요한 여러 구절들의 의미를 모호한 채로 남겼다.

1937년 구겐하임 재단의 특별연구원으로 이스탄불의 고대 오리엔트 박물관에서 일하는 동안, 나는 운 좋게도 이 신화에 속하는 점토판 조각을 세 점 더 발견했고, 1939년 미국으로 돌아온 뒤에는 펜실베이니아 대학 박물관에서 또 다른 큰 조각을 발견했으며, 1940년 다른 하나가 또다시 추가로 발견되었다. 이 다섯 파편들은 이 신화에서 가장 심각했던 공백의 일부를 처음으로 복원하고 해독하여 메우도록 도왔다. 그 결과로 그 원문의 훨씬 만족스러운 편집을 준비하는 것이 가능하게 되었다. 그 편집은 1942년 〈미국 철학협회 회보(Proceeding of the American Philosophical Society)〉에 발표되었다.

그러나 문제는 거기서 멈추지 않았다. 그로부터 얼마 후 나는 세계에서도 가장 중요한 점토판 모음 중 하나인 예일 대학 바빌로니아 컬렉션에 포함돼 있는 100점 가량의 수메르 문학 점토판들을 조사하고 확인할 기회를 가졌다. 이 작업을 하던 나는 이 신화의 원문 중 92행이 새겨져 있는 훌륭하게 보존된 점토판에 도달하게 되었다. 그것은 1924년 에드워드 치에라에 의해 이미 확인된 바 있었음에도 불구하고, 내가 그만 주목하지 못했던 것이었다. 그중 마지막 30행은 이전까지 알려진 원문에서 공백으로 남았던 줄거리를 채워줄 완전히 새로운 구절이었다.

이 새로운 자료의 등장은 예상치 못한 중대성을 가졌다. 왜냐하면 그 자료가 메소포타미아 신화와 종교의 연구자들에 의해 반세기 이상이나 믿어왔던 신 두무지에 대한 잘못된 생각을 바로잡아주었기 때문이다. 수메르의 원작이 알려지기 오래 전 '저승세계로 내려간 이슈타르'로 널리 알려진 이 신화에 대한 셈 족의 번안이 처음 발표된 이래, 알 수 없는 이유로 인해 신 두무지는 이난나가 내려가기에 앞서 저승세계로 끌려갔다는 설이 거의 일반적으로 믿어져왔다. 더하여 이난나는 남편인 두무지를 구하기 위해 지하세계로 내려갔으며, 결국 그를 지상으로 데리고 나왔다고 추정되었다. 그러나 예일 대학의 새로운 원문은 이런 추정이 근거 없다는 것을 입증했다. 이난나는 저승세계로부터 그녀의 남편 두무지를 구하기는커녕, 그의 오만한 태도를 구실 삼아 그를 마귀들의 손에 넘겨 돌아올 수 없는 땅으로 끌려가게 한 장본인이었다. 그 예일 점토판의 추가(예일 대학 바빌로니아 소장품의 큐레이터인 페리스 스티븐스는 훌륭한 사본을 준비했다)로 이 신화의 세 번째 편집을 발표했다. 그리하여 마침내 이 최신개정판은 1951년 〈쐐기문자 연구(Journal of Cuneiform Studies)〉 제4호에 발표되었으며, 거기에는 나의 수메르 학 동료들인 아담 팔겐스타인, 베노 랜즈버거 그리고 소킬드 제이콥슨의 건설적인 많은 제안들이 포함돼 있다.

이 장의 첫 부분에서 쿠르는 지표와 태고의 바다를 가르는 우주론적인 공간이라고 설명되었다. 그러나 쿠르는 또한 태고의 파괴적인 바다가 지상을 덮치는 것을 저지하는 거대한 용을 상징했다. 신과 영웅들에 의한 용의 죽임은 수메르 신화가 가장 즐겨 다루는 소재다. 제22장에서는 이것을 다루어보자.

22
용의 살해

최초의 성 조지

　용을 죽이는 것은 시대와 민족을 막론하고 모든 신화작가들이 아주 좋아하는 소재다. 신과 영웅들을 다룬 설화들이 셀 수 없이 많은 그리스만 보더라도, 용을 죽이지 않는 영웅은 거의 찾아보기 힘들다. 아마 헤라클레스와 페르세우스는 가장 유명한 그리스의 용 사냥꾼들일 것이다. 기독교의 등장과 함께 이 영웅적인 위업을 이루는 권리는 성자들에게로 넘어갔다. 성 조지와 용 이야기, 그리고 어디서나 발견되는 그와 유사한 전설들을 보라. 이름과 구체적 사건전개는 지역과 이야기에 따라 차이가 있다.

　그러면 도대체 이 이야기의 최초의 출처는 어디인가? 기원전 2000년대의 수메르 신화에서 용의 살해는 매우 중요한 주제로 다루어졌다. 때문에 그리스와 초기 기독교에 자주 등장하는 용의 설화들의 기원이 수메르에까지 거슬러올라가지 않을까 생각하는 것도 아주 터무니없는 추측은 아닐 듯싶다.

현재 우리는 3500년 전 당시의 수메르에서 용의 살해를 주제로 했던 최소한 세 가지 이야기를 갖고 있다. 이것들 중 둘에서 영웅은 신들이다. 하나는 그리스의 포세이돈에 해당하는 수메르의 물의 신 엔키이고, 다른 하나는 남풍의 신 니누르타다. 그러나 세 번째 이야기는 용을 죽이는 인간영웅을 소개하고 있다. 영웅 길가메시가 바로 장본인이며, 나는 그를 '성 조지'의 원형으로 추정한다.

엔키가 등장하는 신화에서 평화를 위협하는 존재는 괴물 쿠르다. 그 싸움은 아마도 하늘과 땅이 분리된 지 얼마 지나지 않아 벌어진 듯하다. 그리고 거기에는 창공의 여신을 유괴하는 쿠르의 비행이 나오는데(만약 여기저기 손상을 입은 행들이 정확히 해석되었다면), 그것은 그리스 신화에서 페르세포네의 강탈을 연상시킨다. 그러나 안타깝게도 우리는 그 이야기를 오직 12행의 간결한 자료로부터 짐작할 뿐이고, 그 신화가 구체적으로 새겨져 있는 더이상의 점토판은 아직 발견되지 않았다. 그 이야기는 서사적 설화인 '길가메시, 엔키두 그리고 저승세계'의 서문 일부에서 간략히 다루어진다. 그 구절은 '창조' 이후에 즉시 나오며, 그 내용은 다음과 같다.

하늘과 땅이 갈라진 후, 하늘의 신인 안은 하늘을 가져가고, 대기의 신인 엔릴은 땅을 가져간다. 사악한 행위가 저질러진 것은 바로 그때였다. 여신 에레슈키갈은 아마도 쿠르의 포획물이 되어 폭력적으로 끌려간 듯하다(사실 누가 직접 그 짓을 저질렀는지는 진술되지 않지만, 그것이 쿠르가 아니라고 생각하기는 힘들다). 그러자 엔키는 작은 배를 저어 쿠르에게로 간다. 그의 목적은 언급되지 않지만, 아마도 여신 에레슈키갈의 유괴를 복수하기 위함이었을 것이다. 쿠르는 온갖 종류의 돌과 함께 격렬히 싸웠고, 그가 지배하는 태고의 바다와 함께 엔키의 배를 앞뒤로 공격했다.

여기에서 그 짧은 구절은 끝난다. '길가메시, 엔키두 그리고 저승세계'의 작가는 용 이야기 자체에는 별로 흥미가 없었고, 단지 길가메시 이야기에 앞서 그것을 언급할 필요가 있었던 것이다. 그러므로 우리는 싸움의 결과에 대해 알 길이 없다. 그러나 엔키가 승리했다는 데는 거의 의심의 여지가 없다.

그리고 그 신화는 왜 엔키가 그리스의 포세이돈과 흡사한 바다의 신으로 간주되었고, 왜 에리두에 있는 그의 사원은 수메르 말로 '바다'인 아브주로 일컬어졌는지 설명하기 위해 만들어졌을 것이다.

다음은 그 신화의 서문에서 용 이야기가 언급되는 전체 구절이다.

안이 하늘을 가져간 후,
엔릴이 땅을 가져간 후,
에레슈키갈이 쿠르에게 포획물로 끌려간 후,

그가 배를 띄운 후, 그가 배를 띄운 후,
그 아버지가 쿠르에 대항하여 배를 띄운 후,
엔키가 쿠르에 대항하여 배를 띄운 후,
그 왕에 대항하여, 작은 것들을 그것(쿠르)은 던졌다 :
엔키에 대항하여, 큰 것들을 그것은 던졌다.

작은 것들, 손의 돌들은,
큰 것들, '춤추는' 갈대의 돌들은,
엔키의 배의 용골을
전투에서, 마치 몰아치는 폭풍과 같이, 뒤흔들었다.

그 왕에 대항하여, 물은 뱃머리를 마치 늑대와 같이 삼켜버리고,
그 왕에 대항하여, 물은 선미를 마치 사자와 같이 때려눕혔다.

용의 살해를 주제로 한 두 번째 이야기는 〈신 니누르타의 행위와 업적들〉이라고 일컬어지는 600행 이상의 분량을 가진 시의 일부를 형성한다. 그 내용은 여러 점토판과 파편들로부터 복원되었으나, 아직도 많은 부분은 발표되지 않고 있다.

여기에서의 악역은 쿠르가 아니라 아사그다. 그는 질병의 마귀이며, 저승 세계인 쿠르에 산다. 우리의 영웅은 남풍의 신인 니누르타다. 그는 또한 대기의 신 엔릴의 아들로 간주되기도 한다. 찬미하는 서문에 이어, 그 이야기는 니누르타의 의인화된 무기인 샤루르가 그에게 하는 연설로 시작된다. 언급되지 않은 어떤 이유 때문에 샤루르는 마귀 아사그와 싸우기로 작정한다. 그러므로 그의 연설은 니누르타의 영웅적 자질과 위업을 찬양하고, 그 괴물을 공격해 파멸시키도록 촉구하는 내용으로 가득 차 있다. 니누르타는 결국 마음이 움직여 그렇게 하기로 결심한다. 처음에 그는 그가 감당할 수 없는 상대를 만난 것 같았고, '마치 한 마리 새처럼' 꽁무니가 빠지게 도망친다. 그러나 샤루르는 다시 한번 그에게 자신감을 불어넣는 연설을 한다. 니누르타는 그가 사용할 수 있는 모든 무기를 총동원하여 맹렬히 아사그를 공격하고, 마침내 그 마귀를 파멸시킨다.

아사그가 죽자 심각한 재난이 수메르를 덮친다. 쿠르의 태고의 바다는 지상으로 솟구치고, 그 파괴적인 영향으로 인해 대지와 밭에는 신선한 물이 공급될 수 없었다. 곡괭이와 바구니를 지상에 가져왔으며, 수메르의 관개와 경작을 책임지고 있던 수메르의 신들은 필사적이 된다. 티그리스 강은 더이상 범람하지 않고, 수메르의 수로에는 '좋은' 물이 없게 되었다.

> 기근은 심각했고, 아무것도 생산되지 않았다,
> 작은 강들에서 손을 씻을 수 없었고,
> 수위는 높아지지 않았다.
> 대지에는 물이 없었고,
> (관개)수로를 팔 수 없었다.
> 모든 땅에는 초목이 없었고,
> 오직 잡초만이 무성했다.
> 이에 따라 지배자는 그의 드높은 마음을 그것에 기울였고,
> 엔릴의 아들, 니누르타는 위대한 것들을 만들었다.

니누르타는 마치 수메르 전면의 만리장성같이 쿠르를 향하여 돌을 쌓아올렸다. 이 돌들은 '거대한 바다'를 저지했고, 결과적으로 쿠르의 바다는 더이상 지상으로 올라올 수 없었다. 이미 지상을 휩쓸고 있던 물들은 니누르타에 의해 모아져 티그리스 강으로 보내졌다. 이제 모든 것은 예전처럼 되었고, 티그리스 강은 범람으로 대지를 적실 수 있었다. 작가의 말을 직접 들어보자.

> 흩어진 것들을 그는 모았고,
> 쿠르로부터 흩어진 것들을,
> 그는 인도하여 티그리스 강에 몰아넣었고,
> 수위가 높아진 그것은 대지로 흘렀다.
> 지상의 모든 것을 바라보며,
> 대지의 왕 니누르타는 멀리서 기쁨에 넘쳤다.
> 대지는 풍부한 곡물을 생산했고,
> 포도밭과 과수원은 열매를 맺었고,
> (추수된 수확물은) 곡물창고와 언덕에 쌓였고,
> 지배자는 지상에서 사라진 것들을 애도했고,
> 그는 신들의 영혼을 행복하게 했다.

아들이 행하고 있는 위대하고 영웅적인 업적들을 들은 그의 어머니 닌마는 그에 대한 연민에 사로잡힌다. 그녀는 너무 불안하여 잠을 이루지 못한다. 마침내 그녀는 그를 방문하여 바라볼 수 있게 해달라고 니누르타에게 부탁한다. 그는 '생명의 눈'으로 그녀를 바라보며 말한다.

> "오, 고귀한 여인이여, 당신이 쿠르에 오려 하기 때문에,
> 오, 닌마여, 나를 위해 당신이 위험한 땅에 오려 하기 때문에,
> 당신은 나를 둘러싼 끔찍한 싸움을 두려워하지 않기 때문에,
> 그러므로 나, 영웅이 쌓은 언덕을,

후르사그(산)라 이름짓고, 당신은 그것의 여왕이 될 것입니다."

그런 후 니누르타는 후르사그에 온갖 종류의 풀, 포도주와 꿀, 가지각색의
나무, 금은과 구리, 소와 양, 그리고 모든 네 발 달린 '창조물들'이 번성할 것
이라고 축복한다. 이 축복에 이어 그는 마귀 아사그와의 싸움에서 그의 적이
었던 돌들에게 저주를 내리고, 그의 친구였던 돌들에게는 축복을 내린다. 이
구절의 양식과 분위기는 창세기에서 야곱의 아들들에 내한 축복과 저주를
연상시킨다. 그리고 나서 이 시는 니누르타의 고결함에 대한 긴 찬미의 구절
로 끝을 맺는다.

용의 살해에 관한 세 번째 이야기에서는 신이 아닌 인간이 주인공이다. 그
는 바로 모든 수메르의 영웅들 중에서도 가장 유명한 길가메시다. 그가 죽
이는 괴물은 '생명의 땅', 특히 삼나무의 수호자인 후와와다. 이 이야기는 내
가 '길가메시와 생명의 땅'이라고 이름 붙인 시 속에 나온다. 그 시는 14점
의 점토판과 파편들을 맞추어 복원되었으며, 1950년 〈고대 근동의 텍스트들
(Ancient Near Eastern Texts)〉에 마지막으로 발표되었다. 그러나 그 시는 아직까
지 처음의 174행이 발견되었을 뿐이다.

그럼에도 불구하고 그 시는 수메르의 독자들을 향하여 심원한 감정적·
심미적 호소력을 가졌던 문학적 창작품이었을 것으로 평가된다. 죽음에 대
한 인간의 근심이 불멸의 이름을 향한 의지로 승화된다는 흥미로운 주제는
높은 시적인 가치를 제공하는 보편적인 중요성을 갖는다. 아주 구체적이면
서도 신중하고, 상상력이 풍부한 그 줄거리의 구조는 심상을 압도하는 분위
기를 형성하는 필수적인 요소를 드러낸다. 양식상으로 그 시는 반복과 대구
의 다양한 패턴을 능숙하게 사용함으로써 리드미컬한 효과를 적절히 가미
했다. 이 모든 점에 비추어볼 때, 이 시는 지금까지 밝혀진 가장 훌륭한 수메
르의 문학작품들 중 하나다. 다음은 요약된 이 시의 내용이다.

'지배자' 길가메시는 다른 모든 인간들과 마찬가지로 그 역시 언젠가는 죽
어야 한다는 것을 깨닫는다. 이에 그는 운명지어진 종말을 맞기 전에 적어도

그의 이름만은 세우리라 마음먹는다. 그는 멀리 떨어진 '생명의 땅'으로 가 그곳의 삼나무들을 베어 우루크로 가져오려는 생각을 한다. 그는 그의 충성스런 부하이자 영원한 친구인 엔키두에게 그 계획을 말한다. 엔키두는 그의 계획을 먼저 태양신 우투에게 알리도록 조언한다. 왜냐하면 삼나무 땅은 우투의 것이기 때문이다.

이 조언에 따라, 길가메시는 제물을 우투에게 바치고, '생명의 땅'을 향한 그의 여행에 협조해줄 것을 호소한다. 처음에 우투는 길가메시의 역량에 회의적이었지만, 길가메시는 설득력 있게 그의 호소를 되풀이한다. 우투는 그를 측은하게 여기게 되고, 결국 사악한 일곱 마귀들을 움직이지 못하게 함으로써 그를 돕기로 결심한다. 그렇지 않다면 그 마귀들은 난폭한 날씨로 변하여 우루크와 '생명의 땅' 사이에 있는 산맥들을 건너는 길가메시의 여행을 위협할 것이었다. 뛸 듯이 기쁜 길가메시는 '가정'이 없고, '어머니'도 없으며, 그가 하는 어떤 일이든 따를 준비가 된 50명의 남자 지원자들을 우루크에서 모은다. 그들을 위해 청동과 나무로 만든 무기가 완비되자 그들은 우투의 도움을 받아가며 일곱 개의 산을 지난다.

관련 구절의 보존상태가 너무 나쁘기 때문에, 일곱 개의 산을 넘은 직후 무슨 일이 있었는지는 확실하지 않다. 원문이 다시 읽을 만해지면, 우리는 길가메시가 깊은 잠에 빠져 있는 것을 발견한다. 그는 이 잠에서 상당한 시간과 노력을 쏟은 후에야 깨어난다. 이 지연에 굉장히 자극받은 그는, '생명의 땅'에 들어서면 신과 인간을 막론하고 누구의 간섭이나 방해도 받지 않겠다고 그의 모친 닌순과 부친 루갈반다의 이름을 걸고 맹세한다. 엔키두는 삼나무의 수호자가 공포의 괴물 후와와이고, 아무도 그의 파괴적인 공격을 견딜 수 없음을 상기시키며 길가메시에게 발걸음을 돌릴 것을 호소한다. 그러나 길가메시는 듣지 않는다. 엔키두만 있으면 어떤 위험도 일어나지 않는다고 확신하는 그는 그의 충성스런 수하에게 공포를 떨쳐버리고 그와 함께 가기를 설득한다.

그의 삼나무 집으로부터 그들을 탐색한 괴물 후와와는 길가메시와 그의 모험심에 찬 일행을 물리치기 위해 미친 듯한, 그러나 헛된 노력을 한다. 파손된 약간의 행들을 지나면, 우리는 일곱 그루의 나무를 벤 길가메시가 후와와의 집에까지 도달했음을 읽는다. 이상하게도 최초의 아주 가벼운 길가메시의 공격을 받은 후와와는 겁에 질린다. 그는 태양신 우투를 향한 기도를 중얼거리며, 그를 죽이지 말도록 길가메시에게 간청한다. 길가메시는 기꺼이 승자의 관용을 보여주길 원하며, 수수께끼 같은 구절 속에서 후와와를 풀어주도록 엔키두에게 제안한다. 그러나 엔키두는 그 결과에 두려움을 느껴, 그런 현명치 못한 행동을 하지 말도록 조언한다. 후와와는 엔키두의 무정한 태도를 격렬히 비난하지만, 우리의 두 영웅은 가차없이 후와와의 목을 자른다. 그후 그들은 그의 시체를 엔릴과 닌릴 앞에 가져가는 듯하지만, 여기서부터는 모든 것이 명확하지 않다. 약간의 행들이 부분적으로 읽힌 후 우리가 가진 모든 자료는 끝난다.

다음은 이 시의 해독할 수 있는 부분들의 직역이다.

지배자는 생명의 땅을 향하여 그의 마음을 세우고,
지배자 길가메시는 생명의 땅을 향하여 그의 마음을 세우고,
그가 그의 수하 엔키두에게 말한다 :
"오, 엔키두여, 벽돌과 도장이 운명지어진 종말을 가져오기 전에,
나는 '그 땅'에 들어갈 것이고, 나는 나의 이름을 세울 것이다,
이름들이 세워진 장소들에, 나는 나의 이름을 세울 것이고,
이름들이 세워지지 않은 장소들에, 나는 신들의 이름을 세울 것이다."

그의 수하 엔키두가 그에게 대답한다 :
"오, 나의 주인이시여, 만약 당신이 '그 땅'에 들어가시려면,
우투에게 알리소서,
우투에게 알리소서, 영웅 우투—
'그 땅', 그것은 우투의 관할입니다,

길가메시와 생명의 땅. 용의 살해의 모티프에 관한 다양한 해설이 새겨진 고대 오리엔트 박물관에 소장된, 발표되지 않은 니푸르 점토판의 앞면 사본.

그 땅의 삼나무를 베는 것, 그것은 영웅 우투의 권한입니다—

우투에게 알리소서."

길가메시는 그의 손을 제물인 완벽히 흰 새끼염소 한 마리,

갈색의 새끼염소 한 마리 위에 놓았고,

그는 그의 가슴을 쥐어졌고,

그의 손에 그는 그의 . . .은으로 만든 봉을 놓았고,

그가 하늘의 우투에게 말한다 :

"오, 우투시여, 나는 '그 땅'에 들어갈 것입니다, 내 편이 돼주십시오,

나는 그 땅의 삼나무를 벨 것입니다, 내 편이 돼주십시오,"

하늘의 우투가 그에게 대답한다 :

"진실한 너는 . . . , 그러나 네가 '그 땅'에서 무엇을 할 수 있겠느냐?"

"오, 우투시여, 잠깐 당신에게 말할 것이 있습니다, 당신의 귀를 향한 나의 말,

나는 그것을 당신에게 하겠습니다, 그것에 귀기울여주십시오,

나의 도시에서 사람이 죽으면, 가슴이 답답합니다,

사람이 죽으면, 마음이 무겁습니다,

나는 벽을 자세히 들여다보았습니다,

시체들이 강에 떠다니는 . . .을 보았습니다 :

내 경우에, 나도 역시 그렇게 될 것입니다 : 틀림없이 그렇습니다.

가장 큰 인간도 하늘에 닿을 수 없고,

가장 넓은 인간도 지상을 덮을 수 없습니다.

벽돌과 도장이 운명지어진 종말을 가져오기 전에,

나는 '그 땅'에 들어갈 것이고, 나는 나의 이름을 세울 것입니다,

이름들이 세워진 장소들에, 나는 나의 이름을 세울 것이고,

이름들이 세워지지 않은 장소들에, 나는 신들의 이름을 세울 것입니다."

우투는 그의 눈물을 제물로서 받아들였고,

마치 자비로운 인간과 같이, 그는 그에게 자비를 보였고,

일곱 영웅들, 한 어머니의 아들들, . . . ,

그는 산의 동굴 속으로 데려간다.

삼나무를 베는 이는 기쁨에 넘쳤고,

지배자 길가메시는 기쁨에 넘쳐 행동했고,

그의 도시에서, 한 남자가, 그는 . . . ,

두 동료들이, 그는 . . . ,

"가정이 있는 자, 집으로 가라! 어머니가 있는 자, 어머니에게 가라!

내가 (하는) 대로 따르려는 미혼남자 오십 명은 내 곁에 서라."

대장간으로 그는 발걸음을 옮겼고,

. . . . . . .도끼, 그의 '영웅적인 힘'을 그는 거기에서 모았다.

평원의 . . 밭으로 그는 발걸음을 옮겼고,

. . . 나무, 버드나무, 사과나무, 회양목, . . . 나무를 그는 거기에서 베었다.

그와 동행하는 그의 도시의 '아들들'의 손에 그것들을 주었다.

그 다음의 15행은 손상이 심하다, 그러나 우리는 일곱 개의 산을 넘은 길 가메시가 잠에 빠졌고, 누군가가 그를 깨운다는 것을 알 수 있다.

그는 그를 건드리지만, 그는 일어나지 않고,

그는 그에게 말을 하지만, 그는 대답하지 않는다,

"누가 누워 있는가, 누가 누워 있는가,

오, 길가메시, 지배자, 쿨랍의 아들, 얼마나 오래 그대는 누워 있을 것인가?

'그 땅'은 어두워졌고, 그림자가 그것을 덮었고,

황혼이 그 빛을 거두었고,

우투는 머리를 들고 그의 어머니 닌갈의 품으로 갔고,

오, 길가메시여, 얼마나 오래 그대는 누워 있을 것인가?

그대를 동행한 그대 도시의 아들들이 산자락에서 너를 기다리며 서 있게 하지 말고, 그대를 낳은 그대의 어머니가 도시의 광장으로 쫓겨나게 하지 말라."

그는 잊지 않았다,

그가 의복과 같이 입고 있는 영웅의 약속을,

그가 손에 들고 다니던 삼십 셰켈의 옷으로 그는 가슴을 감쌌고,

마치 황소와 같이 그는 '위대한 대지'에 우뚝 섰다,

그는 대지에 입맞추었고, 그의 이빨은 떨렸다.

"나를 낳은 나의 어머니인 닌순과 나의 아버지인 고결한 루갈반다의 생명을 걸고, 나는 나를 낳은 나의 어머니인 닌순이 경이롭게 바라보는 사람이 될 것이다."

더하여 두 번째 그는 말한다 :

"나를 낳은 나의 어머니인 닌순과 나의 아버지인 고결한 루갈반다의 생명을

걸고, 그가 인간이라면, 내가 그 인간을 죽일 때까지,

그가 신이라면, 내가 그 신을 죽일 때까지,

나의 발걸음은 '그 땅'을 향할 것이고, 나는 도시로 가지 않을 것이다."

충성스런 수하가 호소했고, 생명을 . . . ,

그가 그의 주인에게 말한다 :

"오, 나의 주인이시여, '그자'를 보지 못한 당신은 겁을 내지 않지만,

'그자'를 본 나는 겁이 납니다.

그 전사, 그의 이는 용의 이빨이고,

그의 얼굴은 사자의 얼굴이고,

그의 . . .는 맹렬하게 밀려오는 홍수이고,

나무와 갈대를 먹어치우는 그의 이마로부터 아무도 탈출하지 못합니다.

오, 나의 주인이시여, 당신은 '그 땅'을 향해 가십시오, 나는 도시를 향해 가렵니다, 나는 당신의 어머니에게 당신의 영광을 알리겠습니다, 그녀가 환성을 올리게 하십시오, 나는 당신의 어머니에게 곧 다가올 당신의 죽음을 알리겠습니다, 그녀가 참담한 눈물을 흘리게 하십시오."

"나를 위해 아무도 죽지 않을 것이고, 만선인 배는 가라앉지 않을 것이고,

세 겹의 옷은 찢어지지 않을 것이고,

. . .은 압도되지 않을 것이고,

통나무 오두막은 불타지 않을 것이다.

그대가 나를 도울 것이고, 나는 그대를 도울 것이다,

무슨 일이 우리에게 일어날 수 있겠는가? . . . .

가자, 우리 앞으로 나아가자,

우리는 앞으로 나아가 그를 뚫어지게 노려볼 것이다,

공포가 있다면, 공포가 있다면, 그것을 물리칠 것이다,

두려움이 있다면, 두려움이 있다면, 그것을 물리칠 것이다,

너의 . . . , 가자, 우리 앞으로 나아가자."

그들이 아직 1200보의 거리에 도달하기도 전에,

그의 삼나무 집 . . . 후와와는,

그를 뚫어지게 쳐다보았고, 죽음의 눈으로,

그의 머리를 그에게 끄덕이고, 그의 머리를 그에게 흔들고, ...

그(길가메시)는 직접 첫 번째 나무를 뿌리째 뽑았고,

그를 동행한 그의 도시의 '아들들'은 그것의 꼭대기를 자른 다음 묶어,

산자락에 놓았다.

그가 직접 일곱 번째 나무를 자른 후, 그는 그의 집으로 갔고,

입맞춤하듯이 그는 그의 뺨을 때렸다.

후와와, (그의) 이빨은 부딪혔고, . . . 그의 손은 떨렸다,

"나는 잠깐 당신에게 할 말이 . . .

(오, 우투시여), 나를 낳은 어머니를 나는 알지 못하고, 나를 기른 아버지를 나
는 알지 못하고,

'이 땅'에서 당신이 나를 낳고, 당신이 나를 길렀습니다."

그는 하늘의 생명, 땅의 생명, 저승세계의 생명을 대며 길가메시에게 애원했
고, 그의 손을 잡아 그를 . . .로 데려가도록 애원했다.

그러자 길가메시의 마음은 . . .를 측은하게 여겼고,

그가 그의 수하 엔키두에게 말한다 :

"오, 엔키두여, 잡힌 새를 그것의 장소로 (돌려)보내고,

사로잡힌 자를 그의 어머니 품으로 돌려보내자."

엔키두가 길가메시에게 대답한다 :

"벌주지 않은 위대한 자를,

남타르(죽음의 마귀)는 먹어치울 것입니다, 남타르는 그 고귀함을 모릅니다.

만약 잡힌 새가 그것의 장소로 (돌아)가고,

만약 사로잡힌 자가 그의 어머니 품으로 돌아간다면,

당신은 당신을 낳은 어머니의 도시로 돌아갈 수 없을 것입니다."

후와와가 엔키두에게 말한다 :

"나를 모함하는 오, 엔키두여, 그대는 그에게 사악하게 말했고,

오, 고용된 자여 . . . 그대는 그에게 사악하게 말했다."

그가 그렇게 말했을 때,

그들은 그의 목을 잘랐다 :

그를 . . .에 놓았고,

그를 엔릴과 닌릴 앞에 데려갔다 . . . .

길가메시는 모든 수메르의 영웅들 중에서도 가장 유명하며, 고대의 시인들과 음유시인들이 가장 좋아했던 인물이다. 그러나 현대의 동양학자들은 그와 그의 영웅적 성취를 수메르가 아닌 셈 족의 기록들로부터 처음 접했다. 그는 일반적으로 고대 메소포타미아의 전체 문학창작품들 가운데 가장 중요하다고 인정되는 바빌로니아 서사시의 주인공이다. 그러나 바빌로니아 작가들과 그들의 수메르 선구자들 간의 비교분석은 바빌로니아 작가들과 편집자들이 그들 자신의 목적을 위해 수메르 서사시들을 활용하고, 수정하고, 본떴다는 사실을 보여준다. 제23장은 셈 족의 세계에서 수메르의 영향을 밝혀보기 위한 하나의 시도이다.

최초의 문학적 인용

영국인 조지 스미스는 고대 니네베를 덮은 구릉들로부터 영국 국립박물관으로 옮겨진 수천 점의 점토판과 파편들을 연구한 사람이다. 1862년 12월 3일 그는 당시 막 조직된 성서고고학 협회에서 한 논문을 발표했다. 그리고 그의 논문은 성서 연구, 특히 비교적 측면에서의 연구에 획기적 사건임이 증명되었다.

이 논문을 통하여 스미스는 기원전 7세기에 재위했던 왕 아슈르바니팔의 점토판 하나에서 창세기의 홍수 이야기와 상당히 유사한 대홍수 신화를 발견하여 판독했다고 선언했다. 이 선언은 학자들 사이뿐만 아니라, 전세계의 일반인들을 적지 않은 흥분 속에 빠뜨렸다. 당시 런던의 신문인 〈데일리 텔레그래프〉는 즉시 니네베로 발굴단을 파견하기 위한 자금을 내놓았다. 조지 스미스도 직접 이 발굴에 착수했으나, 그의 건강과 체질로는 근동에서 버티

바빌로니아 길가메시 서사시의 열두 번째 점토판 수메르 원본. '길가메시, 엔키두 그리고 저승세계'가 6개의 난에 새겨진 이 점토판은 아직까지 발표되지 않은 상태로 펜실베이니아 대학 박물관에 소장되어 있다. 사진은 그 점토판의 뒷면이다.

기가 쉽지 않았다. 그는 36세의 이른 나이로 발굴현장에서 죽었다.

바빌로니아 홍수 신화의 발견을 선언한 지 얼마 안돼 그는 아슈르바니팔 도서관에서 나온 점토판과 파편들을 연구하는 과정에서 이 대홍수 신화가 장시의 일부분에 불과하며, 고대 바빌로니아 인들 스스로가 그것을 〈길가메시 서사 연대기〉의 일부라고 말하고 있음을 깨달았다. 고대 필경사들에 따르면, 전체의 모습은 각각이 300행에 이르는 12개의 노래 또는 시편들로 구성돼 있었다. 각각의 시편은 분리된 점토판에 새겨져 아슈르바니팔 도서관에 간직되었다.

조지 스미스 이래 일반적으로 셈 족의 〈길가메시 서사 연대기〉 혹은 〈길가메시 서사시〉라고 불리는 이 점토판들의 새로운 조각들이 이라크에서 많이 발견되었다. 이들 중 일부는 기원전 17~18세기까지 거슬러올라가는 구바빌로니아 시대에 새겨졌다. 기원전 2000년대 후기에 후르리 어 과 인도-유럽 어 계통인 히타이트 어로 번역된 그 시의 일부도 소아시아로부터 발굴된 점토판에서 발견되었다. 그러므로 바빌로니아의 〈길가메시 서사시〉가 고대에 전 근동에 걸쳐 연구, 번역, 모방되었음은 확실하다.

현재까지 대략 3500행에 이르는 전체 원문 중 약 절반이 복원되었다. 특히 영국인 고고학자이자 고전학자인 R. 캠벨 톰슨이 1930년에 발표한 자료는 매우 실용적인 뛰어난 편집으로, 평가받았다. 그리고 그 이래로 새롭고 더욱 증보된 두 종의 영어 해석이 나왔다. 그 하나는 알렉산더 하이델의 《길가메시 서사시와 구약의 유사성들(The Gilgamesh Epic and Old Testament Parallels)》이고, 다른 하나는 에프라인 스파이저의 《고대 근동의 텍스트들(Ancient Near Eastern Texts)》(제임스 프리차드에 의해 편집되었다)이다.

인간적인 흥미와 극적인 효과에서 모두, 그리고 고대와 현대에 모두 인기를 누리는 이 〈길가메시 서사시〉의 유일무이함에는 이유가 있다. 대부분의 바빌로니아 문학작품들에서는 개성을 드러내기보다는 추상적으로 묘사된 신들이 무대의 중심에 서서, 심원한 정신력보다는 지성을 상징하는 경향이 있다. 그리고 인간이 주인공으로 등장하는 바빌로니아 설화들에서조차도 그들이 행하는 역할은 기계적이고 비인간적이어서 극적인 효과를 반감시키고 있다. 등장인물들은 피가 흐르지 않는 색깔 없는 창조물들이며, 그들의 꼭두각시 같은 행동은 고도로 양식화된 인과관계 속에 전개되는 신화의 목적을 위해 봉사한다.

그러나 〈길가메시 서사시〉에서는 상황이 다르다. 이 시에서는 인간이 무대의 중심에 선다. 그가 바로 길가메시다. 그는 사랑하고, 미워하고, 목놓아 울고, 희열에 겨워하고, 노력하고, 지치고, 희망과 절망 속에서 몸부림친다. 거기에 신들이 없는 것은 아니다. 사실 당시의 신화양식 속에서 길가메시 자신이 3분의 2는 신이고, 나머지 3분의 1은 인간이다. 그러나 그 시를 내내

주도하는 것은 인간으로서의 길가메시다. 그 속에서 신들과 그들의 역할은 그 영웅의 극적인 일화들을 위한 배경과 무대장치에 불과하다.

그리고 이 일화들 속에서 장구한 세월 동안 계속돼온 중대성과 보편적인 공감대의 형성은 그들의 인간적인 면에 기인한다. 그들은 시대를 막론하고 어디에서나 보편적인 인간적인 요소와 문제들을 맴돈다. 우정, 신의, 명성과 명예를 향한 어쩔 수 없는 충동, 모험과 성취에 대한 갈망, 죽음에 대한 피할 수 없는 공포, 그리고 불멸을 위한 강한 동경 등이 그것이다. 그리고 인간에 내재한 이 감정적·정신적 욕구들이 변화무쌍한 상호작용을 하며 전개되는 장엄한 드라마가 바로 〈길가메시 서사시〉, 시간과 공간의 한계를 뛰어넘은 바로 그 드라마인 것이다. 고대의 서사문학에 끼친 이 시의 영향은 그 폭과 깊이가 상상할 수 없을 정도다. 오늘날의 독자들도 그 숨김없이 드러나는 비극의 힘과 그 우주적인 시야에 가슴이 뛰고 압도당한다.

이 시는 길가메시와 그의 도시인 우루크를 찬미하는 짧은 서문으로 시작된다. 그런 뒤 우리는 우루크의 왕 길가메시가 그 도시의 거주민들에 학정을 일삼는 불안하고, 경쟁자가 없고, 다듬어지지 않은 영웅이라는 것을 알게 된다. 특히 무자비한 것은 그의 엄청난 성욕을 충족시키기 위한 강요다. 우루크 인들은 신들을 향해 분노의 울부짖음을 터뜨리고, 신들은 길가메시의 난폭한 행동이 그가 인간들 중에서 경쟁자를 발견하지 못하는 데서 연유한다는 것을 깨닫는다. 이에 따라 신들은 위대한 지모신 아루루에게 그 참고 볼 수 없는 상황을 끝내도록 한다. 그녀는 강한 엔키두를 흙으로 빚는다. 그는 치렁치렁한 머리에 벌거벗고, 아무런 인간관계에도 연루되지 않은 채 평원의 야생동물들과 시간을 보낸다. 길가메시의 오만함을 고치고 그의 영혼을 다듬도록 창조된, 인간이라기보다는 야수에 가까운 존재가 엔키두다. 그러나 먼저 엔키두는 인간화되어야 하고, 그 과정은 여성의 몫이다. 어느 우루크의 고급 매춘부가 나타나 그의 성적 본능을 만족시킨다. 그리고 그 결과로 그는 물질적이고 짐승 같은 세기를 잃어버리는 대신 정신적이고 영적인 힘을 얻는다. 이 성적 경험은 엔키두를 현명하게 만들고, 야생동물들은 그를

'사자를 들어올리는 길가메시'. B.C. 9세기경 제작. 미국 캔자스시티 W. R. 넬슨애트캔스 미술관 소장.

더 이상 그들의 일부로 인식하지 않는다. 그 매춘부는 문명화된, 먹고 마시고 입는 법을 참을성 있게 그에게 가르친다.

인간화된 엔키두는 이제 길가 메시를 만나 그의 오만하고 난폭한 영혼을 바로잡을 준비가 된다. 때맞춰 길가메시도 엔키두가 오는 꿈을 꾼다. 우루크 에서 대적할 자 없는 그의 위치를 과시하고자, 길가메시는 한밤에 술잔치를 마련하고 엔키두를 초대한다. 그러나 엔키두는 길가메시의 끝없는 성욕에 혐오감을 느껴, 그가 난잡한 주연이 벌어질 집에 들어가지 못하게 길을 막는다. 이제 두 거인은 싸운다. 길가메시는 세련된 도시인이고, 엔키두는 단순한 평원의 사나이다. 싸움은 점차 엔키두에게 유리하게 전개되는 듯하다. 그러나 (우리가 알 수 없는 어떤 이유로) 길가메시의 엔키두를 향한 분노가 가라앉게 되고, 둘은 서로 껴안고 입맞춤한다. 이 격렬한 싸움을 통해 두 영웅 사이의 우정이 태어난다. 충실하고 영원하며 영웅적인 성취를 이루는 그 우정은 널리 알려지고, 교훈이 되어 민간에 전승된다.

그러나 엔키두는 우루크에서 행복하지가 않다. 그곳의 화려하고 감각적인 삶은 그를 나약하게 만들어간다. 그와 마찬가지였던 길가메시는 그의 모험적인 여행 계획을 털어놓는다. 그는 멀리 떨어진 삼나무 숲으로 가서 거기의 무시무시한 감시자 후와와를 죽이고, 삼나무를 자른 다음 '그 땅의 사악한 모든 것들을 파괴하길' 원하고 있다. 옛날 짐승 같은 삶을 살던 시절에 그 삼나무 숲을 자유롭게 돌아다녔던 엔키두는 그 모험이 가져올 치명적인 위험을 길가메시에게 경고한다. 그러나 길가메시는 엔키두의 공포를 비웃을 뿐이다. 그가 갈망하는 것은 불멸의 명성과 명예였고, 평범하게 생명을 연장하는 것 따위는 안중에도 없었다. 그는 우루크의 연장자들과 의논하고, 모든 여행자들의 수호자인 태양신 샤마시의 허락을 받은 다음, 우루크의 장인들에게 그와 엔키두를 위해 거대한 무기들을 만들게 한다. 이제 준비가 되자 그들은 모험을 시작한다. 길고 험한 여행 끝에 그들은 눈부시게 아름다운 삼나무 숲에 도착한다. 그리고 후와와는 살해되고, 삼나무는 잘린다.

모험은 모험을 부른다. 그들이 우루크로 귀환하사, 사랑과 욕망의 여신 이슈타르가 잘생긴 길가메시에게 반한다. 수많은 황홀한 약속과 함께 그녀는 길가메시를 유혹해 그녀의 욕망을 만족시키려 한다. 그러나 길가메시는 더 이상 지난날의 절제 없는 망나니가 아니다. 그녀의 난잡함과 신의 없음을 잘 알고 있는 그는 그녀의 제안을 조롱하고 일축해버린다. 참담한 심경 속에서 분노의 불길이 솟은 이슈타르는 하늘의 황소로 길가메시와 우루크를 파멸시키도록 하늘의 신 아누를 설득한다. 아누는 처음에 거절하나, 이슈타르가 저승세계의 죽은 자들을 불러오겠다고 협박하자 어쩔 수 없이 승낙한다. 하늘의 황소가 내려와 우루크를 짓밟기 시작하고, 우루크의 전사들은 수백 명씩 학살된다. 길가메시와 엔키두는 그 짐승에 힘을 합쳐 대항하고, 마침내 그것을 죽이는 데 성공한다.

이리하여 두 영웅은 생애의 절정에 오르고, 우루크에는 그들의 고귀한 성취를 찬양하는 노래가 울려퍼진다. 그러나 냉혹한 운명은 그들의 행복을 갑작스럽고 참혹하게 덮친다. 후와와 하늘의 황소를 죽이는 과정에서 행한 그의 역할로 인해 신들은 엔키두를 일찍 죽이기로 결정한다. 12일 동안 아픈 후, 엔키두는 그의 영원한 친구 길가메시가 슬픔에 잠겨 지켜보는 가운데 마지막 숨을 거둔다. 길가메시의 필사적인 영혼은 더욱 하나의 생각에 휩싸인다. 엔키두는 죽었다. 그리고 언젠가는 그도 같은 운명을 맞을 것이다. 그는 과거의 영웅적 성취에 안주할 수 없는 자신을 발견한다. 그의 고통받는 영혼은 이제 추상적이 아니라, 눈에 보이고 만질 수 있는 물질적인 불멸, 즉 영생을 열망한다. 그는 영원한 삶의 비밀을 찾아야만 한다.

길가메시도 익히 알듯이, 역사상 영생을 얻은 단 하나의 인간이 있었다. 그것은 대홍수 이전에 존재했던 다섯 도시들 가운데 하나인 고대 슈루파크의 현명하고 신앙심 깊은 왕 우타나피슈팀이다(이 도시를 덮고 있던 구릉들은 독일과 미국 발굴단에 의해 발굴되었고, 기원전 3000년대 전반의 수많은 점토판들이 발견되었다).

길가메시는 무슨 수를 쓰든 우타나피슈팀이 사는 곳을 찾아가기로 결심한다. 아마도 그 불멸의 영웅은 비밀을 알고 있을 것이다. 그는 굶주림을 견디고, 맹수들과 싸우며, 산과 들을 지나 긴 세월 동안 멀리 방황한다. 그는 태고의 바다를 지나고 '죽음의 바다'를 지난다. 마침내 그는 우타나피슈팀의 앞에 선다. 한때 영광에 찾던 이 우루크의 지배자는 지치고 여위었으며, 그의 긴 머리는 어지럽게 흐트러지고, 더러운 몸에는 동물의 생가죽을 두르고 있다. 그러나 영생의 비밀을 알려는 그의 불타는 집념에는 변함이 없었다.

그러나 우타나피슈팀의 말은 그를 실망시킨다. 슈루파크의 왕은 지상의 모든 살아 있는 창조물들을 절멸시키기 위해 신들이 일으켰던 파멸적인 대홍수의 이야기를 길게 늘어놓는다. 만약 위대한 지혜의 신 에아의 조언에 따라 배를 건조하지 않았다면, 그 역시 죽었을 것임에 틀림없다. 영생은 신들이 그에게 부여한 것이다. 그러나 길가메시에게 영생을 부여할 신은 도대체 어디에 있단 말인가? 절망에 빠진 길가메시는 빈손으로 우루크를 향해 돌아갈 준비를 한다. 하지만 그때 한 줄기의 희망이 나타난다. 그의 아내의 성화에 못 이긴 우타나피슈팀이 해저에 자라는 불로초가 있는 장소를 길가메시에게 알려준 것이다. 길가메시는 심해로 잠수해 그 불로초를 캔 다음, 터질 듯한 희열에 차 우루크로 향한다. 그러나 신들의 의지는 그런 것이 아니었다. 길가메시가 어느 우물에서 목욕을 하는 동안, 뱀이 불로초를 가져가버린다. 완전히 지치고 참담해진 우리의 영웅은 그에게 안식을 줄 수 있는 유일한 곳 우루크로 돌아온다.

이상이 11점의 점토판에 담긴 바빌로니아 〈길가메시 서사시〉의 앞부분이다. 이 시의 작품연대는 구 바빌로니아 원문을 훨씬 뒤의 아시리아 원문과 대조해보면 기원전 1000년대 전반기까지 거슬러올라간다. 또한 그것의 기원은 피상적인 검토를 통해 보아도 많은 내용이 셈 족보다는 수메르로 거슬러감을 알 수 있다.

두 주인공들의 이름인 길가메시와 엔키두는 모든 면에서 수메르에서 왔음이 확실하다. 길가메시의 부모는 루갈반다와 닌순이라는 수메르 이름을 갖고 있다. 엔키두를 만든 여신 아루루는 닌마, 닌후르사그 그리고 닌투라는 이름 아래 더 일반적으로 알려진 아주 중요한 수메르의 지모신이다(제14장 참조). 복수심에 불타는 이슈타르를 위해 하늘의 황소를 만든 수메르의 신 안은 바빌로니아 인들에 의해 아누가 되었다. 엔키두의 죽음을 정하는 이는 수메르의 신 엔릴이다. 대홍수 이야기에서도 주도적인 역할을 하는 것은 수메르 신들이다. 그러나 〈길가메시 서사시〉의 많은 부분이 수메르에 기원을 두고 있다는 결론을 위해 논리적인 추론에만 의지하는 것은 아니다. 우리는 이 시에 등장하는 에피소드들 중 수메르에서 더욱 일찍 만들어진 여러 선구작들을 가지고 있다. 1911년부터 1935년 사이에 길가메시의 시들이 새겨진 수메르 점토판과 파편들이 저명한 쐐기문자학자들인 라다우, 짐메른, 포벨, 랭든, 치에라, 제누야크, 개드, 피시 등에 의해 발표되었다. 이 원문들이 담겨 있는 점토판 중 14점은 치에라의 손에 의해 세상에 나왔다. 그리고 나는 1935년 이래 나는 60점 이상의 길가메시 관련 조각들을 이스탄불과 필라델피아에서 확인하여, 그중의 상당수를 사본으로 만들었다.

따라서 우리는 이제 비교적 상당한 수의 수메르의 길가메시 원문들을 가지게 되었다. 그리고 이 수메르 〈길가메시 서사시〉의 내용에 대한 비교분석은 어떤 방식과 범위 내에서 바빌로니아 서사시의 작가들이 수메르 원전들을 이용했는지 밝혀줄 것이다. 하지만 〈길가메시 서사시〉의 수메르 기원에 관련된 문제는 첫눈에 보이는 것처럼 간단하지가 않다. 실타래처럼 얽혀 있는 근본적인 의문점들이 명백하게 해결되지 않으면, 그것들로부터 엉뚱한 결론이 나올 위험도 있다. 그러므로 다름과 같이 문제의 윤곽을 확실하게 잡아놓는 것이 바람직하다고 본다.

A. 〈길가메시 서사시〉 전체를 포괄하는 수메르 원전이 존재했는가? 만약

그렇다면, 형식과 내용의 차이에도 불구하고, 바빌로니아 서사시와 아주 흡사하여 바빌로니아 것보다 앞선 수메르 선구작이라고 서슴없이 인정되고 받아들여질 수 있는 수메르 서사시의 발견을 우리는 기대할 수 있는가?

B. 만약 바빌로니아 서사시를 전체적으로 포괄하는 수메르의 선구작을 발견할 수 없고, 오직 그것의 일부 에피소드들만이 수메르에 원형을 두고 있다는 게 확실해지더라도 우리는 양자의 근본적인 동일성을 확신할 수 있는가?

C. 수메르 선구작이 아직까지 발견되지 않은 다른 에피소드들의 경우에 우리는 그것들을 셈 족이 창조했다고 추정해야 하는가? 아니면, 그것들 역시 수메르에 기원을 두고 있다고 믿어야 하는가?

이 질문들을 마음에 품고 관련된 수메르 자료의 내용들을 비교 분석해 보자. 6편의 시로 이루어진 이 자료들은 다음과 같이 각각 이름 붙일 수 있을 것이다.

1. '길가메시와 생명의 땅'
2. '길가메시와 하늘의 황소'
3. '대홍수'
4. '길가메시의 죽음'
5. '길가메시와 키시의 아가'
6. '길가메시, 엔키두 그리고 저승세계'

대부분 이 시들의 원문은 아직도 부분적이며, 원문이 완전한 경우조차도 해독이 어렵거나 불확실한 경우가 많다는 것을 먼저 이해해야 한다. 그럼에도 불구하고 현존하는 수메르 자료들은 질문 1과 2에 확실한 대답을 줄 수 있는 충분한 근거를 제공한다.

세 질문들에 답하기 전에 6편의 시의 각각의 내용을 검토하는 것이 필요하다.

1. '길가메시와 생명의 땅'의 내용은 제22장에서 간략히 설명된 바 있다.

이 설화는 바빌로니아 〈길가메시 서사시〉에 나오는 삼나무 숲 에피소드의 수메르 판에 해당한다. 그러나 두 이야기를 여러 측면에서 비교해보면, 그 둘은 단지 뼈대만 같음을 알 수 있다. 두 이야기에서 모두 길가메시는 삼나무 숲으로 가길 결심한다. 그는 엔키두와 동행한다. 그는 태양신의 보호를 받는다. 그들은 목적지에 도착한다. 삼나무가 잘린다. 후와와가 죽임을 당한다. 그러나 이 둘은 구체적인 내용과 배경, 그리고 강조되는 면이 아주 다르다. 예를 들어 수메르 시에서 길가메시는 엔키두뿐만 아니라 50명의 우루크 인들과 동행한다. 그러나 바빌로니아 시에서는 엔키두만이 그를 동행한다. 그리고 수메르 시에서는 우루크 연장자들과의 논의에 대한 언급이 없다. 그러나 셈 족의 시에서 그것은 중요한 역할을 한다.

2. 수메르 시 '길가메시와 하늘의 황소'는 아직까지 발표되지 않고 있다. 보존상태가 매우 좋지 않은 그 시의 내용은 다음과 같이 요약될 수 있다. 약 20행의 공백이 있은 뒤, 그 시는 이난나(바빌로니아의 이슈타르에 해당된다)가 길가메시에게 하는 연설로 이어진다. 거기에서 이난나는 그녀가 길가메시에게 주고자 하는 선물과 호의들을 설명한다. 앞선 원문의 사라진 부분은 이난나가 구애하는 내용을 담고 있다고 추정하는 것이 합당할 것이다. 그리고 이난나의 제의에 대한 길가메시의 거절을 담고 있었을 원문의 다음 부분도 파손되었다. 원문이 다시 해독할 수 있는 부분에 오면, 이난나는 하늘의 신 안에게 하늘의 황소를 건네줄 것을 청하고 있다. 처음에 안은 거절한다. 그러나 이난나는 그 문제를 우주의 모든 위대한 신들에게 확대시키겠다고 위협한다. 두려움을 느낀 안은 그녀의 청에 따른다. 이난나는 하늘의 황소를 우루크로 내려보내 도시를 황폐화시킨다. 여기에서부터 현존하는 원문은 길가메시를 향한 엔키두의 연설을 끝으로 알아볼 수 없게 된다. 따라서 하늘의 황소를 상대로 한 길가메시의 승리에 찬 싸움을 묘사했을 이 시의 마지막 부분은 모두 사라져버렸다. 이 수메르 시의 내용과 바빌로니

아 〈길가메시 서사시〉의 그 부분을 비교해보자. 양자의 줄거리는 넓게 보면 윤곽이 너무나 흡사하다. 두 시 모두에서 이난나(이슈타르)는 그녀의 사랑과 구미가 당기는 선물을 길가메시에게 제의한다. 제의는 거절된다. 안(아누)의 마지못한 승낙과 함께 하늘의 황소는 우루크를 공격하기 위해 내려간다. 그 짐승은 도시를 파괴하나, 결국은 살해된다. 그러나 구체적으로 들어가보면 상황은 아주 판이해진다. 먼저 길가메시를 유혹하기 위해 이난나(이슈타르)가 제의한 선물들이 두 시에서 아주 다르다. 바빌로니아 서사시에서 길가메시의 거절 연설은 56행에 이르며, 바빌로니아 신화와 속담들로 가득 차 있다. 그러나 수메르 시의 그것은 훨씬 간략하다. 이난나(이슈타르)와 안(아누) 사이의 대화 또한 거의 유사한 점이 없다. 그리고 이 수메르 시의 나머지 부분들이 복원된다 해도 그것이 바빌로니아 서사시와 구체적인 공통점이 거의 없으리란 것은 의심의 여지가 없다.

3. '대홍수'로 알려진 수메르 시는 제20장에서 설명되었고, 그 시의 전체 구절의 해석 또한 주어졌다. 그 홍수 이야기는 바빌로니아 〈길가메시 서사시〉 열한 번째 점토판의 주요 부분을 구성하고 있다. 대홍수에 관한 수메르 인들의 해설이 수메르의 길가메시 설화들과 전혀 연계되지 않는다는 사실은 고대의 문학적인 차용을 위해 이용된 과정에 대한 실마리를 제공한다. 수메르의 홍수 이야기는 우선적으로 지우수드라의 영생신화의 일부분이고, 이 신화는 바빌로니아 시인들의 그들 고유의 목적을 위해 예술적으로 이용되었다. 따라서 지친 길가메시가 우타나피슈팀(바빌로니아의 지우수드라)에게 와서 영생의 비밀을 물을 때, 바빌로니아 시인들은 그가 곧바로 정답을 알려주게 하지 않았다. 대신에 그들은 대홍수 신화에 대한 그들 나름의 해석을 끼워넣을 기회로 이 것을 활용했다. 그 수메르 신화의 처음 (창조)부분에서, 그들은 그들의 주제에 필요없는 것은 모두 빠뜨렸다. 그리고 그들은 지우수드라의 영생으로 끝나는 대홍수 이야기만을 존속시켰다. 그리고 해설자인 우타

나피슈팀(지우수드라)을 만들어 삼인칭 대신에 일인칭 해설을 넣음으로써 그들은 해설자가 이름 없는 시인인 수메르 형식을 바꾸었다. 더하여 구체적인 내용의 변화도 이루어졌다. 지우수드라는 신앙심이 깊고 겸손하며, 신을 두려워하는 왕으로 묘사되었다. 그러나 우타나피슈팀은 그렇지 않다. 다른 한편으로 바빌로니아 서사시는 배의 건조나, 홍수의 본질과 격렬함에 대한 묘사가 훨씬 풍부하다. 수메르 신화에서 홍수는 7일 밤과 7일 낮 동안 계속된다. 하지만 비빌로니아 서사시에서 6일 낮과 7일 밤 동안 계속된다. 마지막으로 물이 빠지는 정도를 알아보기 위해 새들을 보내는 내용은 오직 바빌로니아 서사시에서만 발견된다.

4. '길가메시의 죽음'이라고 불리는 시의 원문은 아직도 아주 일부만이 밝혀져 있다(《고대 근동의 텍스트들》 50~52쪽을 참조). 현존하는 빈약한 부분들로부터 오직 다음의 내용들을 알 수 있다. 길가메시는 영생을 위한 집념을 버리지 못하고 있다. 그러나 그는 결국 영생이 불가능하다는 것을 알게 된다. 왕권, 명성, 영웅적 행위, 이 모든 것들이 그에게 주어졌다. 그러나 영생은 아니었다. 이 시의 부분적으로 가능한 원문은 〈길가메시 서사시〉의 아홉, 열, 그리고 열한 번째 점토판과의 의심할 수 없는 연관성을 보여준다. 이 점토판들은 영생을 위한 길가메시의 호소를 담고 있다. 그러나 현존하는 바빌로니아 〈길가메시 서사시〉에서 수메르의 것과 같이 길가메시의 죽음을 묘사하는 부분은 이상하게도 없다.

5. 수메르의 시 '길가메시와 키시의 아가'(제5장)의 흔적을 바빌로니아의 서사시에서는 찾을 수가 없다. 이것은 모든 수메르의 서사적 이야기 가운데 가장 짧은 것 중 하나다. 그것의 분량은 115행을 넘지 않는다. 그럼에도 불구하고 그것은 여러 측면에서 중요하다. 첫째로 그 줄거리가 오직 인간들만을 다룬다. 다른 수메르의 서사적 이야기들과 달리, 그것은 수메르의 신들이 연루된 신화적인 면을 갖고 있지 않다. 둘째로 그것은 무시할 수 없는 역사적 중요성을 가지고 있다. 왜냐하면 그

것은 수메르 도시국가들의 초기 투쟁에 관련된 지금까지 알려지지 않은 사실을 제공하기 때문이다. 마지막으로 그것은 특별히 중요한 정치사적인 의미가 있다. 그것은 기원전 3000년경에 존재했던 어떤 민주적 제도를 우리 앞에 펼친다. 아마도 이런 사실들이 바빌로니아 작가들로 하여금 〈길가메시 서사시〉로부터 이 서사적 이야기를 완전히 빼게 만들지 않았나 추정된다. 이 수메르 설화에는 서사시를 특징짓는 초인간적 자질을 가진 초자연적인 영웅들이 결여되어 있다.

6. 수메르의 시 '길가메시, 엔키두 그리고 저승세계'를 바빌로니아 인들이 차용한 것에 대한 해설은 이 장의 끝에 나와 있다.

이것으로 관련된 수메르의 길가메시 자료의 내용에 대한 비교 분석을 마치고, 이제는 그 이전에 공식화한 질문들에 답하기로 하겠다.

A. 바빌로니아 〈길가메시 서사시〉에 상응하는 하나로 구성된 수메르의 원전이 있는가? 명확히 말하건대, 없다. 수메르의 시들은 길이에서 변화가 심하고, 그것들은 개별적이고 서로 연관되지 않은 설화들로 구성돼 있다. 이에 반해 바빌로니아 서사시의 줄거리 전개는 여러 에피소드들이 수정되고 연관지어져, 합리적으로 통합된 전체를 형성하다. 바로 그것이 바빌로니아 인들의 혁신이요, 성취였다.

B. 우리는 수메르의 원형으로 거슬러올라가는 바빌로니아 서사시의 에피소드들을 통하여 양자의 동일성을 확인할 수 있는가? 그렇다, 적어도 어떤 정도까지는. 삼나무 숲 에피소드(서사시의 점토판 III, IV, V), '하늘의 황소'(점토판 VI), '영생에의 집념'에 관련된 에피소드(점토판 IX, X, XI), '대홍수' 이야기(점토판 XI) 등은 모두 상응되는 수메르 원전을 가지고 있다. 그러나 바빌로니아 서사시는 수메르 원형들의 독창성 없는 모방이 결코 아니다. 그리고 오직 줄거리의 윤곽에서만 바빌로니아 서사시와 수메르의 서사적 이야기들은 공통점을 가진다.

C. 수메르 원형이 발견되지 않은 〈길가메시 서사시〉의 부분들은 어찌되는가? 그 서사시의 도입부분에 있는 서론을 포함하여, 길가메시와 엔키두의 우정을 점진적으로 완성시키는 일련의 사건들(점토판 I, II), 엔키두의 죽음과 매장(점토판 VII, VIII) 등은 바빌로니아 인들의 창작인가, 아니면 그것들 역시 수메르로 기원을 돌려야 하는가? 이 질문에 대한 대답은 가설일 수밖에 없다. 그럼에도 불구하고 현존하는 수메르 서사시들과 신화의 빛 속에서 이루어진 이 바빌로니아 서사시의 분석은 불확실하지만 상당한 암시와 결론을 던져준다.

먼저 거기에는 이 바빌로니아 서사시의 서론이 있다. 우루크의 성벽을 건설한 모든 것을 보고, 모든 것을 아는 방랑자로서 그 영웅을 묘사한 뒤에, 시인은 주로 수사학적인 연설의 형식 속에서 이 성벽에 대한 서사적인 묘사를 계속한다. 이와 유사한 양식을 지닌 수메르의 서사적 자료를 우리는 알지 못한다. 따라서 우리는 이 서사시의 서론은 바빌로니아 인들이 개척한 양식이라고 결론 내릴 수 있다.

서론에 이어 바빌로니아 서사시의 점토판 I과 II의 주요부분을 구성하는 두 영웅들 간의 우정을 이끄는 사건들의 고리는 다음의 에피소드들로 이루어진다. 길가메시의 폭정, 엔키두의 창조, 엔키두의 '타락', 길가메시의 꿈, 엔키두의 문명화, 두 영웅들 사이의 싸움. 이 사건들은 잘 짜여진 줄거리로 전개되며 두 영웅 간의 우정을 정점으로 올려놓는다. 그런 뒤 이 우정은 삼나무 숲으로의 여행의 동기로 발전하도록 활용된다. 그런 동기는 삼나무 숲으로의 여행에 관한 수메르 작품에서는 전혀 발견되지 않는다. 따라서 우리는 이 바빌로니아 서사시 속에서 연결되는 것 같은 사건의 고리들이 수메르 작품에서는 발견되지 않을 것으로 추정한다. 그럼에도 불구하고 그 줄거리의 고리들이 포함된 각 사건들의 일부에 대한 수메르의 원형들이 발견되는 것은 놀라운 일이 아니다. 그러나 이 원형들이 언제나 길가메시 설화를 구성하고 있지는 않다. 엔키두의 창조, 길가메시의 꿈, 그리고 두 영웅들 간의 투쟁에 관계된 에피소드들의 신화적 모티프는 명백히 수메르에 근원을 두고 있다. 엔키두의 '타락'과 문명화에 대해서 합리적인 결론을 내리기에는 기준들이 아직 부족하다. 따라서 우리는 인간의 지혜를 위한 성적 경험이라는 개념이 셈 족과 수메르 중 어느 쪽에 기원을 두고 있는가라는 흥미로운 질문을 결론 없이 남겨둘 수밖에 없다.

마지막으로 엔키두의 죽음과 매장에 얽힌 이야기는 모든 측면에서 볼 때 수메르보다는 바빌로니아에 기원을 둠직하다. 수메르의 시 '길가메시, 엔키두 그리고 저승세계'에 따르면, 엔키두는 평범하게 죽은 것이 아니라, 그가 저승세계의 금기를 고의로 깬 후 저승세계의 용처럼 생긴 마귀인 쿠르에 잡혀 죽었다. 엔키두의 죽음은 그 서사시를 절정으로 몰아가는 길가메시의 영생에의 집념을 극적으로 유발하기 위해 〈길가메시 서사시〉의 작가에 의해 만들어졌다.

요약해보자. 〈길가메시 서사시〉에 포함돼 있는 에피소드 중 여럿은 실제로 길가메시가 연관돼 있는 수메르 원형으로 거슬러올라간다. 그리고 상응하는 수메르 자료가 없는 에피소드조차도 각 모티프의 대부분은 수메르 신화와 서사시에 기원을 두고 있다. 그러나 어떠한 경우에도 바빌로니아 시인들이 수메르 자료를 독창성 없이 그대로 모방하지는 않았다. 그들은 그들 고유의 유산과 특징에 맞게 그 내용을 바꾸고 형식을 개발했기 때문에 오직 수메르 원형의 핵심만이 알아볼 수 있을 정도로 남아 있다. 불안정하고 모험적인 영웅과 그의 필연적인 환멸과 좌절을 그린, 강렬하고 숙명적인 에피소드들로 이루어진 전체 서사시의 줄거리구조는 명백히 바빌로니아 인들의 발전과 성취이고, 수메르 인들의 것이 아니다. 따라서 아주 깊은 의미로 말하자면 〈길가메시 서사시〉는 셈 족의 창작품이다.

그러나 수메르 원형으로부터의 명백한 차용에도 불구하고 셈 족의 문학적 창조물로 볼 수 있는 것은 단지 〈길가메시 서사시〉의 처음 11점의 점토판뿐이다. 그 서사시의 마지막인 점토판 XII은 사실상 한 수메르 시의 후반부를 바빌로니아 또는 아시리아 어로도 알려진 셈 족의 아카드 어로 요약 번역한 것에 지나지 않는다. 바빌로니아의 필경사들은 전체 서사시의 의미와 계속성을 완전히 무시하고 처음 11점의 점토판에 이것을 덧붙였다.

열두 번째 점토판이 합리적으로 완전한 통합을 구성하는 그 앞의 11점의 점토판에 거추장스럽게 붙어 있는 부속물에 불과한 것 같다는 의심이 계속 있어왔다. 그러나 수메르 시 '길가메시, 엔키두 그리고 저승세계'가 복구되어 해독될 때까지 그것은 증명될 수가 없었다. 그 증명은 1930년 이전에 영국 국립박물관에서 일했던 C. J. 개드가 그 시의 일부가 새겨진 우르에서 발견된 어느 수메르 점토판에 대한 그의 발표와 연관하여, 그것의 내용과 그셈 족 서사시의 열두 번째 점토판의 내용 사이에 가까운 관계가 있음을 인식함으로써 이루어졌다.

'길가메시, 엔키두 그리고 저승세계'의 전체 원문은 아직도 발표되지 않았다(시카고 대학 오리엔트 연구소의 〈아시리아 연구〉 제8호 중 '길가메시와 훌루푸-나무'와 《수메르 신화》 30쪽을 참조). 다음은 그것에 대한 간략한 요약이다.

그 시는 27행에 이르는 서론과 함께 시작되며, 내용은 그 시의 줄거리와 아무런 관계가 없다. 이 구절의 처음 13행은 우주의 창조에 대한 수메르 인들의 개념을 분석할 수 있는 기본적 근거들 몇몇이 담겨져 있다(제13장 참조). 그리고 나머지 14행은 엔키와 쿠르의 싸움을 묘사하고 있다(제22장 참조). 그런 뒤 이야기는 본격적으로 시작된다.

까마득한 옛날에 유프라테스 강변에 심어져, 그 물로 자라는 훌루푸-나무(아마도 버드나무)가 있었다. 어느 날 그 나무는 남풍에 뽑혀져 유프라테스 강물에 떠내려갔다. 이때 마침 근처를 걷고 있던 여신 이난나는 나무를 건져 그녀의 도시 우루크로 가져갔다. 그리고 그녀는 그것을 그녀의 성스런 뜰에 심었다. 그녀는 그것을 정성을 다해 보살폈다. 왜냐하면 그녀는 나무가 크게 자라면 그것으로 그녀의 의자와 침상을 만들 계획이었기 때문이다.

몇 년이 흘렀다. 나무는 크게 자라났다. 그러나 이난나는 그것을 직접 벨 수가 없었다. 왜냐하면 그 나무의 밑동에 '어떤 주문도 통하지 않는' 뱀이 보금자리를 만들었고, 꼭대기에는 임두구드-새가 새끼들을 낳았으며, 중간에는 릴리트(셈 족의 신화에 나오는 여자 귀신. 황야에 살며 어린아이들을 잡아간다/역주)가 집을 지었기 때문이다. 그래서 항상 밝고 행복에 겨웠던 이난나는 눈물을 흘렸다.

동이 트고, 그녀의 오빠인 태양신 우투가 침상에서 나오자 이난나는 그녀의 훌루푸-나무에 생긴 일을 오빠에게 세세히 고하며 눈물겹게 한탄했다. 그녀가 비탄에 젖었음을 들은 길가메시는 의협심에 차 그녀를 도우러 왔다. 그는 50미나(무게의 단위. 1미나는 약 1파운드/역주)의 무게가 나가는 그녀의 갑옷을 입었다. 그리고 그는 나무의 밑동에 있는 '어떤 주문도 통하지 않는' 뱀을 죽인다. 이것을 본 임두구드-새는 새끼들을 데리고 산으로 도망갔고, 릴리트도 질겁하여 집을 부수고 나와 후미진 장소로 달아났다. 그런 후 길가메시와 그를 동행한 우루크의 남자들은 그 나무를 잘라 이난나에게 주었다.

그것으로 이난나는 무엇을 했는가? 그 나무의 밑동으로 그녀는 푸쿠(아마도 북)를 만들었고, 그것의 꼭대기로는 미쿠(북채)를 만들었다. 그 다음에는 이 푸쿠와 미쿠, 혹은 '북'과 '북채'와 함께 한 우루크에서의 길가메시의 활동을 묘사한 12행의 구절이 이어진다. 그 원문이 완전한 상태임에도 불구하고, 그것의 의미를 확실히 파악하기는 아직도 불가능하다. 그것은 우루크의 거주민들을 비탄에 잠기게 한 어떤 포악한 행동을 묘사하고 있는 듯하다. 이야기가 다시 해독 가능한 부분으로 오면, '젊은 처녀들의 부르짖음 때문에' 그 푸쿠와 미쿠는 저승세계로 떨어졌다는 언급이 나온다. 길가메시는 그것들을 회수하려 하지만 불가능했다. 그러자 그는 저승세계의 입구에 앉아 한탄한다.

"오, 나의 푸쿠야, 오, 나의 미쿠야,
저항할 수 없는 욕망을 자극하는 나의 푸쿠야,
비할 수 없는 춤의 율동을 가진 나의 미쿠야,
나와 함께 목수의 집에 있었던 나의 푸쿠야—
그때 나와 함께 있던 목수의 아내는 나를 낳아준 나의 어머니와 같았고,
그때 나와 함께 있던 목수의 딸은 내 여동생과 같았다—

나의 푸쿠야, 누가 너를 저승세계로부터 데리고 올라오겠느냐,
나의 미쿠야, 누가 너를 저승세계의 '얼굴'로부터 데리고 올라오겠느냐?"

그때 길가메시의 충복 엔키두가 저승세계로 내려가 그것들을 데리고 올라오기를 자원했다. 그가 말한다.

"오, 나의 주인이시여, 왜 당신이 우십니까? 왜 당신의 마음이 아픕니까?
당신의 푸쿠, 두고 보십시오, 제가 저승세계로부터 그것을 가지고 올라오겠습니다, 당신의 미쿠, 제가 저승세계로부터 그것을 가지고 올라오겠습니다."

그의 충복의 고마운 제의를 들은 길가메시는 엔키두가 반드시 지켜야하는 여러 가지 저승세계의 금기들을 그에게 주의시켰다. 그 구절은 다음과 같다.

길가메시가 엔키두에게 말한다 :
"만약 그대가 저승세계로 내려가겠다면,
내가 그대에게 잠깐 할 말이 있다, 나의 말을 들어라,
내가 그대에게 지시할 것이 있다, 나의 지시를 들어라,
깨끗한 옷을 걸치지 마라,
(저승세계의) 청지기가 적과 같이 다가오지 않게 조심하라,
부르-그릇의 좋은 기름을 바르지 마라,
그 냄새 때문에 그들이 그대 주위에 몰려들지 않게 조심하라.

저승세계에서 창을 던지지 말라,
창에 찔린 자들이 그대를 포위하지 않도록 조심하라,
지팡이를 손에 들지 마라,
그 망령들이 그대 주위에 소동을 일으키지 않도록 조심하라.
샌들을 발에 신지 말아라,

저승세계에서 고함지르지 말아라,

그대가 사랑하는 아내에게 입맞춤하지 말아라,

그대가 미워하는 아내를 때리지 말아라,

그대가 사랑하는 아들에게 입맞춤하지 말아라,

그대가 미워하는 아들을 때리지 말아라,

쿠르의 고함이 너를 잡지 않도록 조심하라,

누워 있는 그녀를 향한 (고함소리), 누워 있는 그녀를 향한,

누워 있는 니나주의 어머니를 향한,

그녀의 신성한 몸은 옷을 걸치지 않고,

그녀의 신성한 유방은 천으로 감싸지 않고 있다."

이 행에 나오는 니나주의 어머니는 달의 신인 신(sin)의 탄생을 다룬 신화 (제13장 참조)에서 엔릴을 따라 저승세계로 간 여신 닌릴을 지칭할 것이다.

엔키두는 주인의 지시를 귀담아 듣지 않고, 길가메시가 그에게 경고한 모든 것에 반하여 행동했다. 그리고 그는 결국 쿠르에게 잡혀 다시는 지상으로 올라갈 수 없게 됐다. 길가메시는 니푸르로 가 엔릴 앞에서 슬피 운다.

"오, 아버지 엔릴이시여, 나의 푸쿠가 저승세계로 떨어졌고,

나의 미쿠가 저승세계의 '얼굴'로 떨어졌고,

나는 그들을 데리고 올라오기 위해 엔키두를 보냈으나,

쿠르가 그를 잡았습니다.

남타르(죽음의 마귀)가 그를 잡지 않았고,

아사그(질병의 마귀)가 그를 잡지 않았는데,

쿠르가 그를 잡았습니다.

아무도 놓치지 않는 네르갈의 매복자(죽음)가 그를 잡지 않았는데,

쿠르가 그를 잡았습니다.

사나이의 장소인 싸움에서 그는 쓰러지지 않았는데,

쿠르가 그를 잡았습니다."

그러나 엔릴은 길가메시의 편을 들길 거절한다. 그러자 그는 에리두로 갔고, 거기에서 엔키 앞에서 그의 호소를 되풀이했다. 엔키는 저승세계의 구멍을 열어 엔키두의 영혼이 지상으로 올라오게 하도록 태양신 우투에게 명령했다. 우투는 명령대로 했고, 엔키두의 영혼은 길가메시의 앞에 나타났다. 주인과 충복은 껴안았고, 길가메시는 저승세계에서 무엇을 보았는지 엔키두에게 물었다. 처음의 일곱 질문들은 하나에서 일곱까지의 아들을 갖고 있는 아버지들이 저승세계에서 받는 대우에 관한 것이다. 그 시 원문의 나머지는 보존상태가 좋지 않다. 그러나 궁전 하인, 아이를 낳다 죽은 여인, 전쟁에서 쓰러진 자, 아무도 좋아하지 않은 자의 영혼, 매장되지 않고 시체가 벌판에 버려진 자 등에 대한 저승세계의 대우에 관한 길가메시와 엔키두의 담화 일부는 알아볼 수 있다.

바빌로니아의 필경사들이 사실상 요약하고 번역하여 〈길가메시 서사시〉의 열두 번째 점토판으로서 덧붙인 것은 이 시의 후반부다. 오늘날의 학자들에게 이것은 여간 큰 은총이 아니다. 왜냐하면 그 수메르 작품의 도움으로 파손된 수많은 단어와 구들, 그리고 아카드 어 원문의 행들이 복원될 수 있었고, 여러 뛰어난 쐐기문자학자들의 노력에도 불구하고 오랫동안 해독할 수 없었던 열두 번째 점토판의 내용이 마침내 확연히 드러났던 것이다.

길가메시가 수메르의 유일한 영웅은 아니다. 그의 두 전임자들인 엔메르카르와 루갈반다 역시 수메르 시인들의 사랑을 듬뿍 받았다. 사실 그들의 서사문학으로부터 판단할 때 수메르 인들은 소위 영웅시대를 발전시켰다. 수메르와 메소포타미아의 초기역사에서 중요성을 갖는 이 영웅시대를 제24장에서 논의하겠다.

인류 최초의 영웅시대

역사학자들은 지금 문명사의 모든 장소에 시시각각으로 등장하는 소위 영웅시대가 단지 문학적인 상상력이 아니라, 아주 현실적이고 중대한 사회현상을 의미하고 있다는 것을 점차적으로 깨닫고 있다(그리고 이것은 주로 영국 학자 H. 먼로 채드윅의 공로이다).

가장 잘 알려진 세 가지 예를 들어보자면, 먼저 기원전 1000년대 말까지 그리스 본토에서 번성했던 그리스의 영웅시대가 있고, 다음으로 그리스보다 약 1세기 정도 늦게 나타난 것으로 보이는 인도의 영웅시대가 있으며, 마지막으로는 4세기로부터 6세기까지 대부분의 북부유럽을 지배했던 튜턴의 영웅시대가 있다. 이 세 영웅시대들은 사회구조, 정부조직, 종교개념 그리고 미적 표현 등에 있어 주목할 만한 유사성을 드러낸다. 그들이 흡사한 사회적 · 정치적 · 심리적 요소들에 그들의 기원과 존재를 빚지고 있다는 사실은 명백하다.

수메르의 영웅해설 시들은 이것을 간략하게 개괄하며, 세계의 역사와 문학에 새로운 영웅시대를 소개하는 서사문학을 구성하고 있다. 그것은 수메르의 영웅시대다. 아마도 그것의 활동기는 기원전 2000년대 초기보다 늦지 않았을 것이며, 그렇다면 그것은 세 인도-유럽 어족의 영웅시대들 중 가장 오래 된 그리스의 경우보다도 1500년 이상이나 앞선다. 그리고 그것의 문화적 양식은 오랫동안 알려진 영웅시내의 전형적인 문화양식과 아주 가깝다.

채드윅이 관련된 문학적 기록들을 통해 결론지은 바에 의하면, 그리스, 인도 그리고 튜턴의 영웅시대는 수많은 특징들을 공통적으로 보여주는 본질적으로 야만적인 시대였다. 작은 왕국으로 구성되는 정치적 단일체는 군사적인 용맹을 통하여 통치권을 획득한 왕 또는 지배자에 의해 장악되었다. 그의 권력의 버팀목은 얼마나 무모하고 위험한지에 관계없이 그의 명령대로 따를 준비가 되어 있는 충성스러운 추종자들의 집단이었다. 거기에도 회의는 있었을 것이나, 그것은 지배자의 의지에 따라 개최되어, 단지 조언과 확인 정도의 역할을 수행했을 뿐이다. 각 소국들의 왕과 지배자들은 활발히, 때로는 친밀하거나, 그 이상의 관계를 유지했다. 그리고 이것은 국제적인 귀족계급이라고 얘기될 수 있는 것으로 발전해나갔다. 그럼에도 불구하고 그것에 대한 그들의 생각과 행동은 제각기 달랐다.

종교적인 측면에서 그 세 인도-유럽 어족의 영웅시대들은 의인화된 신들을 숭배하는 특징을 지녔다. 그리고 그 신들은 여러 국가에서 대부분 받아들여졌다. 각 지방들은 특별히 좋아하는 신이 있었고, 그에 따라 각각의 신들은 자신의 거주지 또는 도시를 가지고 있었다. 저승세계나 영혼숭배의 흔적은 거의 찾아볼 수 없다. 죽으면 영혼은 멀리 떨어져 있는 지방으로 여행하며, 그곳은 특정인이 아닌 모든 죽은 자들의 고향으로 여겨졌다. 일부 영웅들은 신들의 화신으로 간주되었다. 그럼에도 불구하고 영웅숭배나 그에 따른 의식들의 흔적은 거의 없다. 그리스, 인도, 북유럽의 영웅시대에 공통적인 특성들이 수메르의 영웅시대에도 그대로 보인다.

그러나 유사점은 여기에 그치지 않는다. 그것은 미학, 특히 문학 속에서 두드러지게 나타난다. 이 네 영웅시대들에 공통된 주목할 만한 성취들 중 하나는 영웅설화의 창조다. 그것은 시적인 형식으로 만들어져 이야기되거나 노래되었다. 그것은 그 시대의 정신과 분위기를 반영하고 조명한다. 영웅시대의 지배계급은 명성과 명예에 목말라했고, 궁정의 음유시인들은 왕과 지배자들의 모험과 업적을 찬미하는 즉흥시를 짓거나 작품을 바쳐야 했다. 무엇보다도 먼저 궁중의 잦은 연회와 축제의 여흥을 돋우기 위해 바쳐진 이 서사시들은 하프나 수금에 맞추어 낭송되었다.

이 초기의 영웅연가들 중 원형 그대로 우리에게 전해져내려오는 작품은 없다. 왜냐하면 그것들은 문자가 알려지지 않았거나, 혹은 알려졌다 하더라도 음유시인들에게까지 기회가 돌아가지 않았던 시절에 만들어졌기 때문이다. 그리스, 인도, 튜턴의 영웅 서사시들의 기록은 훨씬 뒷날 이루어졌으며, 아주 복잡한 문학적 교정 속에서 오직 일부 선택된 초기 작품들만이 수정되고 발전된 형식으로 살아남을 수 있었다. 수메르에서는 초기 영웅 서사시들의 일부가 영웅시대의 500~600년 후 사제와 필경사들에 의한 변형을 거쳐 처음 점토판에 새겨졌다고 믿어진다. 그러나 우리가 현재 가지고 있는 수메르 서사시 원문들의 사본은 거의 전부가 기원전 1000년대 전반기로부터 온 것이라는 점은 눈여겨봐야 할 대목이다.

세 인도-유럽 어족 영웅시대의 서사시들은 형식과 내용에서 놀랍도록 유사하다. 먼저 모든 서사시들은 무엇보다도 개인들에 관심을 두고 있다. 시인이 맨 먼저 관심을 쏟는 것은 국가나 공동체의 운명과 영광이 아닌, 개별적인 영웅의 행위와 업적이다. 또한 의심할 여지 없이 그 시들 속에서 찬미되는 모험들의 일부가 역사적인 근거를 가지고 있음에도 불구하고, 시인은 영웅의 힘, 예언적인 꿈, 신들의 등장 등 과장을 통하여 비역사적인 모티프와 관례들을 사용하길 주저하지 않는다. 양식 면에서 서사시들은 정적인 형용어구, 구절의 긴 반복, 그리고 관례적인 문구의 되풀이로 가득 차 있으며, 묘사 면에서는 너무나 느긋하게 지나칠 정도로 상세한 묘사를 하는 경향이 있다. 모든 서사시가 막대한 부분을 연설에 쏟고 있다는 사실은 각별히 주목할 만하다.

이 모든 측면에서 수메르의 영웅시는 그리스, 인도, 튜턴의 영웅시와 유사하다. 영웅 서사시라는 양식과 기법이 아주 독특한 문학 장르가 각기 다른 시대에 수메르, 그리스, 인도, 북유럽에서 서로 독립적으로 창조 발전되었다는 것은 사실상 거의 믿기 힘들다. 그리고 그들 중 수메르의 것이 가장 오래되었으므로, 수메르에서 서사시의 기원이 확립되었나고 결론짓는 것이 합리적일 듯싶다.

그러나 수메르의 서사시와 그리스, 인도, 튜턴의 것들 사이에는 상당한 차이점들이 존재하는 것도 사실이다. 예를 들면, 수메르의 서사시들은 다양한 길이의 개별적이고 서로 연관성이 없는 설화들로 이루어져 있으며, 그 각각은 하나의 에피소드에 제한된다. 그러나 이 에피소드들을 더 큰 단위로 통합시키려는 시도는 없었다. 제23장에서 본 바와 같이 상대적으로 간결하고, 에피소드 중심의 수메르 설화들을 차용하고 수정하여 새로운 성격을 부여하는 작업은 바빌로니아의 시인들에 의해 처음 이루어졌다. 그리고 그 대표적인 결과는 막대한 분량과 복잡성을 지닌 위대한 〈길가메시 서사시〉로 나타났다.

수메르의 작품에는 사물에 대한 개성적인 묘사나 심리적인 통찰력이 거의 없다. 영웅들은 개성을 중시하기보다는 대부분 엇비슷하게 묘사되는 경향이 있다. 또한 사건과 줄거리의 모티프들은 정적이고 관습적인 양식으로 처리된다. 우리는 호머의 〈일리아스〉와 〈오디세이아〉와 같은 시들을 특징짓는 풍부하고 동적인 감정 표현을 수메르의 서사시에서는 거의 찾을 수 없다. 거기에는 또 다른 흥미로운 차이점이 있다. 그것은 인도-유럽 어족의 서사문학에서 인간의 여성이 매우 중요한 부분을 차지하는 데 반하여, 수메르의 서사문학에서 그들은 거의 어떤 역할도 담당하지 못한다는 사실이다. 마지막으로 기법의 문제에 있어서 수메르의 시인들은 무엇보다도 반복의 다양성에서 리드미컬한 효과를 구했다. 그들은 인도-유럽 어족의 서사시들을 두드러지게 특징짓는 운율이나 일정한 행의 활용을 전혀 고려하지 않았다.

엔메르카르와 엔수쿠슈시란나. 이스탄불의 고대 오리엔트 박물관에 소장된 두 점의 발표되지 않은 파편들의 사본.

이제 현존하는 수메르 서사시들의 내용을 살펴보기로 하자. 현재 우리는 9편의 서사설화를 가지고 있으며, 그것들의 분량은 100행에서 600행 이상까지 다양하다. 이것들 중 두 편은 영웅 엔메르카르를 중심적으로 다루고 있다. 다른 두 편은 영웅 루갈반다를 주인공으로 한다(엔메르카르를 다룬 두 편 중하나에서도 그는 중요한 역할을 맡는다). 그리고 나머지 다섯 편은 저 유명한 길가메시에 관한 설화들이다. 이 셋은 모두 수메르 왕 연대표에 나와 있다. 그 연대표는 기원전 1000년대 전반기에 만들어진 점토판에 새겨져 발견되었으며, 아마도 기원전 2000년대 말에 작성된 것으로 보인다. 그 연대표에 이 세 영웅들은 우루크 제1왕조의 2, 3, 5 번째 지배자로 적혀 있다. 수메르 현자들에 따르면, 우루크의 제1왕조는 대홍수 직후에 성립되었던 키시의 제1왕조에 뒤이어 세워졌다. 엔메르카르 설화 중 하나와 길가메시 시 5편은 제4, 5, 22, 23장에서 논의되었다. 따라서 여기에서 남은 세 편의 설화인 엔메르카르에 관한 한 편과 루갈반다가 주인공인 두 편을 설명하면 현존하는 수메르의 서사문학에 대한 개략적인 설명은 완료되는 셈이다.

두 번째 엔메르카르 설화는 제4장에서의 그에 관한 다른 한 편과 마찬가지로 아라타의 지배자가 엔메르카르에게 복종하는 것을 다루고 있다. 그러나 이 시에서는 엔메르카르가 그의 적수인 아라타의 지배자에게 먼저 도발하지 않는다. 오히려 여기서는 아라타의 지배자가 자신의 파멸을 자초하게 되는 도전을 선언한다. 이 두 번째 엔메르카르 시에서는 아라타의 지배자가 그의 실제 이름인 엔수쿠슈시란나로 지칭된다. 첫 번째 엔메르카르 시에서 이름 없이 남았던 아라타의 지배자와 그가 동일인인지는 알 수 없다. 1952년까지 이 두 번째 엔메르카르 설화는 보존상태가 좋은 시작 부분의 대략 100행과 마지막 부분의 약 25행만이 확인되었다. 그러나 시카고 대학의 오리엔트 연구소와 펜실베이니아 대학 박물관이 공동으로 실시한 1951~52년 사이의 니푸르 발굴에서 그 원문의 공백을 채워줄 두 점의 매우 잘 보존된 점토판이 나왔다. 그 결과 이 설화의 줄거리는 이제 다음과 같이 복원되었다.

엔나미바라가-우투가 전 수메르의 왕이었을 때, 안시가리아를 수하로 거느린 아라타의 지배자 엔수쿠슈시란나는 사자를 보내 심복 나멘나두마를 수하로 거느린 우루크의 지배자 엔메르카르에게 도전한다. 그의 사자가 전달한 메시지의 요점은 엔메르카르는 엔수쿠슈시란나를 지배자로 인정해야만 하며, 여신 이난나는 아라타로 옮겨져야 한다는 것이었다.

엔메르카르는 그 도전에 코웃음을 치고, 긴 연설을 통해 자신은 신들의 보호를 받고 있으며, 이난나는 우루크에 남을 것이고, 엔수쿠슈시란나는 그의 신하가 되어야 한다고 선언한다. 이에 따라 엔수쿠슈시란나는 회의를 소집해 의견을 묻는다. 회의 참석자들은 그에게 굴복하라고 조언한 듯하나, 그는 분연히 거부한다. 그때 우르기르눈나라는 이름을 가진 아라타의 마슈마시-사제가 그의 편에 선다. 그는 '우루크의 강'을 건너 '바다에서 삼나무 산에 이르는 위아래의' 모든 땅을 정복한 뒤, 짐을 가득 실은 배들과 함께 아라타로 돌아오겠다고 호언장담한다(그 원문에서 누가 말하는지는 사실 확실하지가 않다). 기쁨에 찬 엔수쿠슈시란나는 5미나의 금과 5미나의 은, 그리고 필요한 물자를 그에게 준다.

마슈마시는 우루크에 당도하자(이 시는 그가 어떻게 거기에 갔는지에 대해서는 언급하지 않는다) 여신 니다바의 신성한 마구간과 양 우리로 가서 그녀의 만찬에 유지와 우유를 주지 말도록 여신의 암소와 염소를 설득한다. 그 구절의 맛은 다음의 시험적인 해석을 통해 느껴질 수 있을 것이다.

> 그(마슈마시)가 암소와 이야기한다,
> 마치 그녀가 인간인 것처럼 대화를 나눈다,
> "암소야, 누가 너의 유지를 먹고, 누가 너의 우유를 먹느냐?"
>
> "니다바가 나의 유지를 먹고,
> 니다바가 나의 우유를 먹고,
> 나의 우유와 치즈는 . . . ,
> 커다란 (만찬)홀, 니다바의 홀에 놓입니다.
> 나는 신성한 마구간으로부터 . . . 나의 유지를 가져가고,
> 나는 양 우리로부터 . . . 나의 우유를 가져가고,
> 충실한 암소, 니다바, 엔릴의 최고의 자식 . . . ."
>
> "암소야, . . . 너의 유지를 너의 . . . . . . , . . . 너의 유지를 너의 . . . ."
> 암소는 . . . 그녀의 유지를 그녀의 . . . . . . , . . . 그녀의 우유를 그녀의 . . . .

(이 행들은 다시 염소를 향해 되풀이된다.)

결국 니다바의 암소와 염소는 젖을 생산하지 않고, 우루크의 마구간과 양 우리들은 쓸모없게 된다. 우루크의 목자들은 슬피 한탄하고, 그들의 일꾼들은 일자리를 잃는다. 이에 따라 '한 어머니에게 태어난 아들들이자' 니다바의 두 목자들인 마슈굴라와 우레딘나가 개입하고, 아마도 태양신 우투의 조언과 어머니 사그부루의 도움을 받아(관련 구절의 보존상태가 아주 나쁘다), 그들은 마슈마시를 더 나은 지혜로 물리친다. 그 구절은 다음과 같다.

그들 둘은(마슈굴라와 우레딘나) 왕자를 강에 던졌고,
마슈마시는 위대한 수후르-물고기를 물에서 건져올렸고,
어머니 사그부루는 . . . -새를 물에서 건져올렸고,
. . . -새는 수후르-물고기를 낚아채어 산으로 데려갔다.

두 번째로 그들은 왕자를 강에 던졌고,
마슈마시는 암양과 새끼 양을 물에서 건져올렸고,
어머니 사그부루는 늑대를 물에서 건져올렸고,
늑대는 암양과 새끼양을 낚아채어 넓은 평야로 데려갔다.

세 번째로 그들은 왕자를 강에 던졌고,
마슈마시는 암소와 송아지를 물에서 건져올렸고,
어머니 사그부루는 사자를 물에서 건져올렸고,
사자는 암소와 송아지를 낚아채어 넓은 평야로 데려갔다.

네 번째로 그들은 왕자를 강에 던졌고,
마슈마시는 야생 양을 물에서 건져올렸고,
어머니 사그부루는 산표범을 물에서 건져올렸고,

산표범은 야생 양을 낚아채어 넓은 평야로 데려갔다.

다섯 번째로 그들은 왕자를 강에 던졌고,
마슈마시는 어린 영양을 물에서 건져올렸고,
어머니 사그부루는 구그-짐승을 물에서 건져올렸고,
구그-짐승은 어린 영양을 낚아채어 넓은 평야로 데려갔다.

더 나은 지혜에 계속하여 당하자 마슈마시의 '얼굴은 흙빛이 되었고, 그의
계획은 산산이 부서졌다'. 어머니 사그부루가 그의 어리석음을 비웃자, 그는
자신을 아라타로 무사히 돌려보내줄 것을 그녀에게 애원하며, 그렇게 해준
다면 그녀를 위해 아라타에서 찬양의 노래를 부르겠다고 약속한다. 그러나
사그부루는 그의 말에 아랑곳하지 않는다. 대신에 그녀는 그를 죽이고, 그의
시체를 유프라테스 강에 던진다.
　마슈마시에게 무슨 일이 벌어졌는지 들은 엔수쿠슈시란나는 급히 사자를
엔메르카르에게 보내 완전히 굴복한다.

"당신은 이난나의 사랑을 받고 있고, 당신만이 홀로 고결하며,
이난나는 그녀의 신성한 무릎에 앉히기 위해 진실로 당신을 선택했소 :
낮은 (땅들)부터 높은 (땅들)까지 당신은 그것들의 지배자요, 나는 당신의 다
음이고,
수태의 (순간)부터 나는 당신과 대등하지 않았고, 당신은 '큰형'이고,
나는 당신과 언제나 비교될 수가 없소."

이 시는 '논쟁적' 구성의 특징을 보여주는 행들로 끝을 맺는다(제18장 참조).

"엔메르카르와 엔수쿠슈시란나 사이의 다툼에서,
엔수쿠슈시란나에 대하여 엔메르카르가 승리한 후(?) :

오, 니다바를 찬미하라."

　우리는 이제 영웅 루갈반다가 주인공인 서사적 설화들로 넘어간다. 먼저 '루갈반다와 엔메르카르'라고 제목 붙은 아주 잘 보존된 400행 이상의 시가 있다. 그러나 그 시는 원문의 파손이 비교적 덜함에도 불구하고, 많은 구절들의 의미가 명확하지를 않다. 더구나 그 시의 의미를 파악하기 위한 거듭된 노력의 결과로 만들어져 다음에 간략히 소개되는 내용도 아직 매우 불명확하다고 간주된다.

　자신의 의지와는 달리 멀리 있는 땅 자부에 머물고 있는 영웅 루갈반다는 그의 도시인 우루크로 돌아가려 한다. 그러기 위해 그는 먼저 임두구드-새와 친해지기로 결심한다. 그 새는 운명을 정하고, 그 새가 한 번 입밖에 낸 말은 아무도 어길 수 없다. 임두구드-새가 멀리 간 사이에 그는 그 새의 둥지로 가 새끼들에게 지방, 꿀, 빵 등을 주고, 그들의 얼굴을 칠해주는가 하면, 슈구라-화관을 그들의 머리에 씌워준다. 둥지로 돌아온 임두구드-새는 새끼들에 대한 융숭한 대접에 크게 만족하여, 이 고마운 행동을 한 이가 신이든 인간이든 막론하고 우정을 맺길 원한다고 말한다.

　루갈반다가 앞으로 나서자, 임두구드-새는 축복이 듬뿍 담긴 찬사의 말과 함께 그가 고개를 높이 쳐들고 그의 도시로 가도록 한다. 루갈반다가 청한대로 그는 그가 기분 좋은 여행을 하도록 허락하며, 그에게 꼭 필요한 조언을 한다. 그는 그것을 그의 가장 가까운 친지들을 포함하여 아무에게도 발설하면 안된다. 임두구드-새는 다시 그의 둥지로 날아가고, 루갈반다는 친구들에게 돌아와 그의 임박한 여행을 통보한다. 그들은 그를 말린다. 왜냐하면 아무도 돌아오지 못한 여행이고, 높은 산들과 무서운 쿠르의 강을 지나야만 하기 때문이다. 그러나 루갈반다의 마음은 철석 같았고, 결국 성공적으로 우루크에 돌아간다.

　우루크에서 루갈반다의 왕이자 주인이며, 태양신 우투의 아들 엔메르카르는 큰 문제에 봉착해 있다. 여러 해 동안 셈 족인 마르투(아모리 인)는 수메르와 아카드를 약탈해왔고, 이제 우루크를 포위하고 있었다. 엔메르카르는 그의 누이인 아라타의 이난나에게 도움을 요청해야만 한다. 그러나 위험을 무릅쓰고 아라타로 가서 그의 메시지를 전할 사람이 없다. 이때 루갈반다가 왕 앞에 나서 용감하게 그 임무를 자원한다. 비밀리에 임무를 수행하라는 엔메르카르의 말에, 그는 아무도 동행하지 않고 혼자 가겠다고 맹세한다. 엔메르카르에게서 아라타의 이난나에게 보내는 정확한 전갈을 들은 후 루갈반다는 그의 친구들에게 급히 가 그의 임박한 여행을 알린다. 그들은 그를 만류하지만 소용이 없다. 그는 그의 무기를 집어들고, 안샨의 한쪽 끝에서 다른 끝까지 연이어 있는 일곱 개의 산맥을 넘어 마침내 그의 목적지에 기쁨에 찬 발걸음을 내딛는다.

아라타에서 루갈반다는 이난나로부터 따뜻한 환영을 받는다. 우루크에서 아라타까지의 먼 길을 무엇 때문에 혼자 왔느냐는 그녀의 물음에 그는 엔메르카르의 전갈을 되풀이하고 도움을 청한다.

이 시의 결말을 이루는 이난나의 대답은 불분명하다. 그것은 어떤 강과 엔메르카르가 잡아야 하는 어떤 물고기에 연관된 것인 듯하다. 또한 그가 만들어야 하는 어떤 물그릇도 등장한다. 그리고 마지막으로는 그가 그의 도시에 놓아야 하는 금속과 돌이 언급된다. 그러나 이 모든 것들이 어떻게 수메르와 아카드에 대한 마르투 족의 위협을 제거하고 우루크의 포위를 풀 수 있는지는 알 수 없다.

두 번째 루갈반다 설화인 '루갈반다와 후룸 산'은 아마도 400행은 족히 넘을 것이다. 그러나 현재 이 시는 처음과 끝이 분실되었고, 우리는 원문의 절반 정도가 잘 보존된 상태인 약 350행 정도를 가지고 있다. 부분적이고 해독이 어려운 원문으로부터 복원되어 현재 알려진 내용은 다음과 같이 요약될 수 있다.

우루크로부터 멀리 떨어져 있는 아라타로 여행하는 도중에 루갈반다와 그의 일행은 후룸 산에 도착한다. 거기에서 루갈반다는 병에 걸려 쓰러진다. 그의 동료들은 그가 곧 죽을 것이라 믿고, 그를 남겨두고 계속 가기로 결정한다. 그들은 그의 시체를 아라타에서 돌아오는 길에 거두어 우루크로 가져가기로 한다. 그들은 상당한 분량의 음식, 물 그리고 독주와 그의 무기를 그를 위해 남긴다. 아프고 버려져 홀로 된 루갈반다는 태양신 우투에게 호소하고, 우투는 '생명의 음식'과 '생명의 물'로 그의 건강을 회복시킨다.

건강을 회복한 루갈반다는 고원의 초원지대를 홀로 방황하며, 잡초를 먹고 야생동물을 사냥해 연명한다. 어느 날 잠에 곯아떨어진 그는 태양신 우투의 명에 의해 무기를 잡고 야생 황소를 사냥한 다음, 그 지방을 떠오르는 우투에게 바치는 꿈을 꾼다. 그리고 그는 또한 꿈속에서 새끼염소를 죽여 그 피를 도랑에 붓고, 그 지방은 벌판에 뿌린다. 잠에서 깨어난 루갈반다는 그가 꿈속에서 한 그대로 한다. 더하여 그는 수메르 만신전의 지도적인 네 신들인 안, 엔릴, 엔키 그리고 닌후르사그를 위해 음식과 독주를 준비한다. 마지막의 대략 100행에 이르는 현존하는 원문은 달의 신 난나, 태양신 우투, 금성의 여신 이난나를 도와 우주를 비추는 천상의 일곱 빛들에 대한 찬양을 담고 있다.

현존하는 수메르 서사문학과 영웅시대에 관하여 우리가 밝혀야 하는 것들은 무수히 많다. 이제는 근동 관련 고고학자들과 연구자들을 수십 년 동안 괴롭혀온 일명 '수메르 문제'를 살펴보자. 그것은 수메르 인들의 메소포타미아 도착과 관련된다. 질문은 '수메르 인들이 메소포타미아 남부에 정착한 최초의 민족인가, 아니면 그들 이전에 다른 한 민족, 혹은 복수의 민족들이 있었는가?'라는 것이다. 표면적으로는 이 문제와 수메르의 영웅시대와는 거의 관련이 없어 보인다. 그러나 실상을 알고 보면 수메르 영웅시대의 발견은 '수메르 문제'의 해결에 매우 중요하다는 것을 느끼게 된다. 그것은 가장 최초의 메소포타미아 역사에 대하여 보다 진실에 가까운 재해석도 가능하게 한다. 먼저 근동 관련 고고학자들은 서로 완전히 대치하는 두 진영으로 만든 '수메르 문제'에 관하여 여기에서 간략히 서술하는 것이 좋겠다.

지난 수십 년간 여러 선사 유적지가 발굴된 결과, 남부 메소포타미아에서의 최초의 문화발전 단계가 둘로 확연히 나뉘어졌다. 모든 유적들이 처녀지

위에 세워진 오베이드(우바이이드) 시대와 오베이드 시대의 유적 위에 세워진 우루크 시대가 그것들이다. 더하여 우루크 시대는 다시 전기와 후기로 나뉘어진다. 우리가 원형의 인장과 최초의 점토판들을 발견하게 된 것은 후기 우루크 시대다. 그리고 현재까지 밝혀진 바에 따르면 그 점토판들에 나타난 언어는 수메르 어다. 이에 따라 대부분의 고고학자들은 수메르 인들이 후기 우루크 시대에 이미 남부 메소포타미아에 살았다는 사실에 동의한다.

그러나 문제는 초기 우루크 시대와 그보다도 이른 오베이드 시대다. 우리는 그 시대들에 대한 심각한 갈등에 직면해 있다. 이 초기 시대들의 남겨진 자료에 대한 분석을 통하여 일단의 고고학자들은 초기의 유적들이 후기 우루크 시대와 그 이후 시대들의 유적들과는 상당히 다름에도 불구하고, 초기의 유적들은 그후의 유적들의 원형으로 볼 수 있다고 말한다. 이에 따르자면 후기 유적들이 수메르의 것으로 인정되기 때문에, 초기의 유적 또한 수메르의 것일 수밖에 없다. 그러므로 그들은 수메르 인들이 메소포타미아 최초의 정착민들이었다고 결론 내린다.

그러나 다른 고고학자들은 사실상 같은 고고학적 자료들을 분석한 뒤에 정확히 반대되는 결론에 도달한다. 그들은 초기 시대의 유적들은 수메르 시대라고 인정되는 후기 시대와 어떤 유사성을 보여주고 있지만, 그 둘 사이의 차이점은 후기 우루크 시대와 그 이전 시대간의 민족적인 단절을 지적하기에 충분하다고 주장한다. 그에 따르면 후기 시대는 수메르 인들의 시대였지만, 그 이전의 남부 메소포타미아에 존재했던 시대는 수메르 이전 문화로 인정되어야만 한다는 것이다. 그러므로 그들의 논리에 따르면 수메르 인들은 메소포타미아 최초의 정착민들이 아니라는 것이다.

'수메르 문제'의 해결은 난국에 봉착해버렸다. 그리고 새로운 발굴을 통한 더 많은 고고학적 자료들을 덧붙이는 것으로는 이 꽉 막힌 상황을 풀지 못할 것이다. 왜냐하면 새롭게 발견된 증거는 극단적으로 대치하고 있는 양 진영의 어느 한 편으로 흡수될 것이 뻔하기 때문이다. 이제 필요한 것은 지금까지 활용돼온 모호한 자료들과 본질적으로 다른 자료에 기초한 새로운 증거다.

수메르 서사시들과 영웅시대가 그토록 중요한 이유가 바로 그 때문이다. 그것들은 순수하게 문학적이고 역사적인 측면에서의 새롭고 중대한 판단의 기준을 제공한다. 그 증명이 명확하고 직접적인 것은 결코 아니다. 고대의 어느 기록에도 메소포타미아에 최초로 도착한 수메르 인들에 관련된 명백한 진술은 없다. 그것은 수메르 영웅시대의 문화적 양식과 역사적 배경을 오랫동안 알려져온 그리스, 인도, 튜턴의 것들과 비교 연구함으로써 예증되고 추론되어야 한다.

채드윅은 그리스 · 인도 · 튜턴 영웅시대들을 특징짓는 최우선적인 두 요소들이 있다고 했고, 지금까지는 그 중 두 번째 요소가 더 중요하게 여겨져왔다. (1)이 영웅시대들은 민족이동기와 동반되었다. (2)이 민족들—아카이아 인, 아리아 인, 튜턴 인—은 상대적으로 원시적인 부족사회의 수준에 머물러 있을 때 붕괴의 과정 속에 있던 어느 선진문명과 접촉하게 되었다. 특히 그들은 그 선진문명이 생존을 위한 투쟁을 하는 동안 그 문명의 용병으로 활동했다. 그 와중에서 그들은 그 문명의 군사기술과 더불어 그들보다 훨씬 선진화된 이웃의 문화적 성취의 일부를 피상적으로나마 흡수했다. 그리고 나자 그들은 마침내 그 선진제국의 변경을 돌파하여 그 영토 안에 그들의 왕국과 소국들을 개척했다. 이 과정에서 그들은 무시 못할 부를 축적하며 영웅시대로 알려진, 어느 정도 미숙하고 야만적인 문화적 단계로 발전해나갔다.

역사적으로 가장 유명한 영웅시대인 튜턴 영웅시대는 민족이동기와 맞물려 있다. 그러나 더욱 중대한 것은 그들의 영웅시대에 앞선 몇 세기 동안 비교적 원시적이었던 튜턴 인들이 훨씬 문명화되었지만, 계속 약해지고 있었던 로마 제국과 접촉했다는 사실이다. 그리고 그 동안 그들은 궁중의 볼모나 로마 군의 용병으로서 로마의 문화적 영향력 아래 종속되었다. 5세기와 6세기에 이르면 이 튜턴 인들은 이전에 로마 제국의 일부였던 대부분의 영토를 점령하게 되고, 그 200년간 튜턴 영웅시대는 전성기를 구가하게 된다.

만약 우리가 수메르 영웅시대의 기원과 발전에 우선적으로 기여한 요소

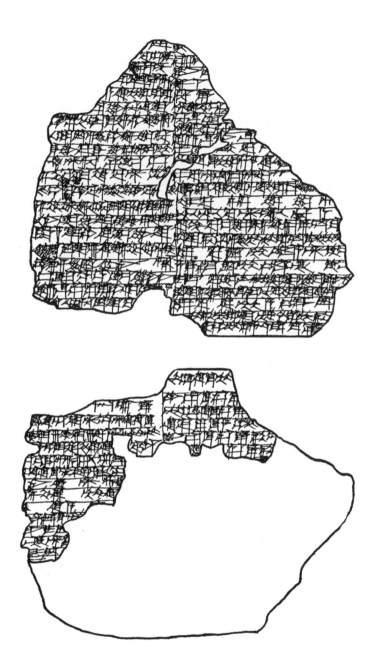

루갈반다와 엔메르카르. 펜실베이니아 대학 박물관에 소장된 발표되지 않은 니푸르 파편의 사본
으로, 1934년에 발표된 큰 점토판과 합쳐진다.

들이 그리스 · 인도 · 튜턴 영웅시대들의 발전과 기원에 기여한 그것들과 유사하다고 가정한다면(달리 어떻게 가정하겠는가?), 우리는 수메르 영웅시대가 하나의 민족이동기와 맞물려 있다고 생각할 수 있다. 그러나 더욱 중요한 것은 그들의 영웅시대를 낳은 수메르 인들의 남부 메소포타미아 점령이 그보다 몇 세기 이전에 시작된 역사적 진행의 정점이었을 거라는 사실이다. 당시 남부 메소포타미아는 수메르 인들보다 훨씬 앞선 문명국가의 영향력 아래 있었을 것이고, 수메르 인들은 그 국가의 변경 어딘가에 정착했다. 상대적으로 원시적인 수메르 인들은 그 앞선 문명국가의 용병으로서 고용되었을 것이고, 그런 동안 그 국가의 군사기술과 문화를 흡수했다. 마침내 수메르 인들은 그 선진국가의 변경을 뚫고 들어가 그 영토의 상당한 부분을 차지했고, 이 과정에서 상당한 부도 축적했다. 수메르 영웅시대가 정점에 도달한 것은 바로 이 시기였다.

수메르 영웅시대의 존재를 인정한 결과로 우리는 수메르 인들이 남부 메소포타미아의 첫 번째 정착민들이 아니었고, 문화적으로 그들보다 훨씬 진보된 문명세력이 그 이전에 있었다는 결론에 도달한 듯하다. 일반적으로 이야기되는 '수메르 문명'이라고 하는 것은 고대 근동에서 주도적인 역할을 했고, 그것의 영향력은 수메르가 정치적인 실체로서 존재하지 않게 되고서도 아주 오랫동안 지속되었으며, 미숙하고 야만적인 수메르 영웅시대를 잇는 약 5세기 내지 6세기 동안 지속된 문화활동의 산물로서 이해되어야 한다. 또한 그것은 의심의 여지 없이 남부 메소포타미아에 존재했던 수메르 이전 문명의 정신적 · 물질적 유산에 수메르의 천재가 건설적으로 적용된 결과이다.

초기 남부 메소포타미아의 문화적 형태에 대한 이 새로운 안목과 함께 우리는 이제 그 역사의 주요한 윤곽을 재구성하는 시도를 할 수 있게 되었다. 이 재구성은 불확실한 가설임에도 불구하고, 남부 메소포타미아에서 이미 발굴되었거나, 혹은 아직 발굴되지 않은 관련 고고학 자료들의 해석과 집대성에 무시 못할 가치를 지닌다. 최초의 정착에서부터 그 땅에서 수메르의 정치적인 지배력을 종식시키기 시작한 위대한 아카드 왕 사르곤의 시대에 이르기까지 남부 메소포타미아의 역사는 두 개의 주요한 시기로 나뉘어진다. 하나는 수메르 이전 시기(이란-셈 족의 시대라고 말하는 편이 좀더 의미가 있다)요, 다른 하나는 수메르 시대다.

수메르 이전 시대는 농경문화로서 시작되었다. 오늘날 일반적으로 추측되는 바에 의하면, 그것은 그들의 독특한 채색토기로 주목되는 남서부 이란으로부터의 이주민들에 의해 남부 메소포타미아로 유입되었다. 이란 이주민들에 의해 최초의 정착이 이루어지고 얼마 지나지 않아 셈 족이 남부 메소포타미아로 밀려들어왔다. 그들 가운데는 평화로운 이주자들도 있었고, 전쟁을 통한 정복자들도 있었다. 동으로부터의 이란 족과, 서로부터의 셈 족이라는 이 두 민족들의 융합과 교류의 결과로 남부 메소포타미아에 최초로 문명화된 도시들을 가진 국가가 탄생했다. 훗날의 수메르 문명과 마찬가지로 그것은 여러 도시국가들이 모여서 이루어졌고, 그들 사이에는 그 땅 전체에 대한 패권을 장악하기 위한 끊임없는 싸움이 있었다. 그러나 여러 세기에 걸쳐 비교적 통일된 안정성이 유지된 것은 틀림없는 사실이었다. 그 시기에 의심의 여지 없이 셈 족이 주도했을 메소포타미아 세력은 주변의 많은 지역들로 그 영향력을 확대했을 것이다. 이렇게 하여 등장한 것이 근동 최초의, 그리고 아마도 인류문명사 최초의 제국이었다.

이 제국이 정치적으로, 그리고 문화적으로 지배한 영토에는 후에 엘람으로 알려진 지방이 포함된 이란 고원의 서부도 포함되어 있었음이 틀림없다. 메소포타미아 제국이 수메르 인들과 처음으로 맞닥뜨린 것은 그런 군사적 행동이 동반된 이런 정치적 활동의 와중이었다. 당시에 트랜스코카시아나, 트랜스카스피아로부터 나온 이 원시적인 기마민족은 이란 서부로 밀려오고 있었다. 그리고 메소포타미아 제국은 무슨 수를 써서라도 그들을 이란 서부에서 막아야 했다. 왜냐하면 그곳은 메소포타미아 제국과 그 너머에 있는 야만인들과의 완충지대 역할을 했기 때문이다.

최초의 조우전에서 수메르 유목민들은 월등한 군사기술을 가진 메소포타미아 군대의 상대가 아니었을 것이다. 그러나 결국에 가선 기동력 있는 수메르 유목민들이 정착하고 문명화된 적보다 유리해졌다. 세월이 지나면서, 메소포타미아 도시들의 수메르 인질들과 메소포타미아 군대의 수메르 용병들은 그들이 가장 필요로 하는 군사기술들을 적으로부터 배웠다. 그리고 메소포타미아 제국의 힘이 점차 약화되고 기우뚱거리자, 수메르 인들은 이란 서부의 완충지대로부터 뛰쳐나와 남부 메소포타미아로 밀고들어왔다. 결국 그들은 이겼고, 남부 메소포타미아의 주인이 되었다.

요약해보자면, 메소포타미아의 수메르 이전 시대는 동쪽에서 온 이란 족들에 의해 도입된 농경문화로 시작되었다. 그리고 서쪽으로부터의 셈 족에 의한 끊임없는 이주와 침략의 시기를 거쳤다. 그리고 그 시기는 셈 족이 주도한 도시문명의 정치적인 지배가 수메르 유목민들의 침략에 의해 끝나며 대미를 장식했다.

이제 남부 메소포타미아 초기 역사 중 수메르 이전, 또는 이란-셈 족의 시기로부터 수메르 시대로 접어들며, 우리는 후자가 세 가지 문화적인 국면을 가지고 있음을 발견한다. 문자 이전, 원시문자 그리고 초기문자가 바로 그것이다.

그중 첫 번째인 문자 이전의 수메르 시대는 남부 메소포타미아로의 야만적인 수메르 전사들의 침략과, 그 결과로 이란-셈 족의 선진문명이 붕괴하는 침체와 퇴보의 시기로 시작된다. 수메르 영웅시대가 정점에 달하는 이 시기 동안 문화적으로 미숙하고 심리적으로 불안정한 수메르의 군사지배자들은 매우 개인적이고 약탈을 좋아하는 성향을 드러내며 도시들을 황폐화시켰다. 그리고 이미 정복된 메소포타미아 제국의 부락들을 불태웠다. 그러나 이 수메르 침략자들은 그들의 새로운 메소포타미아 거주지에서 안정될 수 없었다. 왜냐하면 그들이 그 땅의 주인이 된 지 얼마 안돼, 마르투라는 셈 족의 '곡식을 모르는' 일파가 남부 메소포타미아로 쳐들어왔기 때문이다.

수메르 영웅시대가 절정을 구가하던 엔메르카르와 루갈반다의 시대에도 그 사막의 야만족과 최근에 '도시화'된 수메르 인들 간의 싸움은 격렬하게 진행되고 있었다. 이런 상황 아래서 수메르 유목민들의 도착 후 곧바로 경제적·기술적 진보가 이루어졌다거나, 예술과 건축의 분야에 창조적인 노력이 기울여졌을 것 같지는 않다. 오직 그들의 지배자나 주인들의 여흥을 위해 서사시를 지어야 했던 궁정 음유시인의 일부가 그나마 문학분야에서 창조적인 활동을 했으리라 짐작할 수 있다.

수메르 인들이 그들의 새로운 땅에 깊고 굳건하게 뿌리를 내린 것은 두 번째, 즉 원시문자의 시대에 이르러서였다. 수메르란 이름이 처음 남부 메소포타미아에 적용된 것도 아마 이때일 것이다. 궁전과 신전의 관리인과 지식인들로 대표되는 지배계급의 핵심분자들이 전면에 나서게 되는 것도 이때에 이르러서였다. 그 땅에 법과 질서를 내리려는 강한 움직임과 더불어 공동체 의식과 애국심도 깨어나기 시작했다. 더욱이 수메르 정복자들과, 정복당했으나 더욱 문명화된 원주민들의 성공적인 민족적·문화적 결합은 수메르뿐만 아니라 전체 서아시아에 창조적인 문화의 바람을 불러일으켰다.

건축이 새롭고 높은 경지로 발전한 것도 이 문화적인 단계였다. 여러 다양한 언어를 쓰는 다민족의 특성에도 불구하고 근동을 하나의 문화적 단일체로 만드는 데 결정적인 요소였음이 증명된 문자의 발명도 아마 이때였을 것이다. 후에 고도로 양식화된 형식으로 발전한 수메르의 문자체계는 사실상 서아시아의 모든 문명화된 민족들로부터 빌려온 것이었다. 그리고 결과적으로 수메르 언어와 문학의 연구는 아주 엄격히 한정된 고대 근동의 영향력과 교양을 갖춘 계급의 주된 학습이 되었다. 초기 문명사에서 근동의 정신을 새롭고 높은 경지로 고양시킨 것은 바로 이 수메르의 정신적이고 지적인 감화력이었다(수메르의 업적은 사실 최소한 원시 이란, 셈 족 그리고 수메르 인이라는 세 민족이 결합한 산물이었음을 상기해야 한다).

수메르의 마지막 문화적 국면이자 초기문자 시대는 이전의 시대로부터 기원된 그런 물질적이고 정신적인 성취들이 더욱 발전하며, 특히 문자의 문제에서 원시문자 시대보다 훨씬 창조성을 발휘한다. 이전 시대까지 대부분 상형과 표의문자의 성격을 가졌던 필기체계는 세월이 흐르며 변형되고 개

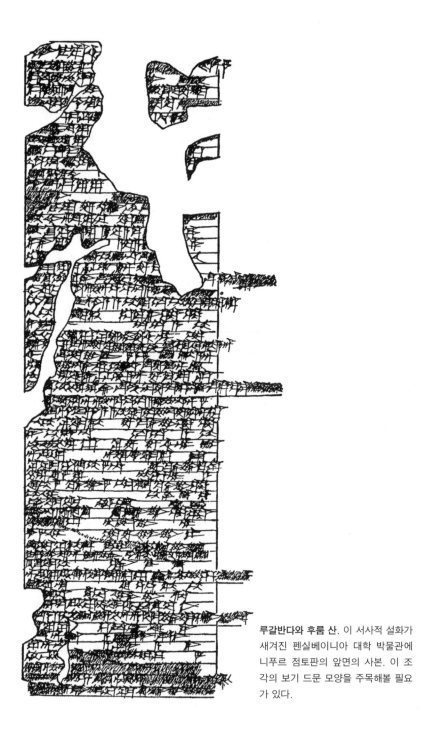

루갈반다와 후룸 산. 이 서사적 설화가 새겨진 펜실베이니아 대학 박물관에 니푸르 점토판의 앞면의 사본. 이 조각의 보기 드문 모양을 주목해볼 필요가 있다.

량되어 신중하게 양식화된 순수한 표음문자 체계가 되었다. 그리고 이 시대 말기에 이르면 그것은 더욱 복잡한 역사적 작문에 활용될 수도 있게 된다.

강력한 수메르 왕조가 최초로 존재한 것은 초기문자 시대나 원시문자 시대 말엽이었을 것이다. 전 수메르의 패권을 둘러싼 도시들간의 끊임없는 투쟁들 속에서, 그들 중 몇몇은 최소한 짧은 기간이나마 남부 메소포타미아를 넘어 수메르의 정치적 경계를 확장했다. 그리고 이에 따라 이번에는 수메르인들에 의해 주도된 근동 역사의 두 번째 제국이 탄생하게 되었다. 그러나 셈 족으로 추정되는 그들의 전임자들과 마찬가지로 수메르 제국도 결국에는 서서히 약해져 붕괴된다. 그 땅을 향한 계속된 침입의 결과로 셈 족인 아카드 인들은 계속 강성해져갔고, 수메르-아카드 시대의 시작이라 일컬어지는 사르곤 대왕에 이르러 마침내 수메르 제국은 종말을 고하게 된다.

결론적으로 그것은 초기 남부 메소포타미아 역사의 앞에서 묘사된 문화적 단계에 대한 구체적인 연대의 규정에 도움이 될 것이다. 왜냐하면 연대를 '높게' 잡으려는 고고학의 고질적인 성향이 최근에 다시 나타나고 있기 때문이다.

그것을 논하기 위해 저 유명한 함무라비부터 시작해보기로 하자. 그는 메소포타미아 역사와 연대기를 푸는 실마리가 되는 인물이다. 몇십 년 전까지 그의 재위의 시작은 기원전 20세기로 추정되었다. 지금은 기원전 1750년경이라는 데 일반적으로 동의하고 있다. 그러나 사실은 이 연대조차도 40~50년 정도 너무 높게 잡은 것으로 보인다.

함무라비의 재위 시작과 메소포타미아의 주요 지배자인 아카드의 사르곤 대왕 사이의 간격은 얼마 전까지 약 700년으로 추정되었으나, 지금은 550년으로 줄어들었다. 쐐기문자 체계의 발달로부터 판단하여 만약 지금 우리가 수메르의 초기문자 단계에 400년 정도를 할당한다면, 그것의 시작은 대략 기원전 2700년쯤이 될 것이다. 그 이전단계인 원시문자 시대는 아마 200년을 크게 넘지 않을 것이고, 그렇다면 그 이전에 있었던 야만적인 수메르의 영웅시대는 기원전 3000~3100년 정도였다는 이야기가 된다.

이에 따르면 승리에 찬, 그러나 원시적인 수메르 유목민들이 남부 메소포타미아에 처음 당도한 것은 기원전 3000년대 종반이었다. 여기서 더 나아가 우리가 이란-셈 족 문명에 500~600년의 시간을 준다면, 남부 메소포타미아 최초의 정착은 기원전 3000년대 전반에 이루어졌다는 결론에 이른다.

서사시나 찬미가와는 달리 서정시는 수메르 문학에서 좀 드문 편이며, 사랑을 다룬 서정시는 특히 더 그렇다. 수백, 수천을 헤아리는 수메르 점토판들 사이에서 사랑을 다룬 시는 지금까지 오직 두 편만이 발견되었다. 제25장에서 다루어질 이 두 편의 시는 세속적인 의미에서의 사랑타령이 아니다. 그 둘은 모두 왕실의 신부가 그녀의 왕에게 바치는 사랑의 광상곡이며, 성서의 〈아가雅歌〉를 상기시킨다.

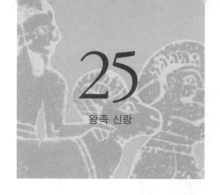

최초의 사랑노래

1951년 말까지 풀브라이트 재단의 연구교수로서 이스탄불의 고대 오리엔트 박물관에서 일하는 동안 나는 박물관 번호 2461인 한 작은 점토판을 발견했다. 그때 나는 몇 주일간 선반마다 가득 쌓여있는, 아직 사본도 만들어지지 않고 발표되지도 않은 수메르 문학의 점토판들을 서둘러 검토하며, 만약 가능하다면 그것들이 속하는 작품에 각 조각을 맞출 수 있겠는지를 확인하고 있었다. 하지만 그해에는 그것들의 사본을 만들 시간이 전혀 나질 않았다. 그 작은 2461번 점토판은 다른 수많은 점토판들에 둘러싸인 채 선반 위에 놓여 있었다.

처음 그것에 눈길을 주었을 때 가장 나의 흥미를 끈 것은 그것의 훌륭한 보존상태였다. 그리고 내가 들고 있는 것이 두 개의 연으로 된 시라는 사실을 깨달았다. 그것은 미와 사랑, 희열에 찬 신부와, 약 4000년 전 수메르를

수메르의 여인. '우루크의 귀부인'이라고 불리는 여성 두부 대리석상.

통치했던 슈-신(Sin)이란 이름의 왕을 찬미하고 있었다. 내가 손에 들고 있는 것은 인간의 손에 의해 씌어진 가장 오래 된 사랑노래 중의 하나였다.

그것은 단순히 '남과 여' 간의 사랑을 노래한 세속적인 시가 아니었다. 거기에는 왕과 그에 의해 선택된 신부가 있었다. 그것은 고대의 가장 중요한 의식의 하나인 '신성한 결혼'에 쓰이기 위해 만들어진 것임에 틀림없었다. 수메르의 믿음에 의하면, 대지와 동물의 생산력을 비옥하게 하기 위해 매년 사랑의 여신 이난나의 여사제나 성직자와 결혼하는 것은 지배자의 신성한 의무였다. 그 전통적인 의식은 신년 첫날에 음악, 노래 그리고 춤이 동반된 축제와 더불어 거행되었다. 작은 이스탄불의 점토판에 새겨진 그 시는 그런 신년행사의 하나에서 왕 슈-신에게 선택된 신부에 의해 낭송된 것임이 거의 확실했다.

그 시는 이스탄불에 있는 점토판 컬렉션의 터키 인 큐레이터들 중 한 명인 무아제즈 키그에 의해 사본이 만들어졌다. 사본, 음역, 해석 그리고 주석이 들어 있는 그 시의 편집은 〈터키 역사위원회 정기보고서〉 16권(345쪽)에 발표되었다. 그 내용은 다음과 같다.

> 신랑이여, 내 가슴 속의 사랑하는 이여,
> 꿀같이 달콤한 그대의 아름다움이여,
> 사자여, 내 가슴 속의 사랑하는 이여,
> 꿀같이 달콤한 그대의 아름다움이여,
>
> 당신은 나를 사로잡았고, 나는 당신 앞에 떨며 서 있습니다,
> 신랑이여, 나를 침실로 데려가주세요,

당신은 나를 사로잡았고, 나는 당신 앞에 떨며 서 있습니다,
사자여, 나를 침실로 데려가 주세요,

신랑이여, 당신을 어루만지게 해주세요,
나의 소중한 애무는 꿀보다 달콤합니다,
침실에는 향긋함이 가득하고,
우리는 당신의 아름다움을 만끽합니다,
사자여, 당신을 어루만지게 해주세요,
나의 소중한 애무는 꿀보다 달콤합니다.

신랑이여, 당신은 나에게 즐거움을 주었습니다,
나의 어머니에게 말하세요, 그녀는 당신에게 진미를 대접할 거예요,
나의 아버지, 그는 당신에게 선물을 줄 거예요.

그대의 영혼, 나는 그대의 영혼을 어떻게 고양시키는지 알고 있어요,
신랑이여, 우리 집에서 새벽까지 주무세요,
그대의 마음, 나는 그대의 마음을 어떻게 기쁘게 하는지 알고 있어요,
사자여, 우리 집에서 새벽까지 주무세요,

그대여, 당신이 나를 사랑하기 때문에,
나를 애무해주세요,
나의 주인, 나의 수호신이여,
엔릴의 마음을 기쁘게 하는 나의 슈-신이여,
나를 애무해 주세요.

꿀같이 달콤한 당신의 장소에 (당신의) 손을 놓으세요,
기슈반-옷 같은 그 위로 (당신의) 손을 가져오세요,

기슈반-시킨-웃 같은 그 위로 (당신의) 손을 오므리세요,

그것은 이난나의 발발레-노래입니다.

유일하게 알려진 또 하나의 수메르 사랑노래 역시 이스탄불의 점토판에 새겨져 있다. 그것은 에드워드 치에라에 의해 1924년 공개되었지만 해석되지는 않고 있다가, 1947년 아담 팔켄스타인에 의해 훌륭하고 상세한 원문의 편집이 《오리엔트 세계(Die Welt des Orients)》(43~50쪽)에 실렸다.

이 시 역시 이름이 알려지지 않은 성직자가 그녀의 왕에게 바치는 사랑의 말이 담겨 있다. 그러나 구조가 뚜렷하지 않은 관계로, 그것의 의미도 군데군데 불분명하다. 이 시는 여섯 절로 구성된 듯하다. 처음의 둘은 각각 4행이고, 다음은 6행, 그 다음 둘은 다시 각각 4행, 그리고 마지막은 6행이다. 다

사랑의 시. 성서의 〈아가〉를 연상케 하는 왕 슈-신(Sin)에게 바친 사랑의 시가 새겨진 이스탄불 점토판의 앞면과 뒷면의 사본.

양한 절들 사이의 논리적인 연관성은 확실치가 않다. 첫 번째 절은 슈-신의 탄생을 노래하고, 두 번째는 슈-신, 그의 어머니 아비심티 그리고 그의 아내 쿠바툼을 찬미하는 영탄조의 행들로 이루어져 있다. 세 번째의 긴 절에서 여인은 그녀의 흥겨운 알라리-노래의 보답으로 왕이 그녀에게 하사한 선물들을 이야기한다. 마지막 절들의 첫 번째와 세 번째는 왕을 찬미하는 영탄조의 행들로 구성되어 있고, 두 번째는 그 여인 자신의 매력을 유혹적으로 노래한다. 다음은 전체 시의 해석이다.

> 그녀는 고결한 그를 낳았고, 그녀는 고결한 그를 낳았고,
> 여왕은 고결한 그를 낳았고,
> 아비심티는 고결한 그를 낳았고,
> 여왕은 고결한 그를 낳았다.

> 늘씬한 사지를 가진 오, 나의 (여왕)이시여,
> 나의 여왕 쿠바툼의 머리를 . . . 진 오, 나의 (여왕)이시여,
> 나의 지배자 수신의 머리카락을 . . . 진 오, 나의 (여왕)이시여,
> 나의 아들 슐기의 말을 . . . 진 오, 나의 (여왕)이시여!

> 내가 그것을 노래했기에, 내가 그것을 노래했기에,
> 왕은 나에게 선물을 주셨고,
> 내가 알라리-노래를 불렀기에, 왕은 나에게 선물을 주셨고,
> 황금의 장식, 청금석의 인장을 왕은 나에게 선물로 주셨고,
> 금반지, 은반지를 왕은 나에게 선물로 주셨고,
> 왕이시여, 당신의 선물은 . . . 가득 넘치고, 나에게 당신의 얼굴을 들고,
> 슈-신이시여, 당신의 선물은 . . . 가득 넘치고,
> 나에게 당신의 얼굴을 들었습니다.
> . . . 왕 . . . 왕 . . . ,

... 무기와 같이 ...,

도시는 용을 닮은 나의 주인 슈-신과 같은 그 손을 치켜올리고,

그것은 사자새끼를 닮은 나의 아들 슐기와 같은 그대의 발밑에 놓였습니다.

포도주 처녀의 신이시여, 그녀의 음료는 달콤하고,

그녀의 음료처럼 그녀의 음부는 달콤하고, 그녀의 음료는 달콤하고,

그녀의 입술처럼 그녀의 음부는 달콤하고, 그녀의 음료는 달콤하고,

그녀의 음료, 그녀의 혼합된 음료는 달콤합니다.

나를 총애하는 나의 슈-신이시여,

나를 총애하는, 나를 귀여워하는 오, 나의 (슈-신이시여),

나를 총애하는 나의 슈-신이시여,

엔릴의 사랑을 받는 이여, (나의) 슈-신이시여,

나의 왕이시여, 그의 땅의 신이시여!

그것은 바우의 발발레입니다.

이 책에서 분석되는 수메르 시와 에세이들은 아직도 땅 속에 묻혀 있는 무수한 점토판들은 차치하더라도 현재 우리가 갖고 있는 수메르 문학 자료에서도 아주 미미한 부분에 지나지 않는다. 기원전 1000년대 전반에 접어들면, 수많은 종류의 엄청난 분량으로 된 수메르 문학작품들이 수메르 학교에 넘쳐흘렀다. 그것들은 점토판, 각주, 다양한 크기와 모양의 원주들에 새겨지고, 활용되고, 저장되었다. 그리고 그에 앞서 수메르의 교직원들은 문학작품들의 명단을 작성하면 편리하겠다고 생각했던 것 같다. 1942년에 바로 이러한 두 권의 책이 확인되었다. 그중 하나는 지금 루브르에 있고, 다른 하나는 펜실베이니아 대학 박물관에 소장돼 있다. 이 최초의 '도서목록'이 우리가 제26장에서 논의할 주제다.

최초의 도서목록

　펜실베이니아 대학 박물관에는 No.29-15-166으로 분류된 점토판이 있다. 그것은 고대 수메르의 '도서목록'이다. 길이 6.4cm, 나비 3.8cm인 이 조그만 점토판은 완벽하게 보존되어 있다. 필경사는 두 개의 난으로 나뉘어진 양면에 정밀하게 문자를 새겨넣음으로써 이 조그만 점토판에 62편에 이르는 문학작품들의 제목을 정리하는 데 성공했다. 그는 처음 40편의 제목은 10개씩 묶은 다음, 각 묶음에 10행씩을 할애했다. 그리고 나머지 22편의 제목은 9개와 13개로 나누어 묶었다.

　필경사가 정리한 목록의 제목들 중 최소한 24편은 현재 부분적 혹은 완성된 원문으로 우리가 가지고 있다. 그리고 앞으로 우리는 거기에 적힌 더 많은 원문들을 갖게 될 것이다. 그러나 수메르 작품의 제목은 보통 처음부분의 첫 행에서 따오기 때문에, 첫 행이 떨어져나갔거나 심하게 손상된 시와 에세이의 제목은 확인할 길이 없다.

대학 박물관에 있는 그 작은 점토판의 내용이 '도서목록'이라는 사실을 깨닫기까지는 결코 쉽지 않았다. 처음 선반에서 그 작은 점토판을 꺼내어 검토했을 때 나는 그것이 무슨 내용인지 전혀 알지 못했다. 그것이 또 다른 수메르 시일 거라고 안일하게 짐작한 나는 전체가 연관성을 가진 하나의 원문으로서 그것을 해석하려 시도했다. 극도로 짧은 개개의 행들과 여러 묶음으로 나뉜 원문의 설명할 수 없는 분할 때문에 나는 곧 난관에 봉착했다. 만약 여러 해에 걸쳐 수많은 수메르 문학작품들의 원문 조각들을 맞추기 위해 심혈을 쏟아온 나의 경험 속에서 작품의 첫 행들이 눈에 익지 않았더라면, 아마도 그것이 '도서목록'일 거라는 생각은 나의 머리 속에 영영 떠오르지 않았을 것이다.

읽고, 또 읽고, 다시 읽고, 고쳐 읽고 하는 동안 그 작은 점토판의 독립적인 구절들과 여러 수메르 시와 에세이들의 첫 행들 사이의 유사성이 나의 눈에 예사롭지 않게 비쳐지기 시작했다. 일단 그렇게 시각이 잡히자 문제는 비교적 간단해졌다. 구체적인 비교분석을 통해 이 점토판에 새겨진 행들이 서로 연관된 원문을 이루고 있는 것이 아니라, 사실은 상당한 수의 수메르 문학작품들의 제목이 결합된 도서목록이라는 결론을 이끌어냈다.

도서목록의 내용이 일단 해독되자, 내용이 비슷하면서 해독되지 못한 채 다른 박물관에 의해 발표된 수메르 자료가 있는지 찾아보는 것이 좋을 듯싶었다. 아나나 다를까, 루브르 박물관의 '수메르의 종교적 텍스트들'을 검색하는 가운데 나는 그의 사본을 만든 프랑스 학자 제누야크에 의해 찬미가로 분류된 루브르 점토판 AO 5393이 사실은 대학 박물관 점토판과 상당 부분이 일치하는 도서목록이라는 사실을 발견했다. 더구나 그 필적으로 판단하건대, 둘은 같은 필경사에 의해 씌어진 것 같다. 루브르 점토판은 네 개의 단으로 나뉘어 있고, 대학 박물관 점토판보다 6편이 많은 68편의 도서목록을 담고 있다. 순서는 다르지만 두 점토판의 도서목록 중 43편의 제목은 동일하다. 그러므로 루브르 점토판에는 대학 박물관 점토판에 없는 25편의 제목

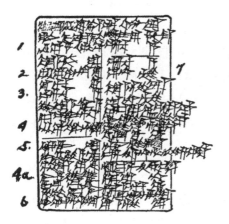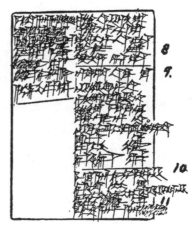

'도서목록'. 이 책에서 다루어진 작품들이다. 이 목록의 사본에 적혀진 숫자들은 이 책에서 논의된 문학작품들을 가리킨다.

이 실려 있고, 대학 박물관 점토판에는 루브르 점토판에 없는 19편의 제목이 들어 있다. 따라서 두 점토판에는 총 87편의 도서목록이 새겨져 있다. 우리는 루브르 점토판에만 제목이 있는 25편의 작품들 중 현재 8편의 원문을 가지고 있다.

이 도서목록들을 준비하는 데 이용된 원칙은 확실하지 않다. 두 도서목록에 공통적으로 있는 43편의 제목도 정리된 순서에서는 상당히 다르다. 따라서 두 도서목록이 같은 원칙 아래 만들어지지 않았다는 것은 명백하다. 우선적으로 혹자는 작품들의 내용이 기준으로 작용하지 않았을까 기대할 것이다. 그러나 그것은 이 경우에 별로 적절치가 않다. 내용에 의해 배열된 유일한 예는 대학 박물관 점토판의 마지막 13편의 제목이다. 그것들은 모두 '지혜'에 관계된 작품들이다. 흥미롭게도 그중 루브르 점토판에 실려 있는 것은 하나도 없다.

현재 우리는 도서목록이 만들어진 실제적인 목적을 아는 바 없고, 단지 필경사가 그렇게 하도록 만든 현실적인 요소들을 짐작할 수 있을 뿐이다. 몇

가지의 우선적인 가능성은 그가 문학 점토판들을 단지에 '싸거나', 단지에서 '꺼내거나', 혹은 '점토판 보관소'의 선반을 정리하며 목록을 만들었을 것이란 추측이다. 어떤 경우라도 도서목록이 새겨진 점토판의 크기가 작품 선택과 배열에 무시 못할 영향을 끼쳤을 것이다. 다른 자료가 나오기까지 도서목록의 작성에 얽힌 의문점은 풀리지 않고 남을 것이다.

다음은 두 도서목록에 있는 작품들 중 이 책에서 논의되는 시와 에세이들과 일치되는 것들의 명단이다.

1. 에네 니그두에('유일한 신') : 대학 박물관 점토판 3번에 올라 있다(아마 루브르 박물관 점토판에도 있었을 것이나, 이 부분이 손상되었다). 이 작품은 '곡괭이의 창조' 신화로 시작되며, 그 첫 부분은 우주의 창조에 관한 수메르인들의 개념을 추정하는 데 활용된다(제13장 참조).

2. 엔릴 수두셰('원대하신 엔릴') : 두 도서목록에 모두 5번에 올라 있다. 이 작품은 제13장에 상당한 부분이 인용돼 있는 엔릴의 찬미가로 시작된다.

3. 우리아('창조의 날') : 두 도서목록에 모두 7번에 올라 있다. 이 작품은 '길가메시, 엔키두 그리고 저승세계'로 시작된다(제13장 참조). '우리아'란 제목은 두 도서목록에 두 번 더 나타난다. 그 사실은 작성자가 같은 구절로 시작되는 두 편의 작품을 더 갖고 있었음을 알려준다. 그럼에도 불구하고 그는 세 개의 동일한 제목을 구별시켜야겠다는 생각을 하지 않은 모양이다.

4. 에네 쿠를루틸라셰('생명의 땅을 향한 지배자') : 두 도서목록에 모두 10번에 올라 있다. 이 작품은 용의 살해에 관한 설화인 '길가메시와 생명의 땅'으로 시작된다(제22장 참조).

5. 루킨기아 아그('아그', 또는 '아가의 사자') : 대학 박물관 점토판에는 11번에 올라 있으나, 루브르 점토판에는 빠져 있다. 이 작품은 정치적으로 중요한 서사시인 '길가메시와 아가'로 시작된다(제5장 참조). 여기에서 그

것의 수메르 어 제목은 '아그'까지만 적혀 있다.

6. 후르사그 안키비다('하늘과 땅의 산') : 대학 박물관 점토판에는 17번에 올라 있으나, 루브르 점토판에는 빠져 있다. 이 작품은 '가축과 곡물'의 논쟁으로 시작되며(제14장 참조), 그 첫 부분은 인간의 창조에 관한 수메르 인들의 생각을 아는 데 중요하다.

7. 우루 나남('도시를 보라') : 대학 박물관 점토판에는 22번에 올라 있으나, 루브르 점토판에는 빠져 있다. 이 작품은 난셰의 찬미가로 시작되며(제14장 참조), 그 첫 부분은 수메르의 윤리와 도덕을 아는 데 중요하다.

8. 루갈반다('루갈반다') : 대학 박물관 점토판에는 39번에 올라 있으나, 루브르 점토판에는 빠져 있다. 이 작품은 서사시 '루갈반다와 엔메르카르'로 시작된다(제24장 참조).

9. 안갈타 키갈셰('위대한 위로부터 위대한 밑으로') : 대학 박물관 점토판에는 41번에 올라 있으나, 루브르 점토판에는 34번으로 분류돼 있다. 이 작품은 '저승세계로 내려가는 이난나'로 시작된다(제21장 참조).

10. 메셰암 이두덴('어디에 갔었느냐?') : 대학 박물관 점토판에는 50번에 올라 있으나, 루브르 점토판에는 빠져 있다. 이것은 제2장에서 논의된 '학교생활' 첫 행의 끝부분이다. 이 에세이의 첫 행 전체는 두무 에두바 우울람 에셰 이두덴('학생, 요즘 어디에 갔었느냐?')이다. 그러나 그 고대의 필경사는 그의 도서목록에 이 행의 처음보다는 마지막 부분을 택했다. 아마도 두무 에두바('학생')로 시작되는 에세이가 너무 많아서 구별할 필요가 있었기 때문인 듯싶다.

11. 우울 엔가라('농부 요레의 나날들') : 대학 박물관 점토판에는 53번에 올라 있으나, 루브르 점토판에는 빠져 있다. 이 작품은 한 농부가 그의 아들에게 주는 교훈을 담고 있는 에세이로 시작하며, 제11장 최초의 '농업서'에 설명되어 있다.

12. 루갈레 우 멜람비 니르갈 : 루브르 점토판에는 18번에 올라 있으나, 대학 박물관 점토판에는 빠져 있다. 이 작품은 용의 살해에 관한 신화인

'신 니누르타의 행위와 업적들'로 시작된다(제22장 참조).

13. 룰루 남마 딘기레('인간, 신들의 고결성') : 루브르 점토판에는 46번에 올라 있으나, 대학 박물관 점토판에는 빠져 있다. 이 작품은 제15장에서 논의된 인간의 고난과 복종에 관한 시적인 에세이로 시작된다.

수메르 인들은 인간과 그의 미래에 대한 안일한 희망을 품지 않았다. 그들은 안전과 더불어 오늘날 우리가 신봉하고 있는 네 가지의 자유 중 셋을 갈망했다. 그것은 공포, 빈곤 그리고 전쟁으로부터의 자유였다. 그러나 그들은 이런 갈망과 염원을 미래에 실현하려는 시도를 전혀 하지 않았다. 대신에 그들은 뒤를 돌아보며, 먼 과거로 그것들을 보냈다. 황금시대에 관한 최초의 기록이 제27장에 등장한다.

인류 최초의 황금시대

    고전적인 신화에서 황금시대는 인간이 고생이나 불화 없이 살았던 완벽한 행복의 시대로 묘사된다. 수메르 문학 중에는 점토판에 새겨져 지금까지 우리에게 전해지는 황금시대에 관한 인류 최초의 개념이 있다. 황금시대를 보는 수메르 인들의 관점은 서사시 〈엔메르카르와 아라타의 땅〉(제4장 참조)에서 드러난다. 이 설화에는 까마득한 옛날의 평화와 안전을 묘사하는 21행의 구절이 있다. 그리고 그것은 인간이 그 축복받은 경지로부터 추락하며 끝난다. 그 구절은 다음과 같다.

    옛날 옛적에는 뱀이 없었고, 전갈도 없었고,

    하이에나도 없었고, 사자도 없었고,

    들개도 없었고, 늑대도 없었고,

두려움도 없었고, 공포도 없었고,

인간은 적이 없었다.

옛날 옛적에 슈부르와 하마지,

많은(?)-말을 가진 수메르, 왕권의 신성한 법을 가진 위대한 땅,

우리Uri, 모든 것이 적절한 땅,

안정 속에 놓여 있는 땅 마르투,

전체 우주에 조화(?)를 이룬 사람들,

엔릴을 향하여 한 가지 말로 찬미한다.

(그러나) 그러나, 아버지-신, 아버지-통치자, 아버지-왕,

엔키, 아버지-신, 아버지-통치자, 아버지-왕,

격노한(?) 아버지-신, 격노한(?) 아버지-통치자, 격노한(?) 아버지-왕,

... 수많은 ....

... (5행이 손상되었음)

... 인간 ....

훌륭하게 보존된 처음의 11행은 인간이 옛날의 행복했던 시절을 묘사하고 있다. 그때 인간은 공포와 적이 없었고, 평화와 풍요의 세계에 살았으며, 우주의 모든 인간들은 하나의 신 엔릴을 숭배했다. 만약 '한 가지 말'이란 표현을 글자 그대로 받아들인다면, 그것은 후일의 헤브루 인들과 마찬가지로 수메르 인들도 혼란스런 언어들 이전에 보편적인 언어가 존재했다고 믿었다는 의미가 된다.

그 구절의 다음 부분을 구성하는 10행은 너무 많이 손상되어 그 내용을 추측할 수밖에 없다. 문맥으로 판단하건대, 엔릴의 지배에 불쾌하거나 질투심이 일어난 엔키가 그것을 붕괴시킬 어떤 행동을 했고, 그로 인해 세상 사람들 사이에 불화와 전쟁이 일어남으로써 인류의 황금시대는 종말을 고했

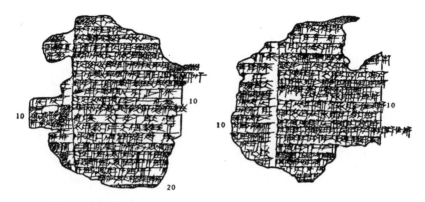

인간의 '황금시대'. 서사적 설화 '엔메르카르와 아라타 왕'의 일부가 새겨진, 펜실베이니아 대학 박물관에 소장된 니푸르 파편의 앞면과 뒷면의 사본.

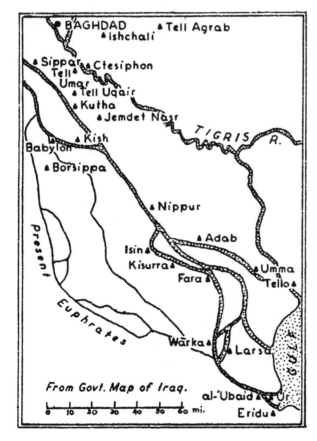

고대 유적지. 주요 발굴장소를 가리키는 이라크 남부 지도.

다고 추정하는 것이 무리가 없을 듯하다. 만약 10과 11행을 글자 그대로 받아들인다면, 언어의 혼란을 불러온 것도 엔키가 된다. 그렇다면 우리는 여기에서 성경의 '바벨 탑' 이야기(창세기 11장 1~9절)와 수메르 신화의 유사점에 대한 첫 번째 암시를 발견한다. 그러나 수메르 인들은 인간의 몰락을 신들 간의 질투와 갈등의 탓으로 돌리는 반면, 헤브루 인들은 그것을 신과 같이 되려는 인간의 욕망 탓으로 믿고 있다.

시인은 그것을 '엔키의 마법'으로 분명히 지적하고 있다. 이야기는 이렇다. 우루크의 지배자이자 엔키의 총애를 받는 엔메르카르는 광물이 풍부한 아라타를 복속시키기로 결심한다. 그래서 그는 아라타 왕에게 사자를 보내 그들이 귀중한 금속과 돌을 가지고 내려와 엔키의 신전인 아브주를 짓고 장식하도록 강압한다. 아라타의 왕에게 더욱 강한 인상을 주기 위해 엔키는 '엔키의 마법'을 낭독하도록 사자에게 지시한다. 그것은 엔키가 지상과 그곳의 거주자들에 대한 엔릴의 지배를 어떻게 끝장냈는지에 대한 것이다.

인류의 축복받았던 과거에 대한 수메르 인들의 생각에 빛을 던진 것 외에도 그 21행의 구절은 또 다른 의미에 있어 중요하다. 그것은 수메르 인들에게 알려졌던 물질적 세계의 규모와 모양을 드러낸다. 6행과 9행으로부터 판단할 때 이 시의 작가는 우주가 네 개의 땅으로 나뉘어져 있다고 확신했다. 그의 나라 수메르는 이 우주의 남쪽 경계를 형성했고, 위도 33°의 약간 밑에 위치한 페르시아 만으로부터 티그리스 강과 유프라테스 강 사이에 있었다. 수메르의 북쪽에는 우리Uri가 있었고, 그 땅은 후일의 아카드와 아시리아가 포함된 위도 33° 위의 티그리스 강과 유프라테스 강 사이에 위치해 있었다. 수메르와 우리의 동쪽은 슈부르-하마지로, 의심할 여지 없이 서부 이란의 상당 부분을 포함하고 있었다. 수메르의 서쪽과 남서쪽에는 마르투가 있었고, 유프라테스 강과 지중해, 아라비아 사이의 땅이 포함되었다.

간단히 정리해보면, 수메르 인들이 생각한 우주란 최소한 북쪽의 아르메니아 고원으로부터 남쪽의 페르시아 만, 동쪽의 이란 고원으로부터 서쪽의 지중해까지 펼쳐져 있었다.

최초의 병든 사회

　　고대 수메르 인과 현대인 사이에는 문화, 개성 그리고 정신의 외면적이고 내면적인 명백한 차이에도 불구하고, 근본적으로 유사하고, 비교할 수 있으며, 상호적이라는 것이 오랜 동안 나의 주장이었다. 현대의 삶을 특징짓고 얼룩지게 만드는 다양한 사회적 병리현상들을 보며, 나는 이런 문제들의 일부가 고대 수메르 사회에도 마찬가지로 있었는지 알아보는 것도 흥미로울 거라 생각했다.

　　이에 따라 나는 비교적 내게 친숙한 수메르의 쐐기문자 자료들을 검토했다. 사회학자들이라기보다는 상상력이 풍부하고 감성적인 시인들에 의해 씌어졌기 때문에 그것들이 이 비교연구에 물론 직접적인 도움이 될 수는 없겠지만, 행간의 의미를 통해 추리할 수 있는 단서를 찾을 수 있지 않을까 기대했던 것이다.

이 장에서는 이 질문에 대답하기 위하여 비사회학적 자료로부터 얻어낸 사회학적 증거의 일부가 요약될 것이며, 우리의 고통받는 사회와 마찬가지로 4000년 전 수메르 사회도 통탄할 타락과 비참한 사회상에 시달렸다는 증명이 시도될 것이다. 예를 들면 수메르의 유토피아적인 이상은 질서가 정연할 때보다는 혼란할 때 더욱 빛났다. '일요일에 참회하고, 월요일에 죄짓기'는 요즘과 마찬가지였다. 평화를 열망했으나, 끊임없는 전쟁을 겪었다. 정의·공정·동정 등과 같은 이상이 공언되었으나, 실제로는 불법·불평등·억압이 판을 쳤다. 물질적이고 근시안적인 욕심 때문에 환경과 경제가 균형을 이루지 못했다. 부모와 자식, 스승과 제자 간의 '세대차'가 있었다. '사회의 낙오자들', 히피와 성도착자들이 있었다. '유니섹스'의 신봉자들과 '야한 복장'에 대한 논란 등이 있다. 어떤 경우를 막론하고, 여기에는 현대적 불행의 고대적 닮은꼴의 증거가 있다. 먼저 일반적으로 사회의 가장 파멸적인 현상으로 여겨지는 전쟁부터 다루어보자.

전쟁과 싸움이 고대 근동 전체에 만연했다는 것은 잘 알려진 슬픈 사실이다. 오늘날의 역사책에는 왕실의 비문들과 특히 아시리아 왕들의 연대기에서 발췌한 끔찍스런 사실들이 가득하다. 그러나 그런 왕실의 비문과 연대기는 일차적으로 승리자와 정복자들을 찬양하기 위한 목적 아래 씌어졌기 때문에, 정복되고 제물이 된 공동체들의 경제적·사회적·정치적·종교적 삶에 미치는 전쟁의 여파에 대해서는 거의 정보를 주지 못한다. 이런 종류의 정보를 얻기 위해서는 '애도가'로 알려진 수메르 문학 장르를 살펴보아야 한다. 그 장르는 기원전 2000년대 후반기에 형성되기 시작했지만, 기원전 1000년대 전반기 전까지는 수메르 문학과 종교의식의 주요한 구성요소로 자리잡지 못했었다. 이런 애도가들은 정복당한 자들의 비참함과 고통을 생생하게 묘사하고 있다. '수메르와 우르의 파괴에 대한 애도가'를 통하여 우리는 수메르 인들이 이웃한 적들에 의해 패배하자 법과 질서가 사라졌음을 알 수 있다. 도시, 집 그리고 외양간은 폐허가 되었다. 경작지, 밭, 과수원, 목초지는 손질되지 않고 방치되었다. 가족들의 삶은 완전히 붕괴되었다. 그들의 왕과 백성들은 포로로 끌려가고, 외국인들이 그들의 땅에 정착했다. 신전은 더럽혀지고, 그들의 의식과 제례들은 금지되었다. 육로와 수로를 통한 연락은 두절돼버렸다. 공포, 학살, 굶주림이 대지를 휩쓸었다.

잘 알려진 바와 같이 전쟁은 우리 시대 인플레이션의 주요 원인이다. 그리고 그것은 고대 수메르에서도 마찬가지였다. '아카드의 저주'로 알려진 작품을 보면 구티 유목민들의 침략에 의해 수메르가 황폐해지자, 물가의 폭등이 일어나 은 1세겔로 오직 반 실라의 기름, 반 실라의 곡식, 반 미나의 양모, 그리고 1'반ban'의 물고기 정도를 살 수 있었음을 알 수 있다. 물가가 평소보다 20~200배나 뛰었던 것이다.

전쟁의 쓰디쓴 열매를 먹으며 수메르의 사람들은 평화와 안전을 갈망했다. 기원전 2300년경에 루갈자게시는 자신이 동서남북에 걸친 모든 땅의 주인이 된 뒤 사람들이 '풀밭에서 (평화롭게) 잠잤다'고 자랑했다. '모든 대지는 풀밭에서 (계속하여) (평화롭게) 잠자고', '모든 인간은 초목처럼 번성함'을 보아달라고 그는 엔릴에게 기도했다. 약 200년 뒤의 어느 날 구데아는 닌기르수를 재건되고 정화된 에닌누로 데려와, 예언자 이사야를 생각나게 하는 말로 다음과 같이 공언한다.

> 초원의 창조물 짐승들이 함께 무릎 꿇고,
> 사자, 표범(?), 초원의 용이 함께 무릎 꿇고 달콤한 잠을 잔다.

그후 100년이 되기 전에 고대세계의 진실로 위대한 지배자들 중 하나인 슐기는 다음과 같이 주장한다.

> 그(?)날, 나의 비문에는,
> 나에 의해 파괴된 도시가 없고,
> 나에 의해 무너진 성벽이 없고,
> 나에 의해 여린 갈대와 같이 뭉개진 땅이 없다고,

가수는 노래 부르리라.

간절히 원하던 평화, 안전 그리고 안정의 그림은 어느 시인에 의해 '니푸르의 파괴에 대한 애도가'를 통하여 표현된다. 그는 니푸르와 수메르가 이슈메-다간에 의해 그들의 적으로부터 해방된 후 다음과 같이 되었다고 주장한다.

인간이 인간을 학대하지 않고,
아들이 아버지를 두려워하는 날,
겸손함이 대지에 충만하고,
고귀함이 아래 사람들부터 존경받는 날,
동생이 형에게 양보하는 날,
젊은이가 학식 있는 사람의 말을 듣는 날,
약한 자와 강한 자 간의 싸움(?)이 없고, 친절이 넘치는 날,
(아무) 선택된(?) 길이나 여행할 수 있고, 잡초가 뽑히는 날,
사람이 원하는 곳을 여행할 수 있고,
초원(?)에서(도) . . . 해를 당하지 않는 날,
모든 고통받는 자들이 대지에서 사라지고, 빛이 넘치는 날,
검은 어둠이 밀려나고, 모든 살아 있는 창조물들이 기쁨에 넘치는 날.

한 도시의 평화와 번영이 무엇을 의미하는지 역시 앞서 말한 작품 '아카드의 저주'로부터 알 수 있다. 이 작품은 왕 나람-신이 용서받지 못할 신성모독을 저질러 그의 도시가 파괴되고 황폐화되기 전의 행복한 모습을 손에 잡힐 듯이 묘사하며 시작하고 있다. 그 시의 작가에 따르면, 그 도시는 음식과 음료수가 풍부한 안전한 곳이었고, 그곳의 안마당들은 행복에 넘쳤고, 그곳의 축제는 아름답고 매력적이었고, 그곳의 사람들은 조화롭게 살았고, 그곳의 집들은 금은으로 가득 찼고, 그곳의 사일로(곡식 저장고)는 곡식으로 부

풀어올랐고, '그곳의 나이 든 여인들은 타고난 조언자들이었고, 그곳의 나이 든 남자들은 타고난 웅변가들이었고, 그것의 젊은이들은 용맹을 타고났고, 그곳의 어린아이들은 행복한 가슴을 타고났고', 음악과 노래가 안팎에 충만했고, 그곳의 부두는 짐을 싣고 부리는 배들로 가득했다.

수메르 인들의 평화를 위한 갈망은 너무나 간절했기 때문에 그들은 그들의 신성한 도시 니푸르에 '평화의 문'이라고 알려진 특별한 문을 건설했다. 그것이 언제, 그리고 왜 구상되어 건설되었는지 현재로서는 알려진 바 없다. 그러나 '아카드의 저주'를 지은 시인에 의하면, 나람-신의 오만하고 신성을 더럽힌 행동의 하나는 평화의 문을 곡괭이로 부순 것이었다. 그 결과 '그 땅에서 평화는 멀어져갔다.' 그러므로 니푸르에 있던 평화의 문은 평화의 상징이었고, 그것을 부수는 건 전쟁과 갈등이 발발함을 의미했다.

안팎으로 수메르 인들을 압박하여 그들의 탁월함을 짓눌러버린 전쟁의 원인은 오늘날과 마찬가지로 다양하고 복잡했다. 경제적으로는 그 땅에 없는 자원을 획득할 필요가 늘어갔고, 정치적으로는 적대적인 이웃의 공격으로부터 안전을 지켜야 했으며, 심리적으로는 권력과 특권, 명성과 영예, 원한과 보복을 위한 움직임이 두르러져간 것을 들 수 있다. 그런 심리적인 동기는 수메르 사회에서 보통 이상의 역할을 했다. 그것은 좀더 '진보된' 현대 사회와 마찬가지로 경쟁과 우위, 야망과 성취, 싸움과 승리 등에 강조점을 두었다. 예를 들면 오늘날 미국사회와 마찬가지로 수메르 사회는 오늘날의 표현을 빌리자면 대단한 '성취 지향성'의 특성을 지녔다. 그리고 그 결과 이 사회는 빈곤층과 부유층, 약한 자와 강한 자, 힘없는 자와 힘있는 자, 억압받는 자와 억압하는 자로 양극화되었다. 그 예로써 우르-남무 법전의 시적인 머리말 일부를 살펴보자.

그러자 우르-남무, 강인한 전사, 우르의 왕, 수메르와 아카드의 왕은 도시의 신인 난나의 뜻과 우투의 진실한 말에 따라 땅에 형평을 세우고, 악습, 폭력, 싸움을 일소하였으며 ... 그는 청동으로 실라-측정기구를 만들었고, 무게 1

미나의 기준을 마련했으며, 1미나와 관련(?)지어 은 1세켈의 돌 무게를 정하였다. . . . 고아는 부자에게 넘겨지지 않았고, 미망인은 힘있는 자에게 넘겨지지 않았으며, 1세켈을 가진 자는 1미나를 가진 자에게 넘겨지지 않았다.

이 숭고한 주장을 통해 볼 때, 수메르 사회는 우르-남무 시대와 그 이전의 시대에 오랫동안 불법, 불공정, 빈곤 그리고 억압에 시달렸음이 틀림없다.

우르-남무가 그의 머리말에 공언된 인도적인 이상을 추구하기 위해 진지한 노력을 기울였는지는 모르지만, 그가 큰 성공을 거두지는 못했을 것이다. 그 땅의 정의와 공평을 보장하는 왕들의 주장은 사실상 모든 경우에 왕에게 바치는 찬미가들의 상투적인 문구가 되었다. 왕이 정의를 존중하고, 진리를 사랑하고, 악을 미워했다는 것은 짧고 의례적인 진술에 지나지 않았다. 그러나 종종 시인들은 이 인도주의적인 주제를 확대시켰다. 왕의 유토피아적인 통치에 대한 좀더 긴 묘사의 하나로는 이슈메-다간의 자화자찬처럼 들리는 찬미가를 들 수 있다.

우투는 내 입을 통하여 정의와 진리를 세웠다—
사람들에게 평결과 결정을 내리기 위해,
진리가 널리 퍼지게 하기 위해,
형평을 지키고, 사악함을 부수기 위해,
형제는 형제에게 진리를 말하고, 아버지는 존경받는 것을 보기 위해,
큰누이가 부정되지 않고, 어머니의 위엄이 서는 것을 보기 위해,
약자가 강자에게 넘겨지지 않고, 여자가 보호받는 것을 보기 위해,
힘있는 자가 마음대로 하지 못하고,
사람이 사람을 해하지 못하게 하는 것을 보기 위해,
악과 폭력이 일소되고,
정의는 번성한다—
닌갈에서 태어난 아들 우투가 나에게 할당되었다.

후에 이슈메-다간은 같은 찬미가를 통하여 사회정의 분야에서 이룬 그의 인상적인 성취를 공들여 설명한다.

악과 폭력을 나는 억눌렀고(?),
진리를 나는 수메르에 세웠다.
나는 정의를 사랑하는 목자이고,
나는 수메르에서 태어난 니푸르의 시민이고, . . . ,
나는 불공정(?)을 참지 못하는 심판자이고,
틀림없는 판결만을 내리는 사람이기 (때문에),
힘을 앞세운 행동은 고귀하지도, 강하지도 않고,
강한 자는 약한 자를 억압하지(?) 못한다 :
귀족은 자유민을 학대하지 못하고, . . . ,
가난한 자가 부자에게 감히 말대답할 수 있고, ...
매수된 평결, 잘못된 명령을 나는 일소했고(?),
나는 꼴사납고, 남용되는 . . . 씻어냈고,
나는 그릇되고, 거짓되고, 위해한 것을 바로잡았다.
누명을 쓴 자, 미망인, 고아—
나는 '오, 우투, 오, 난나,'라고 울부짖는 그들에게 응답했고, . . . ,
나는 초원(?)에서 약탈(?)을 일삼는 살인자들을 소탕하여,
굳건히 정의를 지켰고, ...

이 구절들로 판단할 때, 수메르 사회는 폭력과 학대, 불법과 불공정, 억압과 범죄 등과 같은 악이 만연되어 있었다. 그런 병든 사회의 그림자는 그의 도시 니푸르를 모든 도시들 중 가장 신성하게 그리는 인간의 도덕과 정신적 가치의 수호신 엔릴에게 바치는 찬미가에서도 엿보인다.

그것은 허풍선이에게 오랫동안 주어지지 않고,

판결에 반대하는 사악한 말이 나오는 것은 허용되지 않는다,

위선(?), 왜곡,

남용, 악의, 꼴불견,

오만(?), 증오, 억압,

시기, (?), 무력, 비방하는 말,

불손, 위반, 야합, 계약 파기,

평결(?)의 남용(?),

(이 모든 악들을) 그 도시는 묵과하지 않는다.

이 시의 모든 고결한 말을 믿어보자. 그리고 속이 뻔히 들여다보임에도 불구하고 니푸르가 도덕적으로 순결하고, 윤리적으로 결점이 없다는 것을 인정하자. 그렇다손 치더라도 수메르의 덜 신성한 도시들과 전체 수메르 사회가 작가에 의해 조목조목 열거된 그런 악덕을 용인했다고 추정하는 것이 그리 불합리하지는 않을 듯싶다. 그렇게 놓고 보면 사회적 결함과 타락을 최소화하려는 희망 아래 수메르의 신학자들이 무시무시한 천벌로 비행을 저지르는 자들을 협박했다는 사실은 당연한 일이었다. 여신 난셰는 어떤 알려지지 않은 이유로 인해 사회적 정의와 윤리적 행위의 수호신 역할을 담당했다. 그녀에게 바치는 다음과 같은 찬미가가 있다.

고아를 알고, 미망인을 알고,

인간에 대한 인간의 억압을 알고 있는, 고아의 어머니인,

난셰는 미망인을 돌보고,

가련한 자(?)에게 도움말을 주고,

그 여왕은 (그녀의) 무릎을 안식처로 제공하고,

약한 자들을 돌보고 . . . .

이 여신은 신년 초하루가 되면 인류를 재판하는 법정을 열었다. 무릎에

'귀중한 필기용 탁자'를 놓고, 손에는 '황금의 첨필'을 든 '고결한 필경사' 니다바와, 심문관의 역할을 하는 '법전의 사나이' 하이이아를 거느리고, 그녀는 힘있는 자와 부적절하고 꼴불견인 가족 행동에 의한 허풍, 탐욕, 계약 위반, 저울과 치수 속임, 강압적인 행동 등과 같은 악이 있는지 인간의 심장을 조사한다. 만약 죄가 발견되면—많은 수메르 인들이 한둘쯤의 죄는 틀림없이 있었겠지만—, 난셰의 수하인 헨두르사그가 그들을 빠짐없이 벌한다.

수메르의 경제적 퇴보와 관련된 또 하나의 사회적 측면을 살펴보기로 하자. 현대 산업사회와 마찬가지로 물질적이고 근시안적인 수메르 농업사회는 자연의 민감한 생태학적 균형을 함부로 건드리며, 서서히 손상시켜들어갔다. 그들의 경작지나 농장으로부터 더욱더 풍부한 추수를 거두길 성급하게 열망한 나머지 그들은 대지에 물을 너무 많이 주었고, 그 결과 '염분'에 절여진 흙은 생산성이 떨어지거나, 아예 수확을 거둘 수 없는 불모의 땅으로 변해갔다. 그리고 이 불행한 상태는 오염이 반복되고, 생명선이나 다름없는 수로가 침전물로 막히며 한층 가속화됐다.

현대와 수메르 사회에 모두 존재하는 또 다른 경제적인 두통거리는 장사꾼들의 눈속임이었다. 앞에서 언급된 난셰의 찬미가는 그런 사람을 다음과 같이 묘사한다.

> 무거운 것 대신에 가벼운 것을,
> 큰 것 대신에 작은 것을,

앞에서 살펴본 법전의 머리말에 의하면 우르-남무가 중량과 치수의 기준을 정함으로써 장사꾼들의 상습적인 불공정 거래를 막으려 한 것은 틀림없는 사실이다. 그러나 그는 결코 성공하지 못했고, 그것은 어느 여자손님의 불평을 들어보면 확실해진다.

> 그 장사꾼—어찌나 가격을 깎아내리는지!

어찌나 기름과 보리를 줄이는지.

아마 그 장사꾼은 손님들을 유혹하기 위해 가격을 내린 후 깎인 가격을 보충하기 위해 상품의 중량을 줄였던 것 같다.

가족의 삶과 교육의 측면을 살펴보자면 현대사회의 큰 문젯거리로 등장하고 있는 '세대차'는 수메르의 삶에도 마찬가지로 영향을 미치며 마음의 장벽을 쌓았다. 부모와 자식, 나이든 층과 젊은 층, 그리고 스승과 제자 간에는 그 문제로 야기된 말다툼과 갈등이 있었다. 수메르 인들이 세대간의 알력과 싸움이 없는 유토피아적인 날을 갈망한 것은 물론이다. 예를 들자면, 구데아가 라가시의 엔시로 뽑혔을 때 그의 주목할 만한 사회개혁의 하나는 '어머니가 아들을 때리지 못하게 하는 것'이었다. 그리고 새로이 복원된 신전 에닌누를 위해 그의 도시를 도덕적·정신적으로 정화해야만 할 필요가 생기자, 그는 '어머니는 아들을 꾸짖지 말고, 아들은 어머니에게 건방지게 말하지 말도록' 했다. 비슷하게, 슐기도 그의 재위 중 '어머니는 아들에게 상냥하게 말하고, 아들은 아버지에게 공손히 대답하도록' 명했다.

니푸르와 수메르의 구원자 이슈메-다간에 의해 도래한 평화로운 시대는 아들이 아버지를 어려워하고, 동생이 형에게 양보한 시절로 주목되었다. 앞에서 언급된 자화자찬의 찬미가에서 이슈메-다간은 그의 재위기간 중 '형제는 형제에게 진리를 말하고', '아버지는 존경받고', '큰누이가 부정되지 않고', '어머니의 위엄이 서도록' 하라고 주장했다.

수메르의 사회적 양심인 난셰가 그 땅에서 적발한 타락한 자들 가운데는, '아들에게 심한 말을 한 어머니, 어머니에게 증오에 찬 말을 한 아들, 형에게 반항한(?) 동생, 아버지에게 말대답한 자' 등이 포함돼 있다.

어느 익명의 수메르 교사에 의해 남겨진 아버지와 아들의 대화체 에세이에서 보여지는 '세대차'의 생생한 묘사는 이미 제3장에서 자세히 다루어진 바 있다. 그 구절의 도입부는 둘 사이의 대화 부족을 생생히 드러낸다. 더구나 그 뒤에 계속되는 상투적인 부모의 훈계로 가득한 아버지의 장광설은 그들 사이의 큰 균열을 보여줄 뿐이다. 그 아버지는 아들의 끊임없는 반항과 감사할 줄 모르는 마음을 혹독하게 꾸짖으며, 그런 것들이 자신의 명을 재촉하고 있다고 한탄한다. 특히 그의 마음을 아프게 하는 것은 그의 아들이 아버지의 직업을 이어 필경사가 되기를 거부한다는 사실이다. 그 아버지는 성난 질책을 멈출 줄 모르다가, 작품의 말미에 와서 갑자기 마음을 바꿔 성급히 그의 아들을 축복하며 긴 연설을 맺는다. 그러나 다음의 수메르 속담에는 그런 축복보다는 저주가 담겨 있다.

> 삐뚤어진 아들—그의 어머니는 그를 낳지 말아야 했고,
> 그의 신은 그를 만들지 말아야 했다.

수메르 사회는 스승과 제자 사이의 알력도 겪었다. 그런 '세대차'는 학교 활동을 얘기하는 속에서 포기한 듯이 다음과 같이 말하는 한 따분한 학생을 통하여 추측된다.

> 여기 나의 매월 학교 출석부가 있다 :
> 나의 방학은 매월 3일이고,
> 나의 정기(?)휴일도 매월 3일이고,
> (나머지) 매월 24일을,
> 나는 학교에 머물러야만 한다—그것은 너무 길다.

학교생활은 길고 지루했을 뿐만 아니라, 그곳의 규율은 엄하고 가혹했다. 한 학생은 교사와 감독관들에게 너무 자주 체벌을 당한다고 불평한다. 그는 학교에 대한 증오를 키운다. 그는 실제적이긴 하지만 윤리적으로는 그리 올바르지 못한 방법으로 그의 문제를 풀려 한다. 그것은 그의 아버지가 선물과 뇌물을 교사에게 주도록 설득하는 것이다. 그러나 좀더 활동적인 학생들은 반항적이고 폭력적으로 되어갔다. 그런 감당할 수 없는 학생들 중 하나를 맡

고 있는 감독관의 위협적인 언사를 들어보자.

> 너는 왜 이렇게 행동하느냐!
> 너는 왜 밀고, 저주하고, 모욕하느냐!
> 너는 왜 학교에서 소요를 일으키느냐! . . .!
> 너는 왜 너의 셰슈갈에게 창피를 주느냐!
> 그는 필경술에 대해 너보다 훨씬 많이 알고 있다—
> 그에게 불복종하고, 저주하고, 모욕하는구나!
> 모든 것을 아는 움미아가,
> 너의 심술궂음에 눈살을 찌푸리며 (말했다),
> "저들을 어떻게든 해라.
> 만약 내가 정말로 원하는 대로 너에게 한다면,
> 이런 행동을 하고 너의 셰슈갈에게 불복종하는 너에게,
> 나는 회초리로 60대를 때리고 . . . ,
> 너의 발에 구리 족쇄를 채우고,
> 너를 방(?)에 가두고 두 달 동안 학교에서 나가지 못하게 하겠다.

이렇게 시끄럽고, 반항적이고, 말썽만 피우는 학생들이 장래에 무엇이 될 것인가와 상관없이, 학교는 야망 없고 안이한 학생들에게는 행복하지도, 편하지도 않은 곳이었다. 그리고 지적인 재능을 부여받지 못하고, 공부에 관심이 없는 그들은 오늘날의 그런 부류 학생들과 마찬가지로 문장을 완성시키지도 못했고, 구술시험을 볼 수도 없었으며, 산수와 기하학을 배울 수도, 혹은 글씨를 잘 쓸 수도 없었다. 아마 그들 중 적지 않은 수가 결국은 사회의 '낙오자'가 되어 변변한 집조차 없이 여름에는 그늘을 찾아다니고, 겨울에는 따뜻한 햇살을 쬐기 위해 거리를 방황했을 것이다. 그들은 불결했고, 전혀 음악적이지 못했음에도 수금을 가지고 다니기를 주저하지 않았다.

첨부해 말할 것은 우리가 구데아 비문을 통하여 들은 바에 의하면, 수메르

도시에서 성도착자와 타락한 자들과 같은 '불결한' 자들은 도시의 신전이 복원되거나 축성되는 등의 특별히 신성시되는 때면 어떤 곳에 격리되었다. 복장 도착증에 걸린 '유니섹스주의자'들도 있었다. 그들은 남자가 여자 옷을 입고, 여자는 남자 옷을 입었다. 재미있게도 그들은 성적인 사랑의 여신 이난나의 숭배자들이었고, 그들이 열중한 것은 오늘날의 많은 젊은이들 사이에 유행하는 것과 같은 열정이었다. 뿐만 아니라 '야한 복장'에 대한 논란도 있었다. 한 여인이 다른 여인에게 하는 약간 모호한 말의 직역을 들어보자.

"너는 헐렁한 옷을 계속 입어라, 나는 나의 사자-옷을 자르겠다."

이 장에서 나는 현대사회와 고대 수메르 간의 좋지 못한 유사점들 중 일부를 수메르의 문헌자료를 근거로 지적했다. 그러나 그것은 포괄적이지도, 상세하지도 않다. 그것은 단지 우리가 갖고 있는 자료들을 가볍게 훑어본 것에 불과하다. 수메르 문학기록의 계속된 복원과 내용의 이해가 깊이를 더해감에 따라, 특히 대화 · 논쟁 · 속담 · 격언 등과 같은 '지혜'를 다룬 작품들로부터 더욱 많은 유사점들이 발견될 것이다. 그것은 매우 오래됐음에도 '새로운' 출처를 바탕으로 한 비교사회학 연구를 더욱 살찌우도록 도울 것이다.

이 장에서 주목된 바와 같이, 수메르의 애도가들은 그 땅과 그곳의 사람들 사이에 널리 퍼져 있던 전쟁의 비극적인 영향과 평화에의 갈망에 관한 주요한 자료를 제공한다. 현재 그런 기록 중 세 편의 원문이 거의 완성된 상태로 있다. (1)'우르의 파괴에 대한 애도가' : 이 작품은 내가 시카고 대학 오리엔트 연구소의 〈아시리아 연구 12호(Assyriological Study No. 12)〉에 발표했다. (2)'수메르와 우르의 파괴에 대한 애도가' : 이 작품의 해석을 나는 1969년 《구약과 관련된 고대 근동의 텍스트들(Ancient Near Eastern Texts Relating to the Old Testament)》의 제3판 611~619쪽에 발표했다. (3)'니푸르의 파괴에 대한 애도가' : 이것은 현재 펜실베이니아 대학 박물관에서 편집 중에 있는 작품으로서 다음 장의 주제가 된다.

최초의 종교적 애도가

수메르의 애도가는 수메르와 아카드의 시인들에 의해 개발되고 발전된 문학 장르로서, 주기적으로 계속 유린되는 그들의 땅과 도시와 신전들에 대한 그들의 구슬픈 응답이다. 이 장르의 최초의 싹은 기원전 24세기 우루카기나의 시절까지 거슬러올라간다. 그의 기록관리인의 한 명은 같은 수메르인 움마의 루갈자게시에 의해 불타고, 약탈당하고, 더럽혀진 라가시의 사원들과 신전들이 놀랄 만큼 상세한 목록으로 새겨진 기록을 우리에게 남겼다. 언뜻 보면 그것은 루갈자게시에 의해 라가시에 지속적으로 가해진 불경스런 행위들의 기록에 지나지 않는 것 같다. 그렇기 때문에 그 악인은 마땅히 신들의 손에 의해 벌받아야 한다는 식으로 말이다. 그렇다손 치더라도 파괴된 신전을 조목조목 열거하는 적나라함, 그 참담함과 슬픔의 함축, 신의 뜻 앞에서의 인종, 그리고 인과응보에 대한 믿음 등은 후대의 더욱 노골적이고 분명한 애도가들에 비해 조금도 못하지 않다.

일단 궤도에 오르자, 애도가 장르는 아카드 왕조가 군림하던 비참한 시절에 수메르 시인들 사이에서 급속히 발전했을 것임에 틀림없다. 당시는 강대한 사르곤 대왕과 그의 후계자들이 우루크, 우르, 라가시, 움마 그리고 아다브 등의 도시들을 공격하여 정복하던 시대였다. 그러나 아카드 인들의 세력과 영향력이 수메르를 휩쓸 무렵 씌어진 애도가는 전해지지 않는다. 뒤이어 혼돈과 무법과 기근이 넘쳐나던 구티 시대도 사람들이 학살당하고, 도시들은 파괴되었다. 때문에 당시에도 만가와 애도가는 시인들의 빼놓을 수 없는 문학형식이었을 것이 분명하나, 그때로부터 전해오는 애도가 역시 없다.

수메르와 아카드의 역사에서 애도가가 번성하지 않았거나, 아예 존재하지 않았을 것이라고 확실히 추정되는 시기는 우르의 3왕조다. 우루크의 우투헤갈이 구티 족에게 영광스런 승리를 거두고, 우르-남무가 르네상스의 수도를 우르에 건설하던 그 시절에 시인들은 자연히 영웅서사시와 신들의 신화, 그리고 신들과 지배자들의 기쁨에 찬 영광을 노래하기 바빴기 때문에 슬퍼하고 애도할 시간이 없었다. 그리고 그것은 우르-남무의 아들 슐기를 위해 지은 찬미가를 보면 명백해진다(제31장 참조).

슐기와 그의 궁중시인들은 불과 50년 뒤에 이 음울하고 애처로운 애도가가 수메르 문학과 종교의식의 주요한 부분으로 자리잡을 줄은 꿈에도 몰랐을 것이다. 그리고 애도가의 그런 역할은 거의 2000년간 계속되었다. 수 인과 엘람 인들에 의해 우르는 비극적인 파멸을 맞고, 슐기의 손자인 불쌍한 지배자 이비-신(Sin)은 포로로 끌려갔다. 그 비극은 수메르의 시인들에게 참담한 느낌으로 다가왔고, 특히 현명하고 박학하며 강한 슐기가 자부심을 가졌던 우르와 니푸르의 학교에서 공부한 이들에게는 더욱 그러했다. 그 뒤를 잇는 암담한 시절에 그런 시인들 중 몇몇은 신전의 일을 돕고 의식을 준비하도록 명받았다. 그들은 그런 동안에 마음이 동하여 상당한 길이의 애도가들을 지었다. 이 작품들은 우르와 니푸르를 위시하여 수메르에 덮친 쓰디쓴 운명을 구슬프게 노래하고 있다. 그러나 그것들의 끝 부분에는 구원과 부활의 희망과 자신감을 드러낸다.

그후 수세기 동안 애도가 장르는 시대와 장소에 따라 바뀌고 수정되며, 점차 바빌로니아의 신전들에서 셀레우코스 왕조에까지 이용된 종교예식의 정형으로 발전해나갔다. 이 슬픈 문학 장르가 이웃한 땅들에 얼마나 영향을 끼쳤는지는 알 수 없다. 히타이트, 가나안 혹은 후르리 인들의 기록들에서 애도가가 발견된 적은 현재까지 없다. 그러나 성서의 〈예레미야 애가〉가 메소포타미아 애도가들의 형식과 내용에 적지 않은 빚을 지고 있다는 것은 의심할 수 없는 사실이다. 또한 옛날에 파괴된 솔로몬의 신전 '서쪽 벽'에서 구슬픈 애가를 읊조리는 현대의 유태인들은 4000년 전 '수메르와 우르의 파괴에 대한 애도가'에서 수메르 인들이 '그들이 영토를 넓혔던 우르의 성벽을 따라 애도가는 퍼져나간다'라는 행을 낭송하며 시작된 전통을 물려받고 있다.

앞장의 끝에서 언급된 세 기록들 중 마지막으로 소개된 '니푸르의 파괴에 대한 애도가'는 첫 부분만 애도가이고, 더 큰 부분인 나머지 부분은 이슈메-다간의 구원을 찬미하는 환희의 노래다. 그는 우르 제3왕조의 마지막 지배자인 이비-신(Sin) 이후로 약 50년이 흐른 뒤 그의 통치를 시작했다. 그 작품은 다음과 같은 12개의 절로 이루어져 있다.

첫째 절은 구슬픈 후럼 '그것은 언제 다시 서려나?'로 조절되는 구절로 시작된다. 거기서 '그것'이란 니푸르의 어떤 신전을 가리킨다. 그리고 니푸르의 멸망과 황폐화에 대한 애도가가 뒤따른다. 그곳의 의식과 종교적 축제는 더이상 경축되지 않는다. 그곳의 한가운데서 신들이 인류를 인도하고, 훈계하고, 그들의 결정을 공포했던 도시, 신들이 그들의 거주지를 세우고, 그들의 신성한 음식을 함께 먹던 도시, 그 그림자로 검은 머리 사람들의 원기를 회복시켰던 도시. 그 도시 니푸르는 황폐해졌고, 거기의 사람들은 소떼처럼 흩어져버렸다. 신들은 더이상 그곳을 좋아하지 않으며, 그곳의 활력과 북적거림도 고요 속에 묻혀버렸다. 시인은 외친다. 왜 니푸르의 거대한 신전들은 사라져버렸는가! 얼마나 더 검은 머리 사람들은 엎드려 양처럼 풀을 뜯어먹으며 몸과 마음의 고통을 겪어야 하는가! 왜 음악가와 시인들은 유랑하며 비탄에 잠겨 그들의 파괴된 도시와 버려진 가족들을 그리는 애도가로 세월을 보내야 하는가! 모든 이치는 사라졌고, 혼돈에 빠졌다.

둘째 절에서 시인은 도시와 자신에게 떨어진 기막힌 불운에 한탄하며 비탄에 잠겨 있음을 묘사한다. 그곳의 관습과 종교적 의식은 더럽혀졌고, 사람들은 죽고 약탈당했으며, 젊은 남녀는 학살되었고, 신전은 새끼들을 잃어버린 암소처럼 참담하게 되었다. 시인은 계속한다. 달콤한 음악에 익숙하던 음유시인들은 이제 유모의 자장가 같은 애도가를 부르고 있다. 왜냐하면 그 도시의 신인 엔릴이 그곳과 그곳의 신전 에쿠르를 떠나버렸기 때문이다. 한때 검은 머리 사람들을 인도하던 그 최고의 신전을 말이다. 어떻게 그 도시가 그토록 파괴되고 황폐화될 수 있단 말인가!

셋째 절은 애처로운 질문으로 시작된다. '언제까지 신은 거기에 돌아오지 않고, 이제 (고통은) 충분하다고 말하지 않을 것인가?' 시인은 불만을 토로한다. 왜 신은 그의 공사를 중단하고, 구구거리며 따르는 비둘기들을 둥지에서 쫓아버렸는가! 왜 신은 달콤한 음악이 흐르는 집에서 떠나버렸는가! 왜 신은 마치 그것이 부정한 것처럼 '메'를 버리고, 마치 그것이 모든 땅을 위로하지(?) 않는 것처럼 종교적인 의식들을 거부하는가! 왜 신은 마치 가치가 없는 것처럼 그것들을 부숴버렸는가! 왜 그는 그곳으로부터 기쁨을 거두고, 비탄에 잠긴 밤낮으로 그곳을 채웠는가! 보라, 시인은 계속한다. 왜냐하면 신이 그 도시에 증오를 품었기 때문에, 왜냐하면 신이 사악한 바람처럼 그곳에 그의 손을 휘둘렀기 때문에 그곳의 집들은 파괴됐고, 그곳의 건축물들은 뿌리가 뽑혀 곡괭이로 갈기갈기 찢어졌으며, 그곳의 여자들과 아이들은 죽어갔다. 그 도시는 폐허가 되었고, 재물은 약탈되었다. 그곳에서 분별은 사라지고, 도덕은 혼란에 빠졌으며, 음식과 음료수는 빼앗겼다. 신의 증오에 휩쓸린 신전 에쿠르의 참상과 비탄은 몇 곱절 더하다고 시인은 말한다. 그리고 그곳에서 달콤한 노래를 부르던 음유시인들은 이제 그곳의 고통을 외치고 있다. 엔릴은 메를 버렸고, 더이상 건드리거나 관심조차 두지 않는다.

그러나 넷째 절에 오면 니푸르의 구원과 재건을 위한 한 가닥 희망의 빛이 보인다. 그 절은 도시가 스스로 내뱉는 독백으로 이루어져 있다. 그곳의 참혹한 운명, 고통받는 영혼, 성난 가슴, 신전의 파괴, 그리고 전체 땅을 끊임없이 애도하는 시인들의 노력의 결과로 마침내 모든 '검은 머리 사람들'의 아버지인 엔릴은 그 도시를 불쌍히 여겨 재건을 명한다.

니푸르의 구원을 향한 희망은 다섯째 절에서 더욱 커진다. 그 절은 전체가 시인이 도시에게 하는 연설로 채워져 있다. 처음에 그는 엔릴이 그 도시의 눈물과 탄원을 받아들였다는 소식을 희열에 차 발표하고, 엔릴에게 도움과 지지를 구하는 기도를 계속하도록 도시에 호소한다. 엔릴이 그 도시에 자비와 친절을 베풀고, 분노를 격려로 바꾸며, 도시의 머리를 세우도록 하고, 그곳을 향한 모든 적대적인 행위를 거둘 것이라는 행복한 약속으로 이 절은 끝난다.

여섯째 절에서 시인의 도시를 향한 연설은 계속된다. 여기에서 구원은 마침내 더이상의 미래가 아니라 현실이 된다. 신은 그 도시를 불쌍히 여겨 말했다. "그것으로 충분하다." 그리고는 도시에 기쁨의 영혼을 가져왔다. 그는 그 도시의 수호신이자 자신의 아들인 강력한 신 니누르타를 만들었다. 그리고 무엇보다도 신은 모든 것을 적절히 복구하고, 적들이 탄압했던 그곳의 풍습과 종교의식, 그리고 사라졌던 메를 다시 세우도록 그의 사랑하는 목자 이슈메-다간에게 명했다.

일곱째 절에서 시인은 니푸르를 평안케 할 기쁨의 파도가 몰려오고 있음을 이야기한다. 엔릴은 그 도시를 불쌍히 여겼다. 그는 도시로부터 한탄을 떠나게 하고, 대신 행복의 영혼을 불러왔다. 그는 도시의 재건을 명했다. 뿐만 아니라 위대한 어머니 닌릴은 그녀의 집을 다시 짓도록 남편 엔릴에게 청했다. 두 신들의 의논 끝에 엔릴이 그녀의 파괴된 집을 품위 있게 다시 세울 수 있게 되었다. 이제 그 집에는 눈물이 물러나고, 기쁨이 들어갔다. 사람들은 술을 따르고, 콧노래를 흥얼거리며 외쳤다. "충분하다! 이제 끝났다! 울음을 멈춰라!"

시인은 계속하기를, 엔릴은 또한 가슈아 신전을 축복했다. 엔릴과 닌릴은 에쿠르에 그들의 단을 높이 세우고, 음식과 독주를 받았으며, 그들의 거주지에 검은 머리 사람들이 확고하게 자리잡게 할 의논을 했다. 엔릴은 사방에서 사람들을 니푸르로 돌아오게 했다. '그들의 어머니를 떠나갔던 아이들이 돌아왔고', '머리를 누일 곳을 찾아 헤매던 사람들도 돌아왔다.'

니푸르뿐만 아니라, 전 수메르와 아카드도 마찬가지로 이슈메-다간에 의해 적의 손으로부터 구원받았다. 주요 도시들의 재건은 여덟째 절에 상세히 묘사돼 있다. 지혜의 보금자리인 에리두, 초원에 건설된 도시인 우르, 신들이 손수 만든 우루크-쿨랍, 안과 같이 힘이 다했던 자발람, 안의 '거대한 검' 라가시, 옛날에 건설된 '기르수', 야만족인 티드누미트 인들에 의해 점령되었던 움마, 수메르와 아카드의 지도적인 도시인 키시, 깨끗한 물과 풍부한 곡식으로 축복받은 마르두, 그리고 마지막으로 이슈메-다간의 수도인 이신이 있었다. 그곳은 엔릴, 엔키 그리고 닌마가 오랫동안 번성하도록 한 도시였고, 그들이 힘센 영웅 니누르타에게 넘겨준 도시였으며, '안의 위대한 딸'이자 '그 땅의 해몽자'인 니니신나가 그녀의 우뚝 솟은 신전에서 원기를 회복하고, 그녀의 아들 다무가 모든 외국의 땅들을 정복하도록 신들이 정한 도시였다.

아홉째 절에서 시인은 엔릴이 니푸르와 전 수메르 그리고 아카드에 가져온 번영과 행복의 나날들을 묘사한다. 그것은 '니푸르가 고개를 높이 세우고', 에쿠르가 번성한 시절이었다. 그것은 수메르와 아카드가 팽창한 시절이었다. 그것은 '집들이 지어지고, 경작지에 울타리가 튼튼히 둘린' 시절이었다. 그것은 '초목의 싹이 트고, 살아 있는 창조물들이 태어나는' 시절이었다. 그것은 '마구간이 지어지고, 양 우리가 세워지던' 시절이었다. '그 시절은 불운이 행운으로 바뀌는' 시절이었다. 그것은 '정의가 그 땅에 선언된' 시절이었다. 그것은 '암양이 새끼양을 낳고, 어미염소가 새끼염소를 낳던' 시절이었다. 그것은 '암양이 새끼양을 몇 곱절로 늘리고, 어미염소가 새끼염소를 몇 곱절로 늘리던' 시절이었다.

신들의 구원과 재건은 열 번째 절에서도 계속되고 발전해나간다. 그러나 그것은 그 땅 전체보다는 우선적으로 니푸르와 에쿠르, 특히 이슈메-다간에 의해 에쿠르에서 엄청난 양으로 신들의 식탁에 다시 한번 바쳐진 순결하고 신성한 제물들에 대한 환희였다.

열한 번째 절에서 시인은 엔릴이 그곳의 사람들에게 준 유토피아적인 나날들을 묘사한다. 그것은 아무도 친구와 동료들에게 무례한 말을 하지 않고, 아들은 아버지를 존경한 시절이었다. 그것은 겸손함이 일상화되고, 귀족들은 아랫사람들에게 영예로웠으며, 형은 동생에게 존경받던 시절이었다. 그것은 약한 자가 강한 자에게 불만이 없었고, 상냥함이 일상화된 시절이었다. 그것은 마음 내키는 대로 어느 곳이나 두려움과 방해 없이 여행하던 시절이었다. 그것은 태양이 흠뻑 내리쬐는 그 땅에서 슬픔이 떠나가고 어둠이 밀려나, 모든 숨쉬는 창조물들이 기쁨에 넘친 시절이었다.

열두 번째와 마지막 절은 거의 전체가 이슈메-다간의 숭고한 행위들을 찬양하는 데 바쳐진다. 자비로운 엔릴 앞에서 눈물을 거두게 한 뒤, 이슈메-다간은 도전받던 메를 다시 세우고, 폐지되었던 희생제를 다시 열었으며, 기구나를 풍요와 안녕, 기쁨으로 채웠다. 그런 후 그는 기도와 탄원을 엔릴에게 했고, 이슈메-다간의 신앙심, 겸손, 경건함에 마음이 즐거워진 그 신은 그의 통치 동안 사람들이 안전하게 살 수 있는 행복을 그에게 주었다. 그리고 시인은 모든 수메르와 아카드의 사람들이 하늘과 땅의 지배자이자 '위대한 산'인 엔릴의 드높음을 영광되게 할 것이라면서 끝을 맺는다.

많은 그의 전임자와 후계자들과 마찬가지로 니푸르와 수메르의 구원자 이슈메-다간은 수메르의 시인과 음유시인들에 의해 왕의 찬미가로 칭송된다. 그런데 그것들은 성서 〈시편〉의 성가들과 매우 비슷하다. 〈시편〉에서 왕은 이스라엘의 목자로 찬양되고 미화되며, 신은 '너는 나의 아들이며, 나는 너의 아버지다'라고 그에게 말한다. 왕은 〈시편〉 작가들에 의해 태어날 때부터 왕권을 부여받고, 자궁에서부터 축복받는다고 설명된다. 그는 그가 부여받은 힘의 상징인 홀을 가진다. 그는 머리에 황금의 관을 쓰고, 위엄과 영광으로 덮여 있다. 그는 압제자들을 무찌르고, 가난한 자와 필요한 자들에게 구원을 준다. 그는 모든 적들에게는 파멸과 절멸을 가져오고, 그의 백성들에게는 평화와 번영을 가져다준다. 그는 장수와, 영원한 치세와, 영구한 이름과 명성으로 축복받는다.

이 모든 왕에게 부여된 자질과 미덕과 업적들이 다음 장에서 설명될 것이다. 그것들은 모두 수메르의 '시편 작가들'에 의해 그 땅의 충실한 목자이며, 수메르 인들이 그들의 이상적인 메시아로 상상한 수메르의 왕에게 바쳐진 것이다.

30
이상적인 왕

최초의 메시아

　우르의 우르-남무로부터(아마 사실은 더 일렀을 것이다) 바빌론의 함무라비와 그의 후임자들에 이르기까지 수메르 시인들은 엄청난 상상력과 과장으로 그 땅의 지배자를 미화하는 다양한 왕의 찬미가를 만들었다. 그들은 왕의 진짜 됨됨이와 믿을 만한 역사적 업적들을 말하는 대신에, 사람들이 상상하고 갈망하던 이상적인 지배자 수메르의 메시아를 묘사한다. 이 장에서 나는 중요한 관련자료들을 토대로 지배자의 자격, 힘과 의무, 그리고 행위와 성취들에 관해 논해보겠다.

　이상적인 왕의 탄생부터 살펴보자면, 수메르 시인들은 그의 탄생을 인성과 신성이라는 두 가지 측면에서 보았다는 점이 흥미롭다. 그리고 왕의 진짜 부모가 언급되는 예가 거의 없는 것으로 보아, 그들은 전자보다는 후자를 더 중요시했다고 미루어 짐작할 수 있다. 왕의 신성과 관련된 진술이 찬미가 속에서 종종 모순됨에도 불구하고, 그들은 지배자의 아버지를 언급하지 않는 일이 거의 없다. 우르 제3왕조에 속한 왕들의 경우 아버지는 루갈반다(신격화된 영웅)이고, 어머니는 여신 닌순이다. 그 후의 왕들의 경우에는 보통 아버지는 엔릴이고, 어머니는 그의 아내 닌릴이라고 일컬어졌다. 그러나 함무라비는 그의 아버지가 마르두크라고 자랑했다.

왕의 찬미가에서 양식화된 상상력이 풍부한 상징체계의 이용은 우선적으로 동물계에서 빌려왔고, 식물계는 거의 상관되지 않았다. 그리므로 탄생과 연관지어 왕은 '머리와 몸에 얼룩반점이 있는 황소의 진실한 자손', '마구간에서 길러진 목이 두꺼운 흰 암소의 송아지', '들소에게서 태어나 유지와 우유를 먹고 자란(?) 왕', '풍요의 마구간에서 태어난 송아지', '풍요의 해에 태어나, 평화의 시대에 풍부한 우유를 먹고 자란 젊은 황소', '용에게서 태어난 사나운 눈을 가진 사자', '풍부한 우유를 먹고 자란 사나운 표범(?)', '거대한 사자의 혈통을 받은 튼튼한 뿔을 가진 황소', '사자의 혈통을 받은 힘센 전사' 등으로 묘사된다.

우리가 '나의 어머니 닌순의 자궁에서부터 감미로운 축복이 나에게 왔다', '나는 자궁에서부터 전사요, 태어날 때부터 강한 인간이다', '나는 자궁에서부터 고귀한 아들로 축복받았다', '나는 숭배되는 왕이요, 자궁에서부터 기름진 씨앗이다', '비옥한 자궁에서부터 왕권에 걸맞은(?) 왕자' 등의 자화자찬의 구절들을 글자 그대로 받아들인다면, 왕은 자궁에서부터 축복받아 세상에 온다. 시인들이 특히 니푸르의 엔릴로 대표되는 신의 다양한 축복을 왕이 받았다고 상상하는 것은 그의 즉위식이나, 그가 적과 전쟁을 벌일 때, 혹은 그런 뒤다. 그리고 보통 이것은 다른 신의 중재를 통해 이루어진다.

시인들에 의해 상상된 이 과정의 생생한 예는 슐기의 찬미가에 나온다. 왕위에 오르는 날 슐기는 우르의 수호신 난나의 앞에 와 메를 다시 세우겠다고 약속한다. 그러자 난나는 니푸르로 간다. 그는 신들의 환영을 받으며 에쿠르로 들어가 엔릴에게 다음과 같이 연설한다.

"아버지 엔릴이시여, 그의 명이 거역될 수 없는 지배자시여,

메를 세운 신들의 아버지시여,

당신은 나의 도시로 눈을 들었고, 당신은 우르의 운명을 정했고,

나의 신성한 가슴이 청하는 틀림없는 왕을 축복해주십시오,

왕, 목자 슐기, 기품이 가득한 충실한 목자,

그가 나를 위해 이방의 땅을 정복하도록 해주십시오."

엔릴은 난나의 호소에 기쁘게 응답한다. 그리고 난나는 엔릴의 축복과 함께 우르로 돌아와 슐기에게 말한다.

"엔릴이 너를 위해 이 땅의 힘을 보호한다,

닌순의 아들이자 왕인 목자 슐기여, 너의 세력은 멀리까지 미칠 것이다."

이 찬미가의 작가에 따르면, 난나는 슐기를 위한 축복을 받기 위해 에쿠르로 혼자 갔고, 그 동안 왕은 우르에 머물렀다. 그러나 엔릴에게서 직접 축복받게 하기 위해 중재하는 신이 왕을 데리고 갔다고 묘사하는 찬미가들도 있다. 이슈메-다간에 관한 찬미가에서 그를 지지하는 여신 바우는 그 왕을 에쿠르로 데려가고, 거기에서 엔릴은 다음과 같이 통치를 위해 필수적인 모든 것을 간결하게 선언한다. 모든 메를 모은 왕좌, 영원한 왕관, 백성들에게 확실한 지배력을 행사하기 위한 홀, 강의 범람, 자궁과 흙의 비옥함, 세상에 널리 알려지고 영광스러운 이름, 가깝고 먼 땅들로부터의 공물, 에쿠르로 계속 보낼 니푸르의 선물들.

왕을 향한 신의 축복을 더욱 구체적이고 현실감 있게 표현한 작품은 여신 이난나와 그녀의 남편 우르-니누르타에 대한 찬미가다. 이 작품은 왕권의 메가 다시 세워지고, 검은 머리 사람들이 제대로 통치되고 있는지 알아보려고 마음먹은 이난나가 모든 사람들을 위한 목자로 우르-니누르타를 선택하는 것으로 시작된다. 강력한 여신임에도 불구하고 그녀는 무엇보다 우선 니

푸르의 에쿠르에 거주하는 안과 엔릴의 축복이 그를 위해 필요하다고 생각한다. 이에 따라 그녀는 왕을 에쿠르로 데려가 두 신에게 축복을 호소한다. 그러자 먼저 직접 왕을 향한 연설이 있은 뒤, 엔릴은 그의 축복을 내린다. 니푸르 신들의 회합이 이 축복에 '아멘'을 한 뒤 이난나는 니누르타에게 모든 메를 넘겨준다. 그리고 둘은 그들의 처소로 돌아오고, 여신은 엔릴의 축복을 받은 왕을 찬미한다.

그러나 왕이 항상 신의 중재를 필요로 한 것은 아니다. 그는 여러 신들의 축복을 받기 위해 혼자서 여행할 수도 있었다. 예를 들자면, 어느 찬미가에서 슐기는 배를 타고 우루크로 가서 '신성한 결혼'의 의식에 이어, 이난나로부터 모든 면에서 진실로 적합한 왕이라는 축복과 칭찬을 듣는다. 우루크로부터 그는 다른 두 도시를 더 방문해 그곳의 수호신들로부터 축복을 받는다. 마지막으로 그는 그의 도시인 우르에 도착해 난나에게 제물을 바치며, 난나는 그를 더욱 축복하고 격찬한다.

왕의 탄생과 즉위 사이에는 어린 시절과 청소년기가 있다. 현대의 역사가들은 왕의 성장과 교육에 대한 정보를 찾기에 열심이다. 현재 어린 왕자의 교육에 관련된 내용을 담고 있는 찬미가는 오직 한 편뿐이고, 그나마 아주 짧은 구절이다. 그러나 그것이 피상적이고 부분적인 진실만을 담고 있다고 치더라도, 그것의 내용은 문화적으로 비길 수 없는 가치를 지닌다. 그 찬미가에서 왕 슐기는 다음과 같이 그의 교육을 말한다.

> 내가 어릴 때 에두바(학교)가 있었다,
> 거기의 수메르와 아카드의 점토판 위에 나는 필경술을 배웠다,
> 어떤 젊은이도 나만큼 점토 위에 잘 쓸 수 없었다,
> 나는 필경술이 있는 학문의 장소들에서 가르침(?) 받았다,
> 나는 뺄셈, 덧셈, 산수, 계산을 끝까지 배웠다,
> 니다바, 공정한 나니브갈이,
> 친절하게도 지혜와 이해력을 나에게 부여했기에,

나는 막힘 없이 쓰는 솜씨 좋은 필경사다.

만약 우리가 이 찬미가를 신뢰한다면, 이 왕은 그의 세계에서 가장 깨어 있고 박식한 인물의 하나였다.

약간 모호하지만, 인간적인 흥미가 끌리는 어린 왕자와 어머니의 사랑에 관한 사항들이 어느 작품에서 엿보인다. 그런데 그것은 찬미가가 아니라, 슐기의 아내가 그녀의 아픈 아들에게 불러주었다고 알려진 자장가다(제35장 참조). 이 시에서 어머니는 아들이 잠들도록 토닥거리며, 감미로운 치즈 조각과 촉촉한 양상추를 주겠다는 약속과 함께 부드러운 노래를 부른다. 그리고 그녀는 사랑스런 아내, 활기찬 유모에 의해 돌봐지는 사랑스런 자식들, 풍부한 음식, 선한 천사들, 그리고 그가 왕위에 오른 후의 평화로운 치세 등을 아들에게 축복한다.

그러나 교육과 성장과정이 어찌되었든 간에, 수메르와 아카드의 왕은 완벽하고 이상적인 인간으로 여겨졌다. 그는 강인한 체력과 뛰어난 외모, 필적할 자 없는 지력, 그리고 신앙심과 성실성의 전형과 같은 정신력 등을 두루 갖춘 것으로 간주되었다. 우르-남무는 품위와 현란한 후광에 휩싸인 '잘생긴 왕'이었다고 묘사된다. 슐기는 아름다운 입과 아주 흰 얼굴을 가졌고, 가슴까지 늘어진 신성한 그의 '청금석' 수염은 장관이었다고 한다. 뿐만 아니라, 그의 장엄한 모습은 높이 솟은 단과 왕좌에 잘 어울렸고, 머리의 왕관부터 발에 신은 샌들까지 값비싼 예복을 두르고 있었다. 리피트-이슈타르도 '청금석' 수염과 흰 얼굴, 마음에 빛을 던지는 아름다운 입과 품위가 넘치는 풍채, 연설에 광채를 더하는 입술과 흰 손가락 등을 가진, 바라보기가 황홀한 씩씩한 남자였다. 우르-니누르타는 하얀 팔다리를 가진 아름답고 힘센 남자였다. 그의 우아함은 왕권을 한층 더 격조 높게 장식해주었다. 림-신(Sin)은 우아한 이마, 지배자다운(?) 팔다리를 가진 키가 훤칠한 남자였다.

왕들의 장대한 모습보다 더욱 인상적인 것은 그들의 육체적인 힘과 용기였다. 예를 들어 슐기는 자궁에서부터 전사였고, 그가 태어난 날부터 힘센 남자였다. 그의 신 난나는 '전사의 명예'와 힘을 그의 신전에서 그에게 부여했다. 엔릴은 '당당한 팔'을 그에게 주었다. 그는 언제나 선두에 선 용맹한 왕이었다. 그는 사자의 피를 받고 태어난 힘센 전사였다. 그는 '전사의 명예'를 굳게 지켰고, 그의 힘과 세력이 노래 속에서 찬양된 엄청난 힘의 소유자였다.

왕의 체격과 용기의 중요성은 그것을 찬미하는 시인들에 의해 전개된 풍부한 상상력과 상징을 보면 일 수 있다. 슐기는 크게 벌린 입을 가진 사자였고, 거대한 황소의 억센 사지를 가졌으며, 사자의 얼굴을 한 용이었다. 그는 물살 속에서 자란 떡갈나무(?)처럼 강했고, 보기만 해도 황홀한 열매가 주렁주렁 달린 기름진 메스-나무였다. 이슈메-다간은 뿌리가 굵고 가지가 무성한 장대한 메스-나무였다. 그는 정상이 보이지 않는 드높은 산(?)이었다. 그는 금과 은을 합쳐놓은 것처럼(?) 온 대지를 밝게 비추었다. 그는 삼나무 숲에서 자란 삼나무였고, 회양목처럼 기름졌다. 리피트-이슈타르는 삼나무처럼 머리를 높이 들었다. 그는 적수 없이 배회하는 사자였고, 군대를 공포에 떨게 하는 입 벌린 용이었으며, 아무도 감히 공격하지 못하는 들소였다.

지도자의 억센 체격과 영웅적인 용기는 수메르와 아카드를 휩쓴 파괴적인 전쟁에서 승리하기 위한 생존이 걸린 중요한 문제였다. 왕의 찬미가들에 점철돼 있는 기도들의 다수는 전쟁의 승리를 위한 것이고, 전쟁과의 연관 속에서 시인들은 더욱 기발한 상상력을 발휘했다. 슐기는 반란의 땅에 억수같이 퍼붓는 천둥이었다. 그의 무기는 맹수의 이빨처럼 날카롭게 갈렸고, 이빨을 세운 뱀처럼 독물을 뿜었다. 그의 화살은 마치 나는 곤봉처럼 전투 속으로 날아갔고, 그의 활은 모든 것을 용과 같이 뚫고 지나갔다. 그는 싸움에서 적수가 없는 전사였고, 적에게 쏜살같이 꽂히는 혀를 가진 용이었다. 그는 사자와 같이 순식간에 적을 정복했다. 이슈메-다간은 '전사 중의 전사'이자 격노한 무기였다. 리피트-이슈타르는 전투에서 성난 홍수였고, 번개 같은 불을 번쩍였다. 우르-니누르타는 적을 폭풍처럼 휩쓸었고, 그의 눈부신 후광은 반란의 땅을 마치 짓누르는 구름처럼 뒤덮었다.

전쟁에서의 왕의 무용은 사냥기술과도 연관되었다. 슐기는 사자와 큰 뱀을 초원에서 포위나 그물의 도움 없이 일 대 일로 사냥한다고 자랑했다. 그는 사냥감이 입을 열 때까지 기다렸다가, 그 속으로 창을 꽂았다. 그는 또한 달리는 영양을 잡을 정도로 발이 빠르다고 주장했다.

왕에게는 힘과 용기는 물론이고, 위대한 지혜와 심원한 이해력도 부여되었다. 사실상 찬미가들 속에서 칭송되는 모든 왕들은 지혜의 신 엔키에게서 지혜를 전수받고, 문자의 여신 니다바에게서 학문을 물려받았다고 이야기된다. 뿐만 아니라 왕은 심리적으로도 통찰력이 있고, 눈치가 빨랐다. 그는 회합을 지혜롭고 감동적인 웅변으로 이끌었다. 그는 언제나 현명한 말을 찾을 수 있었다. 그는 '마음에서 우러나는 말'을 식별함으로써 거짓과 진실을 구별했다. 그는 '더운 가슴'은 식히고, '불타는 말'은 뒤로 미루었다. 그는 음악과 노래를 사랑했고, 전문적인 지식을 갖추었으며, 언제나 성실히 실력을 닦았다. 적어도 이것이 슐기의 경우에는 사실이었다. 그를 향한 두 편의 찬미가 중 상당한 부분이 기악과 성악에 대한 그의 사랑을 설명하고 있고, 그중 하나의 작가에 따르면, 왕은 '시인의 힘'을 가져서 스스로 노래와 시를 지을 수 있었다.

정신적인 측면에서 왕의 성취는 종교적 행위와 사회적 행위라는 두 가지에 중점을 두었다. 종교적 측면에서 찬미가 시인들이 주로 흥미가 있었던 것은 종교의식에 대한 왕의 헌신이었다. 왕은 어떻게 신들에게 봉사하는지 알았고, 신전의 의식과 제례들이 제대로 행해지는지 지켜봐야만 했다. 매일, 그리고 다양한 매월의 축일, 그리고 신년에 거행되는 이난나와 왕의 신성한 결혼에는 신에게 헌주를 해야 했다. 슐기는 또한 스스로 신탁을 받을 수 있고, 정화의식을 완벽하게 거행할 수 있을 뿐더러, 징조에 따라 고위 사제직을 임명할 수 있다고 주장했다. 더욱이 그는 전쟁에 나가기 전에 흰 양의 꼬리를 살펴서 신들의 뜻을 읽었다. 전체적으로 그 찬미가들에서는 왕이 수메르와 아카드의 종교적 중심지에서 거행된 모든 종교의식들을 대단히 좋아했음을 보여준다. 그것들 중에서도 최고는 니푸르의 에쿠르였다. 사실상 모든 왕들이 이 엔릴의 신전에 선물과 제물을 바치고 희생제를 올렸다. 사회적 측면에서 모든 왕들은 인정 많고, 인도주의적이며, 정의, 공정, 법 그리고 가족의 윤리를 위해 헌신한다고 주장했다.

수메르와 아카드의 왕들을 비롯한 동양의 군주들은 현대 역사가들에 의해 잔인하고 억압적이며, 냉혹한 전제적인 폭군으로 예들로 거론되는 일이 흔하다. 그러나 수메르 시인들의 눈에 비친 그들의 지배자들은 전혀 달랐다. 전쟁을 이끌고, 신전을 짓고, 종교의식을 거행하고, 수로와 도로를 건설하고, 법전을 공포하는 왕의 모든 행동은 숭고한 목표를 위해서였다. 그것은 바로 사람들을 행복하고, 번영시키고, 안전하게 하기 위함이었다.

찬미가에서 이 주제는 계속 반복되는 모티프다. 왕은 곡물창고를 채우는 농부이고, 마구간과 양 우리를 풍요롭게 하는 목자이자, 그 땅에 높이 둘러쳐진 보호막이었다. 사람들은 그를 아버지로 우러러보았고, 그의 그늘 아래 안전하게 살았다. 종종 반복되는 짧은 시 구절을 인용해보자.

'그는 사람들의 몸을 감미롭게 만든다.'

그러나 이것이 그의 유일한 목적은 아니었다. 지배자의 용기있고, 현명하고, 신앙심 깊고, 인자한 행동의 저변에는 또 하나의 중요한 충동이 있었다. 그것은 명예와 명성을 향한 야망과 강박관념이었다. 찬미가를 통하여 왕을 영광되게 하고, 그의 업적을 찬양하는 데 전력을 쏟은 시인은 왕의 위대한 행위와 필적할 수 없는 업적의 결과로 그의 '감미롭고', '고결한' 이름이 먼 훗날까지 모든 땅에서 영광 속에 찬양될 것이라는 말을 반복하는 데 지치지 않는다.

위에서 살펴본 바에 의하면, 속력은 이상적인 왕에게 필수적이었다. 그리고 마라톤 우승자인 왕을 찬양하는 찬미가 한 편이 지금까지 전해지고 있다는 것은 재미있는 사실이다. 왕이 길과 여행에 대한 그의 관심과 사랑을 자랑하는 이 보기 드문 작품에서 그 왕은 역사에 기록된 최초의 '모텔'을 지었다. 다음 장에서 그것에 관해 상세히 살펴보자.

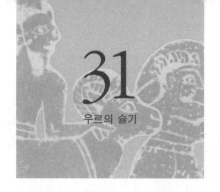

최초의 마라톤 우승자

수메르와 아카드의 유명한 왕들 가운데는 슐기가 있다. 우르 제3왕조의 창시자인 우르-남무의 아들인 그의 치세는 거의 반세기간 지속됐다. 사실 슐기가 전체 고대세계의 가장 특출하고 영향력 있는 군주들 중의 한 명이라는 표현은 절대 과장이 아니다. 그는 뛰어난 군사 지도자이자 세심한 행정가였고, 기념비적인 신전들의 정력적인 건설자이자, 수메르 문화의 마에케나스였다.

그는 수메르의 정치적인 힘과 영향력을 동쪽의 자그로스 산맥으로부터 서쪽의 지중해까지 확장했다. 그는 궁전과 신전에서 효율적인 부기와 회계 방식을 시행했다. 또한 그는 달력을 개정하고, 중량과 치수의 표준을 정했으며, 그는 그의 아버지가 완성하지 못한 수메르의 가장 인상적인 탑인 우르의 지구라트를 완성했으며, 그외에도 수많은 수메르의 도시에 수많은 종교

슐기, 이상적인 왕. 이것은 슐기의 찬미가가 새겨진 큰 점토판의 파편이다. 여기에서 슐기는 스스로를 현자, 스포츠맨, 예언가, 외교가, 예술의 후원자, 그리고 수메르와 그곳의 사람들에 좋은 모든 것을 제공하는 자라고 자화자찬하고 있다.

적 건축물들을 세웠다. 마지막으로, 최근에 확인되고 있는 바와 같이 슐기는 예술, 특히 문학과 음악의 대단한 후원자였다. 그는 수메르의 주요한 두 개의 에두바를 우르와 니푸르에 창설하고, 아낌없는 지원을 베풀었다. 그러므로 수메르 시인과 지식인들이 그를 찬양하는 찬미가들을 전례 없이 지은 것은 이해할 만하다.

그런 부류의 가장 뛰어난 작품들 가운데는 왕 자신이 지었다고 일컬어지는 한 편의 찬미가가 있다. 101행으로 구성된 이 찬미가에서 그는 종교적 목적을 위해 그의 타고난 육상선수로서의 재능을 활용한 장거리 육상 우승자로 나온다. 또한 그는 여행을 쾌적하고 안전하게 하도록 길과 도로를 개량했으며, 지친 나그네가 쉬면서 원기를 회복할 수 있도록 '친절한 사람들'에 의해 운영되는 숙소를 지었다. 정원이 딸린 이것이 바로 역사에 기록된 최초의 모텔인 것이다.

주인공에 의해 부분적으로 해설되는 이 보기 드문 작품은 슐기의 미덕과 재능을 열거하는 것으로 시작된다. 그것은 수메르 왕의 찬미가에 으레 등장하는 전형적인 형식이지만, 놀라운 점은 그 속에서 드러나는 길과 도로에 대한 왕의 사랑과 속력에 대한 열정이다.

> 나, 왕은 (어머니의) 자궁에서부터 전사다,
> 나, 슐기는 태어날 때부터 강한 남자다,
> 용에게서 태어난 사나운 눈의 사자가 나다,
> (우주의) 네 지역의 왕이 나다,
> 검은 머리 사람들의 목자가 나다,
> 모든 땅이 의지할 수 있는 신이 나다,
> 닌순에게서 태어난 아들이 나다,
> 신성한 안의 마음으로부터 부름을 받은 자가 나다,
> 엔릴에게 축복받은 자가 나다,
> 닌릴이 사랑하는 슐기가 나다,
> 닌투가 진실로 소중히 여기는 나다,
> 엔키에 의해 지혜를 부여받은 나다,
> 난나의 강한 왕이 나다,
> 우투의 입 벌린 사자가 나다,
> 이난나의 음부에 선택된 슐기가 나다,

길 떠난 기품 있는 당나귀가 나다,

도로에서 꼬리를 휘젓고 있는 말이 나다,

열심히 달리는 고귀한 당나귀가 나다,

니다바의 현명한 필경사가 나다.

나의 영웅심과 같이, 나의 힘과 같이,

나는 지혜를 이루었다,

나는 (지혜의) 진실한 약속을 경쟁한다(?),

나는 정의를 사랑한다,

나는 악을 결코 사랑하지 않는다,

나는 사악한 말을 증오한다,

나, 슐기는 최고의 강한 왕이다.

다음으로 슐기는 여행에 대한 그의 유별난 관심을 말한다. 그는 그 땅의 길과 도로가 언제나 좋은 상태를 유지하도록 했고, 지친 나그네들을 위해 도로를 따라 숙소를 지었다고 주장한다.

나는 사자들을 거느린 강한 남자이기 때문에,

나는 좁은 길을 넓히고, 도로를 똑바로 만들었다,

나는 여행을 안전하게 만들고, 거기에 '큰 집'을 지었다,

도로를 따라 정원들을 만들고, 거기에 숙소들을 세웠고,

거기에 친절한 사람들을 살게 했다,

(그래서) 아래서 오는 자나, 위에서 오는 자나,

낮의 서늘함 속에서 원기를 회복할 것이고,

밤에 길을 여행하는 나그네는,

잘 지어진 도시와 마찬가지로 거기에서 안식을 취할 것이다.

이제 그는 육상 우승자로서 그의 이름과 명예를 세우려 한다. 그는 니푸르

에서 우르까지 15‘곱절-시간’(약 160km)의 거리를 마치 1‘곱절-시간’인 것처럼 도달했다.

> 나의 이름은 먼 훗날까지 떨쳐지고, (사람들의) 입에서 떠나지 않을 것이다,
> 나에 대한 찬양은 그 땅에 널리 퍼질 것이다,
> 나는 모든 땅에서 칭송될 것이다,
> 나, 달리는 자는 기운을 떨쳐 길을 떠났다,
> 니푸르에서 우르까지,
> 나는 마치 그것이 1‘곱절-시간’인 것처럼 가로지르기로 결심했다,
> 피로를 모르는 사자와 같이 나는 일어섰고,
> 나의 사자들에게 줄을 매었다,
> 뱀을 피해 날아가는 비둘기처럼 나의 팔은 힘차게 저었고,
> 산을 향해 눈을 치켜뜬 안주-새처럼 무릎을 활짝 벌렸다.

　군중의 갈채 속에 우르에 도착한 그는 저 유명한 신(Sin)의 신전인 에키슈누갈에서 음악과 노래를 곁들인 엄청난 희생제를 올린다.

> 내가 그 땅에 건설한 도시들(의 주민들이),
> 내 주위에 떼지어 몰려들었다,
> 양떼만큼이나 수많은 나의 검은 머리 사람들이 나를 경이롭게 여겼다,
> 서둘러 쉴 곳으로 가는 산양 새끼처럼,
> 우투가 광대한 빛을 인간의 거주지에 비출 때,
> 나는 에키슈누갈에 들어섰다,
> 거대한 마구간이 있는 신(Sin)의 집,
> 거기에서 황소들을 잡고, 양들을 번식시키고,
> 거기에서 북과 탬버린이 울려퍼지게 하고,
> 거기에서 감미로운 티기-음악이 흐르게 했다.

그의 궁전에서 휴식과 목욕과 식사를 한 뒤, 그는 우박을 뿌리는 거친 날씨에도 불구하고 니푸르로 돌아왔다. 그것은 우르와 니푸르에서 같은 날 에셰시 축제를 열기 위함이었다.

모든 것을 번식시키는 자인 나, 슐기는 거기에 빵을 가져왔다,
마치 사자와 같이 나의 왕좌에서 두려움을 일으켰다,
니네갈의 드높은 궁진에서,
나는 나의 무릎을 씻고, 신선한 물에 목욕했다,
무릎을 구부리고, 빵을 먹고,
올빼미나 매처럼 나는 일어서,
니푸르를 향하여 승리에 차 돌아왔다.

그날은 바람이 울부짖고, 우박이 소용돌이쳤다,
북풍과 남풍이 거칠게 우르릉거렸고,
하늘의 번개는 일곱 바람들을 삼켜버렸다,
귀가 멍멍해지는 바람은 대지를 떨게 했고,
이슈타르의 천둥은 하늘을 덮었다,
위의 비는 아래의 물을 만났고,
(바람 속의) 작은 돌들, 큰 돌들은,
나의 등을 때렸다.

(그러나) 나, 왕은 위협당하지 않고, 겁먹지 않았다,
마치 젊은 사자처럼 나는 벌떡 일어났고,
마치 초원의 당나귀처럼 나는 앞을 향해 전진했다,
행복으로 가득 찬 나의 가슴을 안고 나는 길을 달렸다,
집으로 달려가는 우투(와 같이),
나는 15'곱절-시간'의 여행을 가로질렀다,

나의 종자는 (경이에 차) 나를 바라보았다,

한 날에 나는 우르와 니푸르에서 에셰시 축제를 열었다.

니푸르에서 그는 태양신 우투, 그리고 그의 (슬기의) 신성한 짝인 풍요의 여
신 이난나와 함께 연회를 열었다.

나의 형제이자 친구인 씩씩한 우투와 함께,

나는 안에 의해 세워진 궁전에서 맥주를 마셨고,

음유시인들은 나를 위해 일곱 티기-찬미가들을 노래했다,

나의 짝, 여왕, 하늘과 땅의 풍요인 처녀 이난나는

(궁전) 연회에서 내 곁에 앉았고,

나는 스스로를 칭송한다 :

"내가 어디를 바라보든, 당신은 나와 함께 거기로 갈 것이며,

나의 마음이 어디로 움직이든, 당신은 거기에서 환영해줄 것이오."

니푸르에서 신 안은 왕의 기장을 그에게 수여했고, 이리하여 그는 우주의
네 구역에 힘과 영광이 뻗치는 강한 왕이 되었다.

안은 나의 머리에 왕관을 씌웠고,

나에게 '청금석' 에쿠르에서 홀을 주었다,

흰 단 위에 하늘 높이 튼튼히 세워진 (나의) 왕좌,

거기에 나의 왕권을 올렸다,

(그리하여) 나는 모든 이방 땅들을 굽어보며,

(수메르의) 땅을 안전하게 만들었고,

우주의 네 구역에서 고개를 숙인 사람들이 나의 이름을 부르고,

신성한 노래들을 합창하며,

나를 찬양한다 :

"그는 고귀한 왕권을 가진 소중한 이고,
에키슈누갈로부터 신(Sin)에 의해 부여된,
영웅다움, 밤, 그리고 훌륭한 삶,
고귀한 힘이 누남미르에 의해 부여된,
슬기, 모든 이방 땅의 파괴자, 그는 (수메르의) 땅을 안전하게 만들고,
그는 우주의 메에 따라 적수가 없고,
안(난나)의 진실한 아들이 소중히 여기는 슬기!"
오, 니다바여, 찬양하라!

찬미가, 애도가, 신화, 서사시 등 수메르 문학작품의 대다수는 시적인 형식으로 씌어졌다. 그러나 그들은 운과 운율에 대해 알지 못했다. 그들의 주요한 문학적 표현법은 반복, 대구, 형용, 직유 등이었다. 바로 그것이 다음 장에서 분석되고 해설된다.

최초의 문학적 상상력

　20세기의 인류에 대한 중요한 공헌의 하나는 기원전 2100년에서 기원전 1800년 사이에 씌어진 수메르 문학자료들의 발견, 복원, 해석 그리고 해설이라고 나는 30년 이상의 세월 동안 기회 있을 때마다 강조해왔다. 이 주장이 주관적이고 자화자찬으로 들릴 수도 있으므로, 나는 자료를 통하여 그 사실을 요약해보겠다.

　오늘날 전 세계 박물관에 소장돼 있는 수메르 문학작품이 새겨진 점토판과 파편들은 5000점 이상에 달한다. 그것들 중 많은 수가 지금 원본, 사본, 사진, 주형 등의 다양한 형식으로 발표돼 있고, 그 내용은 상당수의 쐐기문자학자들에 의해 복원됐거나, 복원 진행중에 있다. 그 결과 우리는 다음과 같은 사실을 알게 되었다. 현재 우리는 100행에서 거의 1000행에 이르는 다양한 길이를 가진 20편의 신화를 가지고 있고, 그것들을 모두 합치면 약 5000행에 이른다. 현재 우리는 100행에서 500행 이상에 이르는 다양한 길이를 가진 9편의 서사적 설화를 가지고 있고, 그것들을 모두 합치면 약 3000행에 이른다. 현재 우리는 100행에 못 미치는 것부터 거의 500행에 이르는 다양한 길이의 왕과 신의 찬미가를 100편 이상 가지고 있고, 그것들을 모두 합치면 적어도 약 10000행에 이른다. 현재 우리는 총 분량이 약 3000행에 이르는 약 20편의 애도가 혹은 애도가 같은 원문을 가지고 있다. 현재 우리는 총 분량이 약 4000행에 이르는 12편의 논쟁과 학교 에세이를 가지고 있다. 현재 우리는 총 분량이 약 3000행에 이르는 약 12편의 속담과 격언 모음집을 가지고 있다. 그리고 이것들을 모두 합치면 약 28000행에 이른다!

위에 언급된 작품들 중 적지 않은 수가 아직도 원문에 상당한 결함을 안고 있다. 그러나 그런 문제를 해결하기 위해 기다리고 있는 지금까지 그 내용이 확인되거나, 제자리를 찾지 못한 점토판과 파편들이 상당수 있고, 그것들의 분량 또한 수천 행에 이른다. 더욱이 우리는 고대의 교수들에 의해 직접 정리된 문학 목록을 상당수 가지고 있다. 그 명단에는 현재까지 발견되지 않은 작품들이 많이 있다. 그러나 그것들 또한 앞으로의 발굴에서 그 모습들을 드러낼 것임이 틀림없다. 그러면 총 분량은 40000행은 족히 넘고, 어쩌면 50000행에 이를지도 모른다. 그러므로 수메르 문학이 양적으로 〈일리아스〉와 〈오디세이아〉 같은 고대의 편집물은 물론이고, 성서조차도 압도할 것이라는 결론은 결코 허무맹랑한 말이 아니다.

질적으로 볼 때 대부분의 학자들은 수메르 문학작품들이 그리스와 헤브루 고전들에 비해서 감수성, 인식, 깊이 그리고 예술성에서 열세라는 점에 동의하며, 나 또한 그들 중의 하나다. 그러나 문학적 가치와 평가는 취향의 문제다. 그리고 시간이 흘러 수메르 문학이 좀더 잘 이해되고, 오늘날 독자의 마음속에 있는 낯설음이 사라지면, 그것이 고대 헤브루와 그리스 작품들에 비해 과소평가되지는 않으리란 것이 나의 생각이다. 만약 혁신적이고 선구적인 수메르 시인과 필경사들이 길을 닦지 않았다면, 훗날의 더욱 세련된 문학들은 결코 존재할 수 없었으리란 지적이 아주 틀린 말은 아니기 때문이다.

수메르 문학작품의 대부분은 시적인 형식으로 씌어졌고, 무엇보다도 반복과 대구, 은유와 직유의 능란한 사용이 두드러지게 나타난다. 이 장에서는 20편 이상의 작품들을 통하여 알기 쉬운 직유들을 모으고 해석하려 한다. 그 작품들은 신화, 서사적 설화, 찬미가, 애도가 그리고 '지혜문학'에 이르기까지 사실상 모든 수메르의 문학 장르를 포괄한다. 그 속에 담긴 직유의 이미지들은 자연과 동물계, 그리고 인간과 인간이 만든 것들로부터 추출되었다. 이 장을 위한 많은 기초작업은 나의 젊은 동료인 펜실베이니아 대학의 배리 아이클러에 의해 이루어졌다. 그는 수메르의 문학적 상상력에 대한 훨씬 광범위하고 완벽한 연구를 계획하고 있었다. 이 기회를 통해 이 장의 준비에 끼친 그의 도움에 깊은 감사를 보낸다.

　수메르의 상상력 속에 나타나는 우주의 영역과 존재들은 하늘, 땅, 바다, 천체, 달, 태양, 별 등으로 이루어진다. 하늘은 그것의 높이 때문에 수메르 시인들의 주목을 받았다. 수메르의 신성한 도시인 니푸르는 '하늘과 같이 드높이 있다', 지구라트들은 '하늘과 같이 높다'고 계속 묘사된다. 여신 이난나의 힘과 행위를 찬양한 시에 의하면 그녀의 높이는 '하늘과 같다'. 하늘의 높이는 땅으로부터의 거리와 연관지어 생각된다. 수메르의 유명한 지배자 우르-남무는 평생을 신을 위해 봉사했으나, 일생일대의 중요한 순간에 신들이 그의 편을 들지 않자, 불공평한 신들을 원망하며, '그에게 좋은 징조는 하늘만큼 까마득히 있다'고 저승세계에서 절규한다. 하늘의 아름다움 또한 시인들을 감동시켰다. 우르-남무의 아들인 왕 슐기는 적을 무찌르고 우르의 복수를 달성한 뒤 건조한 배를 '하늘의 별과 같이' 장식했다. 니푸르는 어느 시인에 의해 '안팎으로 하늘과 같이 아름답다'고 묘사되었다.

　하늘의 높이와 마찬가지로, 땅의 넓이 또한 비교의 대상이 되었다. 예를 들어 여신 이난나는 위에서 언급된 바와 같이 '하늘만큼 높을' 뿐만 아니라, '땅만큼 넓기도' 했다. 땅도 영원히 지속되는 것으로 여겨졌다. 수메르의 가장 신성한 신전인 에쿠르의 종교의식은 '땅처럼 영원했다'. 다른 한편으로 바다는 수메르의 상상력에서 드물게 사용되었다. 원문을 통해 발견된 유일한 예는 '바다와 같이 무섭다' 정도이다.

짐작할 수 있는 바와 같이 달과 산도 높이에 대한 상상력에 이용되었다. 예를 들자면, 산들은 하늘 너머 있는 난나(달)만큼 높았다. 그러나 달이 시인들에게 가장 호소력을 지닌 것은 그 빛의 아름다움이었다. 이난나(금성)는 '달빛과 같이 빛난다'. 그녀(이난나)는 '떠오르는 달빛과 같은' 아름다움으로 가득 차 있다. 하지만 빛으로 말하자면 태양을 당할 것이 없다. 왕 리피트-이슈타르는 '내지에 빛을 비추는 태양과 같이 나타났다'고 자랑했다. 신전들은 '대지를 햇빛으로 채우고', '가눈ganun에서 나오는 태양과 같이 눈부신 뿔들로' 장식되어 있다. 그리고 수메르 신학자들에 의하면 태양은 정의의 신이기도 했기 때문에, 왕들은 태양신 우투와 같이 '틀림없는 결정'을 내린다고 자랑했다.

태양과 달의 빛의 반대편에는 황혼 뒤에 오는 어둠이 있었고, 그것은 시적으로 대조를 이루었다. 우르에 있던 위대한 달의 신전 에키슈누갈의 몰락의 정도는 다음과 같이 묘사된다.

> 햇빛과 같이 대지를 채우던 그것(에키슈누갈)이,
> (이제는) 황혼과 같이 어둠 속에 잠겼다.

그러나 황혼은 황금빛 일몰의 시간이기 때문에, 어느 시인은 '피 묻은 얼굴을 하고 집으로 돌아간다'고 그것을 묘사했다. 별들은 그들의 반짝임보다는 변함없는 영속성을 내세워 시인들에게 호소했던 것 같다. 그러므로 한 기도문은 우르가 '별과 마찬가지로 종말이 없을 것이라고' 했다.

이제 날씨로 넘어가보자. 우리의 허리케인이나 토네이도에 해당하는 근동의 폭풍이 우선 눈에 띈다. 그것은 메소포타미아의 주요한 고통의 근원이었다. 그래서 신들의 분노는 '폭풍같이 휘몰아치고', 사나운 바람은 '넘치는 폭풍같이' 도시를 파괴한다. 복수심에 불타는 이난나는 '몰아치는 폭풍같이' 전투에서 공격을 거듭한다. 위대한 신들이 마지막이자 좀 불쌍한 왕 이비-

신(Sin)의 통치기간 중 우르를 파멸시키기로 했을 때, 그들은 '대지를 덮치는 거대한 폭풍같이 으르렁거리는' 대홍수를 보냈다. "누가 그것을 피할 수 있겠는가!"

폭풍보다 약하지만 무시 못할 존재가 쏟아져내리는 '소나기'다. "사나운 바람은 소나기와도 같이 멈출 수 없다". 우르를 파괴하기 위해, 신들은 '소나기와 같이 짓밟는' 잔인한 엘람 인들을 보냈다. 그리고 만약 해석이 정확하다면, 우리는 영어의 '소나기처럼 쏟아져나오는 말(torrent of words)'의 기원을 서사적 설화 '엔메르카르와 아라타의 지배자'에서 발견한다. 그 작품의 한 행은 다음과 같다. "그(엔메르카르)는 그가 앉아 있는 곳으로부터 사자에게 소나기처럼 퍼붓듯이 말했다."

비에 대한 상상력은 풍요와 연관되었다. 왕들은 '하늘에서 쏟아져내리는 비와 같이' 제주를 따랐다고 자랑했다. 그리고 적의 화살이 '억수처럼' 우르 사람들의 몸에 꽂혔다. 비가 대지에 내린 뒤 다시 하늘로 돌아가지 않는 것에 따라 '우르의 파괴에 대한 애도가'의 작가는 우르를 공격했던 폭풍을 향해 '하늘에서 내린 비처럼 원래의 장소로 돌아가지 말라'고 저주했다.

이제 물로 시선을 돌려보면, 먼저 우리는 슬프지만 아주 널리 퍼진 '피가 물처럼 흐른다'는 직유를 고대 수메르에서도 발견한다. 슐기가 그의 무기가 '물처럼 사람들의 피를 흐르게 만들었다'고 자랑하는 구절이 있는 것이다. 마찬가지로 썩 좋은 표현은 아니지만 '기근이 물처럼 도시를 메웠고, 시련이 멈추지 않았다'는 참담한 어구도 보인다.

오늘날 널리 퍼진 섬광 같은 번개의 이미지는 고대 수메르에서도 똑같았다. 왕들은 화살이 '내 앞으로 번개같이 날아왔다', 또는 '나는 전투에서 이리 번쩍, 저리 번쩍 한다'고 자랑했다. 그리고 방황하던 영웅 루갈반다가 우루크로 돌아가려 할 때 그는 사의를 표하려는 임두구드-새에게 호소한다. "나는 불꽃처럼 일어나, 번개같이 가고 싶습니다." 그의 도시가 겪는 참상에 상심한 달의 신 신(Sin)은 그의 아버지 엔릴에게 탄원한다. "당신을 번갯불같이 떨게 만든 성난 가슴을 자비로운 눈으로 바라보십시오."

양식화된 작은 입상. 턱수염을 기른 사람, 머리를 깎은 신관, 겉옷을 걸친 여자를 본뜬 이 입상들은 메소포타미아 도시인의 풍모와 의상을 반영하고 있다. 상의 큰 눈은 메소포타미아 봉납용 상의 공통적인 특징이다. 두 손에 쥐어져 있는 것은 종교의식 때에 사용하던 잔이다.

자연의 영역에서 높고 고결한 역할을 맡은 것은 산이었다. 도시들은 '산과 같이 고결하게' 건설됐다. 신전은 '치솟은 산과 같이' 고결한 장소에 세워졌다. 도시의 성벽은 '산과 같이' 하늘에 닿았다. 그러나 채광이 되어 갈라지고 드러난 틈이 마치 파괴와 폐허를 연상시키는 산도 있었다. 성난 나람-신(Sin)은 대장간에서 강한 도끼들을 버린다. 그리고 '에쿠르를 은이 채광된 산처럼 먼지로 만들고, 청금석이 채광된 산처럼 갈기갈기 찢어버리려'고 한다.

강이 상상력을 불러일으키는 일은 거의 없었다. 현재까지 검토된 자료들 속에서 우리는 두 개의 특징 없는 은유만을 발견했다. 한 도시의 입구는 '티그리스 강이 그 물을 바다에 비우는 것처럼' 그 입을 벌리고, 어느 불행한 도시의 강은 '엔키(물의 신)에 의해 저주된 강처럼' 물이 말랐다.

여느 농업국가에서와 마찬가지로 식물은 수메르 인들의 상상력을 잘 대변하고 있다. 시인들 사이에 가장 인기 있는 나무는 삼나무였다. 슐기는 자신이 '삼나무처럼' 좋은 그늘을 만든다고 자랑했다. 리피트-이슈타르는 '향기로운 삼나무 숲처럼' 향을 모았다. 종려나무, 특히 딜문의 종려나무는 높이 평가됐다. 어느 시인에 따르면 슐기는 여신 닌갈로부터 '딜문의 종려나무처럼' 귀여움을 받았다. 그러나 종려나무는 고대인들에 의해 모든 부분이 잘라져 이런저런 용도로 쓰였기 때문에, 한 시인은 신전에 바쳐진 황소와 양들이 '종려나무'처럼 조각난다고 애도했다. 회양목은 그 풍요함과 높이로 시인들을 감동시켰다. 그래서 왕 엔메르카르는 엔키를 위한 신전을 짓도록 아라타의 기술자들에게 명하며, 그것을 '회양목같이 풍요롭게 하라'고 주문했다. 아직도 정체가 밝혀지지 않은 메스-나무는 그 열매 때문에 주목되었다는 것을 다음과 같은 직유를 통해 추측할 수 있다. "당신(슐기)은 열매가 달린 메스-나무처럼 놀랄 만한 풍채를 지녔습니다", 또는 기파르(신전의 일부분)에는 '메스-나무와 같이' 열매가 높이 쌓였다. 아마도 포플러의 일종인 듯한 일다그-나무는 그 세기가 대단했다. 그래서 슐기는 '물살을 견디고 자란 일다그-나무처럼 원기 왕성하다'고 일컬어졌다.

메소포타미아의 갈대는 실생활에서 많은 용도로 이용되었음에도 불구하고, 시적인 상상력 속에서는 슬프고 우울한 분위기로 등장한다. 그러므로 우르는 시련 속에서 '외로운 갈대처럼 고개를 축 늘어뜨렸고', 그의 아내 이난나 대신 죽을 운명에 처한 두무지는 축 늘어진 외로운 갈대의 꿈을 꾼다. 그의 어머니는 그것을 통해 아들의 죽음이라는 슬픈 예견을 한다. 더욱이 갈대 피리는 장례식과 같은 모든 슬픈 경우에 연주된 악기였다. 그러므로 음악을 사랑하고, 어떤 악기도 다룰 수 있다고 자랑한 위대한 슐기가 연주하기 싫어하는 유일한 악기가 인간의 영혼과 마음에 슬픔만을 가져다주는 갈대 피리였다는 사실은 놀라운 일이 아니다. 또한 갈대는 쉽게 뽑히는 것을 연상시켰고, 부추도 주요한 식료품으로서의 가치에도 불구하고 마찬가지였다.

수메르 시인들의 상상력은 동물계가 주요 원천이었다. 그리고 거기에는 야생동물과 가축, 새와 물고기가 모두 포함되었다. 사자는 주로 '사자와 같이 두려움을 자아내는 왕', 또는 '사자와 같이 앞으로 튀어오른다' 등의 상투적인 직유에 씌어졌다. 좀 보기 드문 경우로는 배를 침몰시키려는 성난 물살을 '뱃머리를 집어삼키려는 늑대와 같이', '선미를 공격하는 사자와 같이'라고 묘사하는 신화적 모티프가 있다. 임무를 완수하기 위해 서둘러 달려가는 메신저는 '새끼염소를 뒤쫓는 늑대처럼'이라고 묘사되었다.

들소나 '산소'를 수메르 시인들은 아주 좋아했다. 예를 들면 니푸르의 에쿠르의 키우르는 '들소처럼' 그 빛나는 뿔들을 수메르를 향해 뻗었다. 이슈메-다간은 '들소와 같은' 굵은 목을 가졌다고 자랑했다. 행복한 사람은 '들소'에 비유되었으며, 전성기의 우르는 '초원을 향해 자신있게 나가며, 힘을 가다듬는' 들소였다. 슐기는 '힘센 들소처럼 빛나는 뿔을 가졌고 거대한 들소의 혈통을 이어받았다'고 묘사되었다. 그러나 들소의 강력한 힘에도 불구하고, 오늘날의 올가미와 비슷하게 콧줄에 걸어 짐승을 잡았던 수메르 '카우보이들'이 있었던 모양이다. 왜냐하면 '그(길가메시)는 들소를 잡듯이 그(하와와)의 코에 밧줄을 묶었다', 혹은 '우스쿰갈의 조상은 들소를 잡듯이 콧줄에 의해 땅에 쓰러졌다'는 은유적인 구절들이 있기 때문이다. 거대한 들소를 잡기 위해서는 사냥꾼들이 많이 필요한 때가 있었다. 때문에 신 니누르타는 샴-돌에 저주를 내리며 말한다. "한 무리의 사람들에게 죽은 거대한 들소처럼 쪼개져라."

그러나 대부분 언급되는 것은 들소의 수컷이고, 들소의 암컷은 거의 직유되지 않는다. 우리가 갖고 있는 원문 중에 하나의 예가 있으나, 그 의미가 약간 모호하다. 왕에게 전달할 기쁜 메시지를 받은 사자는 '그의 허벅지를 들소 암컷처럼 흥분시켰다'고 묘사된다. 코끼리에 대한 직유도 한 가지 있다. "너는 가라앉는 배에 오르는 코끼리 같은 사람이다."

영양은 그 빠른 속력에도 불구하고 손쉽게 잡혔고, 따라서 완전한 패배를 연상시켰다. "덫에 걸린 영양처럼 그들(우르의 사람들)은 패배했다." "나(슐기)는 그들(적들)을 숲 속의 영양처럼 함정에 빠뜨렸다." 속력을 연상시킨 것은 영양이 아니라 산양이었다. 그래서 '산양이 서둘러 쉴 곳을 찾아가듯이 . . . . 나는 에키슈누갈에 들어섰다'고 슐기는 자랑했다. 오염된 물을 마신 동물의 고통은 우르-남무가 죽은 후 겪은 그의 아내의 고뇌에 직유되었다. "나쁜 우물에 온 초원의 짐승들처럼 '무거운 손'이 그녀를 덮었다." 마지막으로 뱀에 대한 연상은 꿈틀거리며 미끄러져 나가고, 독을 뿜는 등 그 동물의 확실한 특징과 연결되었다.

가축들 중에서는 황소가 그 선조인 야생 들소와 마찬가지로 시인들의 사랑을 받았다. 황소의 울음소리는 지배자의 목소리, 신전의 떠들썩함, 그리고 신탁의 소리 등과 연결되었다. 수메르 수금의 목은 황소 머리로 장식되는 일이 흔했다. 굳건히 서 있는 황소의 이미지는 다음과 같이 직유된다. "그(길가메시)는 황소와 같이 '위대한 대지'에 섰다." "황소와 같은 그 영웅(니누르타)에게 나는 의지한다." 그러나 굳건함은 완고함과도 통한다. 그런 '황소고집'에 얽힌 속담은 고대 수메르에도 있었다. "너는 황소 같아서 물러날 줄을 모른다." 화가 난 황소는 난폭해지고, 그것을 지적하는 표현이 있다. "황소처럼 대든다." 그녀의 불행한 도시 우르를 버린 여신 닌갈에게 시인은 '외양간을 향한 황소처럼, 우리를 향한 양처럼' 돌아와달라고 탄원한다. 또한 당시 지어진 수족관으로 물고기는 '외양간을 향한 황소처럼, 우리를 향한 양처럼'

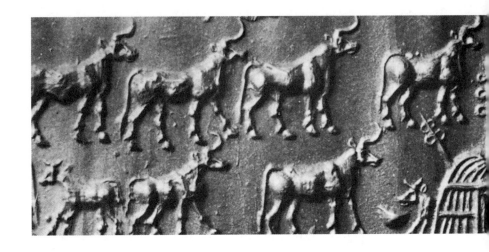

들어오려고 서두른다.

　자신이 탈곡한 곡물을 먹지 못하는 황소는 절망한 인간을 연상시켰다. "그
는 탈곡장에서 도망친 황소와 같다." 고위관료가 소유한 황소는 다음의 속담
에 따르면 거리를 자유롭게 활보할 수 있었다. "너는 샤브라(고위 관료)의 황
소처럼 거리를 활보한다." '거꾸러진 황소'에 비유되는 가장 오래 된 기록도
우르를 향한 위대한 신들의 냉혹한 결정을 묘사한 수메르의 애도가에서 발
견된다. "순결한 대지에 세워진 우르의 왕권은 목에 올가미가 씌워져 마치
소처럼 순식간에 땅바닥에 거꾸러졌다." 더하여 땅바닥에 쓰러진 황소의 애
절함은 닌갈의 말을 통해 드러난다. "쓰러진 황소와 마찬가지로 나는 너의
성벽을 다시 일으킬 수 없다('너'는 그녀의 파괴된 도시 우르를 가리킨다)."

　황소와는 달리 암소는 시적인 상상력을 불러일으키지 못했다. 암소와 관
련하여 원문에서 발견되는 두 개의 직유 중 하나는 동정에 대한 것이다. 그
녀의 도시 우르가 겪는 고난을 본 여신 닌갈은 '송아지의 고통을 보는 암소
처럼' 땅바닥에 엎어졌다. 다른 하나는 환상을 좇는 사람에게 주는 격언이
다. "새끼를 낳을 수 없는 암소가 있지도 않은 송아지를 찾아다닌 것과 같
다."

수메르의 물소떼. 고대 수메르의 인장을 찰흙에 눌러 그림을 부각시킨 것으로서, 늪지의 갈대로 만든 오두막 주위에 물소를 배치하고 있다.

암양은 생산력을 연상시켰고, 따라서 '암양처럼 많이'라는 직유를 흔히 볼수 있다. 그러나 양들은 쉽사리 흩어졌기 때문에, 재난이 닥친 아라타의 사람들은 '흩어진 암양들'에 비교되었다. 암양은 새끼양과 헤어지는 일이 흔했다. 그래서 여신 닌갈은, '오, 나의 도시여, 새끼를 잃은 죄 없는 암양과 같구나.' 꼭 집을 찾아 돌아오는 양의 성질은 황소와 함께 직유되었다. "외양간으로 돌아오는 황소와 같이, 우리로 돌아오는 양과 같이." 그리고 좀더 '문학적인 표현'도 있다. "네가(새로 지어진 집으로 들어가려는 물고기) 우리로 향하는 양과같이 고개를 들 때, 목자 두무지는 기뻐하리라."

무거운 짐을 진 당나귀의 이미지는 명확한 직유를 이끌어냈다. "엘람 인과수바리아 인(수메르와 반목했던 이웃 민족들)들은 부대를 잔뜩 실은 당나귀들과같이 온갖 종류의 물건을 (아카드로) 가져왔다." 당나귀의 고집은 다음과 같은이상한 속담의 기원이 됐던 것 같다. "전염병이 도는 도시 속으로 그는 반항적인(?) 당나귀처럼 끌려들어갔다." 적지 않은 문화적 중요성을 갖고 있는 다음의 속담에서는 당나귀의 어리석음이 언급된다. "나는 당나귀 같은 세 살배기 아내와는 결혼하지 않으리라." 수메르 시인들은 야생 당나귀인 '초원의당나귀'와 버릇이 잘 든 '귀족 당나귀'를 알았고, 그것들은 무엇보다도 사자들이나 슐기와 같은, 오늘날로 말하자면 속도광인 왕들의 여행속도를 연상시켰다.

개의 성격과 생활습성에서 비롯된 다음과 같은 이미지들은 만약 원문이 정확히 해석되었다면 적지 않은 문화적·심리적 중요성을 지녔을 것이다. 조용히 고통을 감수하는 여인은 '우리에 갇힌 개와 같다'. 피에 굶주린 여신 이난나는 '개처럼' 시체들을 먹는다. 그의 권리를 위해 일어서는 사람은 '개처럼' 굴복하길 증오하는 사람이다. 또한 거기에는 '몽둥이 찜질을 당한 개 꼴'을 하고 있는 사람, '개뼈다귀같이 굴지 말도록 충고되는 사람, 그리고 '필경사의 암캐같이' 고압적인 사람도 있다.

새들에 대한 연상을 두 가지로 나뉘어진다. 덩치 큰 맹금류는 자연히 대담무쌍한 비행을 연상시켰다. 사람들은 '독수리처럼 연회를 덮친다.' 슐기는 매처럼 추격한다고 자랑한다. 두무지의 육신을 떠난 영혼은 '다른 새를 뒤쫓는 매처럼' 날아간다. 수메르 인들에게 작은 새들은 '달콤한 노래'가 아니라, 공포와 비탄을 연상시켰다. 여신 닌갈은 '나는 새처럼' 그녀의 파괴된 도시 우르를 떠난다. 엘람 인들에게 끌려간 불쌍한 이비-신(Sin)은 '집 떠난 참새와 마찬가지로' 그의 도시에 다시는 돌아오지 못할 것이다. 고위 여사제 엔헤두안나는 그녀의 운명을 탄식하며 말한다. "나는 참새처럼 둥지를 떠나야만 했다." 아내의 죽음을 애도하는 남편은 '둥지의 비둘기처럼' 슬퍼하며, '공포에 질린 비둘기처럼' 뒹군다. 슐기는 '뱀을 피해 날아가는 비둘기처럼' 팔을 힘차게 저었다고 자랑했다.

박쥐의 경우도 비슷했다. 위대한 신들인 아눈나는 '갈라진 틈으로 퍼덕거리며 숨어드는 박쥐들처럼' 이난나 앞에서 도망친다. 바르바르-화살은 전투 시에 '나는 박쥐들처럼' 날아간다. 보기 드문 다정한 이미지는 아직까지 확인되지 않은 감감-새에 대한 직유에서 나온다. "(영웅 루갈반다의 친구들인) 그들은 둥지에 앉아 있는 감감-새와 같은 그에게 먹을 음식과 마실 물을 주었다."

곤충계에서 메뚜기는 주로 탐식과 파괴를 연상시켰다. 우르는 '엄청난 메뚜기떼'에 먹혔다. 슐기는 '메뚜기에 뒤덮인 흙먼지'를 적에게 먹였고, '마치 메뚜기가 날아가듯' 몽둥이(?)와 돌을 던져 적을 산산조각 냈다고 자랑했다. 파리는 수메르에서 성가신 해충이었음에도 별로 가치도 없는 하나의 직유만 전해진다. 그것은 지혜의 신 엔키에 의해 만들어진 후 저승세계의 여왕 에레슈키갈에게 아첨하여, 그녀의 권리하에 있는 '생명의 물'을 얻기 위해 저승세계로 내려간 두 무성無性 창조물들이 '파리처럼'(에레슈키갈의 궁전) 입구로 날아갔다는 구절이다. 참새, 비둘기 그리고 박쥐와 마찬가지로 개미도 공포에 떠는 인간이나, '갈라진 틈을 찾아 허둥대는 개미들처럼' 피신처를 찾는 신들을 묘사했다.

물고기는 비극적인 죽음을 연상시켰다. 우르 사람들의 목숨은 '마치 땅에 올라온 물고기', 또는 '물이 없어(?) 괴로워하는 물고기 같았다.' 어머니의 무릎에 누워 있던 (우르의) 어린아이들은 '마치 물고기가 물에 휩쓸리듯' 끌려갔다.

우선적으로 인간이 만든 생명이 없는 물건들에 대한 이미지는 양적으로 한정돼 있고, 질적으로도 빈약하다. 그러나 그것은 수메르 문화의 측면들을 조명하는 데 도움을 준다. '도시'는 인류 최초의 '모텔'을 세운 기록에서 상당히 재미있는 직유로 나타난다. "밤에 길을 여행하는 나그네는 잘 지어진 도시와 마찬가지로 거기(슐기에 의해 지어진 휴식처)에서 안식을 취할 것이다." 그러나 다른 두 직유에서는 폐허가 된 도시가 묘사된다. 우르는 '곡괭이로 갈기갈기 찢긴 도시와 같은' 폐허가 되었고, 불경한 나람-신(Sin)은 '이슈카르에 의해 황폐화된 도시와 같이' 에쿠르를 뭉개버리려 했다. 높은 성벽과 거대한 입구들은 수메르로의 접근을 막았다. 도시의 입구들은 밤에는 잠겼다. '밤의 문처럼 문은 그것(파괴적인 폭풍)을 막았다.' 마구간, 양 우리, 농경지의 오두막 등은 파괴된 도시에 비유되었다. 왜냐하면 그것들은 부서지거나 함몰되기 십상이었기 때문이다. 구리는 '곡물더미와 같이' 부두에 쌓인 것으로 묘사된다. 용해된 구리와 주석은 유린된 우르에 흐르는 피를 연상시켰다. 돌은 '밀가루처럼' 부서지고, '자루와 같이' 담을 수 있고, '들풀같이' 하찮은 것이었다.

우유는 이상하게도 도시나 대지를 비우는 것을 연상시켰다. 그래서 '가에슈는 적에 의해 우유처럼 비워졌다', 혹은 '닌기르수는 우유처럼 수메르를 비웠다' 등의 직유가 쓰였다. 유지의 경우, 시체는 '태양 아래 유지처럼' 녹아내렸다. 그에 반해 버터기름은 여신들이 출산을 손쉽게 하는 것을 연상시켰다. 꿀은 자연히 '달콤함'을 연상시켰다. 사랑의 말은 '감미롭고', 사랑하는 이는 '꿀 같은 남자'다.

30셰켈은 이유는 알 수 없지만 경멸과 무시를 연상시켰다. '체력을 감안하지 않고 달리는 자와 같이 그는 (에쿠르의) 기구나를 마치 30셰켈처럼 취급했다.' 길가메시는 50미나의 무게를 가진 그의 갑옷을 마치 30셰켈인 것처럼 가볍게 다루었다고 전해진다. 오늘날 고고학자들의 기쁨인 부서진 항아리와 질그릇 조각들은 흩어지고 버려짐을 연상시켰다. 바짝 마른 화덕은 메마른 초원과 벌판을 연상시켰다. 의복과 아마포는 '너의 (니누르타의) 장엄한 멜람은 엔릴의 신전을 의복처럼 덮었다', '그것(폭풍)은 우르를 의복처럼 덮고, 아마포처럼 감쌌다', 혹은 '그(길가메시)는 옷처럼 영웅의 말을 입고, 아마포처럼 그것을 감쌌다' 등으로 직유됐다. 몸에 착 달라붙은 넝마는 죽음의 마귀 남타르를 연상시켰다. "남타르는 물어뜯는 개고, 넝마처럼 달라붙는다." 폭풍에 뒤집힌 배는 '닻도 소용없이 격렬한 폭풍 속을 떠도는 배와 같은' 우르-남무의 미친 아내를 연상시켰다. 우유부단한 사람은 '물에서 위아래로 흔들리는 배와 같다.' 배는 수메르 문학에서 지금까지 알려진 간명한 비교에 의한 점증적 효과를 가장 잘 나타내는 직유 중 하나에 이용되었다(임두구드-새가 쿨랍으로 돌아가길 열망하는 루갈반다에게 말한다).

나의 루갈반다여, 이리 오라,
금속을 (실은) 배처럼,
곡물을 (실은) 배처럼,
발발레-사과를 (실은) 배처럼,

보기(?) 좋은 오이를 (싣은) 배처럼,

풍요로운 추수의 장소로,

쿨랍의 벽돌을 향하여 배처럼 나아가라.

신들과 그들의 기여는 직유에 거의 등장하지 않는다. 우주적 상상력과의 연계 속에서 앞서 언급된 태양신 우투, 달의 신 난나, 황혼의 신 우산 외에, 우리는 뇌성 같은 폭풍의 신 이슈쿠르에 관계된 두 개의 직유를 가지고 있다. 하나는 이난나가 '이슈쿠르처럼' 뇌성을 치면, 산천초목은 종말을 고한다는 표현이고, 다른 하나는 다양한 악기들이 '이슈쿠르처럼' 연주되었다고 전해진다. 또한 전사의 신 니누르타와 관련된 것도 하나 있다. 영웅들은 투구와 '사자'-옷을 입고 '엔릴의 아들 니누르타와 같이' 싸웠다고 묘사된다.

직유 속에 등장하는 신화적인 존재들과 괴물들로는 우선 무슈후시(크고 사나운 뱀)가 있다. 슐기는 그의 활이 '무슈후시처럼 꿰뚫을 준비가 되어 있다'고 자랑했다. 두 번째로는 임두구드-새가 있다. 슐기는 '고원을 향해 고개를 든 임두구드-새처럼' 빨리 달렸다. 세 번째로는 구단나(하늘의 황소)가 있다. 키시의 (사람들은) '구단나처럼' 죽었다. 네 번째로는 구드마(거대한 황소)가 있다. 우루크의 집은 '구드마처럼' 땅바닥에 먼지가 됐다. 그리고 마지막으로 독을 내뿜는 우슘갈(용)이 있다. 이난나는 '우슘갈처럼' (적대적인) 땅을 독으로 채웠고, 무기들은 '우슘갈이 물려고 하는 것처럼' 적을 향해 독을 뿜었으며, 무기들은 '우슘갈처럼' 시체들을 먹었고, 엔메르카르의 사자는 '우슘갈이 먹이를 찾아 초원을 돌아다니는 것처럼' 신속하게 여행했다고 전해진다.

우리는 마침내 수메르의 문화와 특성의 어떤 측면들에 빛을 비추는 인간과 상상력에 도달했다. 물론 거기에는 인자한 보호자인 아버지, 어머니가 있다. 예를 들자면, 이슈메-다간은 스스로를 '좋은 아버지, 사려 깊은 어머니'와, 모든 땅들이 '그들을 낳은 아버지처럼' 우러러보는 이에 비유했다. 우는 아이는 자연히 비극적인 시련을 연상시켰다. 수메르의 '욥'은 '고난이 슬피 우는 아이처럼 나를 압도한다'고 탄식했고, 황폐화된 우르는 '폐허가 된 거리에서 (방황하는) 아이처럼' 여신 닌갈을 찾았으며, 좀 이상하게 들리지만 '입을 뻐끔대는 물고기는 우는 아이와 같다'고 했다.

유복한 농부는 행복한 사람을 연상시켰다. 엔키두는 길가메시에게 저승세계의 '삶'에 대하여 말하던 중 지상에 네 아들을 가진 남자는 네 마리의 노새를 가진 사람만큼 행복하고, 여섯 아들을 가진 남자는 '농부만큼' 행복하다고 한다. 같은 기록을 통해 우리는 입담 좋은 필경사는 쉽게 성공할 수 있었음을 알 수 있다. "다섯 아들을 가진 사람은 마음이 넓은 말 잘하는 필경사처럼 (에레슈키갈의) 궁전에 곧장 갈 수 있다." 목자는 '그(아라타의 지배자)가 목자처럼 그들 뒤를 따르게 하라', '그(왕)는 믿음직스러운 목자처럼 양 우리를 몇 곱절로 늘린다' 등으로 직유된다. 부자와 가난한 자에 대해서는 왕과 노예가 간결한 속담 속에서 대비된다. "왕처럼 벌어서 노예처럼 살고, 노예처럼 벌어서 왕처럼 살아라." 빈곤층의 참상은, '당신의 (황폐한) 집은 모든 것을 잃어버린 사람처럼 당신(닌갈)에게 손을 내민다'고 직유되고, 그녀 여주인의 죽음을 애도하는 여신 닌슈부르는, '가난뱅이처럼 홑겹 옷을 걸쳐라'고 명령받는다.

수메르에도 술주정뱅이, 대식가, 강도, 입이 험한 매춘부들이 있었다. "두블라(신전의 테라스)에 서 있는 라하마-조상은 술 취한 몸집 큰 병사처럼 쓰러져버렸다." "네 땅은 과식한 사람처럼 입구가 메워져버렸다." "그(나람-신)는 도시를 약탈하는 강도처럼 그 집(에쿠르)에 큰 사다리들을 걸쳤다." "그것(새)의 입은 마치 매춘부처럼 험담을 일삼는다."

수메르 인들이 명성과 영예, 찬미와 박수에 열중했음은 그들의 영웅 서사시와 과장된 왕의 찬미가들을 통하여 익히 알려져 있다. 그럼에도 불구하고 우리가 직유들을 통해 보면 길가메시가 그의 어머니 닌순의 '무릎 근처에 앉아 있기를' 소망했고, 나람-신(Sin)이 '체력을 감안하지 않고 달리는 자와 같이' 에쿠르를 경시했으며, '그것의 가축들(황폐화된 에키슈누갈의 가축들)은 영웅이 영웅을 죽이듯 그 앞에 내동댕이쳐졌다'와 같이 영웅들이 결투에서 참담한 종말을 맞았다는 것은 대단히 흥미롭다. 이런 이면은 영웅들에게서만 보이는 것이 아니다. 아카드의 번영을 위한 이난나의 열정과 노력은 '새로 집을 지은 젊은이처럼, 침실을 장식하는 처녀처럼 . . . 이난나는 잠도 자지 못했다'고 직유된다. 태양신 우투는 '자비로운 인간과 같은' 친절을 길가메시에게 보인다. '폭풍'은 여신 바우를 '마치 인간인 것처럼' 압도했다. 그리고 폐허가 된 신전의 벽돌도 자신을 버린 여신을 향해 '당신은 어디 계십니까'라며 '마치 인간처럼' 절규했다고 전해진다.

지금까지 수메르 인의 직유와 그것의 기초를 이루는 심상을 요약해보았다. 그리고 이 장과 제30장에서 살펴본 왕의 찬미가들에 의하면, 이미지와 상징성이 수메르 인들의 사고와 상상력의 주요 특징을 이룬다는 것이 명백해졌다. 그러므로 상상력이 가장 풍부한 상징성의 몇몇이 흙의 비옥함과 자궁의 생산력을 지키기 위한 종교의식인 신성한 결혼에 중심을 두고 있다는 것은 어찌 보면 당연하다. 나의 저술《신성한 결혼의식(The Sacred Marriage Rite, Bloomington : University of Indiana Press)》에 대부분 의지하고 있는 다음 장에서는 사랑과 욕망의 여신 이난나와 왕의 결혼을 경축하는 바로 그 의식을 확인해볼 것이다. 그것은 의식에 앞선 구애와 유혹, 의식의 종교적 절차, 그리고 환희에 넘쳐 황홀경에 이르는 사랑의 서정시들 등으로 이루어진다. 그리고 그 서정시들은 그리스도의 이야기 속에서 희미하게 여운을 남기는 죽음과 부활의 구슬픈 설화인 성서의 〈아가雅歌〉를 생각나게 한다.

33
신성한 결혼식

최초의 성적 상징성

모든 인류 가운데 언제나 그래왔듯이 수메르 인들의 사랑 역시 특성과 강도가 다양한 감정의 덩어리였다. 이성 간의 사랑은 열정적이고 감각적이며, 보통 결혼에 의하여 그 정점에 달했다. 그리고 부부 간의 사랑, 부모와 자식 간의 사랑, 가족 성원 간의 사랑, 그리고 친구와 친척들 간의 사랑도 있었다. 그러나 수메르의 신화작가들과 시인들을 무엇보다 사로잡은 것은 바로 신들의 사랑이었다. 지상의 생명, 인류의 번영과 안녕, 그리고 특히 수메르의 번영과 행복은 신들 간의 성적인 결합의 결과라고 그들은 믿고 상상했다.

오늘날의 역사가들에게 다행스럽게도 수메르 시인들은 내숭이나 점잖을 떨지 않았다. 그들은 성행위와 심지어 성기의 이름까지도 그대로 말하기를 주저하지 않았다. 몇몇 신화의 경우에 신들의 성적인 행동으로부터 기인된 인간적인 결과는 모호한 상징성으로 은폐되어 있다. 하지만 합리적이고 명쾌한 언어를 사용하는 다른 신화들도 있다. 예를 들면 식물의 탄생을 묘사하는 다음과 같은 신화적인 구절이 있다.

> 부드럽고, 거대한 대지는 스스로를 눈부시게 만들고,
> 희열에 차 그녀의 몸을 아름답게 가꾸었고,
> 드넓은 대지는 귀중한 금속과 청금석으로 그녀의 몸을 장식했고,
> 설록암, 옥수, 그리고 빛나는 홍옥수로 스스로를 치장했고,
> 하늘은 푸른 생명의 가발로 차려입고, 당당하게 일어섰고,
> 처녀인 신성한 대지는 신성한 하늘을 위해 스스로를 아름답게 가꾸었고,
> 드높은 신 하늘은 드넓은 대지 위에 무릎을 꿇고,
> 영웅들인 나무와 갈대의 정액을 그녀의 자궁에 쏟아부었고,
> 생산력 있는 암소인 감미로운 대지는 하늘의 풍요한 정액으로 수태했고,
> 대지는 희열에 차 생명의 초목들을 낳았고,
> 대지는 풍성하게 생산했고, 그녀에게서는 포도주와 꿀이 흘러나왔다.

이미지로 가득한 이 시에 따르자면, 식물은 아버지 하늘과 어머니 대지의 자손으로 여겨졌다. 그리고 두 개의 의인화된 계절인 여름과 겨울은 대기의 신 엔릴과 그가 자신의 정액으로 수태시킨 위대한 산의 자식들이었다. 시인은 그것을 다음과 같이 말한다.

> 엔릴은 거대한 황소처럼 대지에 버티어 섰고,
> 비옥함 속에 번성하는 좋은 날을 만들기 위해,
> 풍요 속에 번창하는 아름다운 밤을 만들기 위해,
> 초목들을 높게 자라게 하고, 곡물들을 널리 퍼지게 하기 위해,
> 수메르를 하늘 곁에 두기 위해,
> 겨울이 하천의 범람을 부두에 묶어두게 하기 위해,
> 엔릴, 모든 땅의 왕은 결심했다.

그는 거대한 산에 그의 음부(남근)를 꽂고, 고원에도 그리했고,

땅을 비옥하게 하는 수메르와 겨울(의 정액을)

그는 그들의 자궁에 쏟아 부었고,

그의 음부를 꽂는 곳마다, 엔릴은 들소처럼 으르렁거렸고,

거기에서 산은 낮을 보내고, 행복하게 밤에 휴식을 취하고,

풍부한 유지와 같은 수메르와 겨울을 낳았고,

산 언저리의 깨끗한 잔디에 있는 거대한 들소들처럼 그들을 양육했고,

산 주변 목초지에서 그들을 살찌게 만들었다.

신들의 성행위에 대한 더욱 생생한 묘사와, 수메르와 그곳의 사람들을 위한 그것의 풍부한 결실은 그 뜨겁고 건조한 땅에 생명이 가능하게 만든 두 개의 강 티그리스와 유프라테스와 연관돼 있다. 한 시인에 의하면, 사나운 들소들이 짝을 짓듯 그의 정액을 두 강에 쏟아부음으로써 강들이 생명의 물로 가득 차게 만든 이는 현명한 물의 신 엔키였다. 그 시인은 다음과 같이 그 것을 묘사한다.

아버지 엔키는 (그의 눈을) 들어 유프라테스 강을 바라본 뒤,

그는 사나운 황소처럼 당당히 일어섰고,

그의 음부를 발기시키고 사정하여,

유프라테스 강을 빛나는 물로 채웠다.

목초지에서 들소의 암컷이 새끼를 부르고, 전갈이 창궐하는,

티그리스 강은 사나운 황소인 그에게 넘겨졌다.

그는 음부를 발기시켜 결혼선물을 가져왔고,

티그리스 강에 거대한 들소처럼 환희를 가져왔고,

그것이 생명을 낳게 하였고,

그가 가져온 물은 반짝이는 물이고,

그가 가져온 곡식은 가지각색의 곡식이고,

사람들은 그것을 먹는다.

그러나 수메르의 신화작가와 시인들이 성적인 심상과 상징성을 가장 많이 부여하는 것은 역시 수메르의 사랑과 생산의 여신 이난나다. 수메르의 왕과 성적인 매력의 덩어리인 이 생산의 여신 사이의 종교의식상의 결혼은 그 땅의 번영과 사람들의 안녕을 가져오는 기름진 토양과 생산력 좋은 자궁을 위해 필수적이라는 것이 수메르 인들의 종교적 믿음이었다. 이 의식을 거행한 최초의 수메르 지배자는 목자의 왕 두무지(성경의 탐무즈)였고, 그는 기원전 2000년대 초에 수메르의 중심도시 중 하나인 우루크를 통치했다. 그리고 그 것은 적어도 뒷날의 수메르에서만큼은 통용되던 믿음이었다. 예를 들면 여신이 그녀의 신랑으로 두무지를 선택하고, 신성한 짝짓기를 함으로써 식물들을 무성하게 자라게 한 것을 묘사하는 시적인 신화가 남아 있다. 여신은 그녀의 목자 남편에게 유지를 청하고, 그녀는 그의 궁전을 '생명의 집'으로 영원히 보호하겠다고 약속한다. 이 시는 그녀 부모들의 의사에 따라 두무지를 '땅의 신'으로 만드는 그녀의 선택을 선언하는 여신의 독백으로 시작된다 (왕은 여신과 결혼함으로써 스스로 신이 된다).

　　"나는 모든 사람들을 둘러보고,
　　두무지를 불러 땅의 신권을 주었고,
　　엔릴이 사랑하는 두무지,
　　나의 어머니는 그를 언제나 사랑하고,
　　나의 아버지는 그를 찬미한다."

그런 뒤, 그녀는 목욕을 하여 비누로 몸을 구석구석 씻고는 그녀의 특별한 '힘의 의복'을 입는다. 그리고 그녀는 찬미와 노래로 가득 찬 그녀의 집과 신전으로 두무지를 데려가 그녀의 곁에 행복하게 앉힌다. 그의 존재는 그녀에게 열정과 욕망을 일으키게 하고, 그녀는 그녀의 음부를 위한 노래를 만든다. 거기에서 그녀의 음부는 뿔, '하늘의 배', 새로 뜬 초승달, 경작되지 않은 땅, 높은 들, 낮은 산에 비유되며, 이난나는 끝으로 외친다.

> "나를 위하여,
> 나의 음부를 위하여,
> 나, 낮은 산,
> 나, 처녀―누가 나를 위해 그것을 쟁기질하겠는가?
> 나의 음부, 촉촉한 대지,
> 나, 여왕, 누가 그의 황소를 거기에 두겠는가?"

대답은 다음과 같다.

> "오, 당당한 숙녀여, 왕이 당신을 위해 그것을 쟁기질할 것이오,
> 왕 두무지가 당신을 위해 그것을 쟁기질할 것이오."

그러자 기쁨에 찬 여신의 응답이 따른다.

> "나의 음부를 쟁기질하시오, 내 가슴 속의 남자여!"

그녀의 음부를 씻은 뒤, 둘은 교접한다. 그러자 초목이 무성하게 자라난다.

> 자라나는 삼나무 같은 왕의 하체,
> 식물들은 그 주변에서 높이 자랐고,
> 곡물들은 그 주변에서 높이 자랐고,
> ... 과수원들은 그 주변에서 풍요롭게 자랐다.

시는 계속된다.

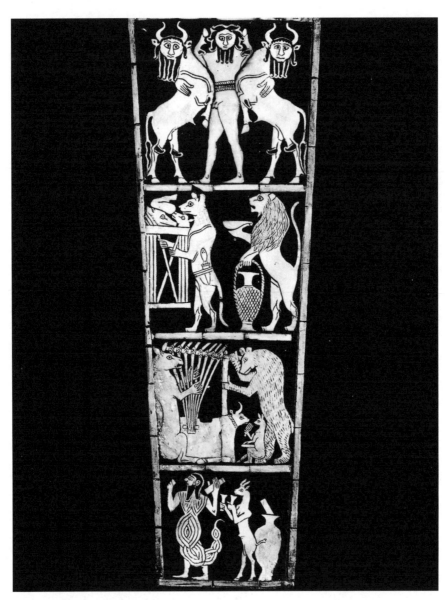

장식판. 신화에서 취한 소재를 상감한 것으로 우르에서 출토한 것이다. 메소포타미아 직인의 예술적 재능을 여실히 말해주고 있다. 그림은 청금석을 바탕으로 조개 껍데기로 구성되어 있다. 위에서부터 두 마리의 황소와 격투하는 전설상의 영웅 길가메시, 음식물을 운반하는 동물, 음악을 연주하는 동물이다. 맨 아래에는 전갈의 몸통을 하고 있는 사람과 영양이 보인다.

생명의 집, 왕의 집에서,

그의 짝은 그와 함께 기쁨 속에 살았고,

생명의 집, 왕의 집에서,

이난나는 그와 함께 기쁨 속에 살았다.

왕 두무지의 집에 행복하게 정착하자, 여신은 부탁을 하고, 약속을 한다.
부탁은 두무지의 양 우리에서 나는 우유와 치즈다.

"나를 위해 우유를 노랗게 만들어주세요, 나의 신랑이여,

나를 위해 우유를 노랗게 만들어주세요,

나의 신랑이여, 나는 신선한(?) 우유를 당신과 마실 거예요.

들소 두무지여, 나를 위해 우유를 노랗게 만들어주세요,

나의 신랑이여, 나는 신선한(?) 우유를 당신과 마실 거예요,

나를 위해 양젖이 양 우리에서 넘쳐흐르게 해주세요,

. . .과 함께 치즈가 나의 신성한 교유기를 채우고 . . . ,

왕 두무지, 나는 신선한(?) 우유를 당신과 마실 거예요.

그리고 그녀의 약속은 두무지의 '신성한 마구간'을 지켜주겠다는 것이다.
'신성한 마구간'은 왕의 궁전을 상징하는 듯하다.

"나의 남편이여, 훌륭한 창고, 신성한 마구간을,

나, 이난나가 당신을 위해 지켜주겠어요,

나는 당신의 '생명의 집'을 돌보겠어요.

그 땅의 찬란한 경이의 장소를,

그 땅의 모든 운명이 정해지는 그 집을,

사람들과 모든 살아 있는 것들이 인도되는 곳을,

나, 이난나가 당신을 위해 지켜주겠어요,

나는 당신의 '생명의 집'을 돌보겠어요,

'생명의 집', 장수의 창고를,

나, 이난나가 당신을 위해 지켜주겠어요."

이 부드럽고 열정적인 시를 보면, 두무지가 이난나의 열성적이고 유일한 선택인 것 같고, 그녀는 그가 자신의 음부를 쟁기질해주기를 더이상 기다릴 수조차 없다는 인성을 받는다. 그러나 혼전의 구애를 묘사하는 다른 시로부터 우리는 완전히 다른 이야기를 듣는다. 사실 이난나는 처음에 그의 경쟁자인 농부 엔킴두 때문에 목자 두무지를 거부한다. 그리고 그녀의 마음을 바꾸기 위해 오빠인 태양신 우투의 설득과 두무지의 길고 적극적인 연설이 뒤를 잇는다. 목자와 농부 간에 풍요와 생산력의 우위를 놓고 벌어지는 투쟁을 상징하는 이 신화적인 에피소드는 하나가 끝나는 곳에서 다른 하나가 시작하는, 서로 가깝게 연관된 두 개의 단막극으로 이야기된다. 그것은 먼저 우투와 여신 사이에 오가는 신혼침대의 침대보를 만든 것에 대한 은밀한 질문과 대답으로 이루어진다.

"위엄 있는 여왕,

경작된 아마, 풍요로운 이난나,

경작된 아마, 풍요로운 . . . ,

나는 너를 위해 쾡이질하고, 너에게 식물을 줄 것이고,

나의 누이여, 나는 너에게 경작된 아마를 줄 것이고,

이난나여, 나는 너에게 경작된 아마를 줄 것이다."

"오빠, 당신이 경작된 아마를 나에게 가져다준 후에,

누가 나를 위해 그것을 풀어줄 건가요?

누가 나를 위해 그것을 풀어줄 건가요?

그 아마를, 누가 나를 위해 그것을 풀어줄 건가요?"

"나의 누이여, 나는 그것을 풀어서 너에게 가져올 것이고,
이난나여, 나는 그것을 풀어서 너에게 가져올 것이다."

"오빠, 당신이 그것을 풀어서 나에게 가져온 후에,
누가 나를 위해 그것을 자을 건가요? 누가 나를 위해 그것을 자을 건가요?
그 아마, 누가 나를 위해 그것을 자을 건가요?"

"나의 누이여, 나는 그것을 자아서 너에게 가져올 것이고,
이난나여, 나는 그것을 자아서 너에게 가져올 것이다."

이 질문과 대답은 실을 꼬고, 천을 짜고, 침대보를 물감 들이는 문제로 계속되며, 이 담화의 진짜 목적은 이 시의 마지막에 가서야 드러난다. 거기에서 이난나는 진짜로 궁금한 것을 묻는다.

"오빠, 당신이 그것을 물들여 나에게 가져온 후에,
누가 나와 함께 잘 건가요? 누가 나와 함께 잘 건가요?

우투는 두무지라고 망설임 없이 대답한다. 그리고 그녀의 남편이 되어 그녀와 함께 자는 이는 우슘갈란나(안의 용)와 쿨리-엔릴(엔릴의 친구)이라고 묘사한다.

"너와 함께 그가 잘 것이다, 그가 잘 것이다,
너와 함께 너의 남편이 잘 것이다,
너와 함께 우슘갈란나가 잘 것이다,
너와 함께 쿨리-엔릴이 잘 것이다,
너와 함께 비옥한 자궁에서 나온 자가 잘 것이다,
너와 함께 왕에게서 태어난 종자가 잘 것이다."

그러나 이난나는 부드럽게, 그러나 완강하게 반대한다.

> "아니에요, 내 가슴 속의 남자는 그예요—
> 내 가슴 속의 남자는 그예요—
> 내 마음을 사로잡은 이는 그예요—
> 괭이질하지 않아도, 곡물이 높이 쌓이고,
> 창고에 곡물이 정기적으로 날라져오는,
> 농부, 그는 모든 창고를 곡물로 채워요."

여기에서 그 시는 끝난다. 그러나 후편은 계속되고, 우투는 이난나의 의사를 받아들이지 않는다. 그는 이난나가 농부가 아니라 목자와 결혼해야 한다고 주장한다.

> "나의 누이여, 목자와 결혼하도록 해라,
> 순결한 처녀 이난나여, 왜 너는 탐탁해하지 않느냐?
> 그의 유지는 훌륭하고, 그의 우유도 좋다,
> 목자, 그의 손길이 닿는 모든 것은 빛난다,
> 이난나여, 목자 두무지와 결혼하도록 해라,
> 보석으로 장식된 그대여, 왜 너는 탐탁해하지 않느냐?
> 그의 좋은 유지를 그는 너와 함께 먹을 것이다, 그는 왕의 보호자,
> 왜 너는 탐탁해하지 않느냐?"

그러나 이난나는 단호하다.

> "나는 목자와 결혼하지 않겠어요,
> 나는 그의 새 옷을 입지 않겠어요,
> 나는 그의 훌륭한 양모로 감싸지 않겠어요,

처녀인 나는 농부와 결혼하겠어요,

농부는 식물을 풍성하게 자라게 하고,

농부는 곡물을 풍성하게 자라게 하고."

두무지는 격노하여 그는 자신이 농부보다 훨씬 더 줄 것이 많다고 격렬히
주장한다.

"그 농부가 나보다 더, 그 농부가 나보다 더,

그 농부가 나보다 더 가진 것이 무엇이 있소?

그가 검은 옷을 나에게 준다면,

나는 검은 암양을 그 농부에게 주겠소,

그가 흰옷을 나에게 준다면,

나는 흰 암양을 그 농부에게 주겠소,

그가 최고의 맥주를 나에게 부어준다면,

나는 기름진 우유를 그 농부에게 부어주겠소." . . . .

두무지의 주장은 계속된다. 두무지는 계속하여 자신이 농부보다 우월함을
보이고자 한다. 그리고 처음과 같은 말로 그의 연설을 끝낸다.

"나보다 더 그 농부가 , 그 농부가 나보다 더 가진 것이 무엇이 있소?"

이 분노의 폭발은 마침내 목적한 바를 이루고, 이난나는 그녀의 마음을 바
꾼다.

그는 기쁨에 겨웠다, 그는 찰흙의 강둑에서 기쁨에 겨웠다,

그는 강둑에서 기쁨에 겨웠다, 그 목자는 강둑에서 기쁨에 겨웠다.

이제 누가 강둑으로 오는가? 다름아닌 농부 엔킴두다. 두무지는 다시 한 번 공격적이 된다. 그러나 다행히도 농부는 평화와 우정을 원하는 유순한 친구다. 그는 목자와 싸우려 하기는커녕, 도리어 그의 양들을 위한 방목지와 물을 제공한다. 그것으로 이 이야기는 행복하게 끝난다. 두무지는 그의 결혼에 농부를 초대하고, 감사한 엔키두는 그의 경작지에서 난 값진 선물을 신부에게 선물하겠다고 약속한다.

그러므로 두무지는 그의 부와 재산의 믹대힘을 신부에게 멍백히 인식시킨 듯하다. 그러나 최근에 편집된 또 다른 시에 의하면, 여신은 두무지의 혈통이 자신의 것보다 훨씬 못하다는 의심을 했다. 그래서 두무지가 자신의 혈통이 그녀만큼이나 좋다는 것을 증명하여 그녀를 진정시킨 후에야 그녀의 남편으로 인정받는다. 구애에 관한 두 개의 다른 작품에 따르면, 이난나는 그녀의 사랑 두무지와 동침하기 전에 먼저 부모의 허락을 구한다. 그러나 여신이 그녀의 어머니를 속였다고 묘사하는 시도 있다. 즉, 그녀는 어느 여자 친구와 광장에 간 것처럼 어머니를 속이고, 달빛 아래서 두무지와 성교를 하며 밤을 보낸다. 이것은 더욱 열렬하고 감미로운 사랑의 서정시로, 이난나의 독백으로 시작된다.

> "지난 밤은 여왕인 나처럼 밝게 빛났고,
> 지난 밤은 하늘의 여왕인 나처럼 밝게 빛났고,
> 밝게 빛났고, 춤을 추었고,
> 다가오는 찬란한 빛 속에서 찬미가를 속삭였고,
> 그는 나를 만났고, 그는 나를 만났고,
> 지배자 쿨리-안나(두무지를 뜻함)는 나를 만났고,
> 왕은 그의 손으로 나의 손을 잡고,
> 우슘갈란나는 나를 껴안았다."

그녀는 자신이 그의 포옹을 뿌리치려 했다고 주장한다. 그녀가 어머니에

게 어떻게 말해야 좋을지 몰랐기 때문이란 것이 이유다. 그녀는 다음과 같이
호소한다.

> "기다려요, 들소여, 나를 놓아주세요, 나는 집에 가야만 해요,
> 쿨리-엔릴이여, 나를 놓아주세요, 나는 집에 가야만 해요,
> 내가 어떻게 나의 어머니를 속일 수 있겠어요,
> 내가 어떻게 나의 어머니 닌갈을 속일 수 있겠어요!"

그러나 이미 그녀의 마음을 읽고 있는 두무지의 대답은 그녀를 더욱 행복
하게 만들 뿐이었다.

> "당신에게 알려주겠소, 당신에게 알려주겠소,
> 이난나, 거짓에 능란한 여자여, 당신에게 알려주겠소,
> 당신의 여자친구가 광장에 당신을 데려갔다고 말하시오,
> 거기에서 그녀와 춤추고 놀았다고 말하시오,
> 그녀가 당신을 위해 부른 노래는 감미로웠고,
> 그 감미로운 기쁨 속에서 당신은 시간 가는 줄 몰랐소.
> 그렇게 당신의 어머니를 속이시오,
> 그 동안 우리는 달빛 아래서 우리의 열정을 즐길 것이오,
> 나는 당신을 위해 순결하고, 달콤하며, 훌륭한 침대를 준비하겠소,
> 나는 당신과 함께 감미로운 시간을 보낼 것이오."

이난나의 사랑에 넋이 나간 두무지는 그녀와 결혼하기로 약속한다. 이 시
는 환희에 넘친 여신의 노래로 끝을 맺는다.

> "나는 어머니의 집 문간에 왔고,
> 나는 희열 속에 걷는다,

나는 닌갈의 집 문간에 왔고,

나는 희열 속에 걷는다.

나의 어머니에게 그는 약속을 말할 것이고,

그는 바닥에 사이프레스 기름을 뿌릴 것이다,

나의 어머니에게 그는 약속을 말할 것이고,

그는 바닥에 사이프레스 기름을 뿌릴 것이다.

그의 집은 향기롭고,

그의 말은 큰 기쁨을 가져온다.

나의 왕은 신성한 하체를 가졌고,

아마-우슘갈란나(두무지를 뜻함), 신(Sin)의 사위,

나의 두무지는 신성한 하체를 가졌고,

아마-우슘갈란나, 신(Sin)의 사위."

두무지와 이난나의 '신성한 결혼'은 아마도 두무지가 왕이고, 이난나가 수
호신이었던 우루크의 종교의식으로 시작되었을 것이다. 그리고 여러 백년을
거치며 그것은 국가적인 행사가 되었고, 수메르, 그리고 후에는 수메르와 아
카드의 왕들이 신비롭게 부활하거나 구현된 두무지의 화신으로서 그의 역
할을 담당했다. 그러나 정확히 언제 이 의식이 시작됐고, 부활한 두무지의
행세를 하며 의식을 거행한 최초의 왕이 누구였는지 알 길은 없다. 추측컨대
그것은 수메르 인들이 점점 국가적인 의식을 갖게 된 기원전 2000년대 후
반기였을 것이다.

오늘날 우리가 국가적인 행사로서의 그 의식에 대한 어느 정도 구체적인
사실을 알 수 있는 것은 오직 기원전 2000년대 말엽에 수메르를 지배했던
우르의 슐기를 통해서다. '슐기의 축복'이라고 명명될 수 있는 그 찬미가의
원문은 지금 맞추어지고 있는 중이다. 그 작품은 슐기의 수도인 우르에서 이
난나의 도시 우루크로의 왕의 행차에 대한 묘사로 시작된다. 작가에 따르면,
슐기는 쿨랍의 부두에서 희생제에 쓰일 동물들을 싣고 떠나 이난나의 신전

에안나로 향한다. 그곳에 도착하자 그는 예복으로 갈아입고, 머리에는 가발 같은 왕관을 쓴다. 그리고 그의 경이로운 등장에 감명받은 여신은 즉시 열정에 찬 노래를 부른다.

> "들소, 왕을 위해 내가 목욕했을 때,
> 목자 두무지를 위해 내가 목욕했을 때,
> 내가 연고(?)로 내 주변을 장식했을 때,
> 내가 호박색으로 내 입을 칠했을 때,
> 내가 숯으로 내 눈을 칠했을 때,
> 그의 흰 손이 나의 사자들을 어루만졌을 때,
> 왕, 목자 두무지가 신성한 이난나 곁에 누웠을 때,
> 우유와 유지로 하체가 감미로워졌을 때, . . . ,
> 나의 음부에 그의 손이 놓였을 때, . . . ,
> 그의 검은 배(舟)처럼 그가 그것을 . . . 했을 때,
> 그의 '좁은' 배처럼 그가 그것을 . . . 했을 때,
> 침대에서 그가 나를 어루만졌을 때,
> 그리고 내가 나의 왕을 어루만졌을 때,
> 나는 그를 위해 달콤한 운명을 정할 것이고,
> 내가 충실한 목자 슐기를 어루만졌을 때,
> 나는 그를 위해 달콤한 운명을 정할 것이고,
> 내가 그 땅의 목자인 그의 사자들을 어루만졌을 때,
> 나는 그를 위해 달콤한 운명을 정할 것이다."

그리고 이 시에 따르면, 여신은 그녀의 사랑하는 이에게 달콤한 운명을 정한다.

> "전투에서 나는 당신을 인도하고, 싸움에서 나는 당신의 갑옷을 지키고,

회합에서 나는 당신을 지지하고,

전쟁에서 나는 당신에게 영감을 주고,

그대, 신성한 신전(?)의 선택된 목자여,

그대, 에안나의 충실한 부양자인 왕이여,

그대, 안의 위대한 신전의 등불이여,

그대는 모든 것에 어울린다—

높은 단 위에서 고개를 들어도 그대는 어울리고,

청금석 왕좌에 앉아도 그대는 어울리고,

머리에 왕관을 써도 그대는 어울리고,

긴 의상을 걸쳐도 그대는 어울리고,

왕의 복장을 해도 그대는 어울리고,

철퇴와 무기를 차도 그대는 어울리고, . . . ,

긴 활과 화살을 가져도 그대는 어울리고,

옆구리에 던지는 곤봉과 투석기를 차도 그대는 어울리고,

손에 신성한 홀을 들어도 그대는 어울리고,

발에 신성한 샌들을 신어도 그대는 어울리고,

그대, 달리는 자, 길을 질주해도 그대는 어울리고,

청금석 송아지처럼 내 신성한 가슴을 활보해도 그대는 어울리고,

당신의 사랑받는 마음은 영원할 것이다.

그러므로 안은 그것이 고쳐지지 않도록 그대를 위해 결정했고,

운명을 정하는 자, 엔릴은 그것을 바꾸지 않을 것이며,

이난나는 사랑스런 그대를 받아들인다,

당신은 닌갈(이난나의 어머니)이 사랑하는 이다.”

슐기의 시대 이래 사실상 수메르와 아카드의 모든 왕은 자신이 이난나의

사랑하는 남편이라고 자랑했다. 그리고 그것은 슐기의 아버지 우르-남무도 마찬가지였다. 또한 슐기보다 약 100년 후에 수메르를 지배한 이딘-다간이라는 왕도 아마-우슘갈란나의 이름 아래 두무지의 화신으로서 신성한 결혼을 거행했음이 여신에게 바치는 한 찬미가를 통해 전해진다. 결혼의식이 진짜로 어떠했는지 상세하게 묘사하고 있는 그 작품의 관련구절은 다음과 같다.

> 궁전에, 그 땅을 인도하는 집에, 모든 이방 땅들을 '꺾쇠'에,
> '시련에 의한 판결'의 방에, 모든 사람들, 검은 머리 사람들이 모이는 곳에,
> 그(왕)는 '궁전의 여왕(이난나)'을 위한 단을 세웠다.
> 왕은 신으로서 그 한가운데서 그녀와 살았고,
> 모든 땅의 생명을 돌보았고,
> (한 달)의 진실한 첫 번째 날을 증명하고,
> (달의 신의) '잠자는 날'에 메를 완성했다(한 달의 마지막 날).
> 새해 의식의 날에,
> 잠자는 장소가 나의 여왕을 위해 세워졌다;
> 그들(사람들)은 향기로운 삼나무를 분주히 정화했고,
> 그것으로 나의 여왕을 위한 침대를 만들었고,
> 그 위로 그들은 침대보를 깔았고,
> 마음에 기쁨이 넘치게 하는 침대보는 침대를 감미롭게 만들었다.
>
> 나의 여왕은 신성한 장소에서 목욕하고,
> 왕의 장소에서 목욕하고,
> 이딘-다간의 장소에서 목욕하고,
> 신성한 이난나는 비누로 깨끗이 씻고,
> 향기로운 삼나무 기름은 바닥에 뿌려졌다.
> 왕은 신성한 하체로 고개를 높이 들고 나아가고,

이난나의 하체로 고개를 높이 들고 나아가고,

아마-우슘갈란나는 그녀와 잠자리에 들고,

그녀의 하체를 사랑스럽게 애무하고,

그녀는 나직하게 속삭인다,

"오, 이딘-다간이여, 당신은 정말로 나의 사랑하는 이예요."

다음날 호화스런 연회가 궁전의 응접실에서 다음과 같이 열린다.

신성한 제물들이 쌓아올려지고, 재계가 거행되는 동안,

향이 쌓아올려지고, 사이프레스가 타는(?) 동안,

빵이 준비되고, 그릇들이 준비되는 동안,

그는 그녀와 함께 우뚝 솟은 궁전에 입장했고,

그는 그의 신성한 아내를 포옹했고,

훌륭한 단 위의 왕좌로 그녀를 인도했고,

그녀의 곁에 왕 우투(태양신)처럼 앉았고,

그녀 앞에 풍요, 비옥함, 다산을 불러왔고,

그녀를 위해 훌륭한 연회를 준비했고,

그녀 앞에 '검은 머리 사람들'을 대령시켰다.

북(?)과 함께 그의 연설은 남풍보다도 우렁찼고,

감미로운 소리의 알가르-수금(?), 궁전을 더욱 훌륭하게 장식하는 것,

인간의 영혼을 어루만지는 그 하프로,

가수들은 가슴에 희열이 넘치게 하는 노래들을 불렀다.

왕은 손을 음식과 술에 놓았고,

아마-우슘갈란나는 손을 음식과 술에 놓았고,

궁전은 축제의 분위기였고, 왕은 환희에 찼다.

사람들이 배부르게 먹었을 때,

아마-우슘갈란나는 끝없는 기쁨 속에 서 있고,
그의 날들은 풍요로움 속에 영원할 것이다.

1959년, 거의 100년 동안 영국 국립박물관의 선반 위에 잠들어 있던 두 점의 '신성한 결혼' 점토판이 발표되었다. 그리고 그것들은 그 의식의 거행에 관련된, 약간 불가사의하지만 매우 흥미로운 많은 사실들을 드러냈다. 이 원문들 중의 하나를 보면 여신의 신전 에안나에 '훌륭한 침대'가 세워진 후, '아마를 입은 자들'이라는 그 의식의 사제들은 음식과 술 앞에 있던 두무지에게 그녀가 왔음을 알린다. 그리고 수수께끼 같은 구절들 속에서 그를 이난나에게 가도록 한다. 여신이 두무지에게 주는 간결한 축복에 이어, 그 작품은 이난나를 향한 호소로 끝난다. 아마도 두무지에 의해 말해지는 그 호소는 풍요로운 초목이 넘치는 그녀의 가슴, '그녀의 대지'를 그에게 달라는 내용이다.

두 번째 영국 국립박물관의 원문은 슐기와 이딘-다간의 신성한 결혼의식과 어느 정도 유사한 듯싶지만, 구체적으로 보면 아주 다르다. 그 작품은 여신을 향한 연설로 시작된다. 거기에서 작가는 불의 신 기빌이 '청금석으로 장식된 그녀의 훌륭한 침대'를 정화했으며, 왕(왕의 이름은 원문에 언급되지 않는다) 스스로 그녀를 위한 제단을 세우고 그녀의 정화의식을 거행했다고 여신에게 알린다. 사랑의 밤 동안 왕을 축복해달라는 여신을 향한 호소에 이어 작가는 신혼 첫날밤에 대한 왕의 기대와 그의 침대보 준비를 기쁨에 차 노래하고, 그럼으로써 그녀는 '감미롭고 가슴 벅찬 첫날밤'을 가질 수 있을 거라고 말한다. 침대와 더불어 여신이 신랑을 맞을 준비가 되자, 작가는 이난나의 충실한 심복 닌슈부르를 소개한다. 그는 왕을 신부에게 데려가, 행복하고 기억에 남을 치세를 위해 필수적인 수메르와 이웃 국가들에 대한 군건한 정치적 통제력, 흙의 생산력과 자궁의 다산성, 모든 사람들의 풍요와 번영 등 모든 것에 대한 축복을 여신에게 부탁한다.

이상이 다양하고, 종종 모순적인 신성한 결혼의 원문들이다. 성스런 한 쌍의 구애에 대한 묘사에서 보이는 것처럼 시인과 사제들은 결혼의식의 종교적인 색채를 창조하고 장식하는 데 규제가 없었음이 거의 확실하다. 그러나 신성한 결혼의식이 유쾌한 음악과 열광적인 사랑노래와 더불어 환성의 도가니 속에 거행된 행사였는지 여부에 대해 우리는 아는 바가 없다. 신성한 결혼과 관련된 원문들 중 적지 않은 내용들이 최근에 알려졌고, 훨씬 많은 것들이 수메르의 폐허 속에 묻혀 있을 것임은 틀림없다. 수메르 이름은 이난나이고, 셈 족의 이름은 이슈타르인 여신과 수메르의 목자 왕의 결혼을 경축하는 이 선정적인 노래들은 구약성서에 있는 감각적인 사랑노래들의 모음인 〈아가〉의 선구적인 작품들이었다. 구약의 모세, 시편, 예언서와 함께 있는 그것은 고대부터 현대까지 많은 성경학자들을 난처하고 골치 아프게 해왔다. 그러나 양식, 주제, 모티프, 그리고 종종 어법상에 이르기까지 둘 사이의 유사성들은 아주 다양하고 광범위하다는 사실이 밝혀졌다.

예를 들자면, 〈아가〉와 수메르의 신성한 결혼노래 모두 남자 주인공은 왕과 목자이고, 여자 주인공은 그의 '신부'이자 그의 '누이'이다. 성서와 수메르의 노래들 모두 독백과 대화는 대부분 남자 주인공에 의해 이야기되며, 여기 저기에서 합창 같은 후렴이 등장한다. 둘 모두 전문적인 궁정시인에 의해 씌어진, 세련되고 화려하며 웅변적인 연설이다. 그리고 둘 모두 남자 주인공은 정원, 과수원, 경작지 등에서 흥청거리며, 여자 주인공은 남자 주인공을 그녀 어머니의 집으로 데려간다. 세월이 흐름에 따라 더 많은 부분들이 확인될 것이다.

그러므로 다음과 같은 추정이 아주 불합리하지는 않을 듯하다. 먼저 〈아가〉 혹은 적어도 그것의 상당한 부분은 풍요의 여신과 헤브루 왕(예를 들면 솔로몬)의 결혼을 경축하는 고대 헤브루 기도문의 수정된 형식이다. 풍요를 기원하는 종교의식의 일부였던 그 헤브루의 신성한 결혼을 초기의 헤브루 유목민들은 그들의 도시화된 이웃이었던 가나안 사람들로부터 받아들였다. 그리고 가나안 인들은 셈 족인 아카드 인들의 탐무즈-이슈타르 의식으로부터 그것을 빌려왔으며, 후자의 것은 수메르 인들의 두무지-이난나 의식의 변형이었다.

이러한 추정은 첫 인상과는 달리 사실 그리 충격적인 것이 아니다. 성경학자들에 의해 자주 주목돼온 바와 같이 풍요의 의식은 성경의 여러 부분에서 발견되며, 선지자들의 혹독한 비난에도 불구하고, 결코 완전히는 뿌리뽑히지 않았다. 그러한 흔적은 구약이 성전으로 승인되던 시대만큼이나 훗날에도 보인다. 더욱이 이 가설은 그 책이 율법학자들에 의해 성서의 일부로 인정된 사실을 설명하는 데도 도움이 된다. 야훼의 사상이 그런 풍요의 의식에 관련된 요소들을 말소함으로써 그 내용을 정화한 뒤에도 〈아가〉는 종교적인 전통의 신성한 분위기를 계속 간직했고, 이는 그것이 정전에 들어가는 과정을 용이하게 해주었다. 그것은 특히 솔로몬의 이름이 거기에 삽입된 데 크게 힘입었다.

성경과 수메르 노래들 사이에 존재하는 주제, 양식 그리고 어법상의 유사성을 증명하는 명백한 예는 〈아가〉에 등장하는 처음 네 구절이다. 거기에서 여자 주인공은 솔로몬으로 추정되는 왕에게 '숫처녀의 사랑'을 호소하고, '침실로 나를 데려가고,' '당신의 입으로 나를 입맞춤해' 달라며, '당신의 사랑은 포도주보다 감미롭다'고 말한다. 처녀들의 노래에 의해 따르는 호소는 다음과 같다. "우리는 당신 안에서 찬미하고 기뻐합니다, 우리는 당신의 사랑을 포도주보다 좋아합니다." 수메르 왕 슈-신(Sin)의 사랑하는 신부가 노래하는 기쁨의 말 속에서 이 구절들의 원형이 보인다.

신랑이여, 내 가슴 속의 사랑하는 이여,
꿀같이 달콤한 그대의 아름다움이여,
사자여, 내 가슴 속의 사랑하는 이여,
꿀같이 달콤한 그대의 아름다움이여,

당신은 나를 사로잡았고, 나는 당신 앞에 떨며 서 있습니다,
신랑이여, 나를 침실로 데려가주세요,

당신은 나를 사로잡았고, 나는 당신 앞에 떨며 서 있습니다,
사자여, 나를 침실로 데려가주세요,

신랑이여, 당신을 어루만지겠습니다,
나의 소중한 애무는 꿀보다 달콤합니다,
침실에는 향긋함이 가득하고,
우리는 당신의 아름다움을 만끽합니다,
사자여, 당신을 어루만지겠습니다,
나의 소중한 애무는 꿀보다 달콤합니다.

신랑이여, 당신은 나에게 즐거움을 주었습니다,
나의 어머니에게 말하세요, 그녀는 당신에게 진미를 대접할 거예요,
나의 아버지, 그는 당신에게 선물을 줄 거예요.

그대의 영혼, 나는 그대의 영혼을 어떻게 고양시키는지 알고 있어요,
신랑이여, 우리 집에서 새벽까지 주무세요,
그대의 마음, 나는 그대의 마음을 어떻게 기쁘게 하는지 알고 있어요,
사자여, 우리 집에서 새벽까지 주무세요,
그대여, 당신이 나를 사랑하기 때문에,
나를 애무해 주세요,
나의 주인, 나의 보호자여,
엔릴의 마음을 기쁘게 하는 나의 슈신이여,
나를 애무해주세요.

꿀같이 달콤한 당신의 장소에 (당신의) 손을 놓으세요,
기슈반-옷 같은 그 위로 (당신의) 손을 가져오세요,
기슈반-시킨-옷 같은 그 위로 (당신의) 손을 오므리세요.

이 환희에 넘치는 서정시의 마지막 행들을 보면 이것이 여자가 보통 연인에게 하듯 자신의 사랑을 털어놓는 상황이 아님을 알 수 있다. 이것은 사랑의 여신의 신봉자가 그녀의 신랑이자, '엔릴의 마음을 기쁘게 하는' 왕 슈-신에게 부르는 신성한 결합의 노래이다. 이것은 그 땅과 그곳의 사람들에게 신의 축복을 가져오는 성적인 결합의 상황이다. 슈-신은 먼 훗날의 솔로몬과 마찬가지로 '하렘의 여인들'을 매우 좋아했던 것 같고, 그 여인들은 이난나-이슈타르의 숭배자가 되었다. 이난나의 가장 숭배되던 신전이 있던 우루크를 발굴하던 중 준보석들로 엮어진 목걸이가 발견되었는데, 그 보석들 중 하나에 다음과 같은 글귀가 새겨져 있었다. '쿠바툼, 슈-신의 루쿠르-여사제' 루쿠르가 수메르 말로 이난나의 신봉자를 뜻하는 것에 비추어볼 때, 이것은 신성한 결혼의식에서 여신의 역할을 했던 '쿠바툼'이란 여인의 소유였음이 확실하다.

사실 슈-신은 이난나의 숭배자들에게 귀중한 선물을 하는 것을 관습화했다고 생각된다. 특히 그들이 감미로운 노래로 그를 즐겁게 했을 경우 더욱 그러했다는 사실을 우리는 다음과 같은 노래 구절을 통해 알 수 있다.

> 내가 그것을 노래했기에, 내가 그것을 노래했기에,
> 왕은 나에게 선물을 주셨고,
> 내가 알라리-노래를 불렀기에, 왕은 나에게 선물을 주셨고,
> 황금의 장식, 청금석의 인장을 왕은 나에게 선물로 주셨고,
> 금반지, 은반지를 왕은 나에게 선물로 주셨고 . . . .

그리고 슈-신을 위대한 왕으로 찬양한 뒤, 그녀는 계속한다.

> 포도주 처녀의 신이시여, 그녀의 음료는 달콤하고,
> 그녀의 음료처럼 그녀의 음부는 달콤하고, 그녀의 음료는 달콤하고,
> 그녀의 입술처럼 그녀의 음부는 달콤하고, 그녀의 음료는 달콤하고,

그녀의 음료, 그녀의 혼합된 음료는 달콤합니다.

슈-신은 또한 왕과의 사랑의 밤을 위해 선택된 어느 숭배자의 또 다른 서정시에서도 연인으로 등장한다. 그녀는 왕의 시선을 끌기 위해 매우 특별한 머리손질을 했고, 다음과 같이 노래한다.

"물기 어린 양상추는 나의 머리카락이고,
물기 어린 가쿨-양상추는 나의 머리카락이고,
헝클어진 곱슬머리들(?)은 부드럽게 빗질되고(?),
나의 유모는 그것을 높이 올렸다.
나의 머리는 화려하고 . . . ,
그녀는 조그만 타래들을 두껍게 모았고,
그녀는 나의 '매력'을 똑바로 하고,
그 '매력'—나의 머리는 가장 흰 식물인 양상추다.
오빠는 그의 생명을 주는 시선 속으로 나를 데려갔고,
슈-신은 나를 선택했다 . . . . "

다음의 일곱 행 가량은 파손되었고, 그 뒤를 이어 합창이 나온다.

"당신은 우리의 왕이시고, 당신은 우리의 왕이시고,
은과 청금석인 당신은 우리의 왕이시고,
곡물을 무성하게 자라게 하는 농부인 당신은 우리의 왕이십니다."

그리고 마지막 행들에는 독창이 나온다.

"내 눈의 꿀인 그를 위하여, 내 가슴의 열정인 그를 위하여,
생명의 날은 다가오는구나—나의 슈-신을 위하여."

양상추는 수메르 인들이 가장 좋아하는 채소였던 것 같다. 여자 주인공의 화려한 머리모양뿐만 아니라, 남자 주인공 역시 '물기 어린 양상추'였다. 그리고 기쁨에 넘친 여자 주인공의 상상력이 넘치는 노래에 따르면, 그는 또한 기름진 경작지, 밭고랑에 풍성하게 자라는 곡물이거나 열매가 무성한 사과나무이기도 했다.

> "그는 싹을 틔우고, 그는 자라게 하고, 그는 물기 어린 양상추이고,
> ... 초원의 내 기름진 경작지이고, 그의 어머니가 가장 사랑하는 이고,
> 밭고랑에 풍성하게 자라는 나의 곡물이다―그는 물기 어린 양상추다,
> 꼭대기까지 열매를 달고 있는 나의 사과나무이다―그는 물기 어린 양상추다."

그러나 무엇보다도 그녀가 그를 사랑하는 이유는 그가 감미로움이 뚝뚝 흐르는 '달콤한 사람'이기 때문이다.

> "나를 언제나 감미롭게 하는 달콤한 사람, 달콤한 사람,
> 나의 왕, 신들의 달콤한 사람, 그의 어머니가 제일 사랑하는 이,
> 나를 언제나 감미롭게 하는 달콤한 그의 손, 달콤한 그의 발,
> ... 배꼽(?)의 나의 감미료, 그의 어머니가 제일 사랑하는 이,
> 가장 흰 허벅지의 나의 ... ―그는 물기 어린 양상추다."

현존하는 몇몇 다른 사랑 노래들 중 하나는 여자 주인공의 노래로 끝난다.

> "인생은 당신의 다가옴이고,
> 풍요는 당신이 집으로 들어옴이고,
> 당신 곁에 누워 있는 것은 나의 가장 큰 기쁨입니다 ...."

또 다른 서정시에서는 낮이 지나고 밤이 왔을 때 여자의 부모가 '사위'를 위해 문을 열고, '달빛이 집안을 비춘다.' 그후 여신은 그녀의 신랑에게 '가장 흰 얼굴을 가진 그녀의 오빠'를 위해 부탁한다. 신성한 한 쌍이 축복 속에 결합한 뒤, 여신은 왕을 다음과 같은 격려로 축복한다.

> "당신은 행복한 사십 일을 가져오는 지배자가 될 것입니다,
>
> 당신은 사람들의 얼굴을 밝히는 축제가 될 것입니다,
>
> 당신은 사람들의 손을 밝히는 청동이 될 것입니다,
>
> 엔릴이 사랑하는 이, 당신의 신의 마음은
>
> 당신 안에서 위안을 찾을 것입니다.
>
> 밤에 와서, 밤에 머물고, 태양과 함께 와서, 태양과 함께 머물고,
>
> 당신의 신은 당신을 위해 길을 열 것이고,
>
> 바구니를 든 자와 도끼를 든 자들이
>
> 당신을 위해 그것을 편편하게 할 것입니다."

〈아가〉에서 가장 즐기는 모티프는 남자 주인공이 채소밭, 과수원, 경작지로 '내려가는' 것인데, 이것은 또한 몇몇 신성한 결혼의 사랑 노래들에서도 주제가 된다. 그것들 중 하나는 왕 슐기와 그의 아름다운 누이 이난나의 대화를 그린 작품이다. 이는 그 여신이 식물의 부족을 불평하는 것으로 시작된다. 아무도 그녀에게 식물을 가져오지 않고, 따라서 그녀의 사일로는 텅 비었다. 그러자 슐기는 그녀를 자신의 경작지로 데려간 뒤, 그것에 '열매가 열리게 하라(?)'고 그녀에게 말한다. 여신은 농부에게 슐기의 경작지를 갈게 하고, 왕은 다시 그녀를 그의 채소밭으로 데려간다. 그리고 그 다음은 과수원이다.

내용과 분위기가 성서에 가장 가까운 것으로는 이난나에 대한 작품의 한 구절을 들 수 있다. 그것은 영국 국립박물관에 소장되어 있는 점토판에 새겨져 있으나, 아직까지 발표되지는 않고 있다.

그는 나를 들어서게 했고, 그는 나를 들어서게 했고,

나의 오빠는 나를 그의 경작지에 들어서게 했고,

두무지는 나를 그의 경작지에 들어서게 했고,

그는 나를 그와 함께 과수원에 다가서게 했고,

나를 그와 함께 높은 모판 옆에 서게 했고,

나는 사과나무 곁에 무릎 꿇고,

나의 오빠는 노래 부르고,

왕 두무지는 나에게 오고,

붉은 떡갈나무 잎으로부터 나에게 오고,

한낮의 더위로부터 나에게 오고,

나는 그의 앞에서 내 자궁으로부터 콩을 쏟아내고,

나는 그의 앞에서 콩을 만들어내고, 나는 그의 앞에서 콩을 쏟아내고,

나는 그의 앞에서 곡물을 만들어내고, 나는 그의 앞에서 곡물을 쏟아낸다.

부분적으로만 남아 있는 어느 시의 한 구절에서도 비슷한 특징을 볼 수 있다. 거기에서 여신의 연인이 '그의 손을 내 안에 놓고', '그의 발을 내 곁에 놓고', 그녀의 입술을 그의 입에 갖다대고, 그녀에게 쾌락을 얻는다. 그런 뒤 그는 '서 있는 나무들'과 '누워 있는 나무들'이 있는 그의 경작지로 그녀를 데려간다. 그녀는 야자나무와 사과나무의 열매를 그녀가 되풀이하여 '나의 소중한 연인'이라고 부르는 남자를 위해 쌓아올린다.

그러나 사랑이라 할지라도, 언제까지나 좋을 수만은 없는 일이다. 이난나의 어느 발발레는 그녀의 연인이 '향기롭고, 달콤한 침대'를 떠나, 궁전으로 돌아가려 한다고 비난한다. 여신이 슬피 푸념을 늘어놓는 이 시는 단지 후반부만이 보존돼 있다.

"나의 사랑하는 이는 나를 만났고,

나에게서 쾌락을 얻었고, 나와 함께 하나가 되어 희열에 넘쳤다,

나의 오빠는 나를 그의 집으로 데려갔고,

향기롭고 달콤한 침대에 나를 눕혔다,

나의 가슴에 품은 나의 소중한 연인은,

하나씩 하나씩, 혀로 만들어갔고, 하나씩 하나씩,

가장 흰 얼굴을 가진 나의 오빠는 그렇게 오십 번을 했고, . . . ,

나의 소중한 연인은 아주 만족하여 (말한다) :

"나를 놓아주시오, 니의 누이여, 나를 놓아주시오,

이봐요, 나의 사랑하는 누이여, 나는 궁전으로 돌아가겠소 . . . ."

　

'사랑은 죽음만큼 강하고, 질투는 무덤만큼 지독하다'고 〈아가〉의 시인은 침울하게 말한다. 어떤 면에서 이것은 희열에 넘친 축복으로 시작해 비극적인 죽음에 이르는 두무지와 이난나의 로맨스를 연상시킨다. 그녀의 연인을 기다리고 있는 무섭고 냉혹한 운명은 사랑과 죽음을 떨어질 수 없는 관계로 묘사하고 있는 한 시에서 그 여신에 의해 이미 이야기된다. 그 시는 피할 수 없는 운명을 전혀 깨닫지 못한 남자가 사랑하는 이의 눈, 입, 입술 그리고 풍요로움을 즐겁게 노래하는 것으로 시작된다. 그러나 사랑하는 이의 반응은 침울하고 슬프다. 왜냐하면 그는 감히 여신을 사랑했고, 그것은 인간들에게는 금지된 것이기 때문이다. 그는 이미 죽도록 운명지어져 있다.

　

오, 나의 사랑하는 이여, 내 가슴 속의 남자여,

그대—나는 당신에게 사악한 운명을 가져왔습니다,

가장 흰 얼굴을 가진 나의 오빠여,

나의 오빠여, 나는 당신에게 사악한 운명을 가져왔습니다,

가장 흰 얼굴을 가진 나의 오빠여,

당신의 오른손을 당신은 나의 음부에 놓았고,

당신의 왼손으로 당신은 나의 머리를 쓰다듬었고,

당신은 당신의 입을 나의 입에 대었고,

당신은 나의 입술로 당신의 머리를 입맞추게 했고,

그것이 당신에게 사악한 운명이 정해진 이유입니다.

그러나 이 슬픈 시에서 여신은 이미 운명이 정해진 그녀의 연인이자 남편에게 말하지 않는 것이 있다. 그것은 그에게 죽음을 내리는 것이 그녀 자신이라는 사실이다. 그러나 인류를 위해 다행스럽게도 그는 반 년마다 부활하게 된다. 우리는 이것을 '저승세계로 내려가는 이난나'로 알려진 복잡하고 상상력이 풍부한 수메르 신화로부터 듣는다. 그 신화의 줄거리를 간략히 살펴보면 다음과 같다.

이난나는 저 위의 하늘과 마찬가지로 저 아래의 여왕이 되기 위한 야망을 품고 저승세계로 내려간다. 거기에서 그녀는 죽음의 세계의 합법적인 여왕인 에레슈키갈에 의해 죽임을 당한다. 3일 낮과 3일 밤이 지난 후 지혜의 신 엔키의 도움으로 그녀는 생명을 되찾고, 지상으로 올라올 수 있게 된다. 그러나 한번 그 문을 지나면 아무도 생명의 세계로 돌아갈 수 없다는 것이 저승세계의 깨뜨릴 수 없는 규칙이고, 그 앞에서는 위대한 여신 이난나도 예외일 수 없다. 그러나 거기에는 한 가지 방법이 있다. 즉, 대신 저승세계에 머물 사람을 찾으면 되는 것이다. 그녀는 지상으로 올라가도록 허락된다. 그러나 갈라라고 알려진 많은 수의 인정사정 없는 마귀들과 동행한다는 조건이다. 그들은 만약 그녀가 그녀를 대신할 누군가를 찾아내지 못한다면 그녀를 다시 죽음의 세계로 끌고 갈 것이다. 그녀를 대신할 사람을 끊임없이 재촉하며 괴롭히는 갈라들과 함께 그녀는 한동안 지상을 떠돈다. 그리고 그녀는 마침내 그녀의 도시 우루크의 성스런 구역인 쿨랍에 도착한다. 거기에서 그녀는 당혹스럽게도 그녀의 남편 두무지가 큰 사과나무 옆의 드높은 단 위에 당당하게 앉아 있는 것을 발견한다. 그는 아내의 운명을 슬퍼하고 그녀의 귀환을 따뜻하게 맞기는커녕, 우루크의 유일한 지배자가 된 그의 위치를 즐기고 있음이 분명했다. 격노한 이난나는 그를 '죽음의 눈'으로 바라보며 그의 '유죄'를 선언하고, 참을성 없는 갈라들에게 그를 넘겨 저승세계로 끌고가도록 한다. 두무지는 그를 뱀으로 만들어 잔인한 갈라를 피할 수 있도록 해달라고 태양신 우투에게 호소해보지만, 우투도 고개를 돌린다. 탈출할 길은 없다. 그들은 그의 양 우리에서 그를 잡아서 결박하고 고문한 뒤 '돌아올 수 없는 땅'으로 끌고 간다.

원문의 손상 때문에 그 뒤에 무슨 일이 일어났는지는 불확실하다. 그러나 다음과 같은 합리적인 추측은 가능하다. 양 우리로부터 두무지가 사라지자 그의 사랑스런 누이 게슈티난나는 매우 상심한다. 그래서 그녀는 저승세계에서 오빠를 대신하겠다고 이난나에게 눈물겨운 호소를 한다. 여동생의 이런 자기희생에 마음이 움직인 두 여신은 초원으로 가서 두무지를 찾지만, 발견할 수가 없다. 그때 영리하기 그지없는 '신성한 파리'가 등장하여, 적절한 보상이 있다면 그들이 원하는 정보를 주겠다고 두 여신에게 제의한다. 이난나는 파리가 '현자의 아들들'이 모이는 맥주 집과 술집을 그의 집으로 삼을 수 있도록 해주고, 파리는 두무지가 현재 저승세계에 있다고 알려준다. 거기에서 그들은 울고 있는 두무지를 발견했으며, 이난나는 두무지와 그의 누이가 반 년씩 교대로 저승세계에 머물도록 하는 솔로몬 식 결정을 내린다.

고문당한 채 저승으로 끌려가는 두무지의 비극과 그의 죽음은 수메르 신화작가들에게 비탄과 슬픔으로 가득 찬 시들을 짓도록 했다. 갈라에게 쫓기는 두무지는 그들이 제일 좋아하는 모티프가 되었으며, 구체적인 에피소드들을 마음대로 창작했다. 두무지의 죽음이 기억된 것은 신화와 노래를 통해서만이 아니었다. 수메르의 도시들에는 특별한 애도의 날들이 있었고, 그중에는 두무지의 죽음에 관한 독특한 의식의 거행도 있었다. 더하여 저승세계로 향하는 참담한 죽음은 우루크의 두무지에 한정된 것이 아니라, 수메르와 아카드 전역의 도시에 있던 신들 중 상당수가 같은 운명을 맞았다.

두무지의 죽음과 부활의 주제는 메소포타미아로부터 팔레스타인으로 퍼져나갔고, 우리는 예루살렘의 여인들이 예루살렘 성전의 벽에서 탐무즈를 위해 슬퍼하는 것을 본다. 두무지의 죽음과 부활의 신화가 그리스도 이야기에 흔적을 남겼다는 가정은 두 이야기 사이의 엄청난 차이에도 불구하고 아주 불가능한 것은 아니다. 그리스도 이야기의 다음과 같은 일부 모티프가 수메르에 원형을 두고 있다는 것은 최근에 알려졌다. 죽은 뒤 3일 낮과 3일 밤후에 부활하는 신, 그의 주인을 배신하기 위해 유다가 받은 '30세켈'은 경멸과 모욕을 의미하는 수메르 용어라는 사실, '목자', '기름 붓기', 그리고 '목수'와 같은 말이 갖는 의미, 두무지와 같은 신으로 확인된 의사 다무는 귀신을 내쫓는 푸닥거리를 통해 병을 치료한다는 사실. 이 모든 모티프들에 이제는 그리스도의 고난을 연상시키는 잔인한 갈라들에 의한 두무지의 고문도 더해질 수 있다. 두무지는 손발이 묶인 채 옷이 벗겨지고, 매질과 채찍질을 당한다. 무엇보다도 중요한 것은 두무지가 그리스도와 마찬가지로 인류를 대신하여 고난을 당한다는 사실이다. 만약 그가 저승세계에서 생산과 풍요의 여신 이난나를 대신하지 않았다면, 지상의 모든 생명은 종말을 고했을 것이다. 둘 사이에 유사성보다 차이점이 훨씬 많다는 사실은 인정해야 한다. 예를 들면 두무지는 지상에 다가오는 신의 왕국을 설파하고 자신을 희생하는 메시아가 아니었다. 그러나 그리스도 이야기가 문화적 진공상태에서 만들어지고 전파되었다는 가정 또한 불가능하다. 그것은 역시 그것의 선구적인 작품들과 원형들을 가졌어야만 하고, 그런 것들 중 가장 오래 되고 영향력 있는 작품들의 하나가 바로 의심할 여지없이 당시 2000년 이상이나 전 근동에 알려져 있던 신화인 목자왕 두무지와 그의 슬픈 운명에 관한 이야기다.

두무지의 비극적 죽음, 혹은 두무지와 동일한 것으로 확인되는 신들의 죽음은 수메르의 시인과 음유시인들에게 영감을 주어 많은 만가와 애도가가 창작되었다. 이것들 중 코끝을 찡하게 만드는 하나는 현재까지 발표되지 않은 영국 국립박물관의 점토판에 새겨져 있다. 나는 그 내용을 〈페스트슈리프트(Festschrift)〉에 기고하면서 저명한 성서학자인 해리 올린스키에게 헌정했다. 다음 장에서 설명될 작품은 아들을 잃은 슬픔을 노래하는 어머니의 애도가가 '그들이 없으므로' 그녀의 자식들을 위해 슬퍼하는 라헬(예레미야 서 31장 15절과 마태복음 2장 18절)과, 죽은 아들 예수를 위해 우는 마리아의 원형임을 증명할 것이다.

34

눈물짓는 여신들

최초의 슬픔에 잠긴 성모

이집트 인들과는 달리 수메르 인들은 침울하고 편견에 찬 관점에서 인생을 바라보는 경향이 있다. 이것이 최소한 기원전 2000년경에 살았던 수메르의 사상가와 지식인들에게는 정확히 해당된다. 그들은 엘람 인과 수 인들(수메르 동쪽의 이웃민족들)에 의해 그 땅이 황폐화되고, 수도인 우르가 파괴되었으며, 희망과 약속으로 가득 찬 정치적·문화적 르네상스를 구가했던 우르 제3왕조가 그 마지막 왕인 이비-신(Sin)과 함께 몰락한 후에 살았다. 그리고 수메르 시인과 음유시인들이 그들의 만가와 애도가 속에 '눈물짓는 여신들'의 이미지를 창조하고 발전시킨 것도 이 비극적 사건의 영향하에서였다.

현존하는 원문들 속에서 그녀는 다양한 모습으로 나타난다. 그녀는 그녀의 도시와 신전의 파괴, 그녀를 모시는 종교의식에 대한 모독과 억압, 유린되고 흩어진 백성들 앞에 통곡하는 우르 최고의 여신 닌갈이다. 또한 '눈물

'애가'의 주인공 엔릴. 수메르의 주신 엔릴은 우르 주신의 아내인 닌갈의 애원을 외면한 채 폭풍의 신 킨칼르우다를 보내 우르를 파괴해버린다. 이라크 국립박물관 소장.

짓는 여신'은 수메르 도시와 신전들의 파괴와 그 왕들의 죽음에 대한 은유인 비극적 운명의 두무지가 저승세계로 끌려감에 슬퍼하는 여러 얼굴을 가진 이난나이기도 하다. 혹은 그녀는 두무지를 너무나 사랑하여 그의 대리인이 됨으로써 반 년마다 두무지를 자유롭게 해준 그의 누이 게슈티난나로 등장하기도 한다. 그리고 그녀는 자주 사라진 아들을 찾아 울며 헤매는 닌후르사그, 니니신나 그리고 리신 등의 이름을 가진 모성의 여신으로 묘사된다. 이런 애도가들 중 하나가 영국 국립박물관의 점토판 No.98396에 새겨져 있다. 고대 필경사의 설명에 의하면, 그것은 기독교의 슬픔에 잠긴 성모에 앞선 몇몇 선구자들 중 하나인 닌후르사그에 의해 낭송되었다.

　이 닌후르사그 애도가의 내용은 세 부분으로 나뉜다. 첫 번째 부분(1~13절)에서 시인은 침울한 무대를 설정한다. 닌후르사그의 잘생기고 매력적인 아들이 없어졌다. 여신은 새끼양을 잃은 암양처럼, 새끼염소를 잃은 어미염소처럼 아들을 찾아 여기저기 헤맨다. 그녀는 큰 산 쿠르에 이르러, 그 언저리부터 꼭대기까지 뒤진다. 잡목과 갈대를 헤치고 나아가는 여신은 '젊음의 어머니', '왕의 어머니'를 상징한다. 그녀는 갈대 숲 속에서 애도가를 부른다.

　애도가의 두 번째 부분(14~25절)은 여신의 처연한 독백으로 구성돼 있지만, 그 내용이 대부분 불투명하다. 내가 불완전하게나마 그 구절을 해석한 바에 의하면, 그것은 그녀의 '남자(아마도 그녀의 아들)'를 발견하면, 그에게 '하늘의 별 같은 어떤 것'을 주겠다는 여신의 다짐으로 시작된다. '어떤 것'이란 아마도 유성일 것이다. 그런 후 그녀는 마치 그녀의 아들이 곁에라도 있듯이 직접 그를 향해 자신이 '하늘의 별 같은 이 불길한 어떤 것'을 두려워하여 그것에 경의를 표했다고 말한다. 그러나 사실 그녀의 아들은 발견되지 않았으며, 여신은 그가 어디 있는지 모르겠다고 계속 한탄한다. 그녀는 모든 방법을 동원해서 그를 찾겠다고 다짐한다. 그러나 황혼이 다가오고, 세상은 '삼나무 향기에 덮인 숲'처럼 된다. 그리고 이것이 그녀의 수색을 중단시킨다.

세 번째 부분(26~31절)에 오면 어떤 사람, 아마도 작가 자신이 대답 없는 송아지를 부르는 암소로 은유되는 비탄에 잠긴 여신에게 쓰디쓴 진실을 밝힌다. 그녀의 비탄과 추적은 부질없다. 그녀의 아들은 알랄리(저승세계)에 있고, 그곳의 책임자들은 그를 그녀에게 돌려보내지 않을 것이다.

이 닌후르사그 애도가의 해석은 다음과 같다.

1. 송아지를 찾는 암소! 송아지를 찾는 암소!
   송아지에 관해 묻는 암소!
   그 암소—그녀의 송아지는 사라졌다.
   그를 낳은 어머니에게 그렇게 잘생긴 것이 사라졌다,
   그 귀염성 있던 것이 물에 휩쓸려가버렸다.
   묻고, 찾아가며 그녀는 쿠르의 산자락에 이르렀고,
   새끼양을 잃어버린 암양처럼 그녀는 참을 수가 없었고,
   새끼염소를 잃어버린 어미염소처럼 그녀는 참을 수가 없었다.

10. 그녀는 쿠르 산자락에 다가갔고, 그녀는 쿠르의 꼭대기에 다가갔고,
    그녀—그녀는 그녀 앞의 누문-잡목을 헤치고 나아가고,
    그녀는 슈문-잡목을 헤치고 나아가고,
    소년의 어머니는 슈슈아-갈대를 헤치고 나아가고,
    왕의 어머니는 갈대 숲 속에서 참담한 눈물을 흘린다—
    "나에게 발견될 나의 남자여,
    어디 있는지 나에게 발견될 나의 남자여,

그 남자에게 나는 '하늘의 별 같은 어떤 것'을 줄 것이다.

애야! 너의 '하늘의 별 같은 어떤 것', 불길한 어떤 것,

너에게 온 '하늘의 별 같은 어떤 것',

나―나는 그것이 두려웠고, 나는 그것에 경의를 표했다.

20. 나는 나의 송아지가 어디에 있는지 듣지 못했다.

나는 주변을 잘 살폈고,

나는 짐작에 따라 모든 곳을 계속 수색했고,

오후는 저녁이 되었다―불길한 어떤 것,

나를 향해 믿을 수 없이 행동했던 그것은

―그것은 정말이었다!―그것은 정말이었다!

나, 탄생을 주는 어머니―세상은 삼나무 향기에 덮인 숲처럼 되었다.”

“탄생을 주는 어머니여, 송아지를 찾아 울부짖지 말아라―고개를 들어라!

암소여, 송아지를 찾아, 대답 없는 송아지를 향해 (울부짖지 말아라)

―고개를 들어라!

엔시는 그를 너에게 주지 않을 것이다,

왕, 살인자는 그를 너에게 주지 않을 것이다.

30. 암소여, 고개를 들어 강둑을 보라!

고개를 들어 초원의 경계에 있는 알랄리의 들소를 보라!”

이 만가에 나오는 것과 같은 아들에 대한 어머니의 사랑은 다른 장르의 작품에서도 볼 수 있다. 그것은 어머니나 유모가 아이를 재우기 위해 토닥거리며 말하는 가락을 흉내낸 '우-아 아-우-아'라는 영탄조의 구절로 시작되는 자장가다. 펜실베이니아 대학 박물관에 있는 매우 잘 보존된 점토판에 새겨진 이 작품은 1969년 나에 의해 편집되어, 저명한 이탈리아 출신의 인문학자인 에도아르도 볼테라에게 헌정되었다.

최초의 자장가

이 종류로 지금까지 알려진 고대 근동의 유일한 작품으로는 슐기의 아내가 앓고 있는 아들을 걱정하며 불렀다는 노래가 있다. 자장가는 으레 아이에게 직접 불려지지만, 이 작품의 일부에서 그녀는 아들에 관한 3인칭 독백을 하며, 한 구절에서는 의인화된 잠에게 말한다.

이 작품의 내용은 해석과 설명이 어렵고, 상당부분의 의미가 불분명하지만, 다음과 같이 요약될 수 있을 것이다. 이 시는 그녀의 아들이 크고 강하게 자라기를 기원하는 우루루-노래(아마도 기쁨의 노래)를 통하여 어머니가 스스로를 안심시키는 소망에 찬 독백으로 시작된다.

우-아 아-우-아
나의 우루루-찬가로 그는 크게 자라고,

우-아 아-우-아. 니푸르에서 발굴돼, 현재 펜실베이니아 대학 박물관에 소장되어 있는, '자장가'
가 새겨진 점토판의 앞면.

나의 우루루-찬가로 그는 거대하게 자라고,
이리나-나무처럼 그는 뿌리같이 튼튼하게,
샤키르-나무처럼 그는 넓게 자란다.

그런 뒤 그녀는 아들을 재우려 하는 것 같다.

왕(아마도 잠) . . . ,
아름다운 강변에 싹트는 사과나무들 사이에서,
그(잠?)는 그의 손을 . . . 한 그에게 뻗고,
그는 그의 손을 누워 있는 그에게 뻗고,
나의 아들아, 잠이 너를 덮치는구나,
잠이 너에게 자리잡는구나.

이제 어머니는 잠에게 직접 말한다. 그녀는 잠에게 아들의 말똥말똥한 눈에 다가가 그의 종알거리는 입이 잠을 쫓지 않도록 하라고 재촉한다.

이리 오너라, 잠아, 이리 오너라, 잠아,
내 아들이 있는 곳으로 오너라,
내 아들이 있는 곳으로 빨리(?) 오너라,
그의 쉬지 않는 눈을 잠들게 하고,
그의 말똥말똥한 눈에 너의 손을 덮고,
그의 종알거리는 입이,
그의 잠을 쫓지 않도록 해다오.

그녀는 이제 다시 아들을 향한다. 그가 잠들어 있는 동안 그녀는 슐기의 아들인 그를 낫게 하기 위해 맛있는 치즈와 더불어 채소밭의 촉촉한 양상추를 준비할 것이다.

그(잠)가 에머밀로 너의 무릎을 덮고,

나—나는 맛있는 작은 치즈 조각들을 너를 위해 만들 것이고,

사람을 낫게 하는 그 작은 치즈 조각들,

사람을 낫게 하는, 오, 왕의 아들이여,

오, 왕 슐기의 아들이여!

내 채소밭의 양상추는 촉촉하고,

서기의 가굴-양상추는 질 자라고(?),

왕이 그 양상추를 먹을 것이다.

그녀는 이제 우루루-노래 속에서 스스로를 향해 말한다. 그녀의 아들은 사랑스런 아내와 기쁨에 찬 유모가 돌보는 사랑스런 아들을 가질 것이다.

나의 우루루-노래 속에서—나는 그에게 아내를 줄 것이고,

나는 그에게 아내를 줄 것이고, 나는 그에게 아들을 줄 것이고,

기쁨에 찬 유모가 그와 얘기할 것이고,

기쁨에 찬 유모가 그를 젖먹일 것이다.

나—나는 내 아들을 위해 아내를 준비할 것이고,

그녀는 그를 위해 정말 사랑스러운 아들을 낳을 것이고,

그의 아내는 그의 뜨거운 무릎에 안겨 있을 것이고,

그의 아들은 그의 활짝 편 팔에 안겨 있을 것이고,

그의 아내는 그와 함께 행복할 것이고,

그의 아들은 그와 함께 행복할 것이고,

젊은 아내는 그의 무릎에서 기뻐할 것이고,

아들은 그의 따뜻한 무릎에서 크게 자랄 것이다.

그러나 아들의 병에 대한 근심이 그녀를 감싼다. 그녀는 다음번 독백에서

그녀의 아들에게 말한다. 그녀의 환상 속에서 아들은 이미 죽어서 직업적인 곡꾼들에 의해 애도되며, 그의 시체에는 벌레들이 우글거린다.

너는 고통 속에 있고,
나는 그것이 괴롭구나,
나는 말이 막힌 채 별들을 보고,
새 달빛이 하얗게 내 얼굴에 내린다 :
너의 뼈들은 벽에 걸릴 것이고,
'벽의 남자'는 너를 위해 눈물 흘릴 것이고,
곡꾼들은 너를 위해 수금을 타고,
...는 너로 인해 뺨이 움푹 파이고,
파리는 너로 인해 수염을 잡아 뽑고,
도마뱀은 너로 인해 혀를 깨물(?) 것이다.
슬픔을 만드는 이는 그것을 온통 너의 주위에 뿌릴 것이다,
슬픔을 만드는 이는 그것을 온통 너의 주위에 뿌릴 것이다.

이어 나오는 손상된 구절에는 잠이 다시 한번 언급되고, 어머니는 아내와 아들, 풍성한 곡식, 좋은 천사, 그리고 행복하고 기쁨에 넘치는 치세로 아들을 축복한다.

아내는 너의 지지자가 될 것이고,
아들은 너의 행운이 될 것이고,
까부른 보리는 너의 신부가 될 것이고,
쿠수-여신 아슈난은 너의 편이 될 것이고,
너는 능력 있는 수호천사를 가질 것이고,
너는 행복한 치세를 이룰 것이고,
축제들이 너의 이마를 빛나게 만들 것이다.

이 시의 나머지 부분은 많이 손상되었고, 내용도 불분명하다. 그러나 끝에 가서 어머니는 다시 한번 장래의 왕인 아들에게 말하는 것 같다. 그녀는 아들에게 우르와 우루크의 도시들을 돕고, 적을 꼼짝 못하게 하라고 조언한다. 그렇지 않으면 그들이 그를 갈기갈기 찢을 것이다.

두 장에서 묘사된 아들을 향한 어머니의 애끓는 사랑은 루딘기라는 사랑이 넘치는 아들이 어머니에게 보내는 편지인 보기 드문 작품에서 아들의 어머니를 향한 사랑의 찬미라는 짝을 찾는다. 그는 이상적인 여인을 향한 화려하고 시적인 직유와 은유 속에서 그의 어머니를 그린다. 이 시의 원문은 펜실베이니아 대학 박물관의 내 조수 중 하나였던 미구엘 시빌에 의해 최초로 편집되고 훌륭히 해석되었다(1964). 그리고 1967년, 소르본 대학교수인 장 누게롤이 우가리트에서 발굴된 큰 점토판을 발표했다. 여기에는 수메르어와 함께 아카드 어와 히타이트 어로의 번역으로 구성된 전체 원문이 담겼다. 누게롤의 신중하고 사려 깊은 연구는 이 원문의 이해에 큰 도움을 주었다. 1970년, 이스탄불의 고대 오리엔트 박물관에 소장돼 있으나 아직까지 발표되지 않은 수백 점의 수메르 문학 점토판들을 연구하던 중, 나와 점토판 큐레이터 무아제즈 키그는 그 원문의 잘 보존된 복사판을 발견했는데, 거기에는 그때까지 알려졌던 내용과는 상당히 다른 중대한 차이점이 있었다. 그리하여 만들어진 수정된 해석과 설명이 다음 장에서 논의된다.

36

이상적인 어머니

그녀 최초의 문학적 초상

수메르의 이상적인 어머니 상을 그린 이 독특한 작품은 루딘기라라는 아들이 니푸르에 있는 어머니에게 '왕'의 특사를 파견한다는 화려한 연설로 이루어져 있다. 처음의 8행은 서문이다. 거기에서 루딘기라는 자신이 어머니가 사는 니푸르에서 멀리 나와 있기 때문에 어머니가 자신의 신변을 몹시 걱정하고 있으며, 따라서 '안부편지'를 그녀에게 보내려 한다고 특사에게 말한다.

언제나 길 위에 있는 왕의 특사여,
나는 너를 니푸르로 보낸다, 이 메시지를 전하라,
나는 먼 길을 떠나왔고,
나의 어머니는 근심(?)에 사로잡혀 잠을 이루지 못한다.

성난 목소리가 절대로 들리지 않는 그녀의 방에서,
그녀는 모든 여행자들에게 계속 나의 안부를 묻고 있다.
나의 안부편지를 그녀의 손에 주고,
기쁨에 넘친 나의 어머니는 너를 칭찬할 것이다.

특사가 그 어머니를 본 적이 없기 때문에 루딘기라는 그에게 다섯 가지로
그녀를 묘사한다. 사실 이중 어느 것도 구체적이거나 사실적이지 않다. 이
작품에 쓰인 묘사는 그의 이상적인 어머니 상을 그리기 위한 문학적 도구일
뿐이다. 그 첫 번째 묘사는 훌륭한 아내와 며느리로서의 그녀다.

만약 네가 그녀를 모른다면, 너에게 그녀를 묘사하겠다 :
그녀의 이름은 샤트-이슈타르(?) . . . ,
그녀의 모습은 눈부신 . . . ,
훌륭한 여신, 귀염성(?) 있는 며느리,
그녀는 젊은 시절부터 축복받았고,
그녀의 능력으로 시아버지의 집을 잘 다스렸고,
남편의 신을 섬긴 그녀는,
'이난나의 집'을 돌볼 줄 아는 그녀는,
왕의 말을 거역하지 않았다.
주의 깊게 그녀는 재산을 몇 곱절로 늘렸고,
사랑받고, 귀여움 받으며, 생명으로 가득 찬 그녀는,
새끼양이요, 좋은 유지고, 꿀이며, 넘치는 마음의 버터다.

두 번째는 화려하고 과장된 은유로 어머니의 뛰어난 아름다움을 묘사한다.

너에게 나의 어머니를 묘사하겠다 :
나의 어머니는 지평선의 찬란한 빛이요, 산사슴이며, 밝게 빛나는 샛별이고 .

. . . ,
고귀한 홍옥수, 마르하시 토파즈,
공주의 보석, 매력덩어리,
홍옥수, 기쁨의 창조자,
주석반지, 쇠팔찌,
금과 빛나는 은으로 만든 지팡이,
완벽한 상아색 입상, 아름다움 그 자체,
청금석 받침대에 세워진 설화 석고의 천사다.

세 번째로 루딘기라는 비옥한 대지와 경작지의 은유로 그의 어머니를 그린다.

너에게 나의 어머니를 묘사하겠다 :
나의 어머니는 계절의 단비요, 최고의 씨앗을 위한 물이고,
풍요로운 수확이요, 아주 좋은(?) 보리이고,
기름진 경작지요, 가득한 기쁨이고,
방울 달린 촉촉한 전나무요,
새해 첫 달에 수확된 햇과일이고,
도랑에 비옥한 물을 대는 수로요,
먼 훗날까지 기억되는 즐거운 딜문의 날이다.

네 번째 묘사에서 루딘기라는 그의 은유를 축제로부터 가져온다.

너에게 나의 어머니를 묘사하겠다 :
나의 어머니는 환희로 가득 찬 축제요,
모두가 놀라는 신년선물이고,
왕자들의 탄생이요, 풍요의 노래고,

기쁨이 끊이지 않는 사랑의 마음이요,
포로가 그의 어머니에게 돌아온다는 좋은 소식이다.

간략한 다섯 번째 묘사의 주제는 향기다.

너에게 나의 어머니를 묘사하겠다 :
나의 어머니는 소나무로 만든 전자요, 회양목으로 만든 물건이고,
기름 향내가 나는 훌륭한 의복(?)이요,
타조 알의 껍질로 만들어 좋은 기름을 가득 채운 작은 병이고,
화려하게 장식된 기쁨의 화환(?)이다.

마지막으로 루딘기라는 다음의 말로 그의 편지를 끝낸다.

"루딘기라, 당신의 사랑하는 아들이 어머니에게 안부를 전합니다."

어머니가 살아 있는 동안 그녀에게 열렬한 사랑의 노래를 바친 루딘기라는 그의 아버지와 아내가 죽었을 때 그들에게도 사랑에 찬 조사를 지었다. 그리고 그것은 최초의 만가로 알려져 있다. 다음 장에서는 푸시킨 박물관의 점토판에 새겨진 이 두 편의 만가를 영국 국립박물관의 점토판에 새겨진 다른 종류의 만가와 더불어 간략히 살펴보겠다. 후자는 그녀의 기르, '인도자'(아마도 먼 땅에서 전사한 왕을 가리키는 것 같다)에게 바치는 어느 이름 모를 소녀의 만가다.

최초의 만가

1957년 가을, 나는 소비에트 과학 아카데미로부터 초대를 받았다. 그것은 두 달 동안 레닌그라드와 모스크바에 있는 고고학 컬렉션들을 연구하기 위함이었다. 나의 소비에트 체류 3주일은 모스크바에서 지나갔다. 그리고 그 시간의 대부분을 나는 약 2000점의 쐐기문자 점토판이 있는 푸시킨 박물관에서 보냈다.

이 컬렉션들을 검토하는 동안 나는 4개의 난에 수메르 문학원문이 새겨진 아주 잘 보존된 점토판을 주목했다. 좀더 면밀한 연구를 통하여 그 원문은 두 편의 시로 구성돼 있고, 각각은 뛰어난 특색을 지닌 만가라는 것이 드러났다. 나는 이 푸시킨 박물관의 점토판을 심도 깊게 연구하여 그 내용을 세상에 알리고자 했다. 푸시킨 박물관의 도움을 받아가며, 나는 모스크바에서 지낸 3주간의 상당 부분을 이 수메르 원문의 조심스런 복사에 전념했다.

이것을 상세하게 편집하려면 몇 개월의 집중된 노력이 필요했다. 다행히도 푸시킨 박물관은 그 점토판의 사진들을 내 임의로 사용할 수 있게 해주었고, 그 결과로 나의 편집은 시간 내에 완성되어 저명한 소비에트 역사가 스트루베의 러시아 어 서문, 번역과 더불어 모스크바의 동양문학 출판사에서 출간되었다.

아마도 기원전 2000년경에 최초로 지어져, 기원전 1000년대 전반기에 고대 니푸르에서 새겨졌을 그 점토판은 4개의 단으로 나뉘어져 있다. 그리고 그것은 서로 다른 분량의 두 작품을 담고 있다. 처음 작품의 원문은 112행, 나중 것은 66행이고, 그 두 작품 다음에는 각 작품의 제목과 분량이 담겨 있다. 두 작품의 대부분은 루딘기라 한 사람에 의해 낭독된 만가로 이루어져 있다. 먼저 그는 싸움에서 입은 부상으로 죽은 그의 아버지 난나를 애도한다. 두 번째 만가에서 루딘기라는 자연사한 그의 사랑하는 아내 나위르툼의 죽음을 슬퍼한다.

두 작품의 만가는 모두 서문에서 상황을 설정하고 있다. 첫 번째 만가의 서문은 20행이며, 따라서 그 작품의 나머지 부분에 비해서 상대적으로 간략하다. 두 번째 만가의 서문은 47행으로, 그 시 나머지 부분의 1.5배에 달한다. 양식상 두 작품 모두 다양한 반복, 대구, 합창되는 후렴, 은유와 직유에 의한 시적인 어법이 사용된다. 죽은 이들의 행위와 미덕, 그리고 뒤에 남은 사람들의 슬픔과 고통은 과장되게 노래된다. 그것은 시대와 지역을 뛰어넘는 추도연설의 특징이기도 하다.

불행히도 두 만가의 상당한 분량이 파손되었고, 남아 있는 행들의 해석도 어느 정도 불확실하다. 이것에 흥미있는 독자들은 손상과 물음표로 가득한 전체 원문을《수메르 인》(211~217쪽)에서 찾아볼 수 있을 것이다. 그것들이 문학적으로 상당히 본질적인 중요성을 갖는다는 사실은 언급할 필요조차 없다. 그 작품들은 가장 가깝고 사랑하는 가족의 죽음이라는 비극으로부터 생성된 깊은 인간적 열정과 감성을 상상력이 풍부한 시적인 형식으로 전달하려는 시도다. 또한 세계 문학사에서 그 두 작품은 최초의 만가다. 사울과 요

단을 위한 다윗의 애도가와, 헥토르를 향한 호메로스의 애도가는 이보다 훨씬 훗날에야 나타났다. 그리고 이것은 그것들의 비교연구를 위한 가치를 증명한다. 두 시들 중 첫 번째 작품은 수메르 우주론에 빛을 던짐으로 인해 또한 중요하다. 우리는 그 작품으로부터 수메르의 현자들이 해가 진 뒤에도 밤 동안 저승세계를 통해 여행을 계속하며, 달의 신은 매달 마지막 날 지하세계에서 잠을 잔다고 생각했음을 알 수 있다. 더욱이 이 두 편의 시, 특히 첫 번째 작품은 저승세계의 '삶'에 대한 수메르 인들의 생각을 어느 정도 밝혀준다. 예를 들면 거기에는 죽음의 판결이 있고, 그 결정을 내리는 것은 태양신 우투였다. 그리고 달의 신 난나 역시 그가 저승세계를 방문하는 날 죽음의 운명을 정했다.

그런데 영국 국립박물관에는 완전히 다른 종류의 만가가 있다. 거의 완벽하게 보존된 점토판 No.24975에는 어느 기르를 위한 장송곡이 새겨져 있는데, 그것은 그의 허물없는 친구인 동시에 그를 사랑했던 어느 이름 모를 '처녀'에 의해 지어졌다. 그 작품은 대부분의 원문을 확실하게 음역할 수 있을 정도이며, 그중 많은 부분이 아주 정확하게 해석될 수 있다. 그럼에도 불구하고 그것의 의도와 목적은 간파하기 힘들어 상당한 의문을 품게 만든다. 그것은 무엇보다도 중심 단어인 '기르' 때문이다. 보통 '인도자'로 해석되는 이 명사가 지적하는 인물은 이 작품 전체를 통해 그의 지위, 역할, 그리고 그 처녀와의 정확한 관계 등이 수수께끼처럼 남는다. 그렇지만 그는 상당히 사실적으로 묘사되고 구체적으로 은유된다.

이 작품은 두 명의 주인공이 등장하는 단막극이다. 이름 모를 처녀와 역시 이름이 나오지 않는 그녀의 친구 혹은 조언자가 그들이다. 그것은 임박한 기르의 도착에 준비하도록 조언하는 후자의 전자에 대한 19행의 연설로 시작된다. 그리고 후자는 기르가 먼 곳을 여행했으며, 불운하고, 눈물겹고, 고통스러운 몸은 거친 물살에 정처없이 떠다녔다고 말한다. 기르의 죽음과, 산을 넘고 강을 건너 그가 재난의 여행을 시작했던 장소인 그 처녀의 고향으로 돌아오는 그의 시체는 알기 힘들고 은유적인 말로 묘사된다. 그는 사라졌던 제비, 강 위에 떠 있는 잠자리, 산맥을 흘러다니는 안개, 강물에 떠내려가는 풀잎, 산들을 방랑하는 야생 염소 등으로 묘사된다.

이어 나오는 그 처녀의 대답이 두 부분으로 구성되어 그 작품의 나머지 전체를 이룬다. 20~37행까지인 그 첫 번째 부분에서 그녀는 기르의 유령을 위해 바칠 모든 훌륭한 제물들을 조목조목 헤아린다. 그것들은 케이크, 과일, 볶은 보리, 대추야자의 열매, 맥주, 포도, 사과, 무화과, 꿀, 포도주, 더운 물과 찬물, 고삐, 채찍, 깨끗한 의복, 좋은 기름, 의자, 낮은 단과 침대, 유지와 우유 등이다. 38~49행까지인 두 번째 부분은 죽은 기르의 도착에 대한 처녀의 침울한 묘사로 시작된다. 그는 걸을 수 없고, 볼 수 없고, 말할 수도 없다. 이어서 그녀는 죽은 기르의 도착 즉시 그녀가 거행한 장례식의 묘사를 계속한다. 그리고 그녀의 기르가 죽어서 누워 있고, 그의 영혼은 장례식에 의해 시체로부터 자유로워져 그녀의 집에서 떠났다는 쓰디쓴 사실을 그녀가 깨닫는 것으로 이 작품은 끝을 맺는다.

다음은 이 만가의 해석이다.

1. "당신의 기르가 오고 있어요, 준비하세요,
처녀여, 당신의 기르가 오고 있어요, 준비하세요,
당신의 기르가 오고 있어요, 준비하세요.
당신의 기르, 그는 멀리 떠나 있었고,
당신의 기르는 먼 대지, 낯선 길에 있었고,
당신의 제비는 먼 뒷날까지 나타나지 않을 것이고,
당신의 잠자리는 솟구치는 물의 강 위에 떠 있고,
당신의 안개는 산맥을 흘러다니고,

10. 당신의 풀잎은 강물에 떠내려가고,
당신의 야생 염소는 산들을 방랑하고,
당신의 . . . ,

당신의 . . . ,

당신의 기르, 그는 불길한 징조,

당신의 기르, 그는 눈물짓는 눈동자,

당신의 기르, 그는 슬픈 가슴,

당신의 기르, 그의 뼈는 높은 홍수에 먹혀버렸고,

당신의 떠다니는 기르, 그의 머리는 높은 홍수에 뒤집혀버렸고,

당신의 기르, 그의 넓은 가슴은 좌초해버렸어요."

20. "나의 기르가 오면, 나는 그를 위해 훌륭한 것들을 하겠어요 :

나는 그에게 케이크를 바치고 . . . ,

나는 그에게 과일을 바치고,

나는 그에게 볶은 보리와 대추야자의 열매를 바치고,

나는 그에게 쓰고 감미로운 맥주를 바치고,

나는 그에게 포도나무의 포도를 바치고,

나는 그에게 넓은 대지의 사과를 바치고,

나는 그에게 넓은 대지의 무화과를 바치고,

나는 그에게 무화과나무의 . . .를 바치고,

나는 그에게 대주야자의 열매송이를 바치고,

30. 나는 그에게 과수원의 꿀과 포도주를 바치겠어요.

나의 기르가 오면, 나는 그에게 훌륭한 것들을 하겠어요 :

나는 그에게 더운물과 찬물을 바치고,

나는 그에게 고삐와 채찍을 바치고,

나는 그에게 깨끗한 의복과 좋은 기름을 바치고,

나는 그에게 의자와 낮은 단을 바치고,

나는 그에게 새로 만든 침대를 바치고,

나는 그에게 외양간과 양 우리의 유지와 우유를 바치겠어요."

"나의 기르—그는 왔으나, 그는 걸을 수 없고 : 그는 왔으나,

그는 걸을 수 없고,

그는 눈이 있으나, 그는 나를 볼 수 없고,

40. 그는 입이 있으나, 그는 나와 말할 수 없다.

나의 기르가 왔다—도착했다! 그가 정말로 왔다—도착했다!

나는 빵을 보며, 그것으로 그를 깨끗이 닦았고,

불결하지 않은 잔으로,

더럽혀지지 않은 사발로,

나는 물을 부었다—그 물이 따라진 대지는 그것을 마셨다.

나의 좋은 기름을 나는 그를 위해 벽에 부었고,

나의 새 옷으로 나는 의자를 덮었다.

영혼이 들어왔고, 영혼이 떠나갔고,

나의 기르는 산에서, 산의 한가운데서 쓰러졌고,

(이제) 그는 (죽어서) 누워 있다."

왕자와 왕들, 지배자와 영웅들, 신과 여신들— 보통은 이들이 수메르 문학에서의 주인공들이다. 그러나 수메르 문학의 한 장르인 '논쟁'은 고대 수메르에 살았던 보통 사람들의 삶을 우리에게 보여준다. 이중 하나인 '곡괭이와 쟁기의 논쟁'은 최근에 조각이 모아져 해석되었다. 그 작품이 다음 장에서 논의될 것이다. 그것으로부터 우리는 수메르 사회가 의외로 노동자와 그들의 복리에 무척 신경을 썼고, 천하지만 부지런한 곡괭이가 귀족적이지만 좀 게으른 쟁기보다 우월하게 여겨졌다는 상당히 놀라운 사실을 알 수 있다.

최초의 노동자 승리

고대 후기와 중세의 유럽에서 유명했던 논쟁시의 원형이자 선구적인 장르인 수메르의 논쟁은 수메르 지식인들에게 대단한 사랑을 받았다. 그것의 논쟁적이고 따지는 내용이 패기만만하고 호전적인 수메르 인들의 성격과 잘 맞았던 것이다. 1956년 이 책의 초판이 처음 출간됐을 당시에는 두 개의 대조적인 존재가 등장하는 일곱 편의 논쟁이 알려져 있었으나, 그중 세 편만이 신중하게 연구되었다. 왜냐하면 당시 원문들은 많이 파손된 것들뿐이었기 때문이다. 그러나 그후 많은 점토판과 파편들이 확인되었고, 그에 따라 심도 있는 연구가 가능해졌다. 그리하여 촉망받는 수메르 소장학자 중 한 명인 미구엘 시빌이 펜실베이니아 대학 박물관에서 내 조수로 있을 때 그 원문들의 복원과 해석에 착수할 수 있었다. 그 모든 것은 앞으로 그에 의해 편집되어 발표될 것이다.

이 논쟁들의 재미있는 특색의 하나는 승자가 누구인지 작품이 끝날 때까지 밝혀지지 않는다는 점이다. 그러나 결국 겨울은 여름을 이기고, 곡물은 가축을 이기고, 새는 물고기를 이기고, 나무는 갈대를 이기고, 구리는 은을 이긴다. 이 장에서 다루어지는 기록인 '곡괭이와 쟁기' 사이의 논쟁은 미구엘 시빌에 의해 준비된 논문을 기초로 했으며, 쟁기가 곡괭이를 이겼다는 내용을 담고 있다.

그 작품은 누구도 상대하기 힘든 연장으로시의 곡괭이에 대한 좀 익살스러운 묘사로 시작된다.

보라, 곡괭이를, 끈 달린 곡괭이를,
물푸레나무 이빨을 가진 포플라 곡괭이를,

'바다나무' 이빨을 가진 위성류 곡괭이를,
이빨 두 개, 이빨 네 개를 가진 곡괭이를,
언제나 그의 사자옷을 잃어버리는 곡괭이, 불쌍한 친구를,
그 곡괭이가 쟁기에게 도전했다.

그 도전은 쟁기에게 부담스러웠다. 왜냐하면 곡괭이는 쟁기가 할 수 없는 많은 일을 할 수 있기 때문이다.

"나는 크게 만든다-너는 무엇을 크게 만드느냐?
나는 확장한다—너는 무엇을 확장하느냐?
물이 밀려오면, 나는 둑을 쌓아 막지만,
너는 바구니를 흙으로 채울 수 없고,
너는 점토를 개지 못하고, 벽돌을 만들지 못하고,
너는 건물의 토대를 만들지 못하고, 너는 집을 짓지 못하고,
너는 오래 된 벽을 보강하지 못하고,

너는 정직한 사람들의 지붕을 바르게 만들지 못하고,

너는 대로를 똑바로 닦지도 못한다.

쟁기여, 나는 크게 만든다―너는 무엇을 크게 만드느냐?

나는 확장한다―너는 무엇을 확장하느냐?"

이 도전은 자부심 강한 쟁기를 화나게 한다. 쟁기는 위대한 신 엔릴의 손에 의해 창조되었고, 인류의 농부이고, 추수한 곡물이 초원을 장식한 왕과 귀족들의 사랑을 한몸에 받고, 인간과 짐승의 생계를 유지한다고 스스로를 묘사한다. 쟁기의 말을 직접 들어보자.

"나, 쟁기는 위대한 팔에 의해, 위대한 손에 의해 만들어졌고,

나는 아버지 엔릴의 고귀한 경작지의 관리인이고,

나는 인류의 충실한 농부이고,

슈누문의 달 동안 나의 축제가 경작지에서 벌어질 때,

왕은 나를 위해 황소들을 잡고, 나를 위해 양들을 번식시키고,

돌 병에 맥주를 따른다.

왕은 물을 모아 가져오고,

북과 탬버린이 울리고,

그리고 나는 왕을 위하여 . . .

왕은 나의 손잡이를 잡고,

모든 훌륭한 귀족들은 내 곁에서 걷고,

모든 땅은 찬미로 가득하고,

사람들은 기쁨에 차 바라본다.

내가 만든 고랑들은 초원을 장식하고,

내가 경작지에 심은 곡물의 이삭들 옆에

슈무간의 새끼 많은 짐승들은 무릎을 꿇고,

추수를 기다리는 나의 무르익은 곡물들 곁에서,

억센 낫들이 서로 경쟁한다.

. . . 곡물이 수확된 후,

목자의 우유통은 휴식한다.

나의 낟가리는 벌판에 흩어져 있고,

두무지의 양들은 휴식한다.

나의 곡물더미는 초원에 흩어져 있고,

푸른 언덕들은 유혹으로 가득하다.

낟가리와 곡물더미를 나는 엔릴을 위해 쌓아올리고,

에머밀과 밀을 나는 그를 위해 쌓아올리고,

나는 . . .로 창고를 채운다.

고아, 미망인, 가난한 사람들은,

갈대바구니를 들고,

나의 흩어진 이삭을 줍는다.

벌판에 널려 있는 나의 짚을,

나는 사람들에게 운반하게 하고,

(그 동안) 슈무간의 새끼 많은 짐승들은 앞으로 나온다.

(그럼에도 불구하고) 빈약한 이빨을 가진 구멍 파는 연장인 (너) 곡괭이가,

진흙 속에서 일하고, 뒹구는 곡괭이가,

경작지에 머리를 처박는 곡괭이가,

불결한 진흙 속에서 세월을 보내는 곡괭이가,

너의 . . . 존엄한 손에 부적당하고,

너의 머리는 노예의 손을 장식하고,

그런 네가 감히 나를 모욕하느냐!

그런 네가 감히 스스로를 나에게 비교하느냐!

초원으로 꺼져라, 이것으로 충분하다,

'쟁기야, 구멍을 파봐라'고 나를 모욕하는 자여.”

쟁기에 대한 답변으로 곡괭이는 관개와 배수, 그리고 쟁기질을 위해 땅을 고르는 것 등, 인류에게 필수적인 그의 활동을 묘사함으로써 긴 열변을 토한다.

"쟁기 . . . ,
나는 너보다 앞서 엔릴에 의해 만들어졌고,
나는 도랑을 만들고, 나는 수로를 만들고,
나는 목초지에 물을 대고,
물이 등나무 숲에 넘치면,
내 작은 바구니들이 그것을 해결한다.
강이 새면, 수로가 새면,
물이 격랑 이는 강처럼 몰려오면,
그래서 모든 것을 늪으로 바꾸어놓으면,
나, 곡괭이가 그 주위에 방벽을 쌓고,
남풍도, 북풍도 그것을 깨뜨리지 못하고,
(그렇게 해서) 새 사냥꾼은 (깨지지 않은) 알을 건지고,
어부는 고기를 낚고,
사람들은 덫을 놓고,
나의 풍요는 온 땅에 가득해진다.
목초지로에서 물을 뺀 후,
젖은 땅이 모두 정상적으로 된 후,
나는 너 쟁기에 앞서 경작지로 가고,
너를 위해 땅과 둑을 손질하고,
너를 위해 경작지의 잡초를 쌓아올리고,
너를 위해 경작지의 그루터기와 뿌리들을 한데 모은다."

곡괭이는 계속하기를, 문제는 쟁기가 형편없는 연장이고, 따라서 끊임없

이 수리해야 한다는 것이다. 쟁기를 쓰기 위해서는 여섯 마리의 황소와 네 사람이 필요하고, 여기저기가 계속해서 고장난다.

> "경작지에서 일하며, 발 아래 모든 것을 짓밟는 (너),
> 너의 황소는 여섯이고, 너의 남자는 넷이고, 너는 열한 번째다.
> 모든 경험 많은 일꾼들은 경작지에서 나오고,
> (그럼에도 불구하고) 네가 스스로를 나에게 비교하느냐!
> 너는 내 뒤에 멀리 처져서 경작지로 나가며,
> 너는 희열에 찬 눈동자로 밭고랑을 본다.
> 네가 머리를 박고 일을 하다가,
> 뿌리와 가지에 걸릴 때,
> 네 이빨이 부러질 때, 너의 이빨은 복구될 수 있지만,
> 너는 그 일을 계속할 수가 없고,
> 너의 농부는 외친다 '쟁기가 박혔어'
> 목수들이 고용되고, 사람들은 당황하여 모두 네 주위로 달려오고,
> 기술자가 가죽을 벗겨내고,
> 구부러진 못들을 들어내고,
> 지레로 힘들게 일하고,
> 네 머리에 잘못 붙은 가죽을 벗겨낼 때까지."

더하여 쟁기는 일 년 중 잠시만 일한다고 곡괭이는 지적한다.

> "하는 것은 없이, 자부심만 강한 너,
> 나는 일 년에 열두 달을 일하지만,
> 네가 (일에) 참가하는 시간은 네 달이고,
> 네가 사라지는 시간은 여덟 달이고,
> 너는 사라지는 시간이 일하는 시간의 두 배다.

다음으로 나오는 약간 불명확한 의미의 8행들에서 곡괭이는 스스로의 성취에 관한 자화자찬을 계속하며, 앞에서 언급된 일들의 일부를 반복한다.

"나, 곡괭이는 도시에 살고,
나보다 영예로운 것은 아무것도 없다.
나는 주인을 따르는 충실한 하인이고,
나는 주인을 위하여 집을 짓고,
나는 외양간을 확장하고, 양 우리를 넓히고,
점토를 개고, 벽돌을 만들고,
건물의 토대를 만들고, 집을 짓고,
오래 된 벽을 보강하고,
정직한 사람들의 지붕을 바르게 만들고,
나 곡괭이는 대로를 똑바로 닦는다."

곡괭이는 이제 노동계급, 특히 건설노동자, 뱃사람, 농부들의 수입과 복리에 대한 자신의 공헌을 묘사한다.

"도시를 구획했고, 그 주위에 튼튼한 벽을 쌓았고,
나는 거기에 신들의 신전들을 만들었고,
그것들을 붉은 점토, 노란 점토, 갖가지 색의 점토로 장식했다.
나는 왕의 도시를 건설했고,
그곳에는 관리자와 감독관이 살았다.
그것(도시)의 약해진 점토를 복구하고,
그것의 부서지기 쉬운 점토를 보강한 나와 함께,
그들(노동자들)은 잘 지어진 집에서 원기를 회복한다.
곡괭이로 붙인 불 곁에서 그들은 휴식을 취하고,
(그러나) 너(쟁기)는 그들에게 오지 않는다.

그들은 먹고, 마시고, 내기하고,

(그렇게 하여) 나는 노동자들이 그들의 아내(와) 아이들을 부양하도록 한다.

나는 사공을 위해 솥을 만들고, 그를 위해 젓고,

그를 위해 나무껍질을 벗기고, 배를 건조하고,

(그렇게 하여) 나는 뱃사람들이 그들의 아내(와) 아이들을 부양하도록 한다.

나는 채소밭을 경작하고,

밭을 구획하고, 사람들이 시로 동의한 후 그것에 담을 두를 때,

사람들은 나, 곡괭이를 부른다.

그것의 우물을 파고, 울타리를 세우고, 물통가로막대를 만든 후,

나는 도랑을 파고,

그 도랑에 물을 대는 것도 나다.

사과나무에 꽃이 피고, 열매가 맺힌 후,

그 과일은 신들의 신전들을 장식하기 적당하게 되고,

(그렇게 하여) 나는 농부들이 그들의 아내(와) 아이들을 부양하도록 한다."

마지막으로 곡괭이는 도로 노동자와 농부들의 복리를 매우 염려한다. 그래서 그는 그들이 원기를 회복하고, 그가 판 우물에서 가죽부대를 채우도록 특별히 탑을 세운다.

"강가에서 쟁기와 함께 일하고, 거기에서 길을 똑바로 하고,

강둑에 탑을 세우고,

경작지에서 낮을 보낸 사람들,

경작지에서 밤을 지새운 노동자들,

내가 세운 탑 안에서,

그 사람들은 쾌적한 도시에서처럼 원기를 회복하고,

그들이 만든 가죽부대에 나는 그들을 위해 물을 따르고,

나는 그들에게 '생명'을 주고,

(그럼에도 불구하고) 너, 쟁기는 나를 모욕하며 (말한다) : '도랑이나 파라',

내가 물 없는 초원에 있을 때는,

감미로운 물을 발견하고,

목마른 이는 나의 도랑들 옆에서 소생한다."

곡괭이가 말을 끝낸 후 쟁기는 다시 반격할 기회를 얻지 못한다. 대신에 저자는 곡괭이의 편을 들었다는 위대한 신 엔릴의 평결로 논쟁을 마무리한다. 한 수메르 신화에 따르면 엔릴은 인간을 위해 곡괭이를 직접 창조했고, 곡괭이가 쟁기를 이겼음을 선언했다.

동물계에서 수메르 인들은 특히 물고기에 대하여 깊고 부드러운 감정을 품었다. 힘없는 창조물로 인식된 물고기는 특히 애도가와 기도문을 지은 시인들의 마음에 비극적인 심상을 불러일으켰다. 그러므로 '물고기의 집'이라고 이름 붙인 어느 시에서 이름을 알 수 없는 작가는 물고기를 위한 집의 건설을 묘사한다. 그것은 잘 장식되고 준비된 수족관이었으며, 모든 종류의 물고기들이 맹금류와 상어들로부터 안전한 가운데 방해되지 않고 평화롭게 살 수 있는 곳이었다. 그것에 관련된 원문은 미구엘 시빌에 의해 편집되어, 영국의 고고학 학술지인 〈이라크(Iraq)〉 23호 154~178쪽에 발표되었다. 다음 장에서 설명될 기록의 해석과 분석은 거의 전부가 미구엘 시빌의 작업에 근거를 두고 있다.

최초의 수족관

　낚시와 어업은 수메르의 주요한 식량공급원이었으며, 특히 수메르의 초기 역사에서는 더욱 그러했다. 수메르의 경제와 어휘에 관한 원문들에는 거의 백 종에 달하는 물고기가 언급된다. 현재 그중 30종 가량은 불확실하나마 1970년에 발표된 핀란드의 동양학자 아르마스 살로넨의 저서《고대 메소포 타미아의 어업》에 의해 확인된 바 있다. '물고기들의 집'의 현존하는 원문에는 16종의 물고기가 간결하게 언급되고 묘사되며, 그중 약 6종은 정체가 확인되었다.

　'수족관'의 전체 원문은 어떤 이유로 고기의 열렬한 애호가가 된 어느 사람에 의해 낭송되었다는 연설로 이루어져 있다. 이 작품은 그 애호가가 크고, 공간이 여유가 있으며, 방해받지 않는 물고기들을 위한 집을 지었고, 거기에 맥주와 쿠키 같은 좋은 음식과 음료수를 공급한다고 공언하는 것으로 시작된다.

나의 물고기, 집 . . . .

나의 물고기여, 나는 너를 위해 집을 지었고,

나는 너를 위해 곡물창고를 지었고,

집안의 특별한 뜰과 확장된 양 우리를, 나는 너를 위해 지었고,

그것의 중심을 나는 향으로 덮었고, 나는 마음을 기쁘게 하는 장소,

환희의 우물을 팠고(?),

아무도 너의 촘촘하게 짜여진 집에 접근할 수 없고,

나는 그것을 식물들로 장식했고(?),

그 집에는 음식, 최고의 음식이 있고,

그 집에는 음료수, 행복의 음료수가 있고,

너의 집에는 파리들이 술집에 꾀지(?) 않고,

너의 입구(?)에는 불만을 가진 자가 적의에 찬 발을 내딛지 않고,

밀가루가 뿌려진 문지방과 빗장에 나는 향로를 걸었고,

집 옆에 나는 맥주를 놓았고, 나는 좋은 맥주를 놓았고,

나는 거기에 감미로운 맥주와 달콤한 쿠키를 . . .처럼 놓았다.

그 애호가는 이제 물고기에게 모든 그의 친구들, 안면 있는 물고기들, 동료들, 친척들, 아무튼 원하는 모든 물고기를 그의 집에 오게 하라고 권한다.

너와 안면 있는 물고기들을 오도록 해라,

너의 사랑하는 물고기들을 오도록 해라,

너의 아버지와 할아버지를 오도록 해라,

네 형의 아들과 동생의 아들을 오도록 해라,

너의 작은 물고기들과 큰 물고기들을 오도록 해라,

너의 아내와 자식들을 오도록 해라,

너의 친구들과 동료들을 오도록 해라,

너의 매부와 장인을 오도록 해라,

너의 무리들을 오도록 해라, (누구든지) 나는 들어오게 할 것이다,

너의 이웃들 중 누구도 뒤에 남지 않도록 해라.

그러나 그가 무엇보다도 염려하는 것은 그의 '사랑하는 아들'인 그 물고기다. 그래서 그는 그 물고기에게 다음과 같이 말한다.

"들어오너라 나의 사랑하는 아들아,

들어오너라 나의 잘생긴 아들아,

낮이 지나가고, 밤이 다가오는구나,

달빛으로 들어오너라.

낮이 지나가고, 밤이 오면,

들어오너라, 너는 거기에서 휴식하거라,

나는 거기에 너를 위한 장소를 준비했다,

그 한가운데 나는 너를 위해 '좌석'을 마련했다,

거기에 앉으면, 아무도 너와 말다툼하지 않을 것이다.

들어오너라 나의 사랑하는 아들아,

들어오너라 나의 잘생긴 아들아,

소금기 있는 수로 (안?)에서처럼 너는 동요(?)하지 않을 것이다,

고운 강모래 (안?)에서처럼 너는 방해받지 않을 것이다,

흩어지지 않고 흐르는 물 (안?)에서처럼 너의 침대를 흩어지지 않게 하거라,

달빛이 들어오더라도, 너의 침대를 흩어지지 않게 하거라,

나는 너에게 와서 경이롭게 지켜볼 것이다,

. . .처럼 나는 너에게 와서 경이롭게 지켜볼 것이다,

개처럼 나는 네가 쿵쿵거리는 곳으로 와서 경이롭게 지켜볼 것이다,

. . .처럼 나는 너에게 와서 경이롭게 지켜볼 것이다.

보라! 외양간으로 오는 황소처럼, 양 우리로 오는 양처럼!

네가 황소처럼 너의 외양간에 들어서면,

나의 물고기, 아심바바르(초승달의 신)는 너와 함께 기뻐할 것이다.

네가 양처럼 너의 양 우리에 들어서면,

나의 물고기, 두무지는 너와 함께 기뻐할 것이다."

　다음에 이어지는 약 15행의 생략된 부분에서 우리는 물고기 애호가가 '나의 물고기여, 모든 종류의 물고기가 너와 함께 들어올 것이다'라고 말하는 것을 본다. 그리고 그 부분에 각각의 짧고 수수께끼 같은 해설이 붙은 약 16종의 물고기 목록이 열거된다. 그중 확인된 것은 크고 작은 돌잉어, 잉어, 철갑상어, 메기 그리고 뱀장어 정도다. 그 애호가는 이제 새 집으로 빨리 들어오라고 물고기에게 재촉한다. 왜냐하면 낮이 지나갔고, 물고기를 먹는 새들과 상어들로부터의 위험이 도처에서 그를 향해 모여들고 있기 때문이다. 그 작품은 다음과 같은 말로 끝난다.

　나의 물고기여, 낮이 지나갔다, 나에게 오너라,

낮(?)이 지나갔다, 나에게 오너라,

어부의 여왕인 여신 난셰가 너와 함께 기뻐할 것이다.

재판의 정정 및 추가 사항

제1장 : '그 기록들에는 여자 필경사가 단 한 명도 없다'는 진술은 아주 정확하지는 않다. 왜냐하면 몇몇 드문 경우들에서는 여자 필경사가 언급되기 때문이다. 더욱이 기원전 2300년경에 살았던 사르곤 대왕의 딸 엔헤두안나는 주목할 만한 문학적 인물이다. 이에 관해서는 윌리엄 할로와 J. J. A. 반 다이크의 《이난나의 찬양(The Exaltation of Inanna)》을 참조하라. 그럼에도 불구하고, 현재 우리가 갖고 있는 수메르의 학교 에세이들로부터 판단하건대 수메르와 아카드의 학교에는 여성을 위한 자리가 없었다. 그러므로 글을 깨우쳤던 여성들은 개인교수와 같은 방법에 의존했음이 틀림없다. 그리고 '그들에게는 방학이 있었을 것이나, 우리는 그 점에 대하여 아는 것이 없다'는 진술은 이제 수정되어야 한다. C. J. 개드와 나의 공저 《우르 발굴 텍스트(Ur Excavation Texts)》 VI에 발표된 우르에서 발굴된 점토판에 의하면, 학생들은 매달 6일간 쉬었다.

제2장 : 1952년 나는 이 장에서 다루어진 기록에 속하는 몇몇 파편들의 사본을 더하여 만들었다. 그리고 그것들은 현재 이스탄불 고고학 박물관에서 발표된 〈수메르의 문학 점토판과 파편들(Sumerian Literary Texts and Fragments)〉에 포함돼 있다. 그러나 그것들이 원문의 공백을 일부 메워주기는

했지만, 해석과 분석의 중대한 변동은 가져오지 않았다.

제3장 : 이 기록의 결정판은 펜실베이니아 대학 박물관의 내 후임자 오케 셰베리에 의해 출판되었다. 〈쐐기문자연구 저널(Journal of Cuneiform Studies)〉 XXV (105~169쪽)를 참조하라.

제4장 : '엔메르카르와 아라타 왕'에 속하는 약 12점의 파편들이 이 책의 초판이 출판된 이래 확인되었다. 그리고 그것은 이 작품의 원문복구에 상당한 기여를 했다. 그 연구결과는 1973년 당시 펜실베이니아 대학의 동양학부 대학원생이었던 솔 코헨에 의해 준비된 논문으로 나타났다. 이 장에 해설된 대개의 줄거리 구조와 해석은 계속 유효하다. 그러나 코헨의 논문은 상당수의 구체적인 표현을 정정하고 바꾸었다.

제5장 : '길가메시와 키시의 아가'의 전문은 이제 나의 저술 《수메르인 : 그들의 역사, 문화 그리고 성격》 186~190쪽에서 접할 수 있다. 또한 〈Proceedings of the Academia Nazionale dei Lincei〉 825~837쪽에 실린 나의 글 〈Sumerian Epic Literature〉를 참조하라.

제6 · 7장 : 변동 없음.

제8장 : 옥스퍼드의 올리버 거니와 나는 우르-남무의 법전에 속하는 것으로 확인된 우르의 발굴에서 나온 두 점의 파편을 발표했다. 〈아시리아 연구〉 16호, 13~19쪽의 〈Two Fragments of Sumerian Laws〉를 보라. 1969년 쐐기문자법의 인정받는 권위자인 J. J. 핀켈스타인은 우르-남무 법전의 현존하는 원문에 대한 개정되고 향상된 해석을 발표했다. 〈Supplement to Ancient Near Eastern Texts Relating to the Old Testament〉를 참조하라.

제9장 : 1959년 소킬드 제이콥슨은 이 장에서 다루어진 살인기록에 대한 상세한 연구를 〈Analecta Biblica et Orientalia, vol. 12〉 130~150쪽에 발표 했다. 그것은 법에 관심 있는 독자들에게 유익하고 계몽적일 것이다. 대개 그의 해석과 해설은 이 장에 설명된 내용에 일치하지만, 끝 부분은 그렇지 않다. 그의 결론은 아내 또한 처형되었다는 것이다. 그의 해석에 의하면, 니 푸르 재판은 그녀가 그녀의 남편을 죽음으로 이끈 정보를 살인자들에게 주 었다는 것을 알게 되었고, 따라서 그녀의 죄가 진짜 살인자들보다도 무겁다 는 것이 밝혀졌기 때문이다. 그러나 이 해석은 상당수의 복원된 원문을 토대 로 하고 있으며, 완전한 설득력을 갖지는 못한다.

제10장 : 전문용어들에 의한 언어학적 어려움으로 가득한 이 의학적 원문 의 크게 진일보한 해석은 《수메르 인》 93~98쪽에서 찾아볼 수 있을 것이다. 그것은 미구엘 시빌에 의해 1960년 〈Revue d'Assyriologie〉 (59~72쪽)에 발표 된 통찰력 있는 연구에 기반하고 있다.

제11장 : 이 장의 '농업서'를 상당히 알기 쉽게 풀어쓴 해석은 《수메르 인》 105~109쪽에서 찾아볼 수 있다. 더욱 상세한 설명은 저명한 핀란드의 쐐기 문자학자인 아르마스 살로넨이 〈Annales Academiae Scientiarum Fennicae, vol. 149〉의 202~212쪽에 발표한 〈Agricultura Mesopotamica〉에서 볼 수 있다. 그러나 이 기록의 결정판은 아직도 나타나지 않고 있다.

제12장 : 이 장을 발표한 이래 나는 '이난나와 슈칼레투다'의 부분들이 새 겨진 여섯 점의 파편을 더 확인하고 연구, 발표했다. 이로써 이 장에 설명된 이스탄불의 원문에 빠져 있는 신화의 처음과 마지막 부분의 공백은 상당 부 분 복구되었다. 현재 하늘과 지상을 버리고 저승세계로 내려가는 이난나를 묘사하는 장면으로 이 시가 시작된다는 것이 명백해졌다. 그러나 이것이 어 떻게 이 시의 나머지 부분들과 연관되는지는 아직도 불분명하다. 왜냐하면

그 연결부분의 원문이 많이 손상되었기 때문이다. 그리고 다음으로 주인의 지시를 받아 갈가마귀가 채소밭을 가꾸는 민속적인 해설이 뒤를 잇는다. 슈칼레투다가 줄거리에 등장하는 것은 바로 그 이후다. 더욱이 이 시의 맨 마지막 부분이 아직도 빠져 있음에도 불구하고, 우리는 이제 슈칼레투다의 운명을 알고 있다. 이난나가 에리두에 가서 엔키에게 호소하자, 엔키는 에리두의 아브주에 숨어 있던 슈칼레투다를 이난나에게 넘겨준다. 그리고 여신은 그를 죽인다. 그러나 그녀는 그의 이름이 잊혀지지 않게 할 것을 그에게 약속한다. 그의 이름은 왕궁의 음유시인들에 의해 감미로운 음악으로 불려질 것이며, 외양간의 목자들이 우유를 짤 때도 그러할 것이다. 이 시의 결정판은 나의 제자이자, 현재 드롭시 대학의 아시리아 학 교수인 솔 코헨에 의해 준비중에 있다.

제13장 : 이 장의 내용은 현재도 사실상 완전히 유효하다. 더 상세한 설명을 위해서는 나의 저술《수메르 신화》제3판을 보라.

제14장 : 이 장에서 다루어진 '엔키-닌마'의 창조신화는 새로운 파편들의 도움과 함께 카를로스 베니토의 논문에 의해 편집되었다. 그러나 상당 부분, 특히 대단원이 어떻게 되는지는 아직도 불분명하다. '엔키-닌마'신화에는 인간의 창조에 관한 신화적인 해설들이 있었을 것이다. 대홍수의 시로부터 판단해보건대, 수메르의 위대한 신들인 안, 엔릴, 엔키, 닌후르사그는 인간의 창조에 모두 참여한 듯하다. 또한 그것에 관해서는《Toward the Image of Tammuz》에 나온 소킬드 제이콥슨의 추정도 주목할 만하다. 그의 해설에 의하면, 태초에 인류는 대지로부터 생산되었다. 따라서 최초의 인간들은 대지에서 식물처럼 자라났다. 그리고 특별히 창조된 곡괭이로 굳은 대지를 깸으로써, 밑에서 자라난 존재가 처음으로 떨쳐일어나게 한 것은 엔릴이었다. 그의 주장은 곡괭이의 창조와 기여를 묘사한 시의 초반 24행에 근거를 두고 있다. 그러나 그 구절은 대단히 다의적이고 불명확하여 아직까지 만족스럽

게 정리되지 못하고 있다.

제15장 : 어느 정도 완벽한 '욥'에 대한 시를 위해서는 《수메르 인》 125~129쪽을 보라. 그 기록의 결정판은 내 제자이자, 현재 이스라엘의 바르 일란 대학의 아시리아 학 부교수로 있는 제이콥 클라인에 의해 준비중이다.

제16장 : '집에서 불안한 가정주부는, 아프길 원한다.'의 '불안한 가정주 부'는 '낭비가 심한 가정주부'로 정정되어야 한다.

제17 · 18장 : 변동 없음.

제19장 : 딜문의 신화 '엔키와 닌후르사그'에 대한 부분적이나마 새로운 내용을 위해서는 〈Ur Excavations Texts VI : sub No. 1〉에 C. J. 개드와 내가 쓴 서문을 보라.

제20장 : 이 장에서 다루어진 대홍수 점토판과 같은 작품의 점토판이 현 재까지 발견되지 않고 있음에도 불구하고, 서문에서 대홍수와 그것의 파 멸적인 영향을 언급하는 여러 편의 새로운 원문이 출토되었다. 그러므로 수메르 시인들이 그 땅과 그곳의 사람들에게 막대한 피해를 가져왔던 실 제의 엄청난 홍수를 알았다고 추정하는 것이 억측일 수만은 없을 듯하다. 〈Expedition, vol. 9〉에 발표된 나의 〈My Reflection on the Mesopotamian Flood〉를 참조하라.

제21장 : '저승세계로 내려가는 이난나'의 원문은 이제 거의 전부가 복원 되었고, 단지 그 작품 말미의 약 20행이 아직도 손상된 상태다. 〈Proceedings of the American Philosophical Society, vol. 124〉에 내가 쓴 〈Sumerian Literature and British Museum〉 299~310쪽을 보라. 이 장에 간략히 묘사된

신화의 말미는 이 최근의 연구에 기반했다. 그 신화 전체의 해석을 위해서는 〈The Sacred Marriage Rite〉 108~121쪽을 보라.

제22장 : 이 책의 초판이 출판되었을 당시 공백이었던 '길가메시와 생명의 땅'의 말미는 그 사이 복원되었다. 그 작품의 새로운 해석을 위해서는 《수메르 인》 190~197쪽을 보아라. '신 니누르타의 행위와 업적들'의 결정판은 네덜란드의 저명한 쐐기문자학자인 반 다이크에 의해 조만간 발표될 예정이다.

제23장 : '길가메시, 엔키두 그리고 저승세계'의 원문이 아직 발표되지 않았다는 진술은 더이상 사실이 아니다.

제24장 : 이 장에서 다루어진 서사시 '엔메르카르와 엔수쿠슈시란나'의 간략한 개정판을 위해서는 〈Sumerian Epic Literature〉를 보라. 그 원문의 결정판은 나의 제자 아델 베를린에 의해 〈Occasional Publications of the Babylonian Fund, vol. 2〉에 발표되었다. 서사시 '루갈반다와 후룸 산'은 '루갈반다, 방황하는 영웅'으로 다시 명명되어야 한다. 〈Sumerian Epic Literature〉의 829쪽을 참조하라. 그 이야기에는 후룸 산이 없다.

제25장 : '오직 또 하나의 수메르 사랑노래'라는 언급이 함축하는 현재 오직 2편의 사랑노래가 전해진다라는 의미는 정확하지 않다. 그 동안 추가로 해독이 가능해진 다른 작품들은 〈Actes de la XVII rencontre assyriologique international〉에 내가 쓴 〈The Dumuzi-Inanna Sacred Marriage Rite〉 135~141쪽에서 확인할 수 있다.

제26장 : 이 장의 발표 이래 상당수의 새로운 문학작품 목록들이 확인되어 발표되었다. 그것에 대한 상세한 사실을 위해서는 곧 출간될 〈Diakonoff

Festschrift〉에 발표될 예정인 나의 글 〈Three Old Babylonian Balag-
Catalogue from the British Museum〉을 보라.

제27장 : 올리버 거니에 의해 사본이 만들어진 옥스퍼드의 애쉬몰리언 박
물관에 소장된 한 점토판은 이제 우리에게 이 장에 묘사된 황금시대에 관
한 구절의 완벽한 원문을 제공한다. 〈The Journal of the American Oriental
Society, vol. 88〉 108~111쪽에 발표된 〈The Babel of Tongues : A Sumerian
Version〉을 보라. 그 내용은 다음과 같다.

> 옛날 옛적에는 뱀이 없었고, 전갈도 없었고,
> 하이에나도 없었고, 사자도 없었고,
> 들개도 없었고, 늑대도 없었고,
> 두려움도 없었고, 공포도 없었고,
> 인간은 적이 없었다.
> 옛날 옛적에 슈부르와 하마지의 땅에는,
> 깨어진 말들을 가진 수메르, 왕권의 신성한 메를 가진 위대한 땅,
> 우리Uri, 모든 것이 적절한 땅,
> 안정 속에 놓여 있는 땅 마르투,
> 전체 우주, 잘 보살펴지는 사람들,
> 엔릴을 향하여 한 가지 말로 찬미한다.
> (그러나) 그때, 도전적인 지배자, 도전적인 왕자, 도전적인 왕,
> 엔키, 도전적인 지배자, 도전적인 왕자, 도전적인 왕,
> 도전적인 지배자, 도전적인 왕자, 도전적인 왕,
> 엔키, 풍요의 신, 그의 명령은 신뢰할 수 있고,
> 그 땅을 예리하게 살피는 지혜의 신,
> 신들의 지도자,
> 지혜를 부여받은 에리두의 신,

그들 입의 말을 바꾸고, 거기에 말다툼을 심었고,
이전에는 하나였던 인간의 말.

부록2 : '아카드의 저주 : 에쿠르의 복수'의 완전한 원문해석은 〈Ancient Near Eastern Texts Relating to the Old Testament〉 제3판의 646~ 651쪽에서 찾아볼 수 있다.

저주와 지도:
수메르 점토판으로부터의 새로운 수집

이 글은 1955년 가을, 내가 예나에서 프리드리히 실러 대학 '힐프레히트 (Hilprecht) 컬렉션'의 수메르 문학 점토판과 파편들을 연구하고 해독하던 10 주 동안에 대부분 씌어졌다. 이 문헌들은 50년 이전에 펜실베이니아 대학에 의해 발굴되어, 헤르만 힐프레히트의 개인 소장품이 되었다. 그는 펜실베이니아 대학 아시리아 학과의 첫 번째 클라크 연구교수였으며, 그 자리를 지금은 내가 차지하고 있다. 1925년 그가 죽자, 그 문헌들이 포함된 그의 전체 컬렉션은 지금은 공식적으로 프리드리히 실러 대학이 된 예나 대학에 유증되었다.

힐프레히트의 컬렉션은 약 2500점의 점토판과 파편들로 이루어져 있으나, 그중 수메르의 문학작품이 새겨져 있는 것은 150점에 불과하다. 나는 독일의 어느 학술지에 짧게 언급되어 그 존재가 알려진 이 점토판들을 연구하기 위해 예나로 가려고 15년 동안이나 꾸준히 시도했다. 그러나 처음에는 나치가, 다음에는 전쟁이, 그리고 그후에는 '철의 장막'이 나를 막았다. 그러나 1955년 국제적으로 긴장이 완화되자, 또 한 번의 기회를 얻었다. 나는 몇 달간 힐프레히트 컬렉션을 연구하도록 허락받았고, 그곳에 머무는 동안 프리드리히 실러 대학 당국과 대학 연구부의 충분한 협조를 받았다. 특히 그 컬렉션의 부관리인 이네츠 베른하르트 박사의 도움은 절대적이었다.

다음은 가장 중요한 연구결과의 일부다.

그 컬렉션에 있는 수메르 문학작품은 150점이다. 그리고 그중 약 100점은 아주 작은 조각들로, 행들이 손상된 채로 보존돼 있다. 그러나 그 나머지는 상당히 잘 보존된 점토판들이며, 그중 13점은 4~8개의 단을 가지고 있다. 하지만 수메르 문학작품을 복원하는 과정에서는 크기에 관계없이 새로운 원문을 담고 있는 파편들이 이미 밝혀진 원문들을 가지고 있는 잘 보존된 점토판들보다 훨씬 중요하다는 점을 명심할 필요가 있다.

그 150점의 점토판과 파편들은 신화와 서사적 설화들, 찬미가와 애도가들, 역사적 기록과 편지들, 그리고 지혜와 속담, 에세이, 논쟁, '목록'과 같은 교훈적인 작품 등, 사실상 기존에 알려진 모든 문학적 장르들을 담고 있다. 그러므로 새로운 작품들은 거의 발견할 수 없다. 그럼에도 불구하고 흥미를 끄는 새로운 작품들 가운데는 인간의 도덕적 행동을 관할하는 여신 난셰의 심복인 헨두르사가에 대한 찬미가, 이난나와 두무지의 사랑의 대화, 지하세계의 신 닌기슈지다와 여신 니나지무아가 등장하는 신화, 어떻게 형제인 두 신들이 '보리가 없던' 수메르에 엔릴이 그것을 저장해둔 산으로부터 보리를 가지고 내려왔는지를 설명하는 신화, 어느 구데아 인이 그의 개인적인 수호신에게 호소하는 편지, 그리고 제26장에서 다루어진 일종의 도서목록 두 편이 있다.

그러나 힐프레히트 컬렉션의 진짜 중요성은 그것들이 지난 20년간 세계 도처의 박물관들, 특히 이스탄불의 고대 오리엔트 박물관과 필라델피아 대학 박물관에서 발견된 점토판과 파편들로부터 이미 알려지고 편집된 작품들에 존재하던 수많은 공백과 파손된 부분들을 채워준다는 점에 있다. 이 컬렉션에 있는 거의 모든 작품들의 원문이 어느 정도의 중요성을 갖고 있다. 그러나 그 문헌들 중 몇몇의 경우는 정말로 결정적인 중요성을 지니고 있다.

그 중요한 문헌들의 하나는 새로이 연구된 자료의 중대성을 기술하기 위해 여기에서 분석된다. 거의 300행에 달하는 이 작품은 '아카드의 저주 : 에쿠르의 복수'로 명명되는 것이 가장 적절할 것이다. 이 작품의 부분들이 새겨진 것으로 확인된 조각들이 20점 이상임에도 불구하고, 그것의 진면목은 아직도 확실히 드러나지 않고 있었다. 그것은 특히 그 문헌의 후반부가 부분적으로만 복원된 까닭이다. 그 원문의 많은 부분은 아카드의 파괴, 유린, 황폐화를 이야기하며 아카드의 멸망을 애도함에도 불구하고, 그 작품의 기본적인 구조는 '우르의 파괴에 대한 애도가'나, '니푸르의 파괴에 대한 애도가'와 같은 비교할 만한 작품들의 그것과 상당히 다르다. 힐프레히트 컬렉션에는 이 신화의 부분이 새겨진 7점의 파편이 있다. 그것들 중의 하나(H. S. 1514)는 마지막의 138행이 새겨진 4개의 단을 가진 보존상태가 좋은 점토판이다. 이 점토판의 도움으로 이 작품이 애도가가 아니라 시적인 산문으로 씌어진 역사적 기록이라는 것이 명백해졌다. 거기에서 어느 수메르의 작가이자 현자는 수메르와 강대한 도시 아카드를 덮친 잊을 수 없는 역사적 사건의 배후에 도사린 원인들에 대한 나름대로의 해석을 시도한다.

사르곤이라는 이름을 가진 셈 족 정복자의 메소포타미아 등장을 목격한 그 세기는 대략 기원전 2300년경에 시작되었다. 수메르 최고의 도시인 북쪽의 키시와 남쪽의 우루크를 정복한 후 사르곤은 이집트와 에티오피아를 포함한 사실상 전체 근동의 지배자가 되었다. 그의 수도는 수메르 북부의 아카드였으나, 정확한 위치는 아직도 밝혀지지 않고 있다. 사르곤과 그 후계자들의 지배 아래 아카드는 수메르의 가장 부유하고 강력한 도시가 되었다. 주변의 모든 땅들로부터 선물과 공물이 줄을 이어 그곳을 향했다. 그러나 놀라운 등장으로부터 한 세기가 지나기 전에 그 도시는 갑작스런 파멸을 맞았다. 아카드는 야만적이고 잔인한 동쪽 산맥의 유목민인 구티 인들에 의해 공격당해 멸망한 것이다. 거기에 그치지 않고 구티 인들은 전 수메르를 유린해나갔다.

이 모욕적이고 참담한 사건은 많은 수메르 인들의 가슴을 사무치게 했고, 적어도 그들 중 일부는 이 비극적인 사건의 뒤에 숨은 사연을 설명하려고 했다. 그리고 그런 사람들 중의 하나가 이 역사적 기록의 저자인 것이다. 그는 그의 세계관을 통해 얻을 수 있는 유일한 대답을 발견했다(의심할 나위 없이 대부분의 수메르 인들, 특히 니푸르 인들은 그와 같은 의견을 가졌을 것이다). 아카드 왕조의 네 번째 지배자인 나람-신(Sin)은 니푸르를 약탈하고, 그곳에 있던 엔릴의 위대한 성지인 에쿠르에 대해 갖은 불경을 저질렀다. 그에 따라 엔릴은 구티 인들에게 가, 그들을 산 속의 거주지로부터 끌어내 아카드를 멸망시키게 함으로써 그의 사랑하는 신전의 복수를 하게 했다. 이에 더하여 수메르 만신전의 주도적인 8신들은 그들의 지도자 엔릴을 위로하기 위해 아카드를 영원히 사람이 살지 않는 황폐한 땅으로 남도록 저주를 내렸다. 그 결과 아카드는 정말 사람이 살지 않는 황폐한 땅으로 변해 영원히 역사 속에 묻혀버렸다.

우리의 역사가는 아카드의 등장에 따른 영광과 힘을 그것의 몰락 뒤에 닥쳐온 황폐함과 대조하는 서문으로 그의 작품을 시작한다. 그것의 처음 몇 행은 다음과 같다. '후에, 이마를 찌푸린 엔릴은 하늘의 황소처럼 키시의 사람들을 죽음으로 몰아넣었고, 고결한 황소처럼 우루크의 집들을 흙먼지로 만들어버렸다. 후에, 엔릴은 아카드의 왕인 사르곤에게 저 위의 땅과 저 밑의 땅의 지배권과 왕권을 주었다.' 그리하여 아카드는 그곳의 수호신 이난나의 끊임없는 보살핌과 인도 아래 세력을 키웠고 번영했다. 그곳의 건물들은 금·은·동·주석·청금석으로 채워졌다. 그곳의 나이든 남자와 여자들은 지혜로운 조언을 주었다. 그곳의 어린이들은 기쁨에 넘쳤다. 음악과 노래는 모든 곳에서 울려퍼졌다. 주변의 모든 땅들은 평화와 안정 속에 살았다. 더욱이 나람-신은 그곳의 신전들을 영광스럽게 만들고, 그곳의 성벽을 산처럼 높이 올렸으며, 그곳의 성문들은 활짝 열어두었다. '곡식을 알지 못하는' 서쪽의 유목민인 마르투 인들은 선택된 소와 양들을 가져왔다. '검은 땅의 사람들'인 멜루하이 인들은 그들의 이국적인 물건들을 가져왔다. 동쪽의 엘람 인들과 북쪽의 수바리아 인들도 짐을 바리바리 싣고 왔다. 평원의 모든 왕자와 족장들은 매달 그리고 신년에 선물을 가져왔다.

그러나 재난이 덮쳤다. 작가는 이를 다음과 같이 말한다. '아카드의 성문들이 어떻게 굴복했는가 : ...., 신성한 이난나는 그들의 선물을 건드리지 않았다 : 울마시(이난나의 신전)는 이난나가 그 도시를 떠나자 공포에 찼다 : 침실을 버린 처녀처럼, 이난나는 그녀의 아카드 신전을 버렸다 : 무기를 든 전사처럼 그녀는 그 도시를 맹렬히 공격했고, 그것의 가슴을 적에게 내밀게 만들었다.' 그리고 '5일이 아니라, 10일이 아니라,' 그렇게 짧은 시간 내에 지배권과 왕권은 아카드를 떠났다. 신들은 그 도시를 적대시했고, 아카드는 버려져 황폐해져갔다. 나람-신은 상심하여 삼베옷을 입었고, 그의 전차와 배들은 버려진 채 아무도 돌보지 않았다.

왜 이렇게 됐는가? 그 역사가는 그의 지배가 확고했던 7년 동안 나람-신이 엔릴의 말에 어긋나게 행동했기 때문이라고 설명한다. 그는 그의 병사들이 에쿠르를 약탈하도록 용인했다. 그는 도끼로 에쿠르의 건물들을 파괴하여 마치 죽은 청년처럼 그 집이 무너지도록 했다. 더욱이 '곡식을 자르지 않는 문'이라 불리는 문에서 그는 곡식을 잘랐다. '평화의 문'을 그는 곡괭이로 부수었다. 그는 신성한 물건들에 불경을 범했고, 에쿠르의 과수원을 파괴했으며, 금·은·동의 신성한 물건들을 가루로 만들었다. 그는 니푸르에서 약탈한 모든 재산들을 배에 실어 아카드로 가져갔다. 그가 그렇게 하자마자 '분별이 아카드를 떠났고', '아카드의 현명함은 어리석음으로 바뀌었다.'

그가 애지중지하던 집이 약탈당하자 엔릴은 성난 홍수가 됐다. 그는 눈을 들어 산을 바라보았고, '통제할 수 없는 강물인' 구티 족을 끌어냈다. 그들은 '메뚜기처럼 대지를 덮었고', 아무도 거기에서 빠져나올 수 없었다. 수메르의 바다와 육지를 통한 교신이 끊겼다. '사자는 길을 떠날 수 없었고, 뱃사람은 배를 띄울 수 없었으며, 강도들은 길에서 살다시피 했다. 대지의 성문들은 흙처럼 무너져내렸고, 주변의 땅들은 도시의 성벽들에 온갖 사악한 짓을 꾸몄다'. 그리고 마침내 무서운 기근이 수메르를 덮쳤다. '위대한 대지와 초원은 곡식을 생산하지 않았고, 바다는 물고기를 생산하지 않았으며, 촉촉히 젖은 과수원은 꿀도 과실주도 생산하지 않았다.' 기근 때문에 가격은 하늘을 찌를 듯이 솟아올랐고, 사람들은 새끼양 한 마리로 반 실라의 오일, 혹은 반 실라의 곡식 또는 반 미나의 양모   밖에 살 수 없었다.

비참함, 빈곤, 죽음 그리고 황폐는 사실상 '엔릴에 의해 창조된 모든 인류'

의 생존을 위협했다. 그러므로 수메르 만신전의 지도적인 여덟 신들인 신
(Sin), 엔키, 이난나, 니누르타, 이슈쿠르, 우투, 누스쿠, 니다바는 엔릴의 분노
를 가라앉힐 시간이 되었다고 느꼈다. 엔릴을 향한 호소에서 그들은 니푸르
를 파괴한 도시 아카드는 스스로도 니푸르처럼 파멸할 것이라고 맹세했다.
그리고 여덟 신들은 '그 도시를 마주하고, 아카드를 향해 파멸의 (저주)를 내
렸다.' 그 내용은 다음과 같다.

"너 감히 에쿠르를 약탈하고, 엔릴을 (모욕한) 도시여,
너 감히 에쿠르를 약탈하고, 엔릴을 (모욕한) 아카드여,
너의 과수원들은 먼지처럼 쌓일 것이고, ...
너의 점토 (벽돌들은) 그들의 심연으로 돌아갈 것이고,
그들은 엔키에 의해 저주된 점토 (벽돌들이) 될 것이고,
너의 나무들은 그들의 숲으로 돌아갈 것이고,
그들은 니닐두에 의해 저주된 나무들이 될 것이다.
너의 살해된 황소들 대신에 너는 네 아내들을 살해해야 될 것이고,
너의 도살된 양들 대신에 너는 네 아이들을 도살해야 될 것이고,
너의 가난한 자들―그들은 그들의 소중한(?) 자식들을 익사시켜야만 될 것
이고, . . . ,
아카드, 희열에 찬 가슴으로 지어진 너의 궁전은 상심에 찬 폐허가 될 것이
고 . . . ,
너의 의식과 종교행사들이 거행되던 장소들에는,
폐허가 된 언덕들을 여우가 꼬리를 흔들며 지나갈 것이고 . . . ,
네 수로의 뱃길에는 잡초만이 무성해질 것이고,
네 전차들이 다니던 길에는 '통곡하는 초목들'만 자라날 것이고,
더구나, 네 수로의 뱃길과 나루터에는,
야생 염소, 해충(?), 뱀과 산전갈 때문에 사람이 지나다닐 수 없게 될 것이고,
마음을 평화롭게 하는 초목들이 자라던 너의 평원에는,

'눈물의 갈대들'만이 자라날 것이고,

너의 달콤한 물 대신에 아카드에는 쓰디쓴 물만이 흐르게 될 것이고,

'저 도시에 살고 싶다'라고 말하는 자는 살기에 좋은 장소를 발견하지 못하

게 될 것이고 ,

'아카드에 눕고 싶다'라고 말하는 자는 자기에 좋은 장소를 발견하지 못하게

될 것이다.'

그리고 그것은 정확히 저주한 바대로 되었다고 그 역사가는 결론짓는다.

그곳의 수로의 뱃길에는 잡초만이 무성해졌고,

그곳의 전차들이 다니던 길에는 '통곡하는 초목들'만 자라났고,

더구나, 그곳의 수로의 뱃길과 나루터에는,

야생염소, 해충(?), 뱀과 산전갈 때문에 사람이 지나다닐 수 없게 되었고,

마음을 평화롭게 하는 초목들이 자라던 그곳의 평원에는,

'눈물의 갈대들'만이 자라났고,

그곳의 달콤한 물 대신에 아카드에는 쓰디쓴 물만이 흐르게 되었고,

'저 도시에 살고 싶다'라고 말한 자는 살기에 좋은 장소를 발견하지 못하게

되었고,

'아카드에 눕고 싶다'라고 말한 자는 자기에 좋은 장소를 발견하지 못하게

되었다.

그러나 힐프레히트 컬렉션에서 가장 중요한 기록은 아마도 수메르 문학
작품이 아니라, 역사상 가장 오래 된 도시 지도일 것이다. 아주 잘 보존된 점
토판에 새겨져 있는 가로 21 × 세로 18cm의 크기인 그것은 고대 수메르의
문화적 중심지인 니푸르의 지도이며, 그곳의 주요한 신전과 건물들, '중앙
공원', 강, 수로, 성벽과 성문들을 보여주고 있다. 거기에는 20개 이상의 구체
적인 수치가 적혀 있으며, 면밀히 검토해보면 그 지도가 아주 신중하게 그려

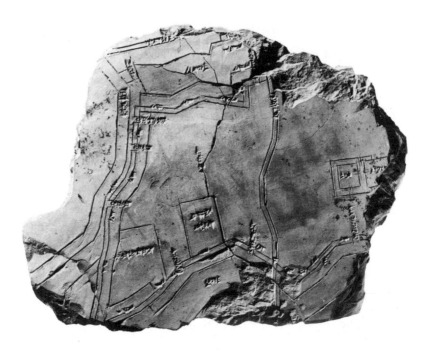

니푸르의 지도. 원본의 사진

졌음을 알 수 있다. 이 특별한 지도제작자는 기원전 1500년경, 다시 말해서
지금으로부터 3500년 전에 살았음에도 불구하고 오늘날에 버금가는 신중함
과 정확성으로 그 지도를 그렸다.

우선적으로 건물, 강, 성문들의 이름이 포함된 그 지도의 문자에는 수메르
와 아카드 어가 섞여 있다. 그 지도가 제작된 시대에 이미 수메르 어는 '죽은
언어'가 된 지 오래였음에도 불구하고 대부분의 경우 그 이름들은 아직도 초
기 수메르의 표의문자로 씌어 있다. 오직 약간의 단어들만이 기원전 1000년
대 초에 수메르를 정복하고 그 땅의 주인이 된 셈 족의 언어인 아카드 어로
씌어 있다.

그 지도는 남북이 아니라 45도 가량의 기울기를 가진 방위를 맞추고 있다.
지도의 중앙에는 도시의 이름(①)이 고대 수메르의 표의문자로 엔-릴-키
(엔릴의 장소)라고 씌어 있다. 그것은 도시에 수메르 만신전의 최고신인 대기

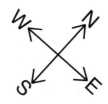

의 신 엔릴이 살았음을 말한다.

지도의 보이는 건물들은 수메르의 가장 유명한 신전인 에쿠르(②), 즉 '산의 집'이다. 에쿠르에 인접한 신전인 키우르(③)는 저승세계에 관한 수메르인들의 믿음과 연관하여 중요한 역할을 수행한 것으로 보인다. 안니긴나(④)는 정체가 밝혀지지 않은 지역이며, 그 이름의 발음 자체도 확실하지 않다. 그리고 도시의 외곽에 '드높은 신전'인 에슈마(⑥)가 위치하고 있다. 서남과 동남의 성벽이 만나는 구석에는 니푸르의 '중앙 공원'(⑤)인 키리샤우루가 있다. 그것의 의미를 직역하면 '도시 중앙의 공원'이 된다.

도시의 서남쪽 경계를 이루는 것은 유프라테스 강(⑦)으로서, 고대 수메르의 이름인 부라눈이라고 씌어 있다. 도시의 북서쪽은 눈비르두 수로(⑧)에 의해 경계가 지어진다. 달의 신의 탄생에 대한 고대 수메르의 신화에 따르면(제13장 참조), 신 엔릴은 그의 장래 배우자가 그곳에서 목욕하는 것을 처음 본 순간 사랑에 빠졌다고 한다. 도시 중앙의 우측으로는 '도시 가운데의 수로'라는 의미인 이드사우루(⑨)가 흐른다. 이것은 현재 샤트-엔-닐로 알려져 있다.

그러나 고대의 지도제작자가 특별한 관심을 보인 것은 성벽과 성문들이었다. 그것으로 미루어볼 때 그 지도의 제작은 도시방어와 어떤 연관을 지녔을 법하다. 서남쪽의 성벽은 세 개의 성문을 가지고 있다. '음란의 문'이라는 의미를 가진 카갈 무수카팀(⑩), '드높은 문'이라는 뜻의 카갈 마(⑪), 그리고 '위대한 문'을 의미하는 카갈 굴라(⑫)가 그것들이다.

동남쪽의 성벽 또한 세 개의 성문을 가지고 있다. '난나의 문(난나는 수메르 달의 신)'인 카갈 난나(⑬), '우루크의 문(성경의 우루크는 니푸르의 동남쪽에 있던 도시였다)'인 카갈 우루크(⑭), 그리고 '우르를 마주한 문(우르는 성서에 나오는 갈대아인들의 우르다)'인 카갈 이기비우리셰가 그것들이다. 나중 두 개의 성문 이름은 지도의 방위에 따라 자연히 붙여진 듯하다. 왜냐하면 우루크와 우르는 니푸르의 동남쪽에 위치한 도시들이었기 때문이다.

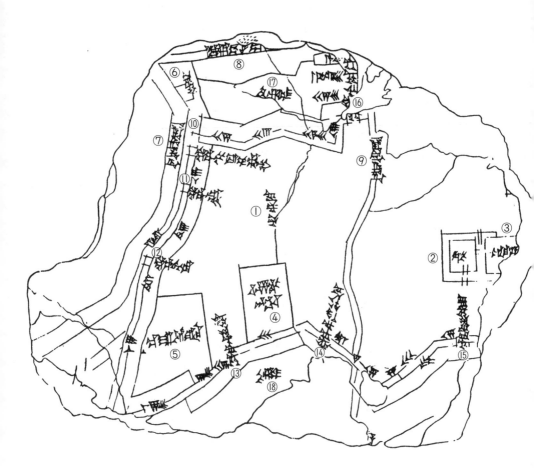

니푸르의 지도. 예나의 프레드리히 실러 대학에 있는 힐프레히트 컬렉션의 부관리인 이네즈 베르하르트 박사가 만든 사본.

서남쪽의 성벽에는 성문이 한 개뿐이다. '네르갈의 문'인 카갈 네르갈(⑯)이 그것이다. 네르갈은 저승세계의 왕이자 여신 에레슈키갈의 남편인 신으로, '저승세계로 내려가는 이난나(제21장 참조)'에서 중요한 역할을 한다.

마지막으로 거기에는 북서쪽 성벽을 따르는 평행선(⑰)과 동남쪽 성벽을 따르는 또 하나의 평행선(⑱)이 있다. 둘은 모두 이리툼이라 불리며, 그것의 아카드 어 의미는 '해자'다.

이 지도의 가장 흥미로운 특색 중 하나는 상세한 수치다. 신중한 연구 끝에 나의 조수인 에드먼드 고든 박사가 알려준 바에 따르면, 그 지도는 일정한 비례를 기준으로 그려졌다. 그리고 지도상에 나와 있지는 않지만, 거기에 사용된 측정기준은 수메르의 가르임이 거의 틀림없는 듯싶다. 1가르는 12큐빗이며, 대략 6m쯤 된다. 그러므로 안니긴나(④)의 나비가 30가르(세 개의 열이라고 씌어져 있다)라는 말은 약 183m쯤 된다는 것이다. 또한 도시 가운데의 수로의 나비가 4가르로 주어졌으므로 그것은 약 24.4m이며, 그것은 오늘날 샤트-엔-닐의 나비와 일치한다. 카갈 무수카팀(⑩)과 카갈 마(⑪) 사이의 거리는 16가르이므로 그것은 약 96m다. 세 배 가량이나 더 떨어진 카갈 마와 카갈 굴라(⑫) 사이는 정확히 47가르이므로 그것은 약 98m다.

관심 있는 독자는 직접 수치를 읽고 계산해볼 수도 있다. 단지 명심할 것은 수직으로 서 있는 쐐기는 60이나 1을 의미하고, 모서리 모양의 쐐기는 10을 가리킨다는 사실이다. 그러나 지도상에 나타난 두 개의 수치는 상당한 오차가 있다. 하나는 우측 하단 '중앙 공원(⑤)'의 7과 1/2(7, 30=7+30/60)이고, 다른 하나는 북서쪽 성벽의 24와 1/2(24, 30=24+30/60)이다. 후자의 경우 필경사가 의도적으로 모서리 모양의 쐐기를 생략했을 가능성이 있다. 그렇다면 그 숫자는 34와 1/2로 읽혀져야 하며, 그렇게 하면 수치가 맞아떨어진다.

이 지도가 새겨진 점토판은 1899년 가을 펜실베이니아 대학에 의해 니푸르에서 발굴되었다. 그것은 20점의 다른 조각들과 함께 어느 테라코타 단지 속에서 발견되었는데, 그것들의 연대는 기원전 2300~600년 사이에 걸쳐 있었다. 이 단지는 발굴자의 말대로 '작은 박물관'을 방불케 했다. 1903년

헤르만 힐프레히트는 그의 저술《성서의 땅을 향한 탐험들(Explorations in Bible Lands)》519쪽에 그 점토판의 아주 작은 사진을 발표했다. 그러나 그 사진은 거의 읽을 수가 없었고, 그 기록의 해석과 해설에는 사실상 쓸모가 없었다. 그럼에도 불구하고 몇몇 학자들은 그것을 시도했다. 왜냐하면 힐프레히트 컬렉션은 사본이 만들어지거나 발표되지 않은 채 지금까지 방치돼 왔었기 때문이다. 그러나 마침내 그것은 나의 협조 아래 이네츠 베른하르트 박사에 의해 어렵게 사본이 만들어졌고, 그 연구의 결과는 프리드리히 실러 대학의 정기간행 학술지에 공동저술로 게재될 예정이다.

옮긴이의 말

수메르 문명이라면 인류 최초의 문명으로, 그 이후의 인류문명사를 틀짓는 데 결정적인 역할을 했다는 것이 20세기 고고학이 증명해준 바이다.

20세기 고고학적 성과 중 최대의 업적으로 꼽히는 '수메르의 발견'은 인류가 5천 년 동안 잊어버리고 있었던 문명의 여명기를 경의롭게 펼쳐준 것으로, 지구상에 아무런 문명도 존재하지 않았던 기원전 3000년경부터 수메르 인은 찬란한 문명을 일구어놓기 시작했다. 최초의 문자 발명, 나람-신의 전승기념비에서 보이는 완성된 예술, 함무라비 법전이 보여주는 고도로 발달한 법률, 특히 세계 최초의 서사문학을 탄생시킨 수메르 문학 등은 이제 인류의 귀중한 문화유산이 되고 있다.

이 책은 그러한 수메르 문명과 그들의 삶, 정신세계 등, 인류역사상 최초의 사실 39가지를 당시 문헌(쐐기문자 점토판)을 통해 현장감 있게 묘사, 전달해주고 있는 저자 크레이머의 역작이다. 당시에도 학교가 있었고, '촌지'가 건네졌으며, 갖가지 사회 병리현상이 있었음을 여기서 생생히 볼 수 있다. 특히 구약성서에 나오는 대홍수, 욥 이야기, 메시아, 부활, 성모 등 이미지의 원형들이 수메르 문명 속에 뚜렷이 들어 있다는 사실은 놀라움과 흥미를 동시에 안겨주는 것이라 하지 않을 수 없다.

무엇보다도 먼저 이 책을 번역하는 동안 가장 힘들었던 점들 중 하나는 저자의 문체였다. 저자는 당대 최고의 고고학자임에도 불구하고 전문적인 저술가는 아니었고, 솔직히 말하자면 그다지 능란한 문장가도, 직설적이고 쉽게 글을 쓰는 이도 아니었을 뿐더러, 어떤 의견을 개진할 때 종종 지나칠 정도로 조심스러웠다. 중요하거나 민감한 문제일 경우 그런 신중성은 더욱 심해졌다. 특히 곤혹스러웠던 것은 그의 그런 면을 잘 드러내는 어마어마한 만연체였다. 어떤 때는 하나의 문장이 원문의 한쪽 중 거의 3분의 1에 달하는 일도 있었고, 같은 의미가 여러 번 반복되는 경우도 있었다. 이리저리 궁리를 해보았으나 뾰족한 수가 없었다. 그래서 결국은 너무 긴 문장은 두 개 이상으로 나누고, 같은 의미가 별다른 의도 없이 반복된다고 판단될 때는 과감하게 생략하거나 통합했으며, 가급적 문장의 의미를 직설적이고 쉽게 풀어쓰려고 했다. 물론 그런 작업은 저자가 가졌던 본래의 의미를 훼손하지 않는 한에서만 간신히 용서될 수도 있는 일이겠거니와, 역자는 가능한 한 그것에 충실하려고 노력했다.

책의 저자 새뮤얼 노아 크레이머에 대해 간략히 소개하자면, 그는 수메르학의 세계적인 권위자이자 수메르 문학의 복원에 있어 다른 학자의 추종을 불허하는 업적을 쌓은 이 분야 최고의 석학으로, 그 자신이 수메르 고대문명의 열렬한 숭배자이자 열성적인 옹호자이다.

마지막으로 단지 경제적인 측면만으로는 내리기 어려운 이 책의 출판을 과감하게 결정하고, 더구나 그 번역을 나에게 선뜻 의뢰한 가람기획의 이광식 대표님께 정말 감사드리고 싶다. 이 책과 함께 한 까마득한 고대로의 여행은 정말 잊을 수 없는 경험이었고, 이런 대단한 저술을 내 치졸한 실력으로 번역한 일은 나에게 영광과 부끄러움으로 오랫동안 남을 것 같다.

박성식

ㄱ

가나-우기가 : 에난나툼과 우르-룸마 간의 전투 장면.

가눈 : 태양신 우투의 침실.

가쿨 : 양상추의 일종.

간지르 : 저승세계의 별칭.

갈라 : 저승세계의 잔혹한 작은 마귀들.

감감 : 아직까지 확인되지 않은 새.

검은 머리들(혹은 검은 머리를 가진 사람들) : 수메르 인들의 별칭. 그들의 기원은 불분명하다.

게슈티난나 : 두무지의 희생적인 여동생.

구갈란나 : '하늘의 위대한 소', 에레슈키갈의 남편.

구그 : 아직까지 확인되지 않은 동물.

구데아 : 에닌누를 재건한 라가시의 엔시. 엔시를 참조.

구르 : 용량의 단위. 1구르는 144실라. 실라를 참조.

구에딘나 : 움마 인들이 차지하려 애썼던 라가시의 북쪽 끝 영토.

구티(혹은 구티 인) : 기원전 1000년대 말에 수메르를 압도했던 동쪽의 야만적인 산악민족.

기구나 : 수메르의 주요한 신전들에 세워진 반원형의 성소. 그것은 자발람에 있던 이난나의 신전 이름이기도 했다.

기르 : 아마도 '안내자'. 그의 죽음은 어느 이름이 밝혀지지 않은 '처녀'에 의해 애도되었다.

기르수 : 도시국가 라가시의 한 구역.

기슈반, 기슈반-시킨 : 일종의 의복.

기파르 : 엔의 거주지가 있는 신전의 부분.

길가메시 : 수메르의 뛰어난 영웅적 인물이 된 우루크 제1왕조의 왕.

ㄴ

나니브갈 : 그 의미가 불분명한 니다바의 별칭.

나람-신(Sin) : 사르곤 대왕의 손자. 에쿠르를 모독한 자.

나멘나두마 : 엔메르카르의 심복.

나위르툼 : 루딘기라의 아내.

난나 : 달의 신을 가리키는 수메르 이름. 그의 셈 족 이름은 신(Sin)이다. 그는 우르의 수호신이고 이난나의 아버지였다. 난나는 또한 루딘기라의 아버지 이름이기도 하다. 루딘기라를 참조.

난셰(혹은 나지) : 도덕과 윤리를 인도한 라가시의 여신.

남무 : 태고의 바다를 다스린 여신. 엔키의 어머니.

남타르 : '운명' 혹은 '죽음'. 저승세계의 마귀.

남하니 : 우르-남무에게 패배한 라가시의 왕.

네르갈 : 저승세계의 왕.

네티 : 저승세계의 수문장.

누누즈-돌 : 아마도 달걀모양의 돌.

누딤무드 : 엔키의 별칭.

누스쿠 : 엔릴의 심복.

눈남니르 : 엔릴의 별칭.

눈바르셰구누 : 닌릴의 어머니이자, 엔릴의 장모.

눈비르두 : 니푸르의 북쪽을 경계짓는 수로. 닌릴을 강간하는 장면.

니나주 : 저승세계의 신.

니나지무아 : 아지무아를 참조.

니네아갈 : '궁전의 여왕', 이난나에 흔히 적용되는 별칭.

니누르타 : 남풍을 다스리는 엔릴의 아들. 폭풍과 전사의 신이자 '엔릴의 농부'로도 알려져 있다.

니니신나 : 이신의 수호신이자, 수메르의 '눈물 짓는 여신들' 중 하나.

니다바 : 문자와 문학의 여신.

니푸르 : 수메르의 가장 신성한 도시이자 최고신 엔릴의 주거지. 니푸르는 수메르에서 위대한 학문의 중심지 중 하나였으며, 현재까지 발굴된 문학 점토판의 대부분이 그곳의 필경지에

서 나왔다.

닌갈 : 달의 신 난나의 배우자이자 이난나의 어머니.

닌기르수 : 엔릴의 아들이자 라가시의 수호신.

닌릴 : 엔릴의 충실한 배우자. 눈비르두를 참조.

닌마 : 닌후르사그를 참조.

닌무 : 엔키에 의해 탄생된 딜문의 신.

닌무그 : 엔키에 의해 탄생된 딜문의 신.

닌순 : 신격화된 루갈반다의 배우자이자 우르 제3왕조 왕들의 신성한 어머니.

닌슈부르 : 이난나의 심복.

닌카시 : 엔키의 입을 치료하기 위해 닌후르사그가 창조한 수메르 독주의 여신.

닌쿠라 : 엔키에 의해 탄생된 딜문의 신.

닌킬림 : 들쥐와 해충의 신.

닌투 : 닌후르사그를 참조.

닌툴라 : 엔키의 턱을 치료하기 위해 닌후르사그가 창조한 여신.

닌티 : '갈비뼈의 여인' 혹은 '생명을 만드는 여인'. 엔키의 갈비뼈를 치료하기 위해 닌후르사그가 창조한 여신.

닌후르사그 : '고원의 여왕'. 닌투, '탄생의 여왕', 또는 닌마, '고귀한 여왕'으로도 알려진 수메르의 지모신.

ㄷ

두무지(성경의 탐무즈) : 우루크의 목자왕. 그는 신성한 결혼의식을 통해 여신 이난나와 결혼한 최초의 왕으로 알려져 있다.

두쿠 : 신들을 창조한 방.

ㄹ

딜문 : 아직까지 확인되지 않은 땅으로, 수메르인들에 의해 일종의 낙원으로 간주되었다.

딤갈-아브주 : 라가시의 남쪽 경계 근처에 있던 신전.

라가시 : 수메르 남부의 도시. 상당한 정도까지 발굴된 최초의 수메르 도시다.

라라크 : 수메르 태고의 도시들 중 하나. 아마도 이신 근처에 있었던 것 같다.

라르사 : 태양신 우투 숭배의 중심지. 기원전 1000년대 초의 수메르 수도.

라타라크 : 룰랄을 참조.

라하르 : 가축의 여신, 아슈난의 누이.

라하마 : 일종의 바다괴물.

루갈반다 : 후에 신격화된 에레크 제1왕조의 영웅적인 왕들 중 하나.

루갈자게시 : 라가시의 우루카기나를 패배시켰으나, 후에 사르곤 대왕에게 정복당한 움마의 왕.

루딘기라 : '이상적인 어머니'와 두 만가의 저자로 추정되는 인물.

루마 : 중요한 사제직이나, 그 역할에 대하여 현재까지 밝혀진 바 없다.

루쿠르 : 신성한 결혼의식에서 여신 이난나가 되었던 이난나의 여사제이자 숭배자.

룰랄 : 바드티비라의 신, 이난나의 아들(그 이름은 라타라크로 잘못 읽혀졌었다).

리신 : 수메르의 슬픔에 잠긴 성모(Mater Dolorosa).

리피트-이슈타르 : 그가 만든 법전이 상당 부분 발견된 이신 왕조의 왕.

릴리트 : 반구형의 큰 북(케틀드럼).

림-신(Sin) : 이신 왕조를 끝장낸 라르사의 왕.

ㅁ

마 : 아직까지 그 역할에 대하여 밝혀지지 않은 사제직.

마간 : 그 위치가 아직까지 확인되지 않은 나라. 아마도 이집트.

마구르 : 일종의 배.

마길룸 : 아직까지 의미가 확인되지 않은 단어.

마르두크 : 바빌로니아 만신전의 최고신.

마르하시 : 이란 서부의 도시국가.

마슈구르 : 아직까지 확인되지 않은 나무.

마슈굴라 : 니다바의 목자들 중 하나.

마슈마시 : 무당.

메 : 우주를 계획된 대로 계속 움직이는 신성한 법과 규칙.

메스 : 아직까지 확인되지 않은 나무.

메슬람타에아 : 네르갈의 또 다른 이름. 네르갈을 참조.

메실림 : 라가시와 움마 사이의 갈등을 중재한 키시의 왕.

멜람 : 신성하고 장엄한 빛.

멜루하 : 그 위치가 아직까지 확인되지 않은 나라. 아마도 에티오피아.

무슈담마 : 건물과 건축의 신.

무슈시 : 신화상의 큰 뱀, 혹은 용.

미나 : 중량의 단위. 1미나는 약 1파운드.

미쿠 : 낙담한 길가메시를 향하여 저승세계로 떨어진 확인되지 않은 물체.

ㅂ

바드티비라 : 수메르 남부의 도시. 대홍수 이전인 수메르 태고의 왕조들 중 하나의 본거지였다. 그곳의 수호신은 두무지였고, 그의 신전은 에무시와 에무슈칼람마로 알려졌다.

바빌론 : 기원전 1000년대 초에 그 땅의 수도가 된 수메르 북부의 도시. 그 땅의 이름은 처음에 수메르, 다음에 수메르와 아카드, 그리고 그후에는 바빌로니아로 알려졌다.

반 : 용량의 단위. 약 4.5l.

발발레 : 종종 신들간의 대화로 특징지어지는 수메르 노래의 한 종류.

빌랄라마 : 바그다드 근처인 하르말에서 발굴된 법전을 만든 에슈누나의 왕. 에슈누나는 기원전 1000년대 전반기에 융성한 수메르 남부의 도시국가다.

ㅅ

사구르사그 : 이난나의 숭배자, 아마도 거세된 자.

사그부루 : 마슈마시를 지혜로 압도한 할머니. 마슈마시를 참조.

사르곤 : 고대세계의 위대한 왕들 중 하나. 아가데의 건설자이자 아카드 왕조의 창설자.

사타란 : 불만을 중재하는 신.

산가 : 신전의 최고관리.

샤간 : 일종의 그릇.

샤라 : 이난나의 아들. 움마의 수호신.

샤루르 : 니누르타의 의인화된 무기.

샤브라 : 신전의 고위관리.

샤키르 : 아직까지 확인되지 않은 식물.

샤탐무 : 엔시의 측근인 관리.

샤트-이슈타르 : 루딘기라의 이상화된 어머니.

샴 : 아직까지 확인되지 않은 돌.

셰켈 : 미나의 60분의 1. 미나를 참조.

수-사람들 : 엘람 인들과 함께 우르의 제3왕조를 멸망시켰으나, 아직까지 확인되지 않은 민족.

수무간 : 초원과 그곳의 동물들을 돌보는 신.

수바리아 인 : 슈부르에 살았던 민족.

슈-신(Sin) : 술기의 아들. 수많은 사랑노래의 주인공.

슈구라 : 이난나가 쓴 터번 같은 왕관.

슈누문 : 똑같진 않지만 대략 4월과 5월에 해당되는 달의 이름.

슈루파크 : 남중부 수메르의 도시. 수메르 '노아'의 고향.

슈문 : 누문을 참조.

슈바 : 준보석의 일종. 아마도 이란 고원지대를 가리키는 이름으로도 쓰였던 듯하다.

슈부르-하마지 : 수메르 북부와 북동부의 땅.

슈시마 : 일종의 갈대.

슈칼레투다 : 이난나를 겁탈한 채소밭 주인.

슈쿠르-갈대 : 창끝만한 크기의 작은 갈대.

술기 : 고대세계의 위대한 왕들 중 하나. 문학과 음악의 후원자.

술루툴 : 라가시 왕들의 수호신.

시슈메-다간 : 니푸르를 구원한 이딘-다간의 아들.

시파르 : 수메르 남부의 도시. 수메르 태고의 도시들 중 하나.

신(Sin) : 달의 신 난나의 셈 족 이름.

실라 : 용량의 단위. 약 0.7l.

아가 : 키시 제1왕조의 왕들 중 하나로 서사시 '길가메시와 아가'의 주인공이 되었다.

ㅇ

아가데 : 사르곤 대왕이 건설한 수메르 북부의 도시. 그곳은 그의 수도였으며, 한동안 고대세계의 가장 부유하고 강력한 도시였다. 수메르 전설에 따르면 그 도시는 사르곤의 손자 나람-신의 통치기간 중 멸망해, 영원히 저주받은 도시로 남았다. 사르곤과 그의 왕조 이후, 수메르로 알려졌던 그 땅은 '수메르와 아카드'로 불렸다. 아카드는 아가데의 변형된 발음이다.

아누 : 안을 참조.

아눈나(일명 아누나키) : 일단의 신들의 이름. 그들은 원래 '하늘의 신들'이었던 것 같다. 그러나 그들 중 일부는 몰락하여 저승세계로 끌려갔다.

아다브 : 라가시와 니푸르 사이에 있던 수메르의 중요도시들 중 하나.

아라타 : 풍부한 금속과 돌로 유명했으나, 아직까지 확인되지 않은 이란의 도시. 그곳은 기원전 2000년대 초에 에레크에게 정복당해 복속된 것으로 보인다.

아마-우슘갈란나 : 두무지의 별칭. 직역하자면 그것은 '하늘의 어머니용'을 의미한다. 종종 그 이름은 단순히 우슘갈란나로 쓰이기도 한다.

아부 : 엔키의 병든 몸을 치료하기 위해 닌후르사그에 의해 창조된 신들 중 하나.

아브주 : 바다, 심연. 물의 신 엔키의 거주지.

아비심티 : 우르의 왕 슈-신의 어머니.

아사그 : 신 니누르타가 쿠르에서 죽인 사악한 마귀. 쿠르를 참조.

아슈난 : 곡물의 신, 라하르의 누이. 라하르를 참조.

아슈르바니팔 : 기원전 7세기에 집권한 아시리아의 마지막 위대한 왕. 니네베에 있던 그의 도서관은 19세기 중반에 발견되었으며, 그곳에서 발굴된 점토판의 대부분은 현재 영국 국립박물관에 소장돼 있다.

아지무아(일명 니나지무아) : 엔키의 팔을 치료하기 위해 닌후르사그가 창조한 신.

아카드 왕조 : 사르곤 대왕에 의해 건설된 왕조.

아카드 인 : 메소포타미아의 셈 족 거주인들. 그 명칭은 지명인 아카드로부터 나왔다. 또한 아카드 어는 아시리아 인과 바빌로니아 인에 의해 사용된 셈 족의 언어이기도 했다.

아카드 : 아가데를 참조.

안 : 수메르 하늘의 신. 그 단어는 '하늘'을 의미한다. 그것은 아카드 어로 아누가 된다.

안샨 : 이란 남서부에 있었던 엘람 인의 도시국가.

안주 : 안주는 현재 일찍이 임두구드-새로 알려졌던 신화적인 새의 진짜 이름으로 알려져 있다.

안타수라 : 라가시 북쪽의 한 지역.

알가르 : 악기의 하나, 아마도 수금의 일종.

알라 : 악기의 하나, 아마도 탬버린.

알라리 : 사랑노래의 일종.

알랄리 : 저승세계 이름들의 하나.

에나칼리 : 라가시의 에안나툼과 협정을 체결한 움마의 엔시. 엔시를 참조.

에난나툼 : 에안나툼의 형제.

에닌누 : 라가시에 있던 닌기르수의 신전. 구데아에 의해 복원되었다.

에두바 : '점토판의 집'. 수메르 학교, 또는 아카데미의 명칭이다.

에레슈키갈 : '위대한 밑의 여왕'. 저승세계를 지배하는 여신.

에리두 : 수메르 남부의 도시. 그곳의 수호신은 엔키였다.

에메시 : '여름', '여름과 겨울 사이의 논쟁'의 주인공 중 하나.

에무시(일명 에무슈칼라마) : 바드티비라에 있던 두무지의 신전. 바드티비라를 참조.

에세시 : 현재 거의 알려진 것이 없는 종교축제.

에안나 : 에레크에 있던 이난나의 신전. 그것의 직역된 의미는 '안의 집'이다.

에안나툼 : 짧은 기간이나마 전체 수메르를 통치했던 라가시의 왕.

에쿠르 : 니푸르에 있던 엔릴의 신전으로서 가장 신성한 곳이었다. 그것의 직역된 의미는 '산의 집'이다.

에키슈누갈 : 우르에 있던 달의 신 난나-신 (Sin)의 신전.

엔 : '대사제' 또는 '대여사제'. 엔은 신전의 정신적 지도자였다. 그는 기파르에 거주했고, 그 신전에서는 신성한 결혼의식이 거행되었다.

엔릴 : 수메르 만신전의 최고신. 그 이름의 직역된 의미는 '대기의 신'이다. 그에 대한 숭배의 중심지는 그의 신전인 에쿠르가 있던 니푸르였다.

엔메르카르 : 키시 제1왕조의 영웅적인 지배자들 중 하나이며, 아라타의 정복자로 유명하다.

엔메바라게시 : 키시 제1왕조의 마지막 지배자들 중 하나이자 아가의 아버지다.

엔샤그 : 딜문의 수호신.

엔슈케슈단나(혹은 엔수쿠슈시란나) : 이난나의 지원 아래 엔메르카르에게 도전하려 했으나 실패한 아라타의 지배자.

엔시 : 한 도시의 지배자를 일컫는 수메르 어. 그들은 종종 왕만큼이나 강력했다. 이 말은 아카드 어에서 이샤쿠가 되었다.

엔키 : 바다와 강 그리고 지혜의 신. 그에 대한 숭배의 중심지는 에리두의 '바다의 집'이었다.

엔키두 : 영웅 길가메시의 충복이자 동료.

엔킴두 : '농부', 이난나의 사랑을 얻기 위한 '목자' 두무지의 경쟁자.

엔테메나 : 에난나툼의 아들이자 에안나툼의 조카.

엔텐 : '겨울', '여름과 겨울 사이의 논쟁'의 주인공 중 하나.

엔헤두안나 : 사르곤 대왕의 딸로서 아버지에 의해 우르의 대여사제로 임명되었으며, 수많은 문학작품을 지었다.

엘람 : 수메르 동쪽에 있던 땅으로 자주 수메르와 다투었다.

우가리트 : 점토판에 새겨진 알파벳 쐐기문자가 프랑스 발굴단에 의해 발견된 지중해 해안 근처의 도시국가.

우눈 : 우루크 근처에 있던 수로.

우레딘나 : 니다바의 목자들 중 하나.

우루루 : 일종의 찬가.

우루카기나 : 라가시의 왕. 역사기록에 나타난 최초의 사회개혁가.

우루크(혹은 에레크) : 수메르 최고의 도시들 중 하나. 수메르 영웅시대의 수도.

우르-난세 : 야망에 찬 라가시 왕조의 건설자.

우르-남무 : 우르 제3왕조의 건설자.

우르-니누르타 : 이신 왕조의 다섯 번째 왕.

우르-룸마 : 움마의 엔시.

우르 : 수메르의 가장 중요한 도시들 중 하나. 세번에 걸쳐 수메르의 수도가 됐다.

우르의 제3왕조 : 기원전 2050~1950년경에 존재했던 왕조로서 수메르의 르네상스를 일으켰다.

우브 : 조그만 북.

우사우 : 황혼과 노을의 신.

우슘갈란나 : 아마-우슘갈란나를 참조.

우시 : 라가시와 움마의 협정을 깨뜨린 움마의 이샤쿠.

우타나피슈팀 : 지우수드라의 셈 족 이름이자, 수메르 대홍수의 영웅.

우투(Uttu) : 직물의 신.

우투(Utu) : 라르사와 시파르에 신전이 있던 태양신.

움마 : 라가시와 거의 끊임없이 전쟁을 치렀던, 라가시의 이웃 도시국가.

움미아 : 현자, 학자. 수메르 에두바의 우두머리.

이난나 : 우루크의 수호신이었고, 신성한 결혼의식의 주인공이었던 사랑, 풍요, 생식의 여신. 그녀 이름의 직역된 의미는 '하늘의 여왕'이고, 셈 족 이름은 이슈타르다.

이드눈 : 수메르 남부의 수로.

이딘-다간 : 우르 제3왕조를 이은 이신 왕조의 세 번째 왕. 그의 재위기간으로부터 전해지는 기록들 중에는 신성한 결혼의식에 관한 아주 중요한 문헌이 하나 포함돼 있다.

이리나 : 아직까지 확인되지 않은 나무.

이비-신(Sin) : 엘람 인들에 사로잡혀 끌려간 우르 제3왕조의 마지막 왕.

이샤쿠 : 엔시를 참조.

이슈쿠르 : 비의 신.

이슈타르 : 이난나를 참조.

이시무드 : 엔키의 심복.

이시브 : 정화된 사제.

이신 : 우르 제3왕조가 멸망한 뒤 수메르의 수도가 된 도시.

이티르다 : 일종의 우유.

일 : 움마의 엔시.

일다그 : 아직까지 확인되지 않은 나무.

임두구드 : 안주를 참조.

ㅈ

자발람 : 움마 북부에 인접해 있던 도시. 이난나의 신전이 있었다.

자부 : 이란 서부의 아직까지 위치가 확인되지 않은 도시.

지구라트 : 수메르 건축의 상징이 된 탑으로서 신전의 의식이 거행되었다.

지우수드라 : 수메르 대홍수의 영웅.

ㅋ

카루 : 용량의 단위. 1카루는 3600실라. 실라를 참조.

카브타 : 벽돌을 만드는 별로 중요치 않은 신.

칼라투르(혹은 칼라투루) : 여신 이난나를 구하는 무성의 창조물. 저승세계의 이난나를 소생시키기 위해 엔키가 만든 신화상의 존재.

케시 : 아다브의 쌍둥이 도시.

쿠르 : 제일의 의미는 '산'. 이 말은 지상과 저승세계의 밑에 있는 우주적 영역을 지칭하기도 한다.

쿠르가라(혹은 쿠르가루) : 여신 이난나를 구하는 무성의 창조물. 칼라투르의 동료다. 칼라투르를 참조.

쿠바툼 : 슈-신(Sin)의 루쿠르. 왕이 그녀에게 선물한 목걸이로 우루크에서 출토되었다.

쿠수 : 여신 아슈난의 별칭. 그 의미는 불분명하다.

키 : 대지의 어머니.

키시 : 대홍수 이후 수메르 최초의 수도.

키심 : 일종의 우유.

키우르 : 신전의 일부, 특히 니푸르에 있던 에쿠르의 일부를 가리킨다.

ㅌ

탐무즈 : 두무지를 참조.

티기 : 수금의 반주가 동반된 감미로운 노래.

티드눔 : 수메르 서쪽의 셈 족 땅.

ㅍ

팔라 : 이난나가 입는 여왕의 의상.

푸쿠 : 미쿠와 마찬가지로 저승세계로 떨어진 확인되지 않은 물체.

ㅎ

하르말 : 바그다드 동쪽의 비교적 작은 지역으로 에수누나의 법전을 비롯한 많은 점토판들이 출토되었다.

하마지 : 슈부르-하마지를 참조.

하슈르 : 삼나무의 일종.

하이이아 : 여신 니다바의 남편.

함무라비 : 그의 법전으로 유명한 바빌론의 왕.

헨두르사그 : 여신 난셰의 심복. 난셰를 참조.

후르사그 : '고원', 신 니누르타에 의해 이름지어진 수메르 동쪽의 산악지대.

후와와 : 생명의 땅에 있던 삼나무들을 보호하던 괴물. 그는 길가메시와 엔키두에 의해 살해되었다.

훌루푸 : 아직까지 확인되지 않은 나무.